U0929785

Shanghai Suburb Development Report 2014-2015

上海郊区发展报告

(2014～2015)

上海市发展和改革委员会
上 海 社 会 科 学 院 编

上海社会科学院出版社
Shanghai Academy of Social Sciences Press

编 写 组

顾　　问　王　战　俞北华

主　　编　阮　青　王　振

副 主 编　李　炜

编写人员　张同林　刘文敏　徐炳胜　樊福卓

薛艳杰　戴伟娟　林建永　吴明玺

朱　俊　焦巍巍

序

《上海郊区发展报告(2014～2015)》,是上海市发展和改革委员会、上海社会科学院联合编撰并出版的第五本全面反映郊区经济社会发展的年度报告。

从20世纪90年代中后期开始,随着改革开放的不断深入和上海经济社会的快速发展,郊区在全市发展中的功能和作用日趋突出,更加重要,成为上海产业结构调整优化、城市空间布局拓展的重要战略空间,成为经济保持长期快速增长和战略性新兴产业培育壮大的重要动力空间。特别在上海的创新驱动、转型发展中,郊区担当了更加重要的历史使命,已经成为"四个中心"和现代化国际大都市建设的主战场。

郊区对全市人口、资源和环境的承载功能更加突出。郊区9个区县拥有上海全市95.4%的土地面积,在中心城区土地利用几近饱和的情况下,郊区已成为上海市尤为宝贵的重要发展空间;同时,郊区(含浦东新区)承载着上海市70%的常住人口,82%的外来常住人口。随着大型居住社区加快建设,中心人口导入郊区的速度和规模明显加大,郊区已经成为上海人口最主要的承载空间。

郊区对全市经济增长和新兴产业成长的引擎功能更加突出。2014年年底,郊区9个区县增加值约占上海全市的61%(浦东新区以郊区部分计算比重约为40%),贡献率呈上升趋势。在产业发展方面,郊区是上海先进制造业发展的核心空间,战略性新兴产业"十二五"规划"H"型布局的主体功能区,战略性新兴产业和先进制造业产业园区、示范园区的主要分布地;上海着力建设培育的现代生产性服务业集聚区主要都位于郊区,同时郊区生活性服务业、公共服务业既存在巨大的拓展潜力,也面临明显的发展需求,郊区也正成为关系上海服务业发展水平实力的重要空间。

近年来,上海市委、市政府一直把郊区放在重要的战略位置。先后提出"九五"变化看市区、"十五"变化看郊区,"中心城区体现繁荣繁华,郊区体现实力水平"等指导思路和发展方针;上海市"十一五"规划提出大力推进社会主义新郊区建设,"十二五"规划强调要"充分发挥郊区在新一轮发展中的战略作用",并在现代化建设、城市建设重心、新增建设用地和重大产业项目、基础设施和环境建设、优质公共资源配置等许多方面明确提出向郊区转移倾斜或明确的行动计划要求,对郊区的推动和支持日益全面、细化、深化。

2014年,上海市紧紧围绕创新驱动发展、经济转型升级,深化结构调整和制度创新,开展城乡发展一体化等重点问题调研,将郊区发展放在更加重要的位置。2015年,随着中国(上海)自由贸易试验区扩围,《上海市委、上海市人民政府关于推动新型城镇化建设促进城乡发展一体化的若干意见》(沪委发〔2015〕2号)等重要政策的实施,上海郊区将迎来经济转型发展的新机遇。与此同时,上海仍面临着诸如资源、环境和人才的瓶颈性约束,面临着因快速城市化和外来人口不断流入而带来的新的社会问题,都需要在转型发展中加以解决。

《上海郊区发展报告(2014～2015)》由上海市发展和改革委员会地区与区域经济处与上海社会科学院联合组织力量研究编著,内容主要包括专题报告、专题研究和区县报告三部分。其中,专题报告包括农业、工业、服务业等重点产业发展报告,以及新城建设、城乡一体化、社会事业、就业等重点领域发展报告。整个报告从面、点、块等多个方面,从纵向和横向等多角度进行对比,比较具体深入地分析了2014年度上海郊区经济社会发展的主要特征,并对2015年上海郊区经济社会发展的内外部环境与趋势进行分析判断,并在此基础上作了展望。

在本报告调研、撰写过程中,得到了各区县发展和改革委员会,以及市政府有关部门的大力支持,在此表示衷心感谢!

《上海郊区发展报告》课题组

2015年4月27日

目　录

专题报告篇

专题研究篇

区县报告篇

附录：2014 年主要相关政策

专题报告篇

上海郊区经济：2014年发展与2015年展望

2014年，世界经济仍处于深度调整和缓慢复苏之中，主要经济体增长差异明显，国际贸易形势喜忧参半；我国经济进入新常态发展阶段，经济增速开始放缓，转方式、调结构成为国家宏观调控的重心；上海市紧紧围绕创新驱动发展、经济转型升级，深化结构调整和制度创新，开展城乡发展一体化等重点问题调研，加大对郊区发展的支持推动力度。在外部环境和内部发展阶段转变等的综合影响下，2014年，上海郊区经济增速有所降低，但经济结构持续优化，"四新"经济呈现较好发展势头，转型升级取得积极成效。2015年，世界经济预期会以温和复苏态势为主，但也存在经济和地缘政治领域新旧问题叠加的风险。我国进入"十二五"规划收官之年，面临全面完成规划目标的发展重任，但中央经济工作会议明确继续坚持稳中求进的工作总基调，主动适应经济发展新常态，保持经济运行在合理区间，把转方式和调结构放到更加重要位置，年内有望出台一系列促进经济稳定和转型升级发展的政策措施。上海市委、市政府将郊区发展放在更加重要的位置，中国（上海）自由贸易试验区扩围，《上海市委、上海市人民政府关于推动新型城镇化建设促进城乡发展一体化的若干意见》（沪委发〔2015〕2号）等重要政策的实施，都将为上海郊区经济转型发展带来新机遇、注入新活力，上海郊区亟待进一步主动适应新常态，力争使经济运行保持在合理区间，以新型城镇化、城乡一体化等为突破口，深化关键领域的机制体制改革，探索新动力，培育新优势，加快实现转型升级发展。

一、2014 年上海郊区经济发展分析

在内外部环境条件的综合作用下，2014 年，上海郊区经济总体呈现下行态势，但地方财政收入增长快于经济增长，城乡居民收入增速略有回升，城乡收入比持续降低，区县发展差异化特征增强。

(一) 经济增速有所回落，区县增长分化趋势增强

2014 年，上海郊区对外贸易总体呈现回暖势头，出口增速回升，外需对经济增长起到了较大的拉动作用；内需消费仍保持两位数增长，但增速低于上年；投资增速虽然略高于出口，但相对上年明显下滑。“三驾马车”中两大增长动力相对上年不同程度减弱，经济总体表现为下行趋势，增速回落。全年 9 个区县平均经济增速约为 6.8%，较上年降低约 0.7 个百分点；低于全市经济增速 0.2 个百分点，差距与上年基本持平。

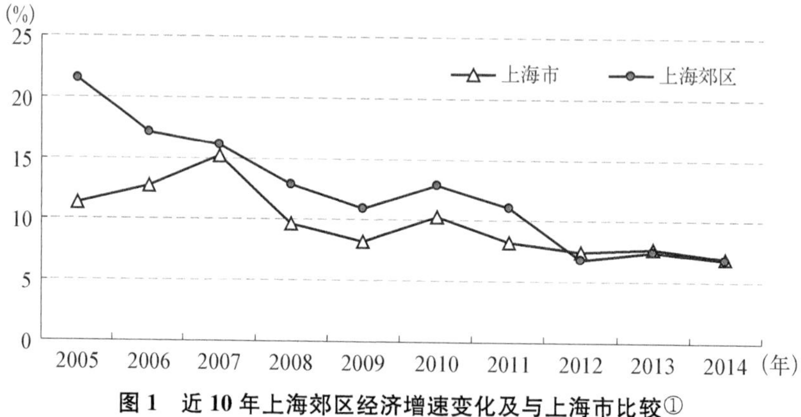

图 1　近 10 年上海郊区经济增速变化及与上海市比较①

虽然从历史比较看，各区县经济仍延续下行走势，但由于发展阶段、发展动力、经济结构等的差异，上海郊区经济增长的地区分化更为明显。与上年比较，2014 年，松江区经济呈现较明显的回升态势，增速较上年提高 2 个百分点；崇明

① 注：上海郊区经济增速为郊区 9 个区县增速的平均值，浦东新区为全区口径；9 个区县经济增速来自各区县 2005～2014 年各年度的统计公报或月度统计；上海市 2013 年及以前数据来自《上海统计年鉴 2014》，2014 年数据来自《2014 年上海市国民经济和社会发展统计公报》。文中其他数据若无特殊注明，来源相同。

县经济增速较上年提高 1.1 个百分点；奉贤区经济增速较上年提高 0.1 个百分点；其他区经济增速相对上年均不同程度下降。横向比较，浦东新区经济增速最高，超过 9%，金山区和崇明县经济增速较高，达 8%左右，青浦、闵行、嘉定三区经济增速略高于 7%，9 个郊区县中 6 个区县经济增速高于全市。

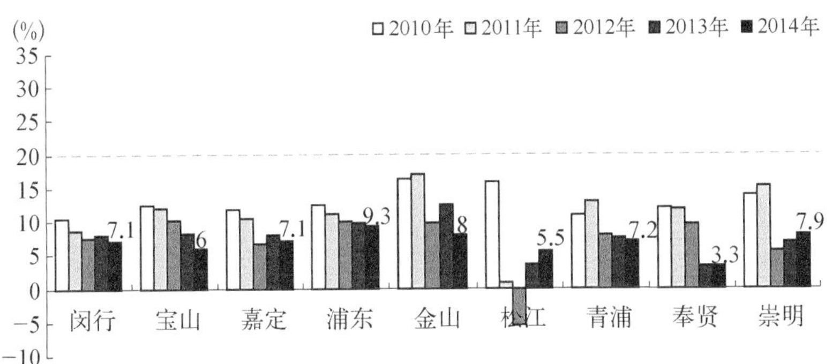

图 2 近 5 年上海郊区各区县经济增速变化

从各区县“三驾马车”增长动力来看，2014 年，上海郊区大部分区县的投资增速相对上年明显回落，消费增速有所下降，出口增速普遍回升。但是，区县之间增长动力的分化趋势进一步扩大，同一增长动力在不同区县的发展情况呈现较大差异。

表 1 2013～2014 年上海郊区各区县投资、消费和出口增速变化

区 县	2013 年增速(%)			2014 年增速(%)		
	投资	消费	出口	投资	消费	出口
闵 行	51.6	6	−3.3	6.5	6.8	−13.5
宝 山	5	12.8	−3.2	3.7	8	3.8
嘉 定	20.3	31.3	−5.4	1.1	26.5	0.6
浦 东	15.4	11.5	2	5.2	8.9	5
金 山	16.3	12.8	—	2.5	12.1	9.6
松 江	8.1	12	−8.7	9	10.1	3.3
青 浦	3.5	16.3	1.2	13.9	14	11.8
奉 贤	−3	12.1	6	−0.3	12	4.4
崇 明	2.5	16.5	—	0.2	15.1	—
郊区平均	13.3	14.6	−1.6	4.6	12.6	3.1
上海市	7.5	8.6	−1.2	6.5	8.7	3

注：表中投资、消费和出口增速分别为固定资产投资、社会消费品零售总额和出口总额增速。

(二) 经济总量持续增长，但占全市比重略有降低

2014 年，上海郊区增加值突破 1.4 万亿元，9 个区县共实现增加值约 14 358.9 亿元，较 2013 年总量增加 1 100 多亿元，增幅高于上年。占上海市经济总量的比重为 60.9%，相对上年比重略有下滑，但高于“十二五”规划初期。

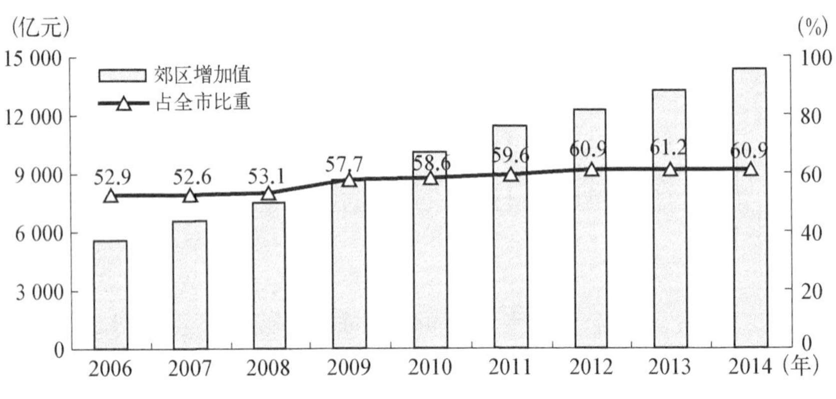

图 3　2006～2014 年上海郊区增加值及占全市比重变化

其中，浦东新区比较特殊，行政范围包括中心城区以及郊区两类地域空间。然而缺少分区公开统计数据，在总量分析中，无法准确剔除陆家嘴等城市核心区的产出，对结果影响较大。根据 2012 年及以前 5 年《上海郊区统计年鉴》及《浦东新区统计年鉴》分别公布的浦东新区郊区增加值及全区增加值，计算郊区增加值占全区增加值的平均比重及近年增长预测，大致估算 2014 年浦东新区郊区部分增加值约 1 900 亿元。以此口径计算，2014 年上海郊区 9 个区县增加值约占全市增加值的 2/5。

横向比较，各区县经济总量差距较大，且呈扩大趋势。其中，浦东新区和闵行区增加值最高，介于 1 800 亿元～2 000 亿元之间，嘉定区增加超过 1 100 亿元，松江区和宝山区增加值接近 1 000 亿元，青浦、奉贤和金山区增加值均达 500 亿元以上，崇明县增加值最低，不足其前一位金山区增加值的 1/2，与闵行区的差距进一步拉大，突破 1 500 亿元。

(三) 财政收入增长较快，但收支缺口进一步拉大

2014 年，上海郊区地方财政收入实现了平稳较快增长。全年 9 个区县地方

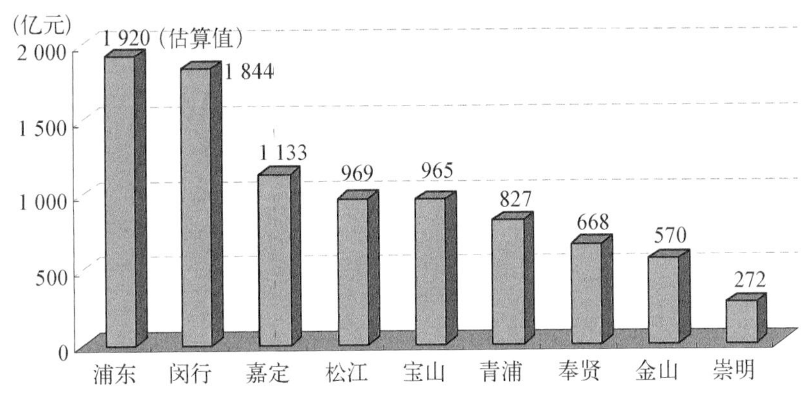

图 4　2014 年上海郊区各区县增加值

财政收入平均增长 12.3%,地方财政支出平均增长 11.4%,郊区财政收入增速高于财政支出增速和郊区经济增速,也高于全市地方财政收入增速。分区县来看,大部分区县的地方财政收入增速高于财政支出增速,所有区县的地方财政收入增速高于地方经济增速。从总量上来看,全年 9 个区县共实现地方财政收入约 1 546.55 亿元,占全市地方财政收入的 33.7%,比重略高于上年。

表 2　　**2014 年上海郊区各区县地方财政收支情况**

区　县	地方财政收入(亿元)	增长(%)	地方财政支出(亿元)	增长(%)	GDP 增长(%)
闵　行	190.33	11.2	243.72	8.2	7.1
宝　山	112.67	10.8	171.79	9.1	6
嘉　定	167.8	15.4	197.8	11.6	7.1
浦　东	684.51	12.1	820.36	11.1	9.3
金　山	56.59	12.2	125.37	10.5	8
松　江	111.74	8	164.47	8.1	5.5
青　浦	104.1	17.4	152.8	10.8	7.2
奉　贤	72.91	10.4	151.83	16.5	3.3
崇　明	45.9	13.3	109.7	16.4	7.9
区县平均	1 546.55	12.3	2 137.84	11.4	6.8

地方财政收入和支出总量比较,2014 年,上海郊区地方财政收入仍明显低于财政支出,9 个区县财政总收入占财政总支出的比重约为 72.3%,财政收支缺

口约 591 亿元,相对上年继续拉大。但区县之间差异较大,闵行、嘉定、青浦三区地方财政收支缺口相对上年有所缩小,其他区县不同程度扩大。

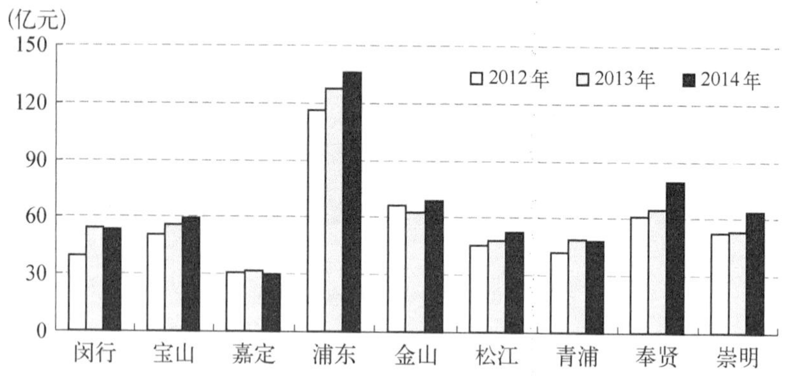

图 5　2012～2014 年上海郊区各区县地方财政支出与收入差额变化

(四) 居民收入稳步增长,城乡收入差距有所缩小

2014 年,上海郊区城乡居民家庭人均可支配收入实现了较快增长,平均增速分别达到 10%和 11.2%,相对上年有不同程度回升,且农村居民家庭人均可支配收入增长快于城镇,领先势头有所增强。

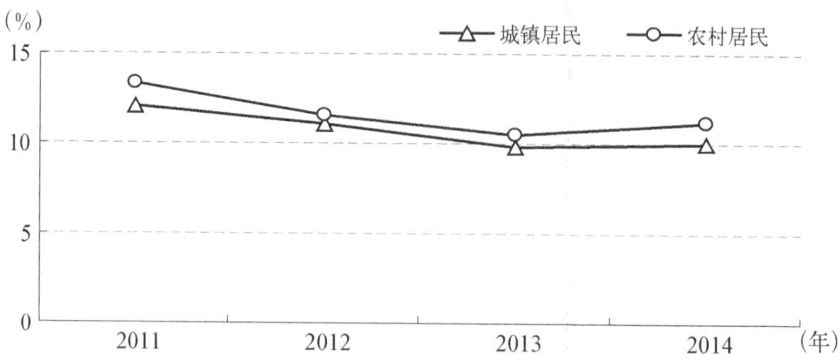

图 6　2011～2014 年上海郊区城乡居民家庭人均可支配收入增速变化

分区县来看,2014 年,上海郊区各区县的城镇居民家庭人均可支配收入增速均为 10%左右,农村居民家庭人均可支配收入增速均达到 10%以上,农村居民收入增速全部快于城镇。横向比较,区县间的城乡居民收入增速差异较小,但实际的收入差距比较明显。其中,城镇居民家庭人均可支配收入浦东新区最高,

约4.96万元,闵行区和嘉定区也已突破4万元,宝山区和松江区接近4万元,其他区县介于3.5万元~3.8万元之间,最高收入和最低收入差近1.5万元。农村居民家庭人均可支配收入闵行区最高,约2.7万元,宝山、嘉定、浦东、松江、青浦、奉贤处于2万元~2.5万元之间,金山区接近2万元,崇明县尚不足1.5万元;最高收入和最低收入差近1.3万元。

表3　　2014年上海郊区各区县城乡居民家庭人均可支配收入

区　县	城镇居民收入(元)	增长(%)	农村居民收入(元)	增长(%)
闵　行	40 637	9.8	27 560	10.7
宝　山	39 881	9.7	24 670	10.3
嘉　定	40 042	10.2	23 831	13.1
浦　东	49 628	9.8	21 814	11.7
金　山	36 433	10.1	19 436	11.1
松　江	39 510	10.1	21 736	10.8
青　浦	37 624	9.7	20 100	10.9
奉　贤	36 444	10.1	20 611	10.8
崇　明	35 058	10.1	14 911	11.1
区县平均	39 473	10.0	21 630	11.2

2014年,上海郊区城乡收入比继续呈现小幅收窄的良好发展势头。9个区县平均的城乡收入比为1.82,较上年下降0.02个百分点,比全市城乡收入比低0.43个百分点。分区县来看,2014年,各区县的城乡收入比均稳步缩小。横向比较,仍呈现近郊地区城乡收入差距较小,远郊地区城乡收入差距较大的结构特征。闵行区城乡收入比降至1.47,所有区县中最小,崇明县城乡收入比为2.35,所有区县中最高,浦东新区城乡收入比也达到2以上,高于全市,其他区县均在2以下,低于全市。

表4　　2010~2014年上海郊区各区县城乡收入比变化

区　县	2010年	2011年	2012年	2013年	2014年
闵　行	1.53	1.51	1.50	1.49	1.47
宝　山	1.67	1.63	1.63	1.63	1.62

(续　表)

区　县	2010 年	2011 年	2012 年	2013 年	2014 年
嘉　定	1.74	1.71	1.71	1.69	1.68
浦　东	2.33	2.32	2.32	2.31	2.28
金　山	2.12	2.05	1.91	1.89	1.87
松　江	1.87	1.85	1.85	1.83	1.82
青　浦	1.94	1.91	1.91	1.89	1.87
奉　贤	1.82	1.80	1.80	1.78	1.77
崇　明	2.42	2.41	2.41	2.37	2.35
区县平均	1.90	1.87	1.85	1.84	1.82
上海市	2.32	2.32	2.31	2.28	2.25

但是,城乡居民收入的绝对差额仍呈扩大趋势。2014 年,9 个区县平均的城乡收入差达 1.78 万元,较上年扩大了 1 400 多元;各区县的城乡收入差额相对上年均不同程度拉大,全部达到 1 万元以上;除闵行区外,所有区县的城乡收入差额均达到 1.5 万元以上,浦东新区和崇明县超过 2 万元。

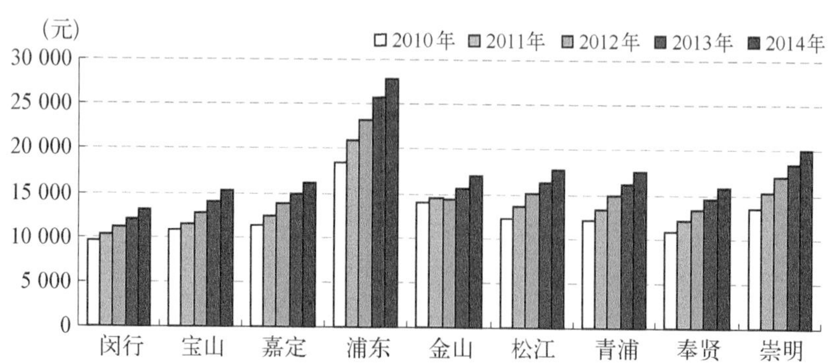

图 7　2010～2014 年上海郊区各区县城乡居民家庭人均可支配收入差额变化

上海郊区城镇居民家庭人均可支配收入与全市平均水平的差距较大,且呈拉大趋势。2014 年,上海郊区 9 个区县平均的城镇居民家庭人均可支配收入约 3.9 万元,比上海市城镇居民家庭人均可支配收入低 8 000 多元,差距较上年增大。分区县来看,仅浦东新区城镇居民家庭人均可支配收入高于全市,其他区县均与全市水平存在较大差距。

表 5　**2010～2014 年上海郊区各区县城镇居民家庭人均可支配收入变化及与全市比较**

（单位：元）

区　县	2010 年	2011 年	2012 年	2013 年	2014 年
闵　行	27 403	30 578	33 700	37 010	40 637
宝　山	26 917	29 604	32 948	36 355	39 881
嘉　定	26 611	29 764	33 222	36 336	40 042
浦　东	32 330	36 815	40 901	45 199	49 628
金　山	26 520	28 640	30 082	33 091	36 433
松　江	26 381	29 608	32 800	35 886	39 510
青　浦	25 018	28 050	31 274	34 297	37 624
奉　贤	23 938	27 011	30 209	33 050	36 444
崇　明	23 069	26 149	29 235	31 842	35 058
区县平均	26 465	29 580	32 708	35 896	39 473
上海市	31 838	36 230	40 188	43 851	47 710

二、2014 年上海郊区产业转型分析

2014 年，上海郊区各区县积极改革完善区域产业政策，推进产业结构调整，促进传统产业升级，培育“四新”经济。例如，宝山区修订形成《宝山区产业发展纲要（2014 年版）》和《宝山区重点产业发展目录（2014 年版）》，出台新一轮支持产业发展“1＋9”政策体系汇编，通过扶持项目 864 个，落实专项扶持资金 2.06 亿元，以“基金＋基地”模式带动产业转型。浦东新区出台产业项目准入管理办法，制定产业结构调整三年行动计划。松江区探索出了以“区区合作、品牌联动”促进区域产业转型的新路径。奉贤区制定产业结构调整三年行动计划，淘汰一批“三高一低”企业，收回闲置土地。崇明县制定产业结构调整三年（2014～2016 年）行动计划，出台工业区转型升级三年（2014～2016 年）行动计划，落实项目全生命周期管理机制。在一系列政策举措的推动下，产业转型升级取得积极成效。

(一) 产业结构持续优化,服务业比重明显提升

2014年,上海郊区产业结构优化调整成效较明显。突出表现为第三产业增速快于其他产业,领跑地方经济,三次产业结构呈现第一、第二产业比重持续下降,第三产业比重稳步提高的演进特征。2014年年末,上海郊区9个区县第三产业平均增速为10.7%,比第二产业增速高6.9个百分点,比经济增速高3.9个百分点;第三产业增加值占地区增加值的比重较上年提高2.5个百分点。

分区县来看,2014年除嘉定区外,其他区县第三产业增速均高于第二产业和经济增速,所有区县第三产业比重相对上年均不同程度提高。浦东新区第三产业比重达到67%,超过"十二五"规划预期目标,高于全市,宝山区第三产业比重接近60%,两区均呈现较明显的"三二一"型产业结构特征,开始向服务型经济主导转变;闵行、青浦、崇明、松江四个区县的第三产业比重超过40%,闵行、青浦和崇明二、三产业比重差缩小到10个百分点以内,经济发展向工业和服务业并重支撑转变;其他区第三产业比重低于40%,二、三产业比重差较大,经济发展仍呈现比较明显的工业主导特征。

表6　2014年上海郊区各区县三次产业增长速度　(单位:%)

区　县	增加值	第一产业	第二产业	第三产业
闵　行	7.1	−9.5	0.7	16.1
宝　山	6.0	−8.6	3.1	8.1
嘉　定	7.1		7.3	6.9
浦　东	9.3	4.5	3.4	12.7
金　山	8.0	−0.8	7.5	11.2
松　江	5.5	0.6	4.7	6.8
青　浦	7.2	−3.6	3.3	12.5
奉　贤	3.3	−5.3	1.4	7.2
崇　明	7.9	2.1	3.1	14.8
区县平均	6.8	−2.6	3.8	10.7

表 7　　2014 年上海郊区各区县三次产业结构　　(单位：%)

区　县	第一产业	第二产业	第三产业	第三产业比重变化
闵　行	0.1	54.9	45.0	比上年提高 3.5 个百分点
宝　山	0.2	40.5	59.3	比上年提高 2.0 个百分点
嘉　定	0.4	60.4	39.2	比上年提高 0.6 个百分点
浦　东	0.4	32.6	67.0	比上年提高 2.6 个百分点
金　山	2.4	58.4	39.2	比上年提高 1.8 个百分点
松　江	0.9	57.9	41.2	比上年提高 1.5 个百分点
青　浦	1.1	53.5	45.4	比上年提高 2.2 个百分点
奉　贤	2.6	59.5	37.9	比上年提高 2.0 个百分点
崇　明	8.6	47.1	44.2	比上年提高 2.6 个百分点
区县平均	0.8	43.6	55.6	比上年提高 2.5 个百分点

(二) 传统产业改造加快，高度化升级成效初显

2014 年，上海郊区以重点区域、重大项目、重要平台等建设为主要载体，加快淘汰落后产能，推动传统产业改造，工业、服务业和农业均呈现向现代化、高度化转型升级的良好发展态势。

2014 年，上海郊区工业结构呈现积极调整变化，先进制造业发展加快。宝山区调整集装箱堆场及“六大行业”，工业十大主要行业中，黑色金属冶炼和压延加工业等传统行业产值负增长，比重下降，通用设备制造业等装备制造业产值增长，比重提升。闵行区聚焦重点园区，促进传统工业改造及新型项目引进。例如，漕河泾开发区浦江高科技园中航工业集团公司航空电子产业基地项目竣工验收、莘庄工业区华电燃气热电冷三联供改造项目(一期)试投产等一批项目有序推进。嘉定区结合上海大众转型升级，巩固提升汽车产业发展优势，推动汽车全产业链建设，全年汽车制造业完成产值 3 645.6 亿元，同比增长 8.3%，占规模以上工业总产值(属地)的 53.9%，比重较上年提升。浦东新区淘汰落后产能 80 项，完成锅炉、窑炉清洁能源替代 390 台。金山区完成产业结构调整项目 81 项，腾出土地 764 亩，削减能耗 3.8 万吨标煤，替代燃煤(重油)锅炉和窑炉 260 台；

整合精细化工、物流产业园区、化工孵化器，组建区级层面的金山第二工业区。青浦区推进工业区转型升级、产业结构调整两个三年行动计划，全年共调整项目427个，完成185台燃煤(重油)锅炉、51台工业窑炉清洁能源替代。

2014年，上海郊区各区县积极拓展服务业领域，大力发展现代服务业，取得积极进展。例如，闵行区加快推进虹桥商务区核心区、七宝生态商务区、莘庄商务区、南方商务区等现代服务业集聚区建设；重点聚焦楼宇经济，全区128幢重点楼宇总税收、单位面积税收和重点楼宇税收占区域总税收的比重分别实现了21.7%、18.6%和11.8%的快速增长；大力培育文化创意产业等现代服务业，21个项目获得市文创资金专项扶持，吸引中国网络剧微电影创意创业中心落户。嘉定区吸引德尔福派克(上海)国际管理有限公司等3家企业总部落户，跨国公司地区总部及各类研发、销售中心43家，总部经济实现跨越式发展；新增文化与信息类企业1 654家，同比增长137%；实现电子商务交易额1 105亿元，同比增长53.4%。松江区电子商务和文化创意产业快速发展，方松、永丰、中山、石湖荡等电商集聚区加速推进，仓城影视、创异工房等产业集聚区实现税收8.59亿元。青浦区成功举办国际汽车商品交易会和时尚生活消费展；"全国快递行业转型发展示范区"建设有序推进，快递行业预计实现业务收入增长63%，占全国、全市比重分别达到10.6%、59.4%。

2014年，上海郊区农业现代化进程加快，农业标准化、品牌化、规模化和组织化等水平进一步提升。至年末，累计建成标准化畜禽养殖场300家、标准化水产养殖场247家、设施粮田面积86.53千公顷、市级蔬菜标准园128家；农业产业化龙头企业386家，农民专业合作社3 192家，经农业主管部门认定的粮食家庭农场2 787个。许多区县完善现代农业政策，促进现代都市农业发展。例如，闵行区出台加快发展现代都市农业、推进粮食生产家庭农场发展等方面的政策文件。农业规模化经营率达到86%；无公害农产品、绿色食品、有机农产品认证比例提高到73.5%；培育发展粮食类家庭农场35家，生产经营面积约6 408亩，农民专业合作社累计达到108家，农业品牌100个。嘉定区2014年累计拥有农业产业化龙头企业8家，其中国家级1家、市级3家；年末"三品一标"认证率达到67.7%；获得中国名牌农产品称号的企业1家，上海名牌农产品7家，上海市著名商标10家。浦东新区优化现代农业示范区功能布局，"5+6+1"示范区域基础设施初具形态，规范引导农民承包地经营权流转，土地流转率提高到66%

以上，全年发展粮食及粮经型家庭农场190家。松江区家庭农场发展至1 240户，经营面积15.28万亩，占全区粮食播种面积的90.9%，其中机农一体型增加到405户，种养结合型增加到73户，合计占全区家庭农场的38.5%。崇明县推进覆盖批发市场、超市、卖场、标准化菜场、电子商务、团购等多种形式的农产品产销一体化体系建设，农产品物流配送堡镇分中心建成运营，品牌农产品占主要农产品销售额达45%以上，地产农产品安全监管平台投入使用，深入推进国家现代农业示范区建设，建成市、县级蔬菜标准园7个。

（三）新兴产业发展较快，“四新”经济呈现亮点

2014年，上海郊区各区县积极探索新的经济增长动力和发展方式，将新产业、新业态、新技术和新模式作为重要方向，“四新”经济呈现较好的发展态势。

2014年，上海郊区各区县继续加快培育和发展战略性新兴产业，大部分区县战略性新兴产业实现了较快增长，成为区域经济发展的新亮点；部分区县战略性新兴产业产值负增长，但其中部分行业仍实现了高速增长。闵行区新能源、高端装备等七大战略性新兴产业共实现工业总产值1 244.9亿元，比上年增长4.8%，占全区规模以上工业总产值的36.8%，比重明显高于全市平均水平，战略性新兴产业已经成为闵行区工业经济的重要支撑。宝山区七大战略性新兴产业共实现工业总产值284.25亿元，同比下降4.1%，占全区规模以上工业总产值的比重达20%。分行业来看，新能源和新能源汽车两大产业高速增长，新一代信息技术产业小幅增长。嘉定区战略性新兴产业制造业部分实现产值564.8亿元，同比增长8.2%，占全区规模以上工业总产值的18.1%。浦东新区战略性新兴产业制造业部分产值增长8.8%，高于全市平均增幅，占全市的比重达32%；其中生物医药、航空航天、新能源“三新”产业实现总产值517.62亿元，增长4.9%。金山区新能源、新材料、生物医药三大产业增长较快，合计实现产值267.1亿元，占属地企业产值比重的27.6%。松江区战略性新兴产业六大行业制造业部分共实现产值676.62亿元，同比增长2.1%，占全区工业产值的17.7%，比重较上年有所提高。青浦区战略性新兴产业制造业部分共实现产值436.2亿元，比上年增长3.7%，占全区规模工业总产值的27.6%，其中新一代信息技术、生物和节能环保产业增长较快，增速分别达到13.5%、7.4%

和6%。奉贤区智能电网、生物医药、新材料、新能源四大战略性新兴产业共实现产值 487.2 亿元，其中新能源产业高速增长，生物医药产业增长较快。

表 8　　2014 年上海郊区部分区县战略性新兴产业发展情况

区 县	战略性新兴产业范围	制造业部分产值(亿元)	增速(%)
闵 行	新能源、高端装备、生物医药、新一代信息技术、新材料、新能源汽车、节能环保	1 244.9	4.8
宝 山	合 计	284.3	−4.1
	新能源	6	42.1
	高端装备	74.8	−0.7
	生 物	18.5	−2.8
	新一代信息技术	24	2.6
	新材料	155.4	−6.3
	新能源汽车	0.1	24.8
	节能环保	18.6	−9.4
嘉 定	战略性新兴产业	564.8	8.2
浦 东	“三新”产业	517.6	4.9
	生物医药	411.9	5.1
	航空航天	12.2	13.9
	新能源	93.5	3.1
金 山	新材料产业	155.7	16.3
	新能源产业	24.3	64
	生物医药产业	87.1	6.2
松 江	战略性新兴产业	676.6	2.1
	新能源	32.3	−19.5
	高端装备	162.3	−0.8
	生物医药	26.4	−2.4
	新一代信息技术	301.5	6.5
	新材料	162.9	4.7
	节能环保	2.5	−16.1

（续 表）

区 县	战略性新兴产业范围	制造业部分产值(亿元)	增速(%)
青 浦	战略性新兴产业	436.2	3.7
奉 贤	智能电网(输配电)	133.4	−11.3
	生物医药	118.9	9.3
	新材料	121.9	−11.3
	新能源	113.1	114

2014年，上海郊区部分地区已经明确了"四新"经济发展目标，采取积极措施促进"四新"经济发展，初步形成了一定的亮点和特色。

表9　2014年上海郊区部分区县"四新"经济发展概况

区 县	"四新"经济发展情况
闵 行	形成一批"四新"企业集聚的园区和基地：漕河泾开发区创新创业园、莘闵高新技术暨回国留学人员科技创业园区、国家863软件专业孵化器(上海)基地、紫竹大学生/教师创业中心、紫竹数码创意港、起点创业营、沧源科技园
	拥有智能制造、智能电网、智能传感器、3D打印、卫星导航、生物医药、网络视听、移动互联网、新能源汽车等20多个重点领域近350家"四新"企业
宝 山	移动互联网、大数据、云计算等新兴企业引进取得突破。引进全国首创020房产众销平台、中国最大的母婴垂直数据和大健康移动互联网数据平台、全国继"跨境通"之后第二家跨境贸易电子交易平台、大数据分析挖掘和营销、移动互联网数据分析及营销、金融支付等类型的新兴企业
松 江	大力培育具有独特技术和自主品牌的成长型骨干企业，聚集3D打印、机器人和智能制造等领域100多家"四新"企业
金 山	"四新"经济初具雏形，新型显示、工业机器人、新能源汽车等14个领域的引领性产业项目逐步成形

三、2015年上海郊区经济发展展望

(一) 国际经济环境及对上海郊区发展的影响分析

2015年，世界经济仍将处于深度调整之中，复苏基础仍然较弱。尤其是国

际石油价格走向及市场反应、金融市场波动性、地缘政治问题等方面的不稳定和不确定影响因素仍然居高不下，且存在新旧问题叠加的风险。但主要经济体都在努力推动重大改革，促进经济平稳较快发展。综合预期，世界经济将会以温和复苏为主，国际贸易市场有望进一步回暖。但国际贸易壁垒升级和成本竞争优势弱化，也将增大对外贸易压力。同时，主要经济体增长情况仍会呈现比较明显的分化格局。在此背景下，总体预期 2015 年出口形势会企稳向好，但出口市场和出口产品结构对出口影响比较大。从上海郊区来看，美国、欧盟、东盟、日本以及香港地区是近年最主要的几大出口市场，其中美国份额最高，美国经济较强势复苏预期较高，对美国的出口有望呈回升增长态势；而对欧盟、香港及其他新兴市场的出口，近年呈现较快增长势头。因此，2015 年，上海郊区出口形势虽然仍将比较严峻，但总体形势比较乐观，出口有望实现较快增长。

（二）国内经济环境及对上海郊区发展的影响分析

2015 年是我国“十二五”规划的收官之年，受严峻的外部环境形势影响，地方政府普遍面临经济下行及全面完成规划目标的压力。2014 年 12 月中央经济工作会议明确提出我国经济发展进入新常态，2015 年，坚持稳中求进工作总基调，坚持以提高经济发展质量和效益为中心，主动适应经济发展新常态，保持经济运行在合理区间，把转方式、调结构放到更加重要位置。国家宏观经济政策重心从速度转向质量，为各地经济发展明确了方向，减轻了追求经济增长的压力，为转型发展创造了更多空间。对上海郊区而言，减轻了经济增长指标考核的压力，更利于将发展重心放在转方式、调结构方面。同时，国家深化经济体制改革的宏观政策相继出台，也利于地方政府加快机制体制改革创新，释放发展活力，探索新增长动力。但中央经济工作会议对 2015 年经济工作的“主要任务”中也明确提出要努力保持经济稳定增长。保持经济运行在合理区间，努力实现较快增长，仍是发展的基础和保障。2015 年年初，国家层面促进房地产市场平稳健康发展的新政相继出台，房地产市场出现积极变化。对上海郊区而言，有望进一步释放和盘活更多存量房产资源，尤其是临近中心城区或有轨道交通站点的新城、新镇地区，将带动房产消费，促进经济发展。

(三) 区域发展环境及对上海郊区发展的影响分析

长三角地区是我国综合经济实力最强的地区,是带动我国经济发展的重要引擎,但也是最先进入增速下滑、结构转换等转型关键阶段的地区。自 2008 年国际金融危机后,长三角地区经济增速开始跌落至全国后列,当前面临原有经济增长动力减弱、资源环境约束升级、综合成本攀升、传统发展模式难以为继等发展困境。整合资源,协同培育整体竞争优势,实现区域共同繁荣,是新常态下长三角地区经济发展的内生要求。上海郊区与长三角相邻地区存在较深的历史渊源关系,尤其是与江苏、浙江接壤的区县,跨行政区之间存在比较紧密的经济、社会和文化联系。内生协同发展需求的增强,为上海郊区深化与长三角地区的对接合作领域带来更多机遇和可能。

(四) 上海市发展政策变化对郊区发展的影响分析

在 2014 年历时一年广泛深入的城乡发展一体化重点课题调研的基础上,加快推进城乡发展一体化从研究层面上升到实践层面,被列为 2015 年上海市委、市政府重点工作之列。2015 年 1 月 25 日,上市政府工作报告明确将“着力缩小城乡差距,加快推进城乡发展一体化”列为 2015 年着力推进的八大工作之一,提出继续推动城市建设重心向郊区转移、公共资源配置向郊区倾斜,加快形成与城乡发展一体化相适应的体制机制和政策体系。其中包括加快建设连接中心城与郊区的重要交通线和区区对接道路等重要功能载体建设任务。1 月 30 日,上海市委以 2 号文件发布《中共上海市委、上海市人民政府关于推动新型城镇化建设促进本市城乡发展一体化的若干意见》(沪委发〔2015〕2 号),其中提出了做实基本管理单元、开展强镇扩权试点、加快市郊快速轨道交通和公路建设、研究支持市郊产业园区二次开发的资金和用地支持政策等重大政策机制的突破性创新,明确了各项目标任务的牵头部门和主要参加单位。据报道,围绕《若干意见》还会陆续出台 21 项配套性政策文件,涵盖深化完善镇村规划体系、加快农业结构调整、强化农村生态环境整治、加强郊区农村基础设施建设、促进基本公共服务均等化等 8 个领域。上述政策措施的实施,有利于破解郊区发展中的瓶颈问题,释放郊区发展活力,促进郊区转型升级发展。

(五) 2015年上海郊区经济发展展望

综上分析,从外部环境来看,2015年,上海郊区发展的环境形势中既蕴含较多机遇,也存在严峻挑战。从上海郊区自身发展情况来看,已进入发展阶段转变、经济结构转变、发展模式转变等的转型关键阶段。原有产业发展优势弱化,战略性新兴产业和"四新"经济虽然发展态势较好,但仍处于起步培育阶段,还不足以支撑和引领区域经济发展。区域创新活力虽然逐渐提升,但创新能力仍然较弱,尚未形成经济发展的关键支撑和竞争优势。同时,也面临综合成本攀升,人口、资源和环境约束升级等严峻问题,经济发展压力凸显。

从拉动经济增长的"三驾马车"来看,2015年,外需有望保持温和回升的向好发展势头,对经济增长起到积极的拉动作用;投资缺乏重大项目拉动,后劲不足,预期不会出现明显反弹;内需存在较大的不确定性,如果能够培育具有较强拉动力的消费热点,释放大众潜在消费需求,内需会呈现较快增长,否则仍会延续稳中略降的增长态势。因此,总体判断,2015年,上海郊区经济增长审慎乐观,经济下行压力依然较大。

但是,从促进经济转型升级的角度来看,世界新技术和产业变革,国家新一轮宏观调控政策、上海市城乡发展一体化政策、国家新型城镇化试点等的深入落实实施,都为上海郊区经济转型和升级发展带来重要机遇。为此,上海郊区各区县政府应充分把握重大发展机遇,结合"十三五"规划和新一轮城市规划、区域规划的编制,优化调整发展方向,研究确定新形势下的发展方向、目标任务,优化发展格局,深化关键领域的机制体制改革,破解地区经济发展中的瓶颈问题,释放区域经济发展活力,加快培育新的经济增长动力,探索新的发展方式。区县政府应主动沟通对接,在原有良好合作的基础上,深化与长三角地区的联动和协作发展,尤其是与江苏、浙江接壤的区县,深化规划、交通、产业、生态、生活等领域的对接,探索协同发展的新路,培育整体竞争优势,实现共同发展繁荣。

（执笔：薛艳杰　王振）

上海郊区工业：2014 年发展与 2015 年展望

2014 年，面对复杂严峻的宏观经济环境，在党中央、国务院和中共上海市委、上海市人民政府的坚强领导下，上海郊区坚持稳中求进、改革创新，主动适应经济发展新常态，积极采取关键措施应对有效需求不足的挑战，工业经济平稳发展。2015 年是“十二五”规划的收官之年，上海郊区工业运行仍将面临外需不稳、内需偏弱的不利局面，必须全力推进创新驱动发展，切实转变工业经济发展方式，保持工业经济平稳运行。

一、2014 年郊区工业发展概况

2014 年，上海经济保持平稳增长，经济发展质量和效益进一步提高。全年实现上海市生产总值(GDP)23 560.9 亿元，比上年增长 7%。分产业看，第一产业实现增加值 124.3 亿元，增长 0.1%；第二产业实现增加值 8 164.8 亿元，增长 4.3%；第三产业实现增加值 15 271.9 亿元，增长 8.8%。第三产业增速继续领跑三大产业，占上海市生产总值的比重达到 64.8%，比上年提高 1.6 个百分点。按常住人口计算的上海市人均生产总值为 9.73 万元。

(一) 工业生产增速下降，不同区县差异较大

2014 年，上海实现工业增加值 7 362.8 亿元，比上年增长 4.3%，增速比地区生产总值低了 2.7 个百分点。上海郊区完成地区生产总值 14 358.9 亿元，增长

7.9%;完成工业增加值5 748.2亿元,增长3.9%,增速比上年下降2.1个百分点,占郊区地区生产总值的比重为40%,高出全市平均水平8.7个百分点。分区县看,除了闵行区工业增加值略有下降外,其他区县均实现了不同程度的增长。

表1　　2014年上海郊区地区生产总值及其增长速度

区　县	地区生产总值			工业增加值			工业占地区生产总值(%)
	规　模(亿元)	增速(%)		规　模(亿元)	增速(%)		
		2013年	2014年		2013年	2014年	
上海市	23 560.9	7.7	7.0	7 362.8	6.3	4.3	31.3
浦东新区	7 109.7	9.7	9.3	2 135.4	1.5	3.4	30.0
闵行区	1 843.8	8.0	7.1	933.3	4.2	−0.2	50.6
宝山区	964.6	8.3	6.0	319.4	11.0	1.4	33.1
嘉定区	1 133.3	8.1	7.1	645.6	7.6	7.3	57.0
松江区	969.5	3.5	5.5	525.3	1.9	4.5	54.2
金山区	570.0	12.5	8.5	309.0	13.8	7.2	54.2
青浦区	827.4	7.5	7.2	422.7	3.2	3.0	51.1
奉贤区	668.4	3.5	3.3	364.7	−0.5	0.1	54.6
崇明县	272.2	6.8	7.9	92.8	−5.1	1.0	34.1
郊区合计	14 358.9	8.4	7.9	5 748.2	6.0	3.9	40.0

资料来源:2013年、2014年《上海市国民经济和社会发展统计公报》;2013年、2014年12月上海相关区县统计月报。

从工业总产值来看,上海2014年完成工业总产值34 071.2亿元,增长1.6%,其中,规模以上工业总产值32 237.2亿元,增长1.6%。上海郊区完成规模以上工业总产值25 044.5亿元,增长2.6%,高于全市平均水平1.0个百分点。

表2　　2011～2014年上海郊区规模以上工业总产值及其增长速度

区　县	2011年		2012年		2013年		2014年	
	规模(亿元)	增速(%)	规模(亿元)	增速(%)	规模(亿元)	增速(%)	规模(亿元)	增速(%)
上海市	31 987.4	6.4	31 548.4	−0.4	32 088.9	4.4	32 237.2	1.6
浦东新区	9 253.6	10.6	9 225.6	1.1	9 137.4	1.0	9 119.9	1.1

（续 表）

区 县	2011 年		2012 年		2013 年		2014 年	
	规模（亿元）	增速（%）	规模（亿元）	增速（%）	规模（亿元）	增速（%）	规模（亿元）	增速（%）
闵行区	3 830.0	4.4	3 570.9	−3.5	3 626.4	3.6	3 419.2	−3.3
宝山区	1 209.4	15.9	1 348.7	11.5	1 469.9	9.0	1 418.7	−3.5
嘉定区	2 573.7	15.9	2 677.7	1.3	2 984.2	8.2	3 119.9	4.4
松江区	3 980.7	−3.9	3 458.2	−12.6	3 495.2	0.2	3 518.3	0.4
金山区	926.5	16.5	844.0	−3.0	912.9	9.2	964.9	3.3
青浦区	1 412.1	12.5	1 485.4	5.2	1 525.6	2.7	1 579.7	3.5
奉贤区	1 441.2	20.5	1 578.5	6.7	1 568.3	−5.2	1 585.4	−1.0
崇明县	419.1	22.6	381.1	−11.0	318.6	−14.2	318.4	−1.0
郊区合计	25 046.3		24 570.2	−1.4	25 038.5	8.1	25 044.5	2.6

资料来源：2011～2014 年《上海市国民经济和社会发展统计公报》；2011～2014 年 12 月上海相关区县统计月报。

（二）股份制经济平稳发展，细分行业差异较大

股份制经济增速较快。2014 年，在规模以上工业中，国有经济完成工业总产值1 015.2 亿元，同比下降 0.8%，占规模以上工业的比重为 3.1%；股份制经济完成工业总产值 11 022.7 亿元，同比增长 2.4%，占规模以上工业的比重为 34.2%，比上年提高 3.6 个百分点；外商及港澳台投资完成工业总产值 19 968.4 亿元，占规模以上工业的比重为 61.9%，比上年减少 0.6 个百分点。分行业看，不同行业发展存在较大的差异。在上海的 35 个工业行业中，有 17 个行业生产同比有所增长，比上年减少了 8 个行业，其中，燃气生产和供应业，铁路、船舶、航空航天和其他运输设备制造业，文教、工美、体育和娱乐用品制造业，汽车制造业增长较快，同比增长分别为 49.7%、12.2%、10.9%和 10.5%，增速均在 10%以上；有 18 个行业生产同比有所下滑，其中，石油加工、炼焦和核燃料加工业，石油和天然气开采业，纺织服装、服饰业，电力、热力生产和供应业回落速度较为明显，回落速度均超过 6%。

表 3　　2011～2014 年上海规模以上工业总产值分类发展情况

项　目	2011 年		2012 年		2013 年		2014 年	
	规模（亿元）	增速（%）	规模（亿元）	增速（%）	规模（亿元）	增速（%）	规模（亿元）	增速（%）
全市工业总产值	33 834.4	6.6	33 186.4	−0.3	33 899.4	4.3	34 071.2	1.6
规模以上工业总产值	31 987.4	6.4	31 548.4	−0.4	32 088.9	4.4	32 237.2	1.6
#轻工业	6 664.0	7.9	6 816.5	1.4	7 162.6	5.3		
重工业	25 323.4	6.1	24 732.0	−0.9	24 926.3	4.1		
#国有经济	1 263.4	3.0	1 291.3	0.6	1 346.2	2.7	1 015.2	−0.8
股份制经济	10 342.4	6.8	10 177.1	−1.0	9 821.7	2.8	11 022.7	2.4
外商及港澳台投资	19 645.8	6.4	19 397.5	平	20 055.5	5.2	19 968.4	1.3
#国有控股	12 419.4	6.9	11 966.2	0.6	11 970.2	7.9	12 094.6	2.3
#大型工业	13 906.0	6.4	16 843.1	−1.6	17 722.2	3.8	17 464.7	1.0
中型工业	10 169.6	6.7	7 089.1	0.4	6 817.9	5.5	7 019.5	2.2
小型工业	7 911.9	6.2	7 616.3	1.5	7 548.7	4.7	7 753.0	2.4

资料来源：上海统计网。

表 4　　2014 年上海规模以上工业行业主要发展指标

行　业	总产值		主营业务收入		利润总额	
	规模（亿元）	增长（%）	规模（亿元）	增长（%）	规模（亿元）	增长（%）
合　计	32 237.2	1.6	35 169.9	2.0	2 661.1	10.4
石油和天然气开采业	8.5	−14.5	9.3	−2.5	1.6	13.5
农副食品加工业	343.5	−1.6	410.2	−4.4	13.5	−7.0
食品制造业	615.7	−2.7	712.9	1.8	41.1	−8.7
酒、饮料和精制茶制造业	109.5	1.7	131.2	8.9	8.7	2.1
烟草制品业	946.0	9.8	932.0	9.7	231.9	9.5
纺织业	223.6	−1.0	229.7	−4.8	16.5	32.2
纺织服装、服饰业	387.4	−7.7	406.5	−6.4	2.1	−76.3
皮革、毛皮、羽毛及其制品和制鞋业	189.0	3.4	189.4	4.7	11.5	12.7

（续 表）

行　业	总产值		主营业务收入		利润总额	
	规模（亿元）	增长（%）	规模（亿元）	增长（%）	规模（亿元）	增长（%）
木材加工和木、竹、藤、棕、草制品业	74.5	−0.7	75.9	−0.4	1.9	−49.0
家具制造业	284.4	8.0	274.6	4.4	28.5	3.1
造纸和纸制品业	275.8	−0.9	301.7	2.2	8.1	−39.5
印刷和记录媒介复制业	179.2	−0.8	184.7	−1.1	17.5	3.5
文教、工美、体育和娱乐用品制造业	399.4	10.9	513	4.2	25.7	11.9
石油加工、炼焦和核燃料加工业	1 421.1	−15.9	1 431.4	−19.2	−22.4	—
化学原料和化学制品制造业	2 619.4	1.1	2 780.4	0.8	129.3	−7.8
医药制造业	621.1	4.1	612.9	5.6	82.1	10.1
化学纤维制造业	43	1.8	41.7	−1.2	1.5	−42.0
橡胶和塑料制品业	912.6	3.3	925.8	0.7	54.7	−9.9
非金属矿物制品业	581.4	4.6	618.2	5.5	35.9	26.4
黑色金属冶炼和压延加工业	1 488.2	−2.3	1 806.9	−8.7	65.1	−7.1
有色金属冶炼和压延加工业	446.4	−0.2	467.3	5.9	13.7	24.3
金属制品业	931.8	−0.8	974	−2.2	52.7	−5.9
通用设备制造业	2 610.4	4.0	2 721.5	2.4	178.6	−0.3
专用设备制造业	1 062.2	−3.1	1 094.4	−2.6	81.8	−0.3
汽车制造业	5 319	10.5	6 615.7	10.7	1 118.1	23.5
铁路、船舶、航空航天和其他运输设备制造业	795.7	12.2	790.5	15.2	16.1	3.8倍
电气机械和器材制造业	2 255.2	5.5	2 304.4	3.9	168.7	26.1
计算机、通信和其他电子设备制造业	5 234.2	−2.9	5 662.7	2.1	146.4	44.0
仪器仪表制造业	328.4	3.4	353.5	2.2	37.4	1.3
其他制造业	52.7	2.0	51.8	2.4	4.3	−2.8

(续　表)

行　　业	总产值		主营业务收入		利润总额	
	规模(亿元)	增长(%)	规模(亿元)	增长(%)	规模(亿元)	增长(%)
废弃资源综合利用业	28.4	−1.6	31.6	−7.5	3.2	61.4
金属制品、机械和设备修理业	88	3.6	84.0	1.0	−1.9	—
电力、热力生产和供应业	1 083	−6.4	1 091.3	−4.6	86.7	−16.9
燃气生产和供应业	215.5	49.7	260.6	41.4	1.1	—
水的生产和供应业	63.3	−1.5	78.2	21.2	−0.2	—

资料来源：上海统计网。

(三) 工业投资大幅下滑，不同区县差异显著

2014 年，上海完成全社会固定资产投资总额 6 016.4 亿元，比上年增长 6.5%；完成工业投资 1 156.4 亿元，下降 6.5%。上海郊区完成全社会固定资产投资总额 4 396.2 亿元，比上年增长 3.6%，比全市平均水平低 2.9 个百分点；完成工业投资 843.1 亿元，大幅度下降 18.3%。分区县看，除了闵行区工业投资有所增长外，其他区县均发生了不同程度的下降，其中，崇明县工业投资比上年大幅度下滑了 53.5%。从工业投资占全社会固定资产投资的比重看，金山区为 53.7%，宝山区为 6.3%，两者相差 47.4 个百分点。

表 5　　2014 年上海郊区工业固定资产投资及其增长速度

区　县	全社会固定资产投资				工　业　投　资				所占比重(%)
	规　模(亿元)	增速(%)			规　模(亿元)	增速(%)			
		2012 年	2013 年	2014 年		2012 年	2013 年	2014 年	
上海市	6 016.4	3.7	7.5	6.5	1 156.4	1.1	−4.4	−6.5	19.2
浦东新区	1 765.7	1.4	15.4	5.2	303.8	−1.2	−7.6	−7.8	17.2
闵行区	466.7	5.8	51.6	−6.5	65.6	−10.3	−11.5	4.7	14.1
宝山区	337.2	−15.7	5.0	3.7	21.2	0.6	−33.0	−14.7	6.3
嘉定区	485.1	−1.6	20.3	1.1	99.5	6.3	−0.8	−14.3	20.5

（续　表）

区　县	全社会固定资产投资				工　业　投　资				所占比重(%)
	规　模(亿元)	增速(%)			规　模(亿元)	增速(%)			
		2012 年	2013 年	2014 年		2012 年	2013 年	2014 年	
松江区	314.8	−5.1	8.1	9.0	66.7	7.5	−13.4	−10.6	21.2
金山区	191.1	11.2	16.3	2.5	102.7	11.4	15.2	−11.2	53.7
青浦区	409.3	19.4	3.5	13.9	53	17.0	−4.4	−19.9	12.9
奉贤区	290.9	14.2	−3.0	−0.3	113.6	13.8	−6.9	−13.5	39.1
崇明县	135.3	0.9	2.5	0.2	17	225.6	−15.0	−53.5	12.5
郊区合计	4 396.2	1.9	14.7	3.6	843.1	7.1	−6.3	−18.3	—

资料来源：2012～2014 年《上海市国民经济和社会发展统计公报》；2012～2014 年 12 月上海相关区县统计月报。

从长三角地区城市比较看，上海固定资产投资增速处于较低水平，6.5%的增速仅仅高于苏州的 4%。舟山、镇江和泰州的固定资产投资增速均超过20%，分别为 28.1%、22.2%和 21.3%。实际上，除了苏州、上海和南京等少数城市外，多数城市固定资产投资增速均在 10%以上。从工业投资来看，除了南京、上海和苏州有所回落外，其他城市均实现了或多或少的增长。温州、舟山、泰州、马鞍山和台州的工业投资增速相对较快，分别增长了 24%、21.9%、20.9%、20.6%和 20%，工业投资增速领跑长三角地区诸城市。从固定资产投资和工业投资增速的比较来看，除了温州、马鞍山、台州和泰州等少数城市外，其他城市均是固定资产投资增速高于工业投资增速。

表 6　　2014 年长三角地区固定资产投资及其增长速度

城　市	固定资产投资		工 业 投 资		房地产开发投资	
	规　模(亿元)	增　长(%)	规　模(亿元)	增　长(%)	规　模(亿元)	增　长(%)
上海市	6 016.4	6.5	1 156.4	−6.5	3 224.1	13.7
南京市	5 430.8	6.6	2 152.0	−10.1	1 125.5	8.5
无锡市	4 634.2	16.0	1 746.3	12.5	1 269.5	12.5
常州市	3 310.1	16.1	1 680.2	11.1	681.5	0.0

(续　表)

城　市	固定资产投资		工 业 投 资		房地产开发投资	
	规　模（亿元）	增　长（%）	规　模（亿元）	增　长（%）	规　模（亿元）	增　长（%）
苏州市	6 054	4.0	2 305.8	−4.9	1 764.4	19.6
南通市	3 896.4	18.1	2 046.8	10.3	678.9	13.8
扬州市	2 416.7	19.3	1 330.7	15.0	360.4	14.1
镇江市	2 142.3	22.2	1 148.7	16.5	319.1	7.7
泰州市	2 200.2	21.3	1 197	20.9	288.4	6.4
杭州市	4 952.7	16.2	913.4	0.3	2 301.1	24.2
宁波市	3 989.5	16.6	1 263.2	19.0	1 328.1	18.3
温州市	3 052.8	16.6	750.9	24.0	808.9	10.1
嘉兴市	2 221.2	16.3	1 000.8	12.0	525.7	2.9
湖州市	1 242.9	16.2	569.6	7.8	342.8	28.1
绍兴市	2 304.7	15.1	1 106	10.6	613.5	14.2
金华市	1 594.8	16.9	720	8.1	367.7	−4.5
衢州市	782.1	16.6	357.3	12.4	95.2	7.1
舟山市	960.9	28.1	292.9	21.9	225.8	57.0
台州市	1 765.9	17.1	720	20.0	496.1	9.4
丽水市	665.1	16.6	184.8	1.0	157.6	32.6
芜湖市	2 392.6	17.2	1 153.8	15.9	479	7.4
宣城市	1 140.1	16.6	541.1	7.9	201.8	6.7
马鞍山市	1 674.7	17.0	792.7	20.6	245.6	−4.0

资料来源：湖州统计信息网；2014年江苏省、安徽省相关城市《国民经济和社会发展统计公报》。

(四) 利润总额增速放缓，企业亏损较为严重

2014年，上海规模以上工业实现利润总额2 661.1亿元，比上年增长10.4%，增速较上年减少2.7个百分点。分区县看，浦东新区、嘉定区实现的利

润总额增幅较大，而宝山区、奉贤区实现的利润总额下降颇多。从亏损企业亏损额看，奉贤区为 42.9 亿元，比上年大幅度增加 89.2%；浦东新区亏损企业亏损额也较上年增加了 54.7%。从亏损面来看，郊区各区县普遍在 20%以上，并高于全市平均水平。

表 7　　2014 年上海郊区规模以上工业经济效益情况

区　县	利润总额		亏损企业亏损额		亏损面
	规模(亿元)	增长(%)	规模(亿元)	增长(%)	数值(%)
上海市	2 661.1	10.4			21.2
浦东新区	782.6	13.1	57.2	54.7	23.1
闵行区	239.7	−11.8			22.5
宝山区	55.9	−25.2	23.5	38.2	25.2
嘉定区	257.7	12.9			
松江区	123.7	0.6			23.5
金山区	34	−5.5			
青浦区	76.2	5.1	14	25.1	23.2
奉贤区	39.4	−31.3	42.9	89.2	24.1
崇明县	−2.7				

注：浦东新区、金山区、青浦区和崇明县为 2014 年 1～11 月数据；宝山区亏损企业亏损额、亏损面为 2014 年 1～11 月数据；其他为 2014 年 1～12 月数据。

资料来源：2014 年《上海市国民经济和社会发展统计公报》；2014 年 12 月上海相关区县统计月报。

在长三角地区，不同城市实现的利润总额有所差别，这种差别既体现在实现的利润总额规模上，更体现在利润总额的增速上。从长三角地区各城市实现的利润总额规模来看，上海、苏州、南通和杭州分别为 2 661.1 亿元、1 425 亿元、936.4 亿元和 876.3 亿元，领跑众城市。从长三角地区各城市利润总额的增速看，泰州、镇江、常州和无锡相对较快，分别实现了 21.4%、18%、17.9%和 15.7%的增长；相反，舟山、衢州、宁波和丽水实现的利润总额不增反降，分别下滑了 83.5%、14.9%、2.9%和 1.5%。就工业增速而言，排名第一的泰州和排名居后的舟山之间相差高达 104.9 个百分点。

表 8　　2014 年长三角地区规模以上工业增加值和利润总额

城　市	增　加　值		利润总额	
	规模(亿元)	增长(%)	规模(亿元)	增长(%)
上海市	7 163.4	4.5	2 661.1	10.4
南京市	2 999.4	9.5	755.6	0.9
无锡市	3 017.5	4.9	866.7	15.7
常州市	2 460.4	11.4	607.4	17.9
苏州市	6 227.9	5.3	1 425	8.0
南通市	2 864.2	11.4	936.4	13.9
扬州市	2 145.7	12.0	617	14.7
镇江市	1 883.2	11.5	509.7	18.0
泰州市	2 169.7	11.5	716.8	21.4
杭州市	2 805.3	8.9	876.3	10.5
宁波市	2 540.2	7.4	648.1	−2.9
温州市	976.6	6.2	248.4	13.2
嘉兴市	1 328.3	7.7	366.2	6.5
湖州市	700.6	9.2	231.7	12.2
绍兴市	1 517.9	6.4	525.7	11.1
金华市	945.3	7.4	204.2	0.3
衢州市	363.1	6.5	71.2	−14.9
舟山市	316.6	12.3	2.1	−83.5
台州市	831.5	6.3	195.1	4.3
丽水市	358	5.3	132.3	−1.5
芜湖市	1 404.8	12.3	298.2	9.1
宣城市	402.7	11.3	100.5	2.2
马鞍山市	625.8	11.9		

资料来源：湖州统计信息网；2014 年江苏省、安徽省相关城市《国民经济和社会发展统计公报》。

二、2014 年郊区工业重点行业发展态势

2014 年，上海电子信息产品制造业、汽车制造业、石油化工及精细化工制造业、精品钢材制造业、成套设备制造业和生物医药制造业六个重点发展工业行业

呈现为生产经营增速放缓、经济效益平稳发展的态势。六个重点发展工业行业全年完成工业总产值21 626.9亿元，比上年增长1.4%，增速较上年下降3.1个百分点，占规模以上工业总产值的比重为67.1%；完成主营业务收入23 891.5亿元，比上年增长2%，增速较上年减少1个百分点，占规模以上工业主营业务收入的比重为67.9%；实现利润总额1 837.7亿元，比上年增长15.3%，增速较上年减少0.9个百分点，比规模以上工业高出4.9个百分点，占规模以上工业利润总额的比重为69.1%。分行业看，汽车制造业、成套设备制造业呈现出良好的发展态势，而石油化工及精细化工制造业生产经营、经济效益出现明显回落，精品钢材制造业生产经营、经济效益也有所回落。

表9　　2014年上海重点发展工业行业主要指标

行业	总产值		主营业务收入		利润总额	
	规模(亿元)	增长(%)	规模(亿元)	增长(%)	规模(亿元)	增长(%)
规模以上工业	32 237.2	1.6	35 169.9	2.0	2 661.1	10.4
六个重点发展行业	21 626.9	1.4	23 891.5	2.0	1 837.7	15.3
#电子信息产品制造业	6 252.3	−2.3	6 691.5	1.6	212.8	20.1
汽车制造业	5 319	10.5	6 615.7	10.7	1 118.1	23.5
石油化工及精细化工制造业	3 785	−6.8	3 929.3	−8.1	83.9	−41.6
精品钢材制造业	1 447.2	−2.7	1 768.7	−9.0	63.4	−7.9
成套设备制造业	3 949.8	6.0	4 019.3	5.3	251.6	29.4
生物医药制造业	873.5	4.2	866.9	4.2	108	3.9

资料来源：上海统计网。

从六个重点发展工业行业总产值、主营业务收入及利润总额的增长速度来看，总产值呈现缓慢下行的运行态势，主营业务收入呈现先上后下的运行态势，而利润总额则呈现波动较大的发展态势。2014年1～3月，利润总额增速最小为−2.3%，1～12月增速最大为15.3%，两者相差高达17.6个百分点。利润总额增速波动较大主要与石油化工及精细化工制造业、精品钢材制造业实现的利润总额增速波动幅度较大且波动时期不一致有关。

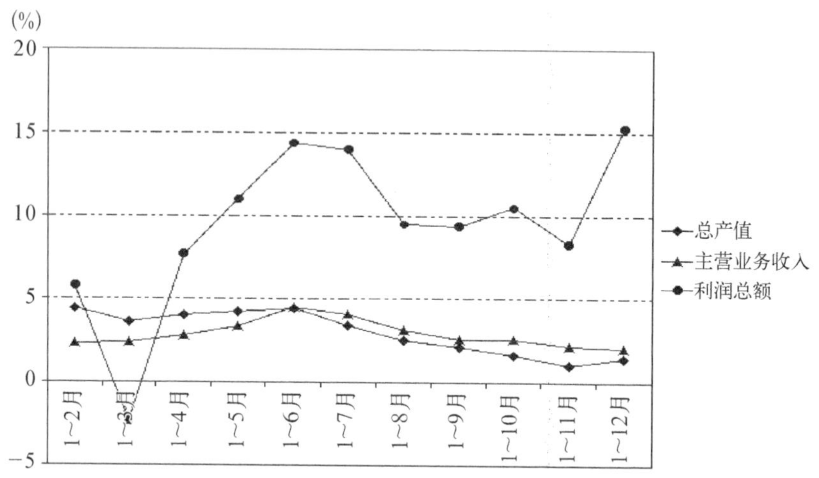

图 1　2014 年上海重点发展行业主要指标增长速度

表 10　　2008～2014 年上海重点发展工业行业主要指标　　(单位：亿元)

年　份	单位数(个)	从业人员(万人)	工　业总产值	工业销售产值	年末资产总计	主营业务收入	利润总额	税金总额
2008	6 658	135.5	15 998.8	15 789.1	13 460.1	16 777.6	521.2	344.7
2009	6 428	128.7	15 538.2	15 363.9	14 745.9	16 589.8	857.8	589.8
2010	6 066	138.1	19 891.1	19 727.7	16 858.4	21 498.8	1 587.9	689.0
2011	4 080	140.3	21 593.3	21 358.2	18 517.5	23 081.4	1 497.5	755.3
2012	4 160	141.8	21 063.6	20 782.7	19 513.6	22 781.0	1 383.8	743.1
2013	4 117	140.4	21 585.9	21 368.6	21 143.1	23 475.2	1 612.4	827.4
2014			21 626.9			23 891.5	1 837.7	

注：2008～2010 年为主营业务收入在 500 万元及以上企业，2011～2014 年为主营业务收入在 2 000 万元及以上企业。

资料来源：2009～2014 年《上海统计年鉴》；上海统计网。

(一) 电子信息产品制造业

2014 年，上海电子信息产品制造业生产经营继续下滑，经济效益持续提高。全年电子信息产品制造业完成产值 6 252.3 亿元，比上年下降 2.3%，下滑速度较上年略有增加，占规模以上六个重点工业行业总产值的比重为 28.9%，比上年减少 1.1 个百分点；完成主营业务收入 6 691.5 亿元，比上年增长 1.6%，占规模以上六个重点工业行业主营业务收入的比重为 28.0%；实现利润总额 212.8 亿元，比上年提高 20.1%，增速较上年增加 0.8 个百分点，占规模以上六个重点工业行业利润总额的比重为11.6%;完成移动通信手持机(手机)5 484.8万台,比上年增长11.1%;完成集成电路223.3亿块,比上年增长13.3%。综合地看,上海电子信息产品制造业实现利润总额所占地位与其生产规模在六个重点工业行业地位的差距略有缩小,总产值与利润总额所占的份额相差17.3个百分点,较上年缩小1.4个百分点。

从增长速度来看,全年生产总体呈快速回升后又缓慢回落的低位运行态势,而实现的利润总额则呈现为快速回升后保持在高位运行的发展态势。上海电子信息产品制造业2014年1～2月实现的利润总额增速最低为－25.3%,1～12月最高为20.1%,两者相差高达45.4个百分点。比较而言,总产值、主营业务收入波动幅度明显较小,分别仅为8.1和11.1个百分点。

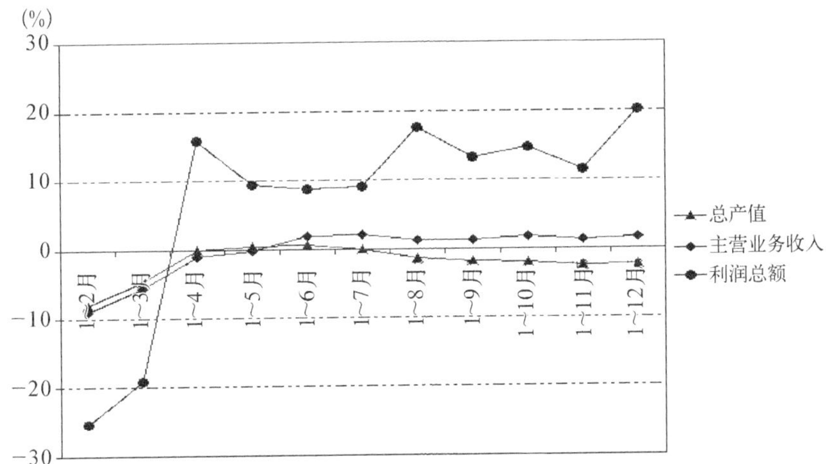

图2　2014年上海电子信息产品制造业主要指标增长速度

资料来源：上海统计网。

表11　2008～2014年上海电子信息产品制造业主要指标　(单位：亿元)

年　份	单位数(个)	从业人员(万人)	工　业总产值	工业销售产值	年末资产总计	主营业务收入	利润总额	税金总额
2008	1 954	54.6	6 127.8	6 006.4	3 376.7	6 282.8	90.4	26.0
2009	1 846	48.9	5 598.2	5 515.2	3 532.1	5 812.6	37.9	31.5
2010	1 717	55.3	7 022.5	6 953.1	3 902.9	7 168.7	209.2	28.2
2011	1 084	59.9	7 166.7	7 076.7	4 292.6	7 224.0	172.5	36.1

(续　表)

年　份	单位数(个)	从业人员(万人)	工　业总产值	工业销售产值	年末资产总计	主营业务收入	利润总额	税金总额
2012	1 062	58.4	6 755.1	6 637.4	4 298.5	6 873	155.5	42.8
2013	1 042	58	6 486.4	6 387.4	4 502.1	6 560.5	181.7	35.1
2014			6 252.3			6 691.5	212.8	

注：2008～2010 年为主营业务收入在 500 万元及以上企业，2011～2014 年为主营业务收入在 2 000 万元及以上企业。

资料来源：2009～2014 年《上海统计年鉴》；上海统计网。

分区县看，不同区县电子信息产品制造业发展态势存在差异。浦东新区电子信息产品制造业完成总产值 2 463.1 亿元，比上年下降 1.3%；闵行区完成通信设备计算机及其他电子设备制造业 618.1 亿元，大幅度下降 19.8%；松江区电子信息业完成产值 1 793.1 亿元，同比增长 2.3%，占全区的比重为 47%；青浦区完成通信设备计算机及其他电子设备制造业 132.3 亿元，增长 15.4%，占全区规模以上工业总产值的比重为 8.4%；奉贤区电子信息业完成产值 59.4 亿元，同比下降 11.3%。

(二) 汽车制造业

2014 年，上海汽车制造业增长态势略有回落，但生产经营和经济效益仍保持良好的发展态势。上海汽车制造业全年完成产值 5 319 亿元，比上年增长 10.5%，增速比上年减少 5.4 个百分点，占规模以上六个重点工业行业总产值的比重为 24.6%，比上年提高 2 个百分点；完成主营业务收入 6 615.7 亿元，比上年增长 10.7%，增速比上年回落 2.3 个百分点，占规模以上六个重点工业行业主营业务收入的比重为 27.7%；实现利润总额 1 118.1 亿元，比上年增长 23.5%，增速比上年提高 5.8 个百分点，占规模以上六个重点工业行业利润总额的比重高达 60.8%，比总产值所占的份额高出 36.2 个百分点，比上年继续扩大 3.2 个百分点；完成汽车 247.5 万辆，同比增长 9.1%。

从上海汽车制造业全年发展态势看，生产经营呈现为相对高位缓慢持续回落的运行态势，经济效益则波动幅度较大。上海汽车制造业总产值 2014 年 1～2 月增速为 19.2%，1～10 月回落最低为 9.8%，相差 9.4 个百分点。利润总额增速 1～3 月最低为 5.7%，1～6 月最高为 26.6%，两者相差达 20.9 个百分点。

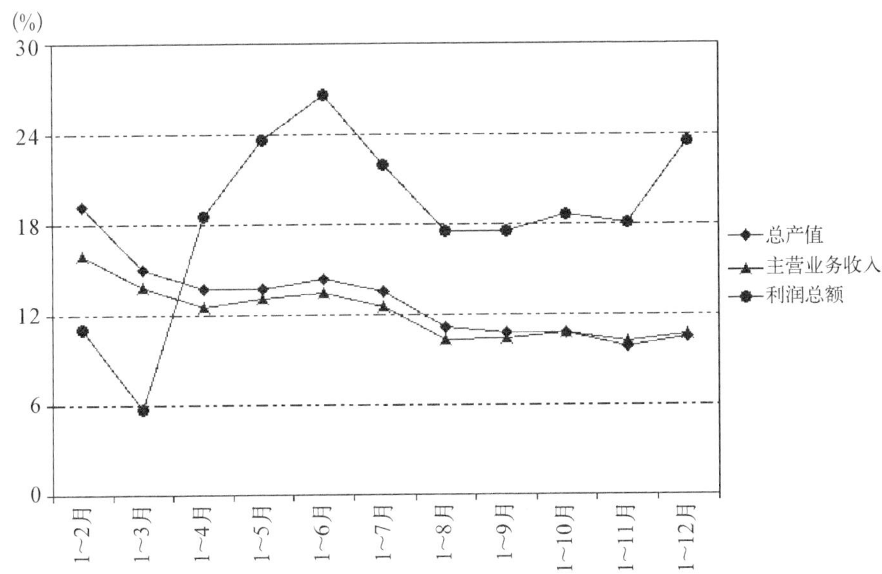

图 3　2014 年上海汽车制造业主要指标增长速度

资料来源：上海统计网。

表 12　　2008～2014 年上海汽车制造业主要指标　　（单位：亿元）

年　份	单位数（个）	从业人员（万人）	工　业总产值	工业销售产值	年末资产总计	主营业务收入	利润总额	税金总额
2008	687	17.7	1 851.3	1 856.3	1 960.1	2 249.7	157.5	104
2009	677	18.2	2 566.8	2 531.2	2 514.5	3 141.8	351.7	197.2
2010	659	20.8	3 626.5	3 604.2	3 366.3	4 603.2	634.4	259.7
2011	522	22	4 129.6	4 090.3	3 933.2	5 086.1	795.5	306.1
2012	552	22.7	4 296.8	4 323.1	4 420	5 360.6	769.1	303.5
2013	550	23.4	4 884.1	4 852.2	5 172.2	6 055.5	913.4	325.5
2014			5 319			6 615.7	1 118.1	

注：2008～2010 年为主营业务收入在 500 万元及以上企业，2011～2014 年为主营业务收入在 2 000 万元及以上企业。

资料来源：2009～2014 年《上海统计年鉴》；上海统计网。

在上海郊区，浦东新区汽车制造业完成产值 1 558.8 亿元，比上年增长8.7%，增速比上年下降 1 个百分点；宝山区汽车制造业完成销售产值 73.8 亿元，比上年增长 3.2%；嘉定区汽车零部件完成产值 1 682.8 亿元，同比增长3.3%；青浦区汽车制造业完成产值 158.4 亿元,比上年增长 8.9%,占规模以上工业总产值的比重为 10%;奉贤区汽车制造业完成产值 115.8 亿元,同比增长 3.9%。

(三) 石油化工及精细化工制造业

2014 年,上海石油化工及精细化工制造业生产经营有所回落,经济效益大幅下滑。上海石油化工及精细化工制造业全年完成产值 3 785 亿元,同比下降 6.8%,低于重点发展行业 8.2 个百分点,占规模以上六个重点工业行业总产值的比重为 17.5%;完成主营业务收入 3 929.3 亿元,比上年下降 8.1%,低于重点发展行业 10.1 个百分点,占规模以上六个重点工业行业主营业务收入的比重为 16.4%;实现利润总额 83.9 亿元,比上年大幅度下降 41.6%,占规模以上六个重点工业行业利润总额的比重为 4.6%;完成原油加工量 2 239.4 万吨,比上年下降 14.2%。比较地看,石油化工及精细化工制造业利润总额在六个重点发展工业行业中所占的份额比总产值低了 12.9 个百分点。

从运行态势来看,上海石油化工及精细化工制造业生产经营处于低位发展态势,经济效益则呈现为快速下滑后缓慢回升又继续回落的发展态势。上海石油化工及精细化工制造业 2014 年 1～2 月利润总额增速为 17.5%,1～4 月快速回落至 −35.6%,之后回升至 1～7 月的 −24.6%,1～12 月则进一步回落为 −41.6%。

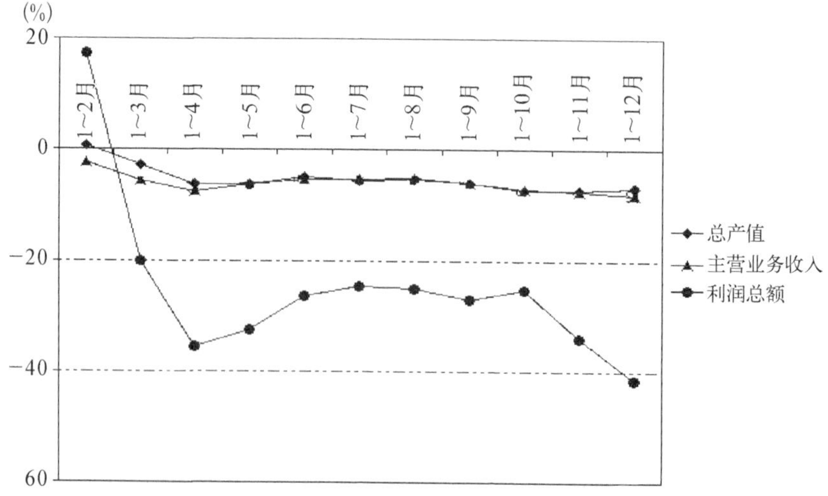

图 4　2014 年上海石油化工及精细化工制造业主要指标增长速度

资料来源:上海统计网。

表 13　**2008～2014 年上海石油化工及精细化工制造业主要指标**　(单位：亿元)

年份	单位数（个）	从业人员（万人）	工　业总产值	工业销售产值	年末资产总计	主营业务收入	利润总额	税金总额
2008	1 083	13.3	2 899.8	2 892.6	2 052.8	2 952.7	−65.5	74.6
2009	1 063	12.8	2 532.3	2 532	2 157.2	2 570	126.5	196.8
2010	995	12.9	3 442.4	3 445.5	2 362.9	3 564.4	238.4	238.1
2011	660	12.6	3 954	3 938	2 457.6	4 037.7	116.9	246.9
2012	679	12.4	3 944.1	3 818.2	2 596.5	4 027.9	85.4	231.5
2013	676	12.2	4 148.2	4 125.9	2 704.5	4 278	153.7	297.4
2014			3 785			3 929.3	83.9	

注：2008～2010 年为主营业务收入在 500 万元及以上企业，2011～2014 年为主营业务收入在 2 000 万元及以上企业。

资料来源：2009～2014 年《上海统计年鉴》；上海统计网。

分区县看，浦东新区石油及精细化工制造业完成产值 1 032.9 亿元，比上年下降 9.7%；闵行区化学原料及化学制品制造业完成产值 306.3 亿元，比上年下降 1%；宝山区化学原料及化学制品制造业完成销售产值 144 亿元，比上年下降 7.5%；松江区精细化工完成产值 167.3 亿元，比上年增长 5.7%，占全区的比重为 4.4%；青浦区完成化学原料和化学制品制造业 132.1 亿元，下降 0.9%，占规模以上工业总产值的比重为 8.4%；奉贤区化学原料及化学制品制造业完成产值 200.6 亿元，比上年下降 19.8%。

(四) 精品钢材制造业

2014 年，上海精品钢材制造业生产经营和经济效益均在上年下滑的基础上继续下滑。上海精品钢材制造业全年完成产值 1 447.2 亿元，同比下降 2.7%，落后重点发展行业 4.1 个百分点，占规模以上六个重点工业行业总产值的比重为 6.7%；完成主营业务收入 1 768.7 亿元，比上年下降 9.0%，落后重点发展行业 11 个百分点，占规模以上六个重点工业行业主营业务收入的比重为7.4%；实现利润总额 63.4 亿元，比上年下降 7.9%，落后重点发展行业 23.2 个百分点，占规模以上六个重点工业行业利润总额的份额仅为 3.4%；完成钢材 2 309.2 万吨，比上年下降 1.9%。

从增长速度来看，上海精品钢材制造业总产值、主营业务收入呈现缓慢走低的运行态势，利润总额则波动剧烈，呈现快速回升后又略有回落的发展态势。上海精品钢材制造业 2014 年 1～3 月利润总额增速最低为－51.5%，1～9 月回升至－1.9%，1～12 月又下滑至－7.9%。

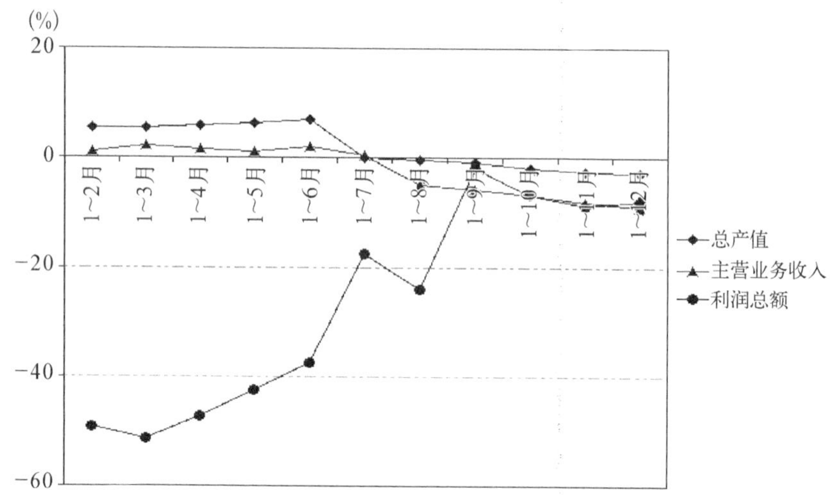

图 5　2014 年上海精品钢材制造业主要指标增长速度

资料来源：上海统计网。

表 14　　2008～2014 年上海精品钢材制造业主要指标　　(单位：亿元)

年　份	单位数(个)	从业人员(万人)	工　业总产值	工业销售产值	年末资产总计	主营业务收入	利润总额	税金总额
2008	151	4.3	1 639	1 627.7	1 929.3	1 902.9	61.6	74
2009	134	4	1 289	1 281.6	1 954.2	1 475.5	55.2	41.3
2010	125	4	1 722.9	1 711.9	2 048.2	2 087	154.9	40.8
2011	88	2.4	1 813.2	1 811.4	2 119.5	2 235.9	61.5	28.4
2012	101	3.9	1 548.3	1 543.9	2 037.1	2 001	126.6	18.9
2013	98	3.8	1 517.1	1 510	2 196.7	1 938.6	68.4	27.5
2014			1 447.2			1 768.7	63.4	

注：2008～2010 年为主营业务收入在 500 万元及以上企业，2011～2014 年为主营业务收入在 2 000 万元及以上企业。

资料来源：2009～2014 年《上海统计年鉴》；上海统计网。

在上海郊区，宝山区黑色金属冶炼和压延加工业完成销售产值 482.5 亿元，同比下降 4.8%；奉贤区黑色金属冶炼和压延加工业完成产值 15.6 亿元，同比增长 16.2%。

(五) 成套设备制造业

2014 年，上海成套设备制造业生产经营有所扩展，经济效益大幅度提高。上海成套设备制造业全年完成总产值 3 949.8 亿元，同比提高 6%，高出重点发展行业 4.6 个百分点，占规模以上六个重点工业行业总产值的比重为18.3%；完成主营业务收入 4 019.3 亿元，比上年增长 5.3%，高出重点发展工业行业3.3 个百分点，占规模以上六个重点工业行业主营业务收入的比重为 16.8%；实现利润总额 251.6 亿元，比上年大幅度提高 29.4%，占规模以上六个重点工业行业利润总额的比重为 13.7%；完成发电机组(发电设备)3 632.5 万千瓦，比上年增长 18.4%。

从增长速度来看，上海成套设备制造业生产经营呈现较为平稳的发展态势，而经济效益呈现波动较大的发展态势。上海成套设备制造业 2014 年 1～8 月利润总额增速仅为 0.9%，1～12 月高达 29.4%，相差 28.5 个百分点。比较而言，总产值波动幅度明显较小，增速最大值和最小值仅仅相差 3.1 个百分点。

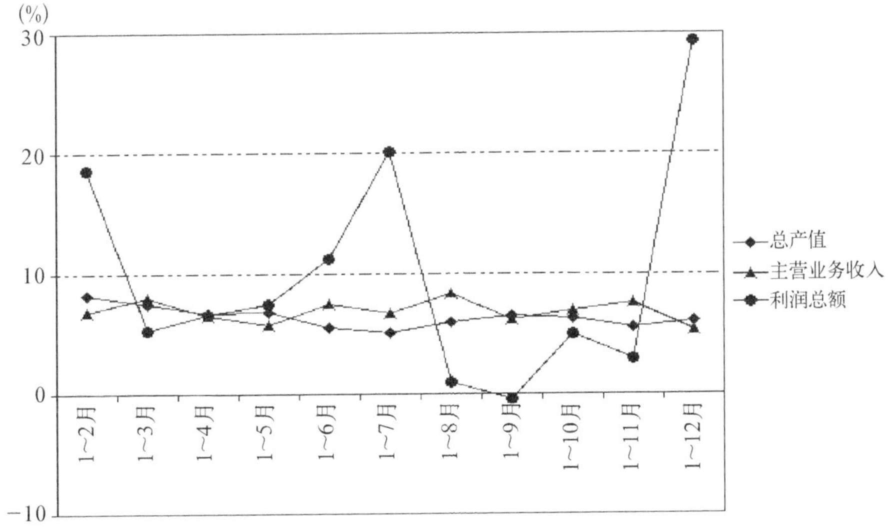

图 6　2014 年上海成套设备制造业主要指标增长速度

资料来源：上海统计网。

表 15 **2008～2014 年上海成套设备制造业主要指标** (单位：亿元)

年　份	单位数（个）	从业人员（万人）	工　业总产值	工业销售产值	年末资产总计	主营业务收入	利润总额	税金总额
2008	2 294	36.9	3 048.3	2 980.8	3 611.9	2 952.8	229.1	40.9
2009	2 228	35.8	3 049.9	3 018.6	3 996.1	3 081.5	224.5	95.8
2010	2 106	36	3 485.6	3 453.7	4 498.9	3 485.2	271.3	90.1
2011	1 397	35	3 888.8	3 831.4	4 933.7	3 854.2	273.6	102.7
2012	1 398	34.8	3 773.3	3 736.5	5 226.3	3 758.2	151.5	102.9
2013	1 390	33.3	3 713.4	3 698.4	5 482.6	3 813.2	190.1	96.5
2014			3 949.8			4 019.3	251.6	

注：2008～2010 年为主营业务收入在 500 万元及以上企业，2011～2014 年为主营业务收入在 2 000 万元及以上企业。

资料来源：2009～2014 年《上海统计年鉴》；上海统计网。

分区县看，浦东新区成套设备制造业完成产值 1 140.5 亿元，同比增长 10.9%；嘉定区设备制造业完成产值 312.4 亿元，同比增长 3.1%。

(六) 生物医药制造业

2014 年，上海生物医药制造业生产经营和经济效益呈现平稳发展的运行态势。上海生物医药制造业全年完成产值 873.5 亿元，同比增长4.2%，高于重点发展行业 2.8 个百分点，占规模以上六个重点工业行业总产值的比重为4%；完成主营业务收入 866.9 亿元，比上年增长 4.2%，高于重点发展行业2.2 个百分点，占规模以上六个重点工业行业主营业务收入的比重为 3.6%；实现利润总额 108 亿元，比上年增长 3.9%，低于重点发展行业 11.4 个百分点，占规模以上六个重点工业行业利润总额的比重为 5.9%。

从增长速度来看，上海生物医药制造业总产值呈现持续回落的运行态势；主营业务收入呈现平稳运行的发展态势，主营业务收入增速最大值与最小值相差仅有 1.8 个百分点；利润总额则呈现快速回升后波动较大的发展态势。

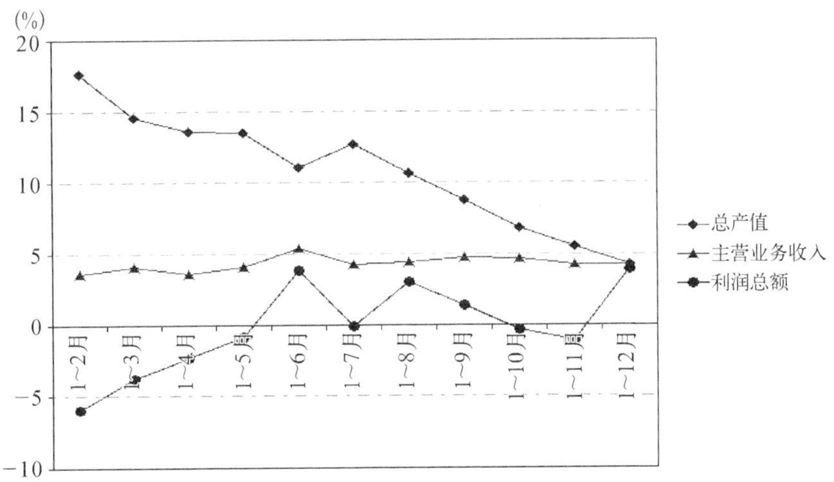

图 7　2014 年上海生物医药制造业主要指标增长速度

资料来源：上海统计网。

表 16　2008～2014 年上海生物医药制造业主要指标　（单位：亿元）

年　份	单位数（个）	从业人员（万人）	工　业总产值	工业销售产值	年末资产总计	主营业务收入	利润总额	税金总额
2008	489	8.7	432.6	425.4	529.3	436.7	48	25.3
2009	480	9	502.1	484.7	591	508.4	61.9	27
2010	464	9.2	591.2	559.4	679.2	590.5	79.6	32.1
2011	329	8.4	641.1	610.4	780.8	643.6	77.4	35.1
2012	368	9.5	745.9	723.5	935.1	760.3	95.6	43.6
2013	361	9.6	836.8	794.8	1 085	829.2	105.2	45.3
2014			873.5			866.9	108	

注：2008～2010 年为主营业务收入在 500 万元及以上企业，2011～2014 年为主营业务收入在 2 000 万元及以上企业。

资料来源：2009～2014 年《上海统计年鉴》；上海统计网。

分区县看，浦东新区生物医药制造业完成产值 411.9 亿元，比上年增长 5.1%；宝山区生物医药完成产值 16.3 亿元，比上年下降 3.7%；嘉定区生物医药完成产值 26.8 亿元，比上年下降 0.3%；松江区生物医药完成产值 12 亿元，增长1.2%；奉贤区生物医药完成产值 118.9 亿元，同比增长 9.3%。

三、2015 年郊区工业发展展望

2015 年，上海郊区工业发展既面临诸多发展机遇，但同时也面临较多困难与挑战。

(一) 有利因素

一是从国际方面来看，全球经济复苏步伐继续，世界经济增速可能会略有回升。相比于 2014 年 3.3％的经济增长预测，IMF 预计 2015 年和 2016 年全球经济增长速度将小幅加快，增长态势趋于稳定，分别为 3.5％和 3.7％。IMF 预计，2015 年先进经济体的增长率均将上升为 2.4％，新兴市场和发展中经济体的增长将稳定在 4.3％。IMF 预计，中国在 2015 年经济增长为6.8％，俄罗斯经济增长为－3％，印度经济增长为 6.3％，巴西经济增长为 0.3％。显然，趋于改善的全球经济发展环境对上海郊区工业的发展是有利的。

二是从国内方面来看，中国经济发展总体向好的基本面仍将持续。现阶段，中国经济发展进入新常态，但没有改变中国发展仍处于可以大有作为的重要战略机遇期的判断。2014 年，中国政府推出一系列改革措施，包括加大简政放权的力度，允许民间资本创办金融机构，等等。2015 年，中国还将实施一批重大改革，改革红利将有助于中国的经济增长。从宏观政策来看，采取的政策组合可能是积极的财政政策和定向宽松的货币政策，中国经济仍将获得中高速发展。

三是从上海市内来看，上海经济仍处于创新转型关键期，基本面总体向好。上海将加快新兴产业发展和传统产业升级。制定实施政府采购、资金支持、人才落户等“四新”经济发展政策，推动大飞机、北斗卫星导航、集成电路等战略性新兴产业发展，促进信息服务、旅游会展、健康养老等生产性服务业和生活性服务业加快发展。落实固定资产加速折旧等政策，鼓励传统产业改造升级。此外，上海深入推进自贸试验区建设，以及全力建设具有全球影响力的科技创新中心也将为上海郊区工业发展提供新的发展动力。

（二）不利因素

一是从国际方面来看，全球经济复苏总体疲弱态势难有明显改观。一方面，油价下跌，欧元和日元贬值等新的因素对全球经济增长起到了助推作用；另一方面，金融危机的遗留影响，许多国家潜在增长率的下降等持续的不利影响将发挥较为明显的阻碍作用，全球经济将继续保持缓慢增长的发展趋势，中国依靠外需提振经济发展的空间相对有限。此外，美联储退出量化宽松的政策也将对中国的经济发展造成一定的冲击。

二是从国内方面来看，诸多不利性因素仍将对我国经济增长产生负面影响。土地、劳动力等要素成本持续上升，使得传统经济发展的比较优势受到抑制。在主要工业品价格下降的影响下，工业企业产成品存货持续回升，回升幅度明显高于主营业务收入增幅，与此同时，库存周转率下降，企业去库存压力加大，经营效益出现下滑。在投资方面，由于受制造业持续产能过剩、需求不足影响，民间投资意愿减弱；随着中国房地产投资增速持续走低，房地产对经济增长的拉动力也在减弱。

三是从上海市内来看，工业投资连续两年不升反降，发展后劲受到抑制。工业投资的下滑态势不仅使得工业生产经营的扩大受到影响，更使得相应工业效益质量的提升面临较多压力。此外，随着区域经济一体化的发展，一些工业企业出于降低生产成本的考虑，选择把生产基地转移到土地、劳动力等要素成本较低的地方，也会对上海郊区工业的发展产生不利的影响。

总体而言，2015 年，在复杂的国内外大环境下，上海郊区工业发展仍面临外需不稳、内需趋紧的局面。在此背景下，上海郊区工业发展的基本面难以出现大幅度改善，在低位区间平稳发展的概率较大。上海郊区必须利用好自贸区的辐射效应，释放改革红利，必须抓住上海建设具有全球影响力的科技创新中心的机遇，推动工业生产平稳发展，实现发展质量的稳步提升。

（执笔：樊福卓）

上海郊区服务业：2014年发展与2015年展望

2014年，在全球经济复杂多变，国内经济面临下行压力的复杂的外部环境下，上海郊区各区县认真贯彻落实中央和上海市委精神，坚持创新驱动、转型发展方针的总要求，实现了郊区经济的稳定发展，服务业成为经济增长的强力支撑，对国民经济的贡献进一步增强。

一、2014年上海郊区服务业总体发展状况及特点

（一）经济增长低于全市，服务业增速高于全市

1. 经济发展明显下滑，落后于全市平均水平，与全市平均水平差距扩大

2014年，上海郊区总体增加值14 515.4亿元，较2013年增加了1 284.6亿元；经济增长出现明显下滑，增长速度为6.2%，比2013年下降了1.3个百分点，依然落后于全市7%的平均水平，并且与全市平均水平之间的差距拉大，由2013年的0.2个百分点扩大到0.8个百分点（见图1）。

2. 服务业规模继续攀升，平均增速明显回落，但仍然高于全市平均水平

郊区服务业继续保持上升的趋势，总体产业规模继续扩大，郊区经济增长主力军角色的作用突出，但增长速度与郊区地区生产总值增速下滑的趋势一致，呈现回落的态势。2014年，上海郊区服务业实现增加值7 977.6亿元，较2013年增加了955.1亿元；但平均增速明显回落，为10.7%，较2013年下降了1.2个百

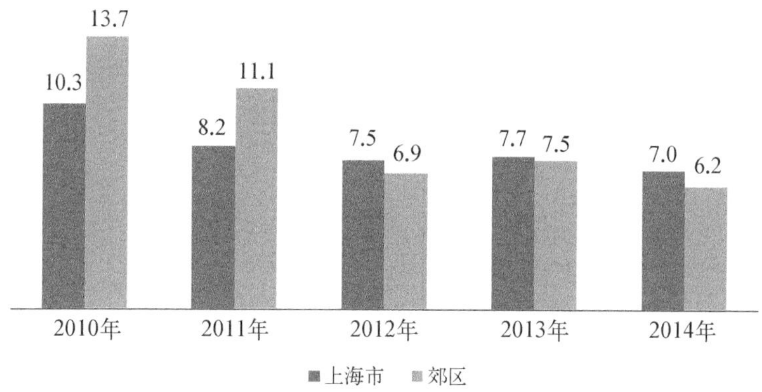

图 1 2010～2014 年上海市及郊区地区生产总值增长速度(%)

分点,仍然高于全市服务业增速 1.9 个百分点;但较 2013 年相比,在全市服务业平均增速中的领先优势明显缩小(见图 2)。

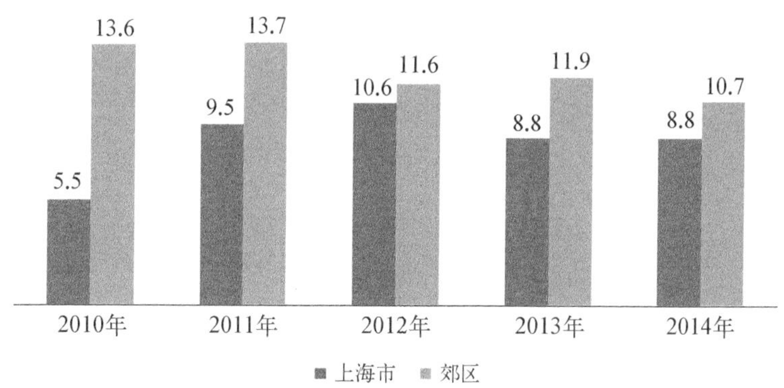

图 2 2010～2014 年上海市及郊区服务业增加值增长速度(%)

从服务业增加值占地区生产总值的比重来看,2014 年,郊区服务业规模加速扩大,占地区生产总值的比重达到了 55%,比 2013 年提高了 1.9 个百分点;同期,上海市服务业占 GDP 的比重为 64.8%,比 2013 年提高了 2.6 个百分点(见图 3)。

(二) 产业规模持续扩大,区域间差异依然较大

2014 年,上海郊区各区县服务业规模、增长速度和占地区增加值的比重都有新的变化,各区之间差异依然较大。

从服务业增加值的规模来看,各区县排名保持不变,依然是浦东新区、闵行区、宝山区、嘉定区、松江区、青浦区、奉贤区、金山区和崇明县(见图 4)。

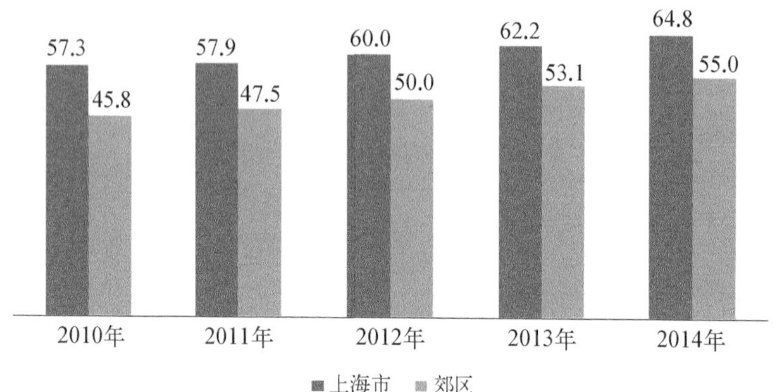

图 3 2010～2014 年上海市及郊区服务业增加值占地区生产总值比重(%)

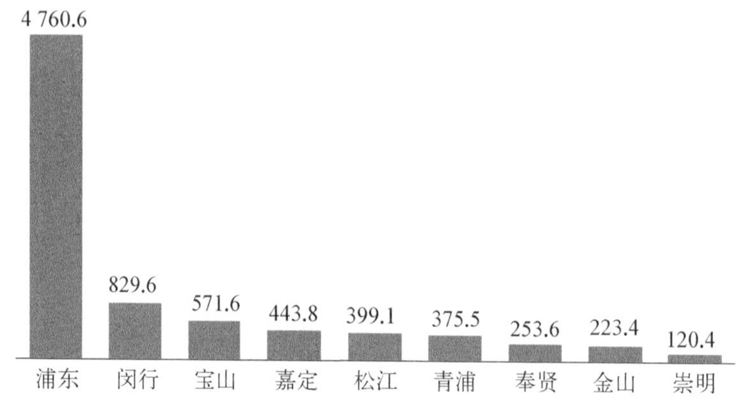

图 4 2014 年上海郊区各区县服务业规模(亿元)

从服务业增加值占地区增加值的比重来看，2013 年排名依次是浦东新区、宝山区、闵行区、崇明县、青浦区、嘉定区、金山区、松江区和奉贤区，2014 年的排名较上一年变化相对扩大，依次为浦东新区、宝山区、青浦区、闵行区、崇明县、松江区、嘉定区、奉贤区和金山区，仅浦东新区、宝山区位次没有变化，其他 7 个区县的位次都有变动(见表 1)。

表 1 2010～2014 年郊区服务业增加值占地区生产总值比重 (单位：%)

区 县	2010 年	2011 年	2012 年	2013 年	2014 年	2014 年变动
宝 山	55.0	55.7	56.5	57.3	59.3	2.0
崇 明	34.6	34.3	37.6	41.4	44.2	2.8

（续 表）

区 县	2010年	2011年	2012年	2013年	2014年	2014年变动
奉 贤	31.8	32.0	32.6	35.9	37.9	2.0
嘉 定	34.5	35.8	37.5	38.6	39.2	0.6
金 山	35.8	35.8	37.4	37.9	30.8	−7.1
闵 行	34.9	36.5	38.8	41.5	45.0	3.5
浦 东	56.1	57.3	60.3	64.4	67.0	2.6
青 浦	38.0	38.9	41.1	41.1	45.4	4.3
松 江	31.0	33.8	38.1	38.1	41.2	3.1

从服务业占地区生产总值比重的变动值来看，除了金山区外，各区县都有不同程度的提高。青浦区较2013年提高了4.3个百分点，位居各区县之首；闵行区服务业占比继续保持快速提升的势头，比上一年提高了3.5个百分点，处于各区县第二位；处于第三位、第四位的分别是松江区和崇明县，分别较上一年提高了3.1和2.8个百分点；浦东新区服务业占地区生产总值的比重在2014年提高的幅度仅为2.6个百分点，处于郊区各区县的第五位；其他各区提高幅度相对较小。但金山区服务业占地区生产总值的比重下降的幅度较大，下降了7.1个百分点(见表1)。

从服务业增速来看，虽然郊区服务业继续保持稳定增长态势，但区间差异显著，个别区县变动幅度相对较大。2014年郊区服务业增速排名与上一年相比呈现较大变动，增速超过15%的只有闵行区，增速位于10%～15%之间的有崇明县、浦东新区、青浦区、金山区；其他各区均在10%以下(见表2)。各区县服务业增速变动较大，9个区县中，只有3个区县服务业增速高于2013年，其他各区都呈现负增长态势。松江区增速较2013年提高了0.8个百分点，位居各区县首位；其次是宝山区，提高了0.5个百分点。其他各区都有不同程度的降幅，尤其是奉贤区和崇明县的服务业增速，较2013年分别下降了4.6和3.1个百分点。另外，浦东新区的增速较2013年下降了1.7个百分点(见表2)。

表 2　　2010～2014 年上海郊区服务业增速　　(单位：%)

区　县	2010 年	2011 年	2012 年	2013 年	2014 年	2014 年变动
宝　山	12.8	13.5	10.4	7.6	8.1	0.5
崇　明	14.5	14.2	15.8	17.9	14.8	−3.1
奉　贤	13.2	12.5	9.3	11.8	7.2	−4.6
嘉　定	17.7	14.6	10.0	9.6	6.9	−2.7
金　山	11.5	17.2	14.7	11.3	11.2	−0.1
闵　行	10.2	13.7	14.2	15.5	16.1	0.6
浦　东	24.3	12.4	14.9	14.4	12.7	−1.7
青　浦	7.1	16.6	11.0	13.3	12.5	−0.8
松　江	11.3	8.7	3.9	6.0	6.8	0.8

(三) 投资增速大幅回落,总投资占比继续提高

2014 年,上海郊区服务业投资继续是全社会固定资产投资的重点,全年完成服务业投资达 3 540.9 亿元,比 2013 年增加了 276.7 亿元;服务业投资增速较 2013 年有所下降,服务业投资占全社会固定资产投资的比重显著增加。全年郊区服务业投资平均增速为 8.5%,但与 2013 年相比,回落了近 13.9 个百分点。服务业投资占全社会固定资产投资的比重为 80.5%,较上年提高了 3.6 个百分点(见表 3)。

表 3　　2010～2014 年上海郊区固定资产及服务业投资概况

	2010 年	2011 年	2012 年	2013 年	2014 年
固定资产投资(亿元)	3 328.1	3 624.2	3 700.3	4 245.1	4 396.3
固定资产投资增速(%)	—	8.9	2.1	14.7	3.6
服务业投资(亿元)	2 446.3	2 653.1	2 667.4	3 264.2	3 540.9
服务业投资占比(%)	73.5	73.2	72.1	76.9	80.5
服务业投资增速(%)	—	8.45	0.5	22.4	8.5

从各区县服务业投资额度来看,浦东新区继续保持绝对领先的位置,2014 年投资服务业领域达 1 456.4 亿元;处于第二位的是闵行区,服务业投资为 401.1 亿元;其次是嘉定区、青浦区和宝山区,均超过了 300 亿元;除了金山区服务业投资不足 100 亿元外,其他各区都分别在 100 亿～300 亿元之间(见表 4)。

表 4　　**2010～2014 年上海郊区服务业投资**　　（单位：亿元）

区　县	2010 年	2011 年	2012 年	2013 年	2014 年
宝　山	251.1	330.3	272.8	300.4	316
崇　明	83.1	115.6	86	91.1	113.4
奉　贤	100.7	136.6	158.9	159.6	177.3
嘉　定	248.4	295	281.7	363.4	385.4
金　山	40.8	52	58.7	69.2	87.8
闵　行	234.3	232.2	258.5	436.6	401.1
浦　东	1 086.1	1 065.1	1 092.5	1 337.3	1 456.4
青　浦	226.2	226.7	277.4	292.3	355.3
松　江	175.6	199.5	181.1	214.3	248.1

从各区县服务业投资增速来看，2013 年 9 个区县投资增速均呈现正增长的态势在 2014 年出现了变化，闵行区服务业投资增速出现大幅下滑的现象，呈现负增长态势，较 2013 年下降了 77 个百分点；嘉定区、浦东新区、宝山区和松江区，虽然服务业呈现正增长，但较 2013 年也有明显下滑，分别下降了 22.9、13.5、4.8 和 2.5 个百分点；崇明县、青浦区、奉贤区和金山区的服务业投资增速依然呈现加速势头，较 2013 年都有不同程度提升（见表 5）。

表 5　　**2011～2014 年上海郊区服务业投资增速**　　（单位：%）

区　县	2011 年	2012 年	2013 年	2014 年	2014 年变动
宝　山	31.5	−17.4	10.0	5.2	−4.8
崇　明	39.1	−25.6	5.9	24.6	18.7
奉　贤	38.2	16.3	0.5	11.0	10.5
嘉　定	18.8	−4.5	29.0	6.1	−22.9
金　山	27.7	12.8	17.9	26.9	9.0
闵　行	−0.9	11.3	68.9	−8.1	−77.0
浦　东	−1.9	2.6	22.4	8.9	−13.5
青　浦	0.1	20.0	5.4	21.6	16.2
松　江	12.0	−9.8	18.3	15.8	−2.5

从各区县服务业投资占全社会固定资产投资的比重来看,区域间有差异,个别区县变动较为明显。2013 年,服务业投资占全社会固定资产投资的比重超过 80%的有 3 个区,分别是宝山区、闵行区和青浦区。2014 年,投资占全社会固定资产投资的比重超过 80%的有宝山区、青浦区、闵行区、崇明县、浦东新区 5 个区县。占比在 70%～80%之间的有 2 个区,分别是嘉定区和松江区;只有奉贤区和金山区的服务业投资占比相对较低,分别只有 60.93%和 45.94%。从各区县服务业投资占总投资比重的变动来看,闵行区较去年下降了 1.5 个百分点;其他各区县都呈现投资加快的态势,尤其突出的是崇明县,2014 年服务业投资占固定资产投资比重较 2013 年提高了 16.38 个百分点;其他各区均呈现不同程度的提高,但提高的幅度相对较小(见表 6)。

表 6　2010～2014 年上海郊区各区县服务业投资占固定资产投资比重　(单位:%)

区　县	2010 年	2011 年	2012 年	2013 年	2014 年	2014 年变动
宝　山	85.89	89.84	88.00	92.34	93.70	1.36
崇　明	78.54	88.43	65.20	67.43	83.81	16.38
奉　贤	48.41	51.88	52.80	54.71	60.93	6.22
嘉　定	72.00	72.79	70.63	75.76	79.45	3.69
金　山	35.82	36.08	36.60	37.10	45.94	8.84
闵　行	75.97	74.62	78.49	87.45	85.95	−1.50
浦　东	75.84	74.20	75.09	79.64	82.48	2.84
青　浦	80.07	79.19	79.93	81.34	86.81	5.47
松　江	73.11	71.23	67.78	74.18	78.81	4.63

(四) 招商引资规模扩大,服务业倍受外资青睐

2014 年,服务业依然是外商直接投资的重点领域,服务业招商引资规模继续加大,但各区有差异。从服务业外商直接投资合同金额来看,各区增减不一,浦东新区与上年相比接近翻番,达 139.38 亿美元,居各区之首;而嘉定区、青浦区和宝山区服务业外商直接投资相对于浦东新区要低很多,合计金额约为 22 亿

美元。从服务业外商直接投资的增速来看，嘉定区达到 104.1%；其次是浦东新区，增速达 98.9%；宝山区增幅相对较小，只有 3.6%；而青浦区继续呈现大幅下降趋势，增速为－56.17%。从服务业外商直接投资占外商直接投资总额的比重来看，2014 年浦东新区的占比为 97.42%，居于首位；嘉定区的占比为86.32%，位于第二位；宝山区的占比为 71.8%，青浦区的占比相对较低，仅有40.65%（见表 7）。

表 7　　上海郊区部分区服务业外商直接投资合同金额　（单位：亿美元&%）

区	2013 年					2014 年				
	服务业外商直接投资	增速	外商直接投资总额	增速	服务业投资占比	服务业外商直接投资	增速	外商直接投资总额	增速	服务业投资占比
浦东	70.08	7.00	73.89	1.40	94.84	139.38	98.90	143.07	93.60	97.42
青浦	4.66	－16.55	6.53	－18.60	71.38	2.04	－56.17	5.02	－23.03	40.65
嘉定	4.95	1.64	8.09	24.02	61.19	10.1	104.10	11.7	44.70	86.32
宝山	3.64	237.3	4.51	28.30	80.87	3.78	3.60	5.26	16.70	71.80

备注：缺闵行区、金山区、奉贤区、松江区和崇明县数据。

（五）税收增速继续加快，税收贡献力保持领先

2014 年，上海郊区服务业仍然是各区县税收的重要来源，对产业税收贡献度依然保持领先的位置。

从各区县服务业税收增速来看，青浦区、崇明县居于前列，增速分别为 16.1%和 15.3%。浦东新区、嘉定区、奉贤区和闵行区位居第二梯队，服务业税收增长速度均在 10%～15%之间。宝山区和松江区的服务业税收增速相对较低，均在 7%以下。不过，与 2013 年相比，各区服务业税收增速都有不同幅度的提高（见表 8）。

从服务业税收在各区税收总额的占比来看，浦东新区处于遥遥领先的位置，达 73.2%；崇明县、青浦区和嘉定区，服务业对税收的贡献度超过了 50%，分别为 65.6%、59%和 57%；闵行区、宝山区、奉贤区和松江区虽然相对较低，但也都超过了 40%，介于 40%～50%之间（见表 8）。

表 8　　2014 年上海郊区部分区县服务业税收一览　　(单位：亿元 &%)

区　县	浦东	奉贤	嘉定	闵行	宝山	青浦	崇明	松江
服务业税收	1 785.8	94.7	297.5	277.3	156.1	174.2	68.9	144.1
增　速	12.9	10.2	11.2	10.1	6.6	16.1	15.3	5.3
占税收总额比重	73.2	42.1	57.0	49.6	48.6	59.0	65.6	45.5

备注：缺金山区数据。

二、2014 年上海郊区服务业行业发展状况及特点

(一) 批发和零售业

从批发和零售业的增加值来看，浦东新区批发和零售业规模最大，2014 年全年实现增加值高达 1 177.2 亿元，继续遥遥领先于其他各区；其次是松江区、宝山区、青浦区和嘉定区，批发和零售业增加值均超过了 120 亿元，分别达到了 133.1 亿元、124 亿元、121.3 亿元和 120.9 亿元；奉贤区和崇明县批发和零售业增加值相对较低，分别仅有 68.1 亿元和 18.1 亿元(见图 5)。

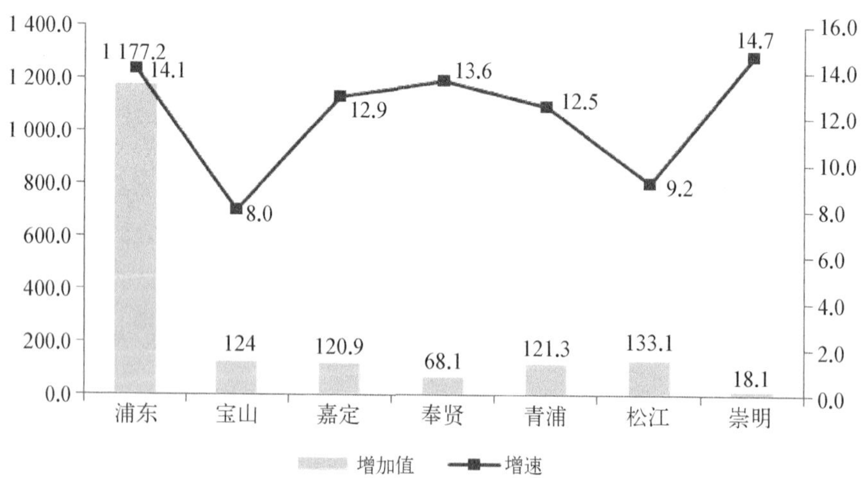

图 5　2014 年上海郊区部分区县批发和零售业发展状况(亿元 &%)

从批发和零售业增加值的增速来看，崇明县和浦东新区保持最快的增长速

度，分别达到14%以上；其次是奉贤区、嘉定区和青浦区，批发和零售业增加值的增速在12%～14%之间；松江区和宝山区的批发和零售业增加值的增速相对较低，分别为9.2%和8%(见图5)。

从社会消费品零售总额来看，2013年郊区9个区县共计实现社会消费品零售总额4 808.3亿元(见图6)，2014年共计实现社会消费品零售总额5 370.9亿元，比上一年增加了562.6亿元，增速达到12.6%，但较上一年下降了1.9个百分点。分区县来看，浦东新区社会消费品零售总额突破了1 600亿元的规模，达到1 638.6亿元，继续保持绝对领先的位置，占郊区社会消费品零售总额的30.5%；闵行区、宝山区和嘉定区的社会消费品零售总额占比均在10%以上，分别为11.9%、10.4%和13.3%，三区合计略高于浦东新区；松江区、青浦区、奉贤区和金山区的社会消费品零售总额占比均在7%～9%之间，而崇明县的社会消费品零售总额占比相对低得多，仍然维持在1.6%。2014年，各区县社会消费品零售总额继续保持了较快的增长，但较2013年有明显回落。其中嘉定区增速显著，增速超过了25%，达到26.5%；崇明县、松江区、青浦区、奉贤区和金山区均处于10%～17%之间。而浦东新区、闵行区和宝山区增速相对缓慢，均在10%以下(见图7)。

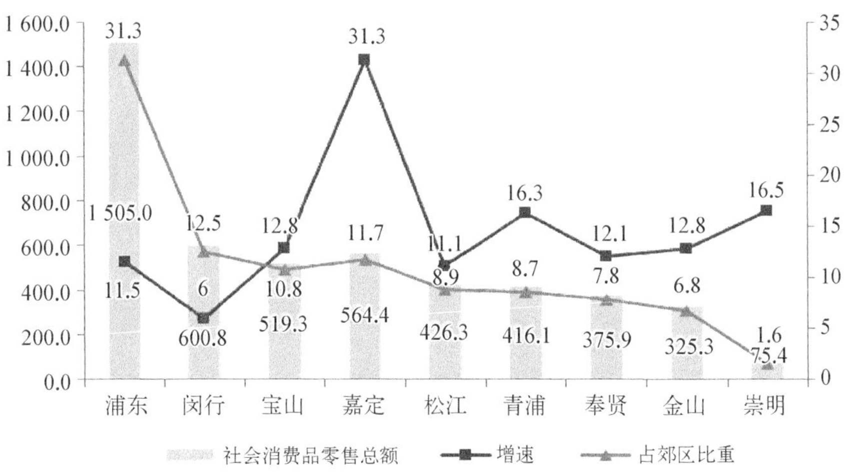

图6　2013年上海郊区各区县社会消费品零售总额(亿元 &%)

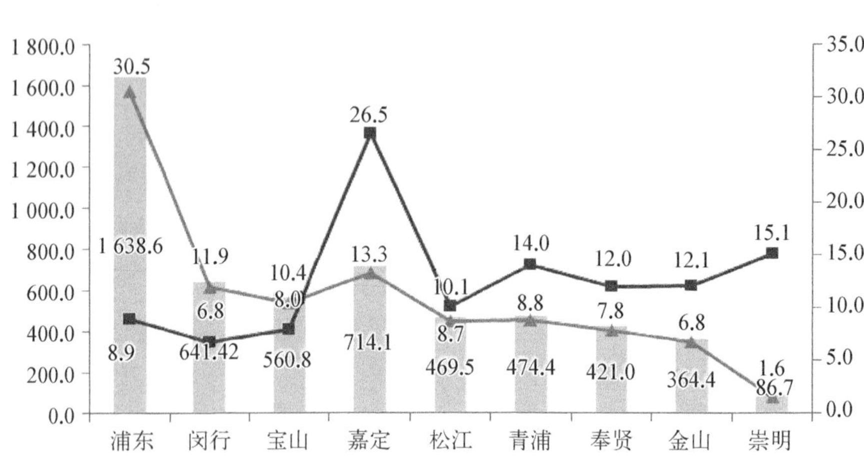

图 7　2014 年上海郊区各区县社会消费品零售总额(亿元 &%)

(二) 房地产业

从房地产业的增加值来看,虽然 2014 年浦东新区房地产呈现负增长的特征,但增加值依然高达 303.6 亿元,在各区县中的优势继续优先;其次是宝山区,房地产业增加值为 93.2 亿元;嘉定区和青浦区房地产业增加值分别为 59.9 亿元和 51.2 亿元;松江区、奉贤区和崇明县的房地产增加值在 50 亿元以下,分别只有 47.6 亿元、24 亿元和 15 亿元。从房地产业的增速来看,改变了上一年大都正增长的态势,各区增减不一。奉贤区较上一年下降了 16.5%,居降幅首位;其次是浦东新区和嘉定区,分别下降了 9.5%和 8.6%。而青浦区和宝山区呈两位数的增长,增幅分别为 15.7%和 13.3%;崇明县和松江区的房地产增幅相对较低,分别仅有 5.1%和 4%(见图 8)。

从房地产开发投资情况来看,2014 年全年郊区房地产共计完成投资2 432.4 亿元,同比增加了 135.7 亿元;占郊区服务业投资的比重为 68.7%,同比下降了 1.7 个百分点;占全市房地产投资的比重达 75.9%(2014 年,上海全年完成房地产开发投资 3 206.48 亿元,比上年增长 13.7%),同比下降了近 5 个百分点。郊区房地产市场受到房地产市场行业整体下滑的影响相对有限,呈现了正增长特征区县较多,9 个区县平均增速 8.6%。分区县来看,9 个区县有 7 个区房地产

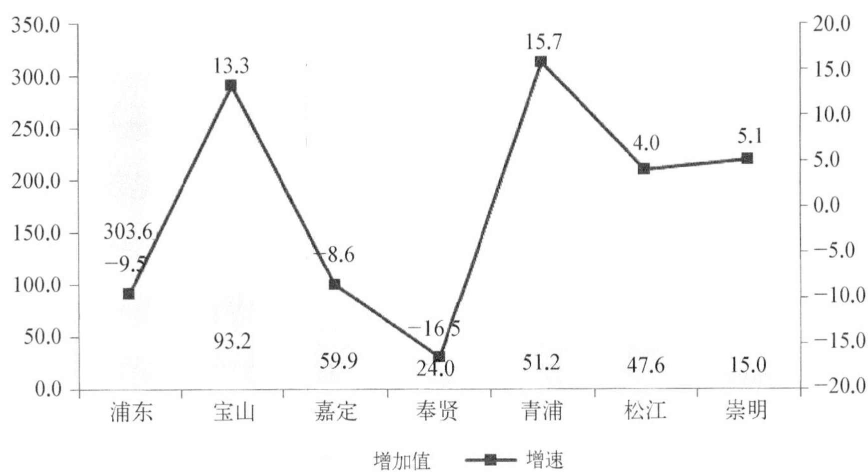

图 8　2014 年上海郊区部分区县房地产业发展状况(亿元 &%)

投资为正增长。除了闵行区和崇明县较上一年出现了下滑外,其他各区县均有不同幅度的上升。金山区房地产投资增速高达 46.9 个百分点;其次是松江区,增速为 10.4%;浦东新区、宝山区、青浦区和奉贤区,房地产投资增幅均在 10% 以下(见表 9)。

表 9　　2014 年上海郊区各区县房地产开发投资情况一览　(单位:亿元 &%)

区　县	投　资	增　速	占服务业投资比重	占全市房地产投资比重
浦　东	897.9	8.7	61.6	28.0
奉　贤	126.7	2.4	71.5	4.0
金　山	60.5	46.9	68.9	1.9
青　浦	238.5	6.9	67.1	7.4
嘉　定	299.3	2.0	77.7	9.3
闵　行	317.2	−4.6	79.1	9.9
宝　山	261.8	7.6	82.8	8.2
松　江	193.9	10.4	78.2	6.0
崇　明	36.6	−2.9	32.3	1.1
合　计	2 432.4	8.6	68.7	75.9

从房地产投资占各区县服务业投资比重来看,房地产投资依然是各区县服

务业投资的重中之重，除了崇明县以外，其他各区占比均在60%以上，其中占比超过80%的就有1个区，即宝山区。从各区县房地产投资占全市房地产投资的比重来看，均呈现不同幅度的上升(见表9)。

从房地产交易情况来看，除了青浦区和闵行区外，各区县(缺金山区、松江区数据)房地产总销售面积均有不同程度的下滑。其中，宝山区下降幅度最大，高达48.6%；其次为嘉定区和奉贤区，下降幅度分别为38.2%和37.8%；松江区和浦东新区的销售面积下降幅度相对较小。从现房销售来看，嘉定区、奉贤区、松江区和宝山区均呈现负增长，其中嘉定区的下降幅度达68.8%。从期房销售来看，除了宝山区和嘉定区略微增长以外，其他各区县均呈现负增长的现象(见表10)。

表10　　2014年上海郊区房地产交易情况一览　　(单位：万平方米&%)

区　县	总　销　售		现房销售		期房销售	
	面　积	增　速	面　积	增　速	面　积	增　速
浦　东	686	－5.4	501.5	1.9	184.5	－20.4
奉　贤	106.2	－37.8	62.1	－34.6	44.1	－41.6
青　浦	219.4	28.6	83.2	60.9	136.2	－7.4
嘉　定	231.9	－38.2	65.1	－68.8	166.8	0.1
闵　行	242.7	22.1	164.7	18.4	78	－24.1
宝　山	193	－48.6	87	－14.1	106	1.0
松　江	182.7	－8.1	49	－23.0	133.7	－1.1

备注：缺金山区、崇明县数据。

(三) 金融业

从金融业增加值来看，浦东新区金融中心地位突出，2014年金融业增加值突破了1 500亿元，达1 503.3亿元，是郊区其他各区县总和的7～8倍。宝山区金融业增加值居于第二的位置，但也只有81.4亿元，其他各区县更低，嘉定区和青浦区的金融业规模在40亿元左右，奉贤区为30亿元的规模，而崇明县金融业增加值仅有17.2亿元。从金融业增速来看，嘉定区金融业增速较快，继续居于各区县之首，达32.5%；其次是浦东新区，增速达18.8%；崇明县和青浦区金融业增速也在10%以上，而宝山区和奉贤区金融业增长速度相对滞后，均处于9%以下(见图9)。

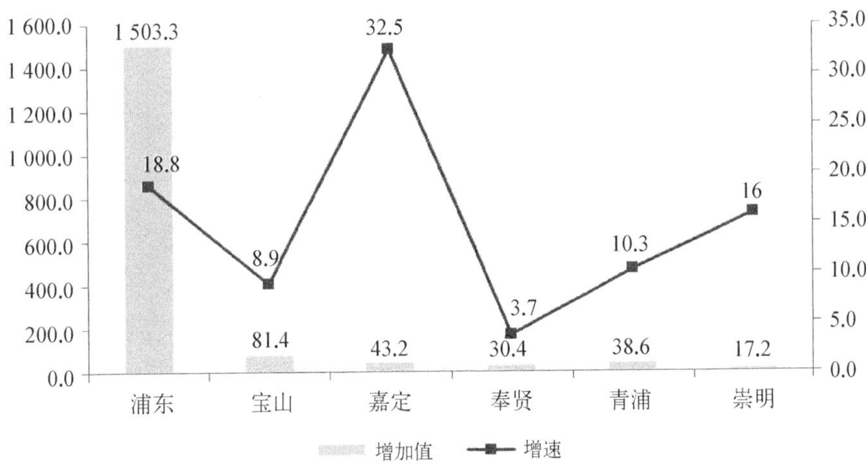

图9 2014年上海郊区部分区县金融业发展状况(亿元 &%)

从银行存贷款余额来看，浦东新区银行存款余额超过郊区银行存款余额的50%，达12 781.7亿元，比上一年增加了14.5%。2014年，银行存款余额增速相对较快的还有青浦区、嘉定区、松江区和奉贤区，均在5%～8%之间；金山区、闵行区、宝山区和崇明县的增速相对较低，在5%以下。浦东新区银行贷款余额占郊区银行贷款余额接近50%，达8 857.9亿元，较上一年增加了8.4%；银行贷款余额增速较快的有崇明县和嘉定区，分别为13.7%和12.3%；其他各区均在10%以下(见表11)。

表11　2014年上海郊区各区县银行存款余额及贷款余额　(单位：亿元 &%)

区　县	存款余额	增　速	贷款余额	增　速
浦　东	12 781.7	14.5	8 857.9	8.4
奉　贤	1 140.8	5.7	867	6.3
金　山	893.3	4.4	691.7	5.8
青　浦	1 206.1	7.8	708	5.6
嘉　定	2 068.6	7.0	1 031.4	12.3
闵　行	2 984	2.8	1 272.1	9.0

（续 表）

区 县	存款余额	增 速	贷款余额	增 速
宝 山	2 470.7	3.9	1 231	8.8
崇 明	709.1	1.5	383.1	13.7
松 江	2 168.4	6.6	1 277	7.7
合 计	26 422.8	6.0	16 319.2	8.6

（四）信息传输、计算机服务和软件业

从信息传输、计算机服务和软件业的增加值来看，各区都有不同程度的增加。2014 年，浦东新区的增加值达 481.4 亿元，接近宝山区、奉贤区、嘉定区和青浦区信息传输、计算机服务和软件业增加值总和的 4 倍，比上一年增加了 61 亿元。从信息传输、计算机服务和软件业增速来看，奉贤区增速最快，达 20%；其次是嘉定区，增速为 15.8%；浦东新区、宝山区和青浦区的增速均在 15%以下（见图 10）。

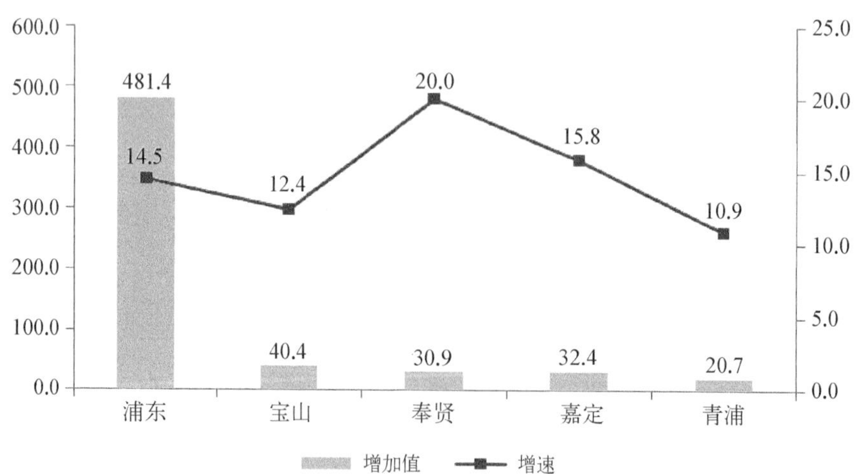

图 10　2014 年上海郊区部分区信息传输、计算机服务和软件业发展状况（亿元 &%）

（五）运输、仓储业和邮政业

从运输、仓储业和邮政业增加值来看，浦东新区的增加值最高，达 230.8 亿元，

较上一年增加了11亿元,是宝山区、嘉定区和青浦区运输、仓储业和邮政业增加值总和的2倍多。处于第二位的是宝山区,其增加值为52.4亿元,比去年减少了1.5亿元,超过嘉定区和青浦区增加值总和。从运输、仓储业和邮政业增速来看,增长最快的是青浦区,增速为18%;其次是崇明县,增速为12.8%;嘉定区增速为4.8%,浦东新区增速仅为1%;而宝山区呈现负增长,下降了3.9%(见图11)。

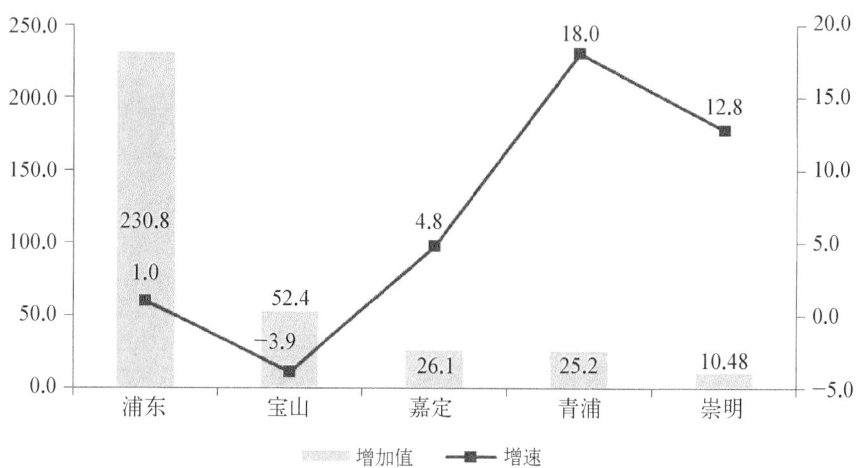

图11 2014年上海郊区部分区运输、仓储业和邮政业发展状况(亿元 &%)

(六) 旅游业

2014年,上海郊区积极推动旅游业的发展提升,旅游业活力进一步增强,发展态势持续向好,成为郊区服务经济中的重要增长点。

据不完全统计,2014年,郊区旅游营业收入达到380.3亿元,同比增加了21.3%。旅游营业收入增速超过10%的有5个区县,分别是嘉定区、青浦区、崇明县、宝山区和金山区,其中嘉定区的增速高达145%;松江区、浦东新区和奉贤区也有不同程度的增长,增长速度均在10%以下;只有闵行区呈现28.6%的负增长特征。

据不完全统计,2014年,郊区共接待游客10 454.1万人次,同比增加了24.3%,各区县接待游客人次均呈现正增长的特征。闵行区虽然旅游营业收入下降幅度较大,但接待游客人次增幅较大,高达65.8%;其次,嘉定区、松江区和青浦区接待游客人数增速超过20%,分别达到37.9%、21.9%和20.6%;浦东新区、奉贤区、崇明县和金山区接待游客人数的增幅都在12%~19%之间;宝山区接待游客人数的增幅最低，处于 10%以下(见表 12)。

表 12　　2014 年上海郊区各区县旅游收入及接待游客一览

区　县	营业收入(亿元)	增速(%)	接待游客(万人次)	增速(%)
浦　东	119.4	9.0	3 330	19.0
奉　贤	31	4.0	819.5	17.9
青　浦	16.6	19.3	580.8	20.6
嘉　定	48.9	145.0	1 407	37.9
闵　行	10.5	−28.6	838.1	65.8
宝　山	34.7	11.4	938.1	9.7
松　江	74.8	8.7	1 389.5	21.9
崇　明	6.3	11.6	466	13.4
金　山	38.1	11.0	685.1	12.2
合　计	380.3	21.3	10 454.1	24.3

备注：浦东新区和崇明县为 1～11 月份数据。

三、2015 年上海郊区服务业发展展望

(一) 2015 年上海郊区服务业发展环境

2015 年，是实施“十二五”规划的收官之年。在打造具有全球影响力的科技创新中心的大背景下，上海郊区创新驱动、转型发展的任务依然艰巨，郊区服务业面临的发展环境，虽有积极的因素，但依然存在诸多复杂性和不确定性。

从国际上来看，世界经济将持续复苏但难有大的改善。世界主要经济体经济形势将略好于 2014 年。美国经济继续保持稳健扩张步伐，就业形势继续好转，工资收入有望加速增长以及财富效应带动国内消费增长加快。欧元区经济温和回暖，各主要成员国经济在宽松货币政策刺激下将逐渐摆脱疲弱走势。消费税上调对日本经济的负面影响会逐渐淡化，预计日本经济可能艰难走向缓慢复苏。据世界银行 2015 年 1 月份预测，2015 年世界经济将增长 3%，增速比

2014 年加快 0.4 个百分点；全球贸易量将增长 4.5％，增速比 2014 年加快 0.5 个百分点。不过，发达经济体经济增长总体仍较为疲软，短期内难以真正走出低谷，一些主要新兴市场经济体，供给方面的制约因素和金融条件的收紧，对经济增长造成的不利影响可能持续更长时间。

从国内来看，我国经济发展的基础条件依然较好。我国经济的基本面仍然良好，内需增长具备有利条件。供给方面，虽然我国面临劳动力人口绝对量减少、储蓄率下降等趋势性变化，但是人力资本、资本存量等要素供给的质量在提高，一些新的增长拉动因素正在形成。消费方面，目前就业形势良好，居民收入增速超过了经济增速，为消费持续增长和提升消费占比创造了有利条件。投资方面，“十二五”规划即将收官，一些规划尚未完工的在建工程和尚未动工的大项目，建设进度将有所加快，出口回暖也将带动相关的固定资产投资增长，这些都有利于促进 2015 年投资增长。2014 年政府推出的一系列改革措施，包括加大简政放权的力度，允许民间资本创办金融机构，放宽市场主体准入，以充分发挥市场决定性作用为核心的价格改革等，以及创新驱动国家战略、自贸区建设、一带一路、长江经济带等区域发展战略的实施，对经济增长潜力的提高作用将在未来一段时期逐步显现出来，对 2015 年的经济增长具有正面作用。

（二）2015 年上海郊区服务业发展展望

从 2015 年上海郊区服务业发展面临的国际、国内和市域环境来看，总体发展环境偏向中性，在上海郊区自身发展基础、发展阶段、发展推拉力逐渐提升的背景下，2015 年，上海郊区服务业有望继续呈现类似 2014 年的良好发展走势，并且增速可能略有提升。2015 年，受复杂的外部环境影响，上海市经济增速继续下行的可能性增大，或与 2014 年持平，郊区经济也面临下行风险，增长速度低于全市平均水平的状况难以改变，但服务业增长高于全市平均水平的优势将继续保持。本报告认为：2015 年，上海郊区经济增速有望保持在 6％～7％之间，服务业总体增速维持在 10.5％～11.5％之间，依然高于区域经济总体增速；从三次产业结构来看，第二产业占比将继续保持下降趋势，第三产业占比有望继续攀升 1～2 个百分点。

（执笔：徐炳胜）

上海郊区农业：2014 年发展与 2015 年展望

2014 年，上海积极贯彻落实中央一号文件和上海农村会议精神，持续加大投入，进一步加强现代都市农业设施建设，加快转变农业发展方式，大力培育家庭农场，加强农民合作社组织等新型农业经营主体建设，农业集约化生产规模进一步扩大，农业信息化程度进一步提高，新型农业经营体系、农业社会服务体系进一步完善，农业发展质量进一步提升。

一、2014 年农业发展概况与特点

(一) 农业总产值平稳增长

1. 农业总产值与上年基本持平

2014 年，上海实现农业总产值 322.07 亿元，比上年农业总产值 325.37 亿元微减了 1.01%，基本保持近几年稳定的发展态势(见表 1、图 1)。

表 1　　2008～2014 年上海农业总产值　　(单位：亿元/%)

年　份	2008	2009	2010	2011	2012	2013	2014
农业总产值	280.35	283.13	287.03	314.11	321.73	325.37	322.07
比上年增长	9.52	0.99	−1.37	9.43	2.42	1.13	−1.01

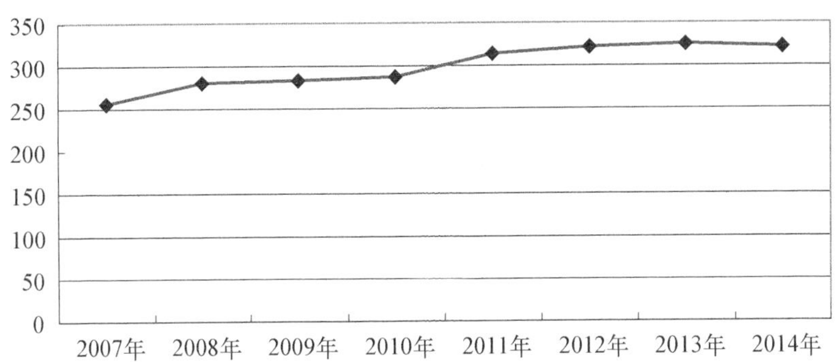

图1　2007～2014年上海农业总产值发展趋势(亿元)

2. 区县农业产值差异明显

2014年,浦东新区实现农业产值65亿元,崇明县实现农业产值62亿元,两地农业产值分别占上海农业总产值的20.18%和19.25%,两地农业在上海农业中占有重要的地位;奉贤区实现农业产值42.96亿元,占上海农业总产值的13.33%;金山区实现农业产值35.6亿元,占上海农业总产值的11.05%;青浦区农业产值23.72亿元,松江区农业产值21.84亿元,两地农业产值分别占上海市农业总产值的7.34%和6.78%;嘉定区实现农业产值12.1亿元,占上海农业总产值的3.75%;闵行区和宝山区两个上海中心城区拓展区的农业生产规模最小,农业总产值分别为3.67亿元和5.55亿元,分别只占上海农业总产值的1.13%和1.72%(见图2、表2)。

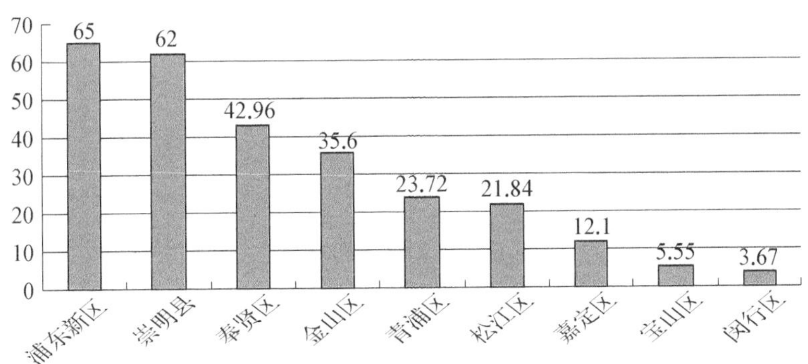

图2　2014年上海区县农业总产值①(亿元&%)

① 农业总产值按现行价格计算,增长速度为现价速度。

表 2　**2014 年区县农业产值占上海农业总产值情况**　(单位: %)

区　县	占总产值比重	区　县	占总产值比重
浦东新区	20.18	松江区	6.78
崇明县	19.25	嘉定区	3.75
奉贤区	13.33	宝山区	1.72
金山区	11.05	闵行区	1.13
青浦区	7.34		

3. 农业产业结构继续微调

2014 年,农林牧副渔及服务业产值"三增二降"。其中,种植业总产值 171.04 亿元,增长 0.5%;林业总产值 8.94 亿元,下降 15.1%;牧业总产值 70.03 亿元,增长 0.3%;渔业总产值 60.5 亿元,增长1.3%;农林牧渔服务业 11.56 亿元,下降 3.7%。上海域外市属农场实现农业总产值 21.45 亿元,比上年增长 17.4%,呈现逐年增长态势(见表 3、表 4)。

表 3　**2014 年上海农业产值结构**　(单位: 亿元/%)

农业产业	产　　值	比　　例	比上年增长
种植业	171.04	50	0.5
林　业	8.94	3	−15.1
牧　业	70.03	20	0.3
渔　业	60.5	18	1.3
农林牧渔服务业	11.56	3	−3.7
域外市属农场	21.45	6	17.4

表 4　**2008～2014 年上海农业产值结构**　(单位: 亿元)

年　份	2008	2009	2010	2011	2012	2013	2014
种植业	137.52	147.53	155.27	165.59	171.2	172.28	171.04
林　业	9.12	8.99	7.53	7.61	8.87	9.71	8.94
牧　业	68.4	64.61	62.9	77.11	72.63	67.65	70.03
渔　业	57.11	53.53	52.62	54.06	57.81	61.55	60.5
农林牧渔服务业	8.2	8.49	8.71	9.79	10.25	11.9	11.56
域外市属农场	—	—	—	—	16.08	18.81	21.45

(二) 主要农产品生产状况

1. 地产农产品生产

2014年,主要农产品产量"三增三减",除家禽生产,主要地产农产品产量保持基本稳定,生猪出栏、牛奶产量、水产品产量平稳增加,粮食和蔬菜产量略减,家禽出栏量比上年有较大幅度减少。从主要农产品产量发展趋势看,上市蔬菜和家禽出栏量波动较大,特别是家禽出栏量呈现较大的下降趋势(见表5、图3、表7)。

表5　2014年全市地产主要农副产品产量

产品名称	单　位	全市产量	比上年增长(%)	产品名称	单　位	全市产量	比上年增长(%)
粮　食	万　吨	112.89	−1.1	牛　奶	万　吨	27.05	2.0
蔬　菜	万　吨	377.86	−1.9	家禽出栏	万　羽	2 166.02	−18.0
生猪出栏	万　头	243.13	0.5	水产品	万　吨	30.04	10.7

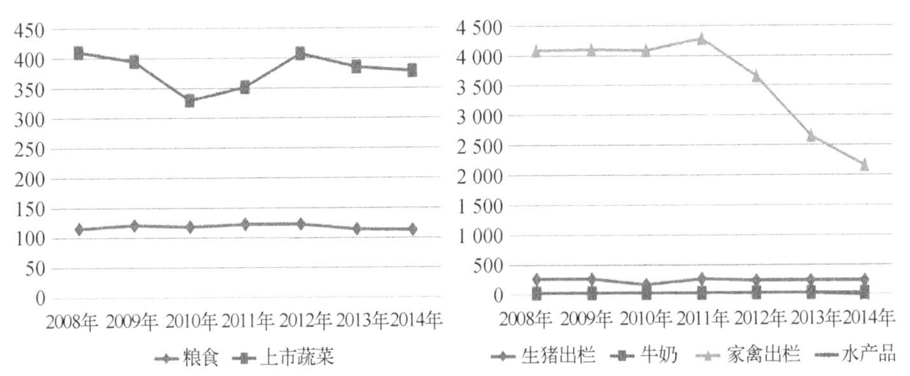

图3　2008～2014年上海地产农产品产量变动趋势

(1) 粮食生产。2014年,上海粮食生产面积继续减少,全市全年粮食播种面积247.29万亩,比上年下降2.1%;全年粮食总产量112.89万吨,下降1.1%;粮食总产量下降幅度小于粮食播种面积下降幅度,主要得益于夏粮单产水平继续增长。2014年,上海夏粮产量24.02万吨,比上年增长3.3%,秋粮产量88.87万吨,比上年减少2.2%。上海粮食播种面面积减少的主要原因:一是由于部分农田用于种植绿肥。二是改种甜瓜、蔬菜等经济作物,使得水稻播种面积比上年下降2.1%。其中，夏粮面积86.01万亩，下降2.8%；秋粮面积161.18万亩，下降1.8%。

在郊区9个涉农区县中，崇明县和金山区是上海市粮食生产大区，2014年，崇明县粮食产量达到25万吨，金山区粮食产量达到21.2万吨；其次是松江区、奉贤区、青浦区三区的粮食生产量也较大，松江区粮食产量11.21万吨，奉贤区粮食产量10.59万吨，青浦区粮食产量9.36万吨；嘉定区、宝山区和闵行区的粮食生产量较小(见表6)。

表6　　2014年上海区县主要农产品产量

区　县	粮　食 (万吨)	蔬　菜 (万吨)	生猪出栏 (万头)	牛　奶 (吨)	家禽产量 (万只)	鲜　蛋 (吨)	水产品 (吨)
浦东新区	—	77.7	51.71	37 000	679.09	18 189	21 838
崇明县	25	67.27	29	—	286	8 066	63 234
奉贤区	10.59	44.36	49.61	17 424	270	10 044	19 002
金山区	21.2	22.9	34.7	17 242	616	8 934	9 799
青浦区	9.36	49.63	9.9	8 823	41.3	3 239	19 500
松江区	11.21	16.3	26.1	—	164.2	2 740	3 074
嘉定区	5.66	13.95	13.8	3 485	17.7	2 073	1 400
宝山区	1.23	7.1	1.05	11 569	—	—	368
闵行区	1.26	6.57	3.91	—	43.37	—	432

(2) 蔬菜生产。蔬菜生产面积、产量基本保持稳定。2014年，上海继续落实"菜篮子"区县长负责制，区县长负责制从制度上保障了蔬菜常年菜田面积基本稳定在50万亩以上，绿叶菜在田面积稳定在21万亩以上。2014年，上海全市蔬菜总产量377.86万吨，比上年略减1.9%。

在上海郊区中，各区县蔬菜生产规模有很大差异，2014年，浦东新区蔬菜生产产量最高，达到77.7万吨；其次是崇明县，为67.27万吨，青浦区和奉贤区蔬菜生产量也较大，分别达到49.63万吨和44.36万吨；金山区蔬菜产量22.9万吨，松江区蔬菜产量16.3万吨，嘉定区蔬菜产量13.95万吨，宝山区和闵行区蔬菜生产规模最小，分别为7.1万吨和6.57万吨(见表6)。

(3) 生猪生产。2014年，上海地产生猪生产基本稳定，单位养殖规模有所扩大。上海地产生猪总出栏243.13万头，比上年增长0.5%；在本地养殖生猪生产中，规模化养殖场生猪出栏数增加。2014 年前三季度，上海规模场出栏量占生猪出栏总量的 74%，增长 1 个百分点；千头规模场累计生猪出栏 164.5 万头，增长 8.8%。近年来，上海大力推进生猪标准化生态养殖基地建设，加强对不规范生猪养殖整治力度。如青浦区，2014 年拆除不规范的猪棚 9.5 万平方米，治理了 5 万多头猪养殖。同时适度规模化养殖基地规范生猪养殖生产，生猪养殖结构正逐步优化。

在郊区各区县中，2014 年浦东新区生猪养殖出栏量最多，为 51.71 万头，其次是奉贤区，为 49.61 万头，金山区生猪出栏 34.7 万头，松江区生猪出栏 26.1 万头，宝山区最少，生猪出栏 1.05 万头(见表 6)。

(4) 牛奶生产。奶业生产保持稳定，生牛奶产量小幅增加。2014 年，上海继续推行奶价调节机制，牛奶收购基价随养殖成本提高同步调高，奶农基本收益得到保障，奶业生产继续保持稳定。生牛奶产量 27.05 万吨，同比增长 2%。域外生牛奶产量增长较快，总产量 7.4 万吨，同比增长 12.8%。

在有牛奶生产的区县中，浦东新区牛奶生产产量最大，达到 3.7 万吨，奉贤区和金山区牛奶生产分别达到 1.74 万吨和 1.72 万吨，近郊宝山区牛奶产量 1.15 万吨，嘉定区牛奶产量最少，为 0.34 万吨(见表 6)。

(5) 家禽养殖。2014 年，上海家禽生产萎缩，鲜鸡蛋产量略增。受禽流感疫情风险、畜禽生产标准化和农业生产环境整治力度加大等多重因素影响，部分养殖户尤其是小规模生产散户纷纷退出家禽生产，上海禽蛋生产总体规模萎缩，家禽产量整体大幅下降，地产家禽出栏 2 166.02 万羽，同比下降了 18%，域外生产下降了 76.2%。仅鸡蛋产量比上年增长，鸡蛋生产、销售、价格等行情均明显好于往年，2014 年前三季度产量达到 2.62 万吨，增长 8.3%。

郊区区县中，2014 年浦东新区家禽产量最高，达到 679.09 万只，金山区家禽生产量也较大，产量 616 万只，崇明县家禽产量 286 万只，奉贤区家禽产量 270 万只，松江区家禽产量 164.2 万只，闵行区家禽产量 43.37 万只，青浦区家禽产量 41.3 万只，嘉定区家禽生产量最少，为 17.7 万只。浦东新区鲜蛋生产量最大，达到 18 189 吨，其次是奉贤区，鲜蛋产量 10 044 吨，金山区和崇明县鲜蛋产量也较大，分别为 8 934 吨和 8 066 吨(见表 6)。

(6) 水产品养殖。水产品产量稳步提高，远洋捕捞增长迅猛。2014 年水产品比上年增长10.7%，总产量30.04万吨；域外水产品3.06万吨，同比增长11.4%。水产品的增长主要得益于上海水产集团“产品回国”战略。2014年前三季度，远洋捕捞竹荚鱼、鲣鱼、鱿鱼和磷虾产量大幅增长，水产品产量13.3万吨，增长30%以上。2014年气候总体有利于淡水养殖生产，淡水养殖水产保持稳定。

郊区区县中，崇明县水产品产量最大，2014年，崇明县水产品产量6.32万吨；浦东新区水产品产量第二，达到2.18万吨；青浦区和奉贤区水产品产量为1.95万吨和1.9万吨；宝山区和闵行区水产品产量最低(见表6)。

表7　　2008～2014年上海地产农产品产量

产品名称	单　位	2008年	2009年	2010年	2011年	2012年	2013年	2014年
粮　食	万　吨	115.68	121.68	118.4	121.95	122.39	114.15	112.89
上市蔬菜	万　吨	409.99	394.4	330	351	406.93	384.83	377.86
生猪出栏	万　头	258.22	269.74	171.87	266.6	241.64	241.84	243.13
牛　奶	万　吨	23.29	21.25	24.71	30.5	26.31	26.53	27.05
家禽出栏	万　羽	4 083	4 098	4 083	4 281	3 650.38	2 642	2 166.02
水产品	万　吨	32.34	32.12	29.08	28.82	27.21	27.59	30.04

2. 域外农产品生产

2014年，域外主要农副产品产量实现“四增一减”，粮食、生猪出栏、牛奶、水产品产量增加，禽出栏量大幅减少。粮食产量19.01万吨，比上年增长1.4%；域外生猪生产增长强劲，域外生猪出栏54.79万头，比上年增长31.5%；牛奶产量7.4万吨，比上年增长了12.8%；水产品3.06万吨，比上年增长了11.4%；受禽流感疫情因素的影响，域外家禽生产规模缩小，2014年域外家禽出栏量2.8万吨，比上年大幅减少76.2%(见表8)。

表8　　2014年域外主要农副产品产量

产品名称	单　位	域外产量	比上年增长(%)	产品名称	单　位	域外产量	比上年增长(%)
粮　食	万　吨	19.01	1.4	牛　奶	万　吨	7.4	12.8
蔬　菜	万　吨	—	—	家禽出栏	万　羽	2.8	−76.2
生猪出栏	万　头	54.79	31.5	水产品	万　吨	3.06	11.4

二、2014年上海都市现代农业发展状况与特点

(一) 现代新型农业加快发展

1. 生态农业

崇明等区县高效生态农业又取得新成果。三星镇西新村创新生态农业生产模式,集成应用生态农业技术,形成高效良性循环农业发展模式,在国内首次构建菜垄+蚓土+垄沟黄鳝交替排列的立体养殖农田结构布局,每亩菜田年净收益可达1.8万多元;竖新镇仙桥村的春润水产养殖合作社,采用稻虾鳖立体混养高效生产模式,每亩产值1.8万元以上。金山区廊下镇利用秸秆作为食用菌生产基质原料,生产后的废料又作为有机肥还田,实现了农业资源循环利用。

2. 智慧农业

物联网技术加快推进。2014年,上海市农业委员会信息中心、华东师范大学软件学院、上海农业物联网工程技术研究中心三方合作共建"农业云联合实验室"。在政府部门引导与协调下,上海相关科研单位、企业事业单位建立了"上海农业物联网产业技术创新战略联盟"。"研究室"与"联盟"的组建,为上海智慧农业更快更好地发展奠定基础,目前,上海市已取得农业物联网成果63项。在全市200多家园艺场有6万多亩基地推进绿叶蔬菜安全监管物联网应用;全市200余台农机进行了物联网技术改造,实现了农机位置数据的实时采集、传送以及信息接收、油耗测量、电压监控、发送逻辑智能处理等功能;推进农用无人机在农情勘测、农保核查、航拍测绘、农药喷洒等方面的示范应用;光明米业粮食作物"产加销"安全监管示范工程已建设10多万亩物联网综合应用示范基地;奉贤集贤虾业养殖合作社应用物联网技术后,降低养殖成本5%~10%,产量增加15%,经济效益增加10%,劳动生产率提高1倍;长江农场通过精准农业GIS管理平台,建立了崇明地区的行政区划属性数据库以及长江农场的基础地形图形数据库,包括田块、排灌等农资分布数据,实现了与气象、病虫害、土壤墒情、环境数据等监测控制体系的互联互通。

3. 旅游农业

旅游农业发展呈现稳定态势，截至2014年年底，上海已形成农业旅游节庆活动10多个，建成各类农业旅游景点249个，农业旅游景点比上年增加4个；接待游客1 799.5万人次，比上年减少了10.8%。直接带动各类涉农旅游总收入13.75亿元，与上年基本持平，其中农副产品销售收入4.8，比上年减少22.5%。

为进一步推动郊区旅游农业的发展，上海加大旅游农业品牌的宣传力度，2014年9月，举办了首届长三角休闲农业与乡村旅游博览会；10月，由上海市农业旅游经济协会和上海市餐饮烹饪行业协会联合主办"2014农家菜大擂台"大赛。大赛汇聚9个郊区县近45家景点单位的260多道风味浓郁的农家菜品。通过比赛活动，挖掘、传承、弘扬本土农家美食文化，扩大景点在市民中的知晓度。

（二）现代农业发展基础进一步夯实

一是农业设施装备水平不断提高。至2014年年末，全市累计建成设施粮田面积86.53千公顷，市级蔬菜标准园128家，面积3.37千公顷，累计建成标准化畜禽养殖场300家，标准化水产养殖场247家。

二是农业生产已基本实现良种化。郊区奶牛、生猪良种率达到100%，水稻和蔬菜良种覆盖率达到95%以上。

三是农作物机械化水平逐年提高。2014年，上海主要农作物机械化综合水平达到81.5%，比上年提高了3.5个百分点；绿叶菜机械化耕整地、播种移栽技术加快应用，机械收割有突破；粮食烘干能力达到1.3万吨；农作物秸秆综合利用率达91%。2014年，上海继续实施农业机械购买补贴政策，农业机械购买补贴政策促进了农业经营组织自主购机热情。如松江区兴泖农机合作社先后购置7台先进适用的水稻穴直播机，与7个村80多个家庭农场签订水稻机直播作业协议，机械穴直播面积达8 000多亩，单机作业效率最高达到120亩/天。

四是农田水利进一步加强。开展"高效节水重点县和全国中小河流重点县"建设，实施了农田水利基础设施改造、低洼圩区达标工程、拆坝建桥沟通水系、中小河道轮疏以及农村生活污水改造工程等。积极推进农田排涝设施规范化管理。按照《上海市农田排涝设施维修养护技术规程(试行)》和《关于开展农田排涝设施规范管理工作的实施细则》的要求,在崇明、松江、青浦等区县开展创新管护机制试点工作。

(三) 农业组织化程度进一步提高

1. 家庭农场等新型农业组织加快发展

近些年,在政府部门着力推动下,上海农业合作社、家庭农场、农业产业化龙头企业等新型农业生产经营组织得到较快发展。2014 年是家庭农场快速发展的一年,家庭农场数量年增 894 个,经农业主管部门认定的粮食家庭农场 2 787 户,家庭农场水稻种植面积占到郊区县最低保有量面积的 30.2%,比上年提高 13.1 个百分点。家庭农场的规模化生产带来较高经济效益,吸引部分年轻人投身集约化的农业生产,据统计,2014 年,35 岁以下粮食家庭农场经营者有 184 人,比 2013 年增加 94 人。松江区是郊区家庭农场发展的先进区,目前,松江区 90.9%的粮食播种面积由粮食家庭农场经营,其中机农一体 405 户,占 32.6%。嘉定区为鼓励粮食家庭农场的发展,2014 年出台《关于粮食生产家庭农场的实施意见(试行)》,鼓励粮食生产专业合作社退出种植环节,由家庭农场经营,农民合作社则进一步加强产前、产中、产后专业化服务和市场化经营。全区 16 个农民合作社实施“退一进二”的做法,53 户家庭农场经营粮田 6 705 亩,平均每家经营粮田规模 126.5 亩,初步形成了“农民合作社+家庭农场”的新模式。2014 年,闵行区大力推进家庭农场发展,已建粮食类家庭农场 35 家,生产经营面积约 6 408 亩,平均每家生产规模面积 183 亩。

农业产业化龙头企业数量继续增加。全市有农业产业化龙头企业 386 家,比 2013 年增加了 9 家,其中有 19 家企业获国家级重点龙头企业称号,78 家企业获市级重点龙头企业称号。

农业合作社总量减少,单体规模扩大。至 2014 年年底,农民合作社 3 192 家,虽然比上年减少了 8 家,但年销售额千万元以上的农民合作社达到 196 家,比 2013 年增加 25 家,有 71 个农民合作社获国家农民合作社示范社称号。

表 9　　新型农业经营组织数量　　(单位：个)

年　份	农业产业化龙头企业	家庭农场	农民专业合作社
2013	288	1 893	3 200
2014	386	2 787	3 192

2. 农产品品牌化生产能力进一步加强

2014 年，上海市有 1 489 家企业、7 202 个产品获得农产品品质认证。其中，绿色食品生产企业 171 家，绿色食品 248 个；无公害农产品生产企业 1 310 家，无公害农产品 6 928 个。上海全市无公害农产品、绿色食品和有机农产品认证总量 375.69 万吨，占地产农产品上市量的 66.51%，提前完成“十二五”规划设定的目标(见表 10)。

表 10　　上海农产品质量认证的企业与产品　　(单位：家/个)

年　份	产品获得农产品质量认证企业	获得农产品质量认证产品	其　中			
			绿色食品生产企业	绿色食品	无公害农产品生产企业	无公害农产品
2014	1 489	7 202	171	248	1 310	6 928
2013	1 069	4 797	151	215	911	4 557
比上年增加	420	2 405	20	33	399	2 371

3. 地产农产品网络化销售规模扩大，农产品流通渠道多样化

崇明县农产品营销网规模逐年扩大、农产品销售成绩突出。2014 年，崇明县在中心城区建立农产品营销网点 500 个，营销总额超过 9 亿元，同比增长 30%以上。

(四) 财政惠农政策进一步完善

2014 年，根据《国务院办公厅关于金融服务“三农”发展的若干意见》(国办发〔2014〕17 号)文件和指示精神，上海市结合本地区都市农业的特点，积极发展新型涉农金融机构、创新农业保险机制和支农信贷产品，全面提升财政和金融支持农业、服务农业水平。

1. 财政支农政策进一步加强，增加财政法定农业支出

2014年，上海农业生产基础设施建设，改善农业生产基础条件和农业科技支持体系建设的财政法定农业支出预算较上年增长7%，达到26.61亿元。其中，高标准农田、设施菜田、标准化畜禽和水产养殖场、小型农田水利建设财政资金达到14多亿元。

2. 加大对新型农业经营主体贷款的信贷投放力度

上海于2008年建立了5 000万元规模的市级财政支农贷款担保专项资金，通过财政担保的方式促进商业银行加大对农民合作社的信贷投放。2014年，为了进一步发挥担保专项资金的作用，上海市金融办与市农委、市财政局共同制定了《关于完善本市新型农业经营主体贷款担保财政支持政策的意见》(沪府办〔2014〕49号)，将市级支农贷款担保专项资金增加至1.1亿元，每个区县按不低于400万元的标准提供配套资金，扶持对象扩大至家庭农场。截至2014年年底，市财政专项担保资金模式下的农民合作社和家庭农场信贷投放累计达21.7亿元，余额达10.5亿元。

3. 增强对中小型农业主体的金融服务

在市金融办大力支持下，各郊区县设立小额贷款公司和融资性担保机构，同时，加强政策导向，引导小额贷款公司、融资性担保机构更多支持农业发展。至2014年年底，上海市已有124家小额贷款公司获批筹建，注入在册资本总额达到176亿元，累计为本市“三农”和小微企业发放贷款超过1 400亿元；有65家融资担保机构持有有效经营许可证，融资性涉“三农”担保余额超过4亿元。

4. 探索农村土地经营权抵押贷款

为贯彻《中共中央关于全面深化改革若干重大问题的决定》及《关于全面深化农村改革加快推进农业现代化的若干意见》(中发〔2014〕1号)中有关“在落实农村土地集体所有权的基础上，稳定农户承包权、放活土地经营权，允许承包土地的经营权向金融机构抵押融资”的工作精神，2014年上海出台了《上海市农村土地经营权抵押贷款试点实施办法》，并拟在金山区吕巷镇及1～2家涉农银行先行启动试点，鼓励农业生产适度的规模经营发展，有效拓宽新型农业经营组织融资抵押物范围。

5. 创新发展农业保险制度

全面推出菜农高温人身意外伤害险。菜农高温人身意外伤害险在去年试点的基础上正式推出，夏淡绿叶菜生产期间，菜农因高温中暑引起的身故、残疾，每人将最高获得10万元的意外金赔偿及5 000元的医疗费补偿。绿叶菜价格保险以及菜农高温人身意外伤害险在常年蔬菜生产中充分发挥了保险金融杠杆作用，保护了菜农的生产积极性。

6. 财政支持建立农业保险大灾风险分散机制

2006年，上海在全国率先制定出台《上海市农业保险特大灾害补偿试行方案》。在2006年《方案》基础上，2014年，市金融办与市农委、市财政局、上海保监局共同制定了《上海市农业保险大灾(巨灾)风险分散机制暂行办法》(沪府办〔2014〕50号)，通过财政托底、保险参与、再保介入等市场化手段，形成多层次农险大灾、巨灾风险分散机制，进一步完善上海市政策性农业保险制度建设，保障上海现代农业持续健康发展。

三、2015年上海农业发展展望

(一) 农业发展外部环境

当前我国农业发展生产和市场环境发生较大的变化，农业发展方式面临转型。由于国内农业生产成本逐年提高，国内主要农产品价格已经超过了进口产品价格，农产品价格上涨空间有限；农业生产资源环境超承载利用，造成环境污染、地力下降，资源利用已近极限。加大农业"黄箱"支持政策遭遇"天花板"，为此，2015年中央一号文件《关于加大改革创新力度加快农业现代化建设的若干意见》提出，要加快转变农业发展方式，走资源节约型、环境友好的现代农业发展道路，运用精准技术，实行提质增效，节本降耗增效，破解农业发展瓶颈。

2015年年初，上海市根据中央一号文件精神，出台贯彻《中共中央、国务院关于加大改革创新力度加快农业现代化建设的若干意见》的实施意见。意见指出，上海农业将主动适应经济发展的新常态，按照提质增效、创新驱动的总体要求，要进一步依靠制度创新和科技进步，破解土地、环境和人力资源等发展瓶颈，力争在转变农业发展方式上取得新的突破，推动上海都市现代农业率先向适度规模化、集约化、标准化、精细化、生态化和智能化方向发展，进一步提高上海都市现代农业综合能力。

2015 年是实施上海农业"十二五"规划的收官年，农业将继续"十二五"农业发展规划的既定目标，继续加大财政支农力度，加强现代农业设施建设，推进农业产业结构调整，继续推行秋播麦子、绿肥、深耕晒垡"三三制"，推行"三品一标"认证和农产品地理标志登记工作，创新农产品流通方式，强化农产品安全监管，加强农业农村生态治理。可以预见，2015 年上海农业将继续拥有良好的外部发展环境。

(二) 农业发展不利因素

2015 年，上海农业发展环境总体向好，但也存在一些阻滞上海都市现代农业发展的不利因素，主要表现在以下几个方面。

一是高标准设施农业规模较小，农业抗御自然风险还较弱。每年雨季暴雨，夏季持续高温、台风带来的暴雨大风对上海农业生产均会产生不同程度的影响，成为影响农产品产量、造成农产品季节性价格波动的主因。

二是农业合作组织规模较小，现代农业经营能力较弱。近些年，在政府推动和政策扶持下数量快速增加的农民合作组织的经营能力参差不齐，经营能力普遍较弱，难以全面有效地组织带领合作社成员发展生产和进行市场销售。整体上看，农业合作社没有有效发挥预期的作用。

三是农产品区域品牌经营能力不强，品牌效应不够明显。缺乏专业农产品营销组织，一些郊区知名区域品牌农产品因对品牌农产品的外部性缺乏有效的管理措施，造成产品市场资源的损失，不利于区域品牌农产品的持续发展。

四是农业社会化服务缺乏能够提供系统专业服务的组织。目前，上海农业社会服务组织规模小、区域性强，服务手段比较传统，缺乏能为农产品生产提供生产相关系统服务的专业组织，如为产前、产中生产环节提供相关一揽子专业服务的组织。

五是新型农业生产经营主体文化素质普遍不高，发展能力有限。近两年来，家庭农场的发展吸引了一些年轻人从事粮食的适度规模化生产，其中，懂专业、会经营的"新型职业农民"和"新农人"为数不多。从整体上看，郊区农业从业人员的高龄化、文化程度低的现状难以改变，对上海都市农业现代化、集约化、品牌化、信息化、智能化发展形成较大挑战。

(三)加快现代都市农业发展的应对措施

1. 提高上海都市现代农业建设标准

一要提高农业基础设施和水利设施建设标准,根据农产品标准化生产、农产品安全生产和优质、高效都市农业发展目标,提高农业设施综合配套水平,提升农业抵御自然灾害能力,为上海农业稳定与持续发展提供坚实基础。二要加强农业智能机械的研发与运用,加强冷链、加工、运输服务设备设施建设,减轻农业劳动强度,便捷农业生产,提高农业经济效益,让上海都市农业生产成为有吸引力的职业。

2. 依靠科技力量,积极推进生态农业建设

加大科技投入,加强绿色生态农业应用技术与集成技术研究,开展节水、节肥、节能和综合利用为目标的农业生态环境保护和资源综合利用技术研究;加大力度大力推广测土配方施肥技术、农产品综合良种良法良田配套技术,健康养殖技术,农业智能装备和农业智能生产技术、循环农业适用技术、农业废弃物无害化处理和综合利用技术等,实现农业生产投入物的精准投放,实现农业节水、节能,减少农业面源污染,提高农产品安全品质,改善农业生态环境。

3. 建立适应农业生产适度规模化的农业社会服务体系

一要加强农业生产技术服务能力建设,要充分发挥上海农业科研院所和有关企事业单位科技力量,鼓励建立多种形式的规范的技术服务组织,鼓励企事业单位为农业生产派驻专业人员或开展定向对接服务,开展技术咨询技术指导服务。二要继续畅通产销渠道,大力扶持产销服务组织的发展。加强地产农产品销售服务平台建设,建立统一规范的电子销售服务体系。加强农产品销售的渠道组织、监督和管理,通过终端渠道建设与管理措施,将农业生产各个环节纳入标准化生产和安全生产管理轨道。三要加强区域农产品品牌管理,积极支持农产品生产组织宣传、推介区域农产品品牌,扩大农产品区域品牌知名度;积极帮助品牌生产合作社、企业协会建立销售渠道,推进销售专柜、连锁超市等渠道建设。

4. 构建新型职业农民培训制度,提高培训成效

大力开展现代新型职业农民培训,加快提高职业农民职业素质。现代农业

需要生产者既懂农业生产技术、知晓信息技术，素质高、会经营的现代职业农民。改变农民职业培训供给方式，让农民从被动接受转变为主动申请，由农民方根据农业生产发展和自身技术短板，提出技术培训需求，经相关第三方评估，对符合有关上海现代职业农民培育政策规定的申请，即给予学校课堂、田间课堂、远程教育、“专家师傅带徒弟”等多种形式的灵活专业培训。进行针对性强的农民职业培训。

5. 加强郊区旅游休闲农业的宏观整体发展规划

实施新一轮郊区农业旅游创新规划，以规划引领“十三五”农业休闲旅游业的发展。加强上海城市居民短期休闲旅游消费特点与需求趋势研究，根据农业旅游消费需求进行郊区农业旅游整体与区县分片的统筹规划。加强郊区乡村环境、农业农村景观、农作活动、乡村特色文化保护。创新农业旅游景点的特色化发展，在区域空间上适度错位发展。加强农业旅游服务设施建设，推动现代信息技术在郊区农业旅游业营销、景点服务上的应用，便捷旅游，方便游客，提升综合服务能力。

（执笔：刘文敏）

上海郊区社会事业：2014 年发展与 2015 年展望

2014 年是实现上海市国民经济和社会发展“十二五”规划确定的各项目标任务的关键一年，也是筹划“十三五”规划目标和任务的重要一年。2014 年，在上海市委市政府的领导下，上海郊区全面落实国家“稳增长、促改革、调结构、惠民生、防风险”各项政策措施，全力推进创新驱动发展，促进各项社会事业全面发展，人民生活继续提高。在新的发展基础上，2015 年，上海郊区各区县不断总结经验，夯实基础，教育、卫生、文化、体育、民政及社会治理等社会事业相关领域的发展规模和质量将会有新的提升。

一、2014 年上海郊区社会事业发展现状

2014 年，上海市把社会效益放在首位，推进社会事业建设和文化发展，人民生活进一步改善。城市和农村居民家庭人均可支配收入分别达到 43 851 元和 19 208 元，分别比上年增长 9.1%和 10.4%。

教育水平不断提高。完善教育、卫生、文化等公共服务体系，新增 61 所中小学和幼儿园，推行小学“零起点”教学和等第制评价，深化高中学业水平考试制度，基本完成行业高校划转，办学水平进一步提高。2014 学年，全市共有普通高等学校（含独立学院）68 所，普通中等学校 857 所，普通小学 757 所，特殊教育学校 29 所。普通高等学校、普通小学毕业生数均有所下降，普通中等学校毕业生数有所增长。全市共有 48 家机构培养研究生，全年招收研究生 4.39 万人，在校

研究生13.36万人，毕业研究生3.66万人。九年义务教育入学率保持在99.9%以上，高中阶段新生入学率达96.9%。

卫生事业稳步发展。积极有效防控H7N9禽流感，推进公立医院改革，推广家庭医生制度，建成健康信息网，建立市民电子健康档案，医疗服务水平继续提高。全市共有医疗卫生机构4 987所，专业卫生技术人员16.4万人。上海郊区各区县把社会效益放在首位，积极推进社会事业建设，人民生活进一步改善，城乡社会治理水平不断提高，各区县均实现和完成上海市下达的社会发展相关的新增就业岗位、城市登记失业人数、城镇居民人均可支配收入以及农村居民人均可支配收入四项目标及其主要指标。各区县相关主要目标和指标完成情况如表1所示：

表1　　2014年上海郊区各区县社会发展主要目标和指标完成情况

分　类	指　标　名　称	单位	2014年预期目标	2014年完成	比前年增幅%
宝山区	新增就业岗位	个	4 000	5 168	——
	城镇登记失业人数	人	控制在3.01万人以内	25 920	——
	城镇居民家庭人均可支配收入	元	高于经济增长幅度	39 881	9.7
	农村居民家庭人均可支配收入	元	高于经济增长幅度	24 670	10.3
嘉定区	新增就业岗位	个	市下达指标	35 162	——
	城镇登记失业人数	人	市下达指标	5 709	——
	城镇居民家庭人均可支配收入	元	与经济增长同步	40 042	10.2
	农村居民家庭人均可支配收入	元	与经济增长同步	23 831	11.0
闵行区	新增就业岗位	个	3万个	33 189	——
	城镇登记失业人数	人	1.4万人以内	1.4万人以内	——
	城镇居民家庭人均可支配收入	元	增长8%左右	40 637	9.8
	农村居民家庭人均可支配收入	元	增长8%左右	27 560	10.7

(续 表)

分 类	指 标 名 称	单位	2014 年预期目标	2014 年完成	比前年增幅%
青浦区	新增就业岗位	个	20 000	25 182	——
	城镇登记失业人数	人	6 300 人以内	4 334	——
	城镇居民家庭人均可支配收入	元	与经济增长同步	37 550	9.5
	农村居民家庭人均可支配收入	元	增长 10%以上	20 050	10.6
松江区	新增就业岗位	个	市下达指标	26 148	——
	城镇登记失业人数	人	市下达指标	7 018	——
	城镇居民家庭人均可支配收入	元	与经济增长同步	39 510	10.1
	农村居民家庭人均可支配收入	元	与经济增长同步	21 736	10.8
奉贤区	新增就业岗位	个	市下达指标	31 354	——
	城镇登记失业人数	人	6 290	5 080	——
	城镇居民家庭人均可支配收入	元	增长 10%以上	36 444	10.1
	农村居民家庭人均可支配收入	元	20 500	20 611	10.8
金山区	新增就业岗位	个	20 000	20 892	——
	城镇登记失业人数	人	市下达指标	5 298	——
	城镇居民家庭人均可支配收入	元	增长 10%以上	36 433	10.1
	农村居民家庭人均可支配收入	元	增长 10%以上	19 436	11.1
浦东新区	新增就业岗位	个	15 万个以上	15.07 万个	——
	城镇登记失业人数	人	控制在市下达指标内	控制在市下达指标内	——
	城镇居民家庭人均可支配收入	元	持续稳步增长	49 629	9.8
	农村居民家庭人均可支配收入	元	持续稳步增长	21 814	11.7

（续 表）

分 类	指 标 名 称	单位	2014 年预期目标	2014 年完成	比前年增幅%
崇明县	新增就业岗位	个	9 000	9 388	——
	城镇登记失业人数	人	25 900	30 100	——
	城镇居民家庭人均可支配收入	元	增长 10%以上	35 058	10.1
	农村居民家庭人均可支配收入	元	增长 10%以上	14 911	11.1

注：本表根据上海郊区各区县政府工作报告和相关区县“关于 2014 年国民经济和社会发展计划执行情况与 2015 年国民经济和社会发展计划草案的报告”做成。

与此同时，上海郊区注重加大社会事业资金投入力度，改善郊区的教育、医疗卫生、社会文化等条件，推进上海郊区教育事业、医疗卫生、文化体育、民政和社会救助等社会事业规模、质量和水平的提高，不断满足人民群众日益增长的教育、卫生、文化和民政等领域的社会服务需求，然而，由于历史的原因以及郊区城镇化的快速推进等方面的原因，上海郊区的社会事业发展质量和水平与上海市中心城区相比尚有较大的差距。

（一）教育事业不断充实完善、城乡教育差距依然较大

2014 年，上海郊区各区县大幅度增加教育事业资金投入力度，改善郊区的教育条件，不断提升上海郊区各区县教育事业的规模、质量和水平。据统计，2014 年宝山区教育经费投入金额为 39.18 亿元，比上年增长 11.9%；闵行区教育经费投入金额为 42.47 亿元，比上年增长 12.6%；松江区教育经费投入金额为 29.41 亿元，比上年增长 15.1%；即使是经济发展水平较弱的青浦区，其教育经费投入金额也达到 27.6 亿元，增幅达到 6.3%。嘉定区的高中阶段学生录取率达 99.6%，初中和小学入学率均为 100%，3～6 岁幼儿入园率为 99.8%，这种发展水平即使是在上海全市也位居前列。

实现城乡教育一体化，特别是推进上海城乡义务教育均衡发展是上海市教育工作的重点。2014 年，上海市郊区各区县采取一系列措施，推进城乡教育均衡发展。2014 年，上海市被评为全国第一个整体实现限于义务教育均衡发展的

省市。同时各区县加大深化教育综合改革的力度,全面提高共建推进质量,推动基本教育公共服务均等化,教育投入总量逐年大幅增加,加大义务教育财政经费向郊区支付力度,完善教育经费投入统筹机制,同时推进优质教育资源向郊区和薄弱地区延伸,“新优质学校”创建项目稳步推进,与高校、外区县优质资源合作办学,以五大区域、教育联建体、教学协作联盟、新建学校联盟和特色组团建设为抓手,打造了一批老百姓家门口的好学校。

在外来人口集聚地区,组织相关区县抓紧在这些地区补建义务教育学校和幼儿园项目,发挥区县积极性,建立教育对口合作交流制度、区域优质教育资源共享等机制,健全区县优质教育资源共享辐射机制,为实现教育全面、协调、可持续发展提供了强大的动力支持和资金保障。

尽管上海郊区教育事业发展较快,但是由于体制和机制上的诸多因素影响,上海城乡教育资源差距依然较大,制约着城乡教育一体化发展。

一是优质教育资源集中在中心城区,郊区缺乏优质教育资源。据不完全统计,2014 年,上海市 12 所重点小学全部集中在中心城区,郊区各区县没有一所重点小学;市属 12 所重点初级中学中的 11 所位于中心城区,郊区 9 个区县中仅有 1 所市属重点初中。

二是义务教育阶段生均教育经费城乡差距较大。据统计,2014 年上海市小学生均经费区级最大差距为 3.33 倍,初中为 2.48 倍,高中为 3.17 倍,职高为 4.73 倍。经费最高的区均为中心城区,最低的均为郊区。

三是由于多数外来常住人口集中居住在郊区各区县,导致外来人口义务教育郊区化、远郊化,城乡接合部小学生人数“超标”现象非常严重。加剧了郊区各区县教育资源的供求矛盾。

表 2　　各区县普通中学基本情况(2013 年)

地　区	学　校 (所)	毕业生数 (人)	招生数 (人)	在校学生 (人)	教职员工 (人)	其　中 #专任教师
总　计	762	146 810	173 358	593 513	68 192	52 649
浦东新区	152	33 852	42 948	141 934	13 884	11 657
黄浦区	36	6 697	7 065	24 624	3 377	2 459

（续 表）

地　区	学　校（所）	毕业生数（人）	招生数（人）	在校学生（人）	教职员工（人）	其　中
						#专任教师
徐汇区	37	9 526	9 981	35 758	4 140	3 254
长宁区	26	4 876	5 137	18 935	2 748	1 869
静安区	15	3 351	3 374	12 106	1 623	1 149
普陀区	45	7 186	7 820	28 340	3 676	2 694
闸北区	36	6 977	6 908	24 365	3 099	2 218
虹口区	41	6 958	6 408	23 690	3 108	2 495
杨浦区	51	9 355	8 911	32 452	4 082	3 207
闵行区	63	9 957	14 713	47 434	5 633	4 271
宝山区	57	9 979	12 280	41 990	4 349	3 567
嘉定区	36	5 737	9 321	28 587	2 900	2 280
金山区	30	6 191	7 309	23 728	2 845	2 187
松江区	35	7 629	9 297	33 635	3 692	2 556
青浦区	25	5 807	7 293	25 660	2 710	2 189
奉贤区	40	6 804	9 669	31 421	3 140	2 341
崇明县	37	5 928	4 924	18 854	3 186	2 256

数据来源：《上海统计年鉴》(2014 年)，上海统计局主编。

（二）医疗卫生事业稳步发展，医疗卫生服务城乡差距仍然存在

2014 年，上海郊区医疗卫生资金投入力度大幅度增加，医疗卫生条件不断得到改善。据统计，2014 年宝山区医疗卫生经费投入金额为 14.48 亿元，比上年增长 36%；闵行区医疗卫生经费投入金额为 10.37 亿元，比上年增长 6.6%；松江区医疗卫生经费投入金额为 10.91 亿元，比上年增长 12.6%。从上海市区县两级财政对医疗卫生的投入来看，2014 年上海城镇居民基本医疗保险人均筹资额已经与农村新型合作医疗人均筹资额实现基本持平。

郊区各区县全面实施第三轮公共卫生体系建设三年行动计划，加强各级卫生机构能力建设，满足多层次、多样化医疗卫生需求。复旦大学附属华山医院、

复旦大学附属上海市第五人民医院外科综合大楼、复旦大学附属眼耳鼻喉科医院、吴泾医院改扩建(三期)工程等项目在郊区有序推进,上海郊区的三级医院建设加快,运行机制正在完善,医疗卫生能力大幅度提高。积极有效防控H7N9禽流感,推进公立医院改革,推广家庭医生制度,建成健康信息网,建立市民电子健康档案,医疗服务水平继续提高。同时通过将部分医疗机构治疗床位转为老年护理和康复,推进部分二级医院功能转型为康复医院,引导综合医院恢复产科、儿科床位配置,全面加强老年护理、精神卫生、康复、妇幼卫生等薄弱医疗资源的配置,医疗资源结构和布局得到优化。

尽管经过多年的努力,上海市在缩小城乡医疗卫生差距方面取得了一定的成效,但是仍然存在不少问题。这些问题表现在:

一是城乡医疗保障分属两个体系,基本医疗社会保障水平存在明显差距。

根据现行基本医疗社会保险制度规定,城乡居民的医疗保障水平仍有明显差距,突出表现在:无论是门诊还是住院,城镇居民基本医疗保险报销比例都超过新农合。根据上海市人力资源和社会保障局的规定,60岁以下人员在各级医疗机构就诊的报销比例分别为80%、70%和60%。住院起付标准分别为:社区卫生服务中心50元、二级医疗机构100元、三级医疗机构为300元。新农合参保人员在一级至三级医疗机构就诊的报销比例则分别为80%、70%和50%,住院起付线分别为200元、500元和800元。

二是优质医疗卫生资源集中于中心城区、郊区农村基层医疗卫生基础薄弱。

尽管近年来上海郊区医疗卫生资源投入量增长较快,但是由于中心城区人口的大量导入以及外来人口大量涌入闵行、嘉定、宝山、浦东等郊区各区县,上海郊区人均医疗卫生资源并没有取得明显改善。同时由于上海市卫生经费的65%左右投入到三级公立医院,基层医疗卫生机构仅占15%左右,因此缺乏三级公立医院的郊区各区县及其基层医疗卫生机构经费短缺问题较为突出。

三是郊区医疗卫生专业技术人员缺乏,基层医疗服务能力薄弱。

据统计,2013年上海市中心城区每千人床位数为8.72张,每千人卫生技术人员数为12.01人,每千人医生数为4.24人;近郊区每千人床位数为2.9张,每千人卫生技术人员数为4.15人,每千人医生数为1.61人;远郊地区每千人床位数为3.47张,每千人卫生技术人员数为4.25人,每千人医生数为1.71人。

表 3　各区县卫生机构基本情况(2013 年)

地　区	机构数(个)	床位数(张)	卫生技术人员(人)	其　中	
				#医　生	#护师、护士
总　计	4 929	114 314	156 365	58 070	67 941
浦东新区	952	16 232	23 353	9 207	9 595
黄浦区	213	10 728	16 505	5 929	7 406
徐汇区	311	13 972	19 219	6 288	8 739
长宁区	246	4 907	8 460	3 105	3 670
静安区	126	6 189	9 299	3 280	4 166
普陀区	165	6 106	7 084	2 561	3 021
闸北区	131	5 663	6 556	2 310	2 859
虹口区	163	6 832	8 578	3 191	3 749
杨浦区	168	7 306	9 318	3 322	4 464
闵行区	396	7 231	10 224	3 859	4 518
宝山区	290	6 140	8 208	3 050	3 648
嘉定区	301	3 715	5 917	2 438	2 459
金山区	248	4 047	5 012	1 917	2 162
松江区	297	4 328	5 536	2 297	2 183
青浦区	331	2 727	4 251	1 632	1 791
奉贤区	250	4 986	4 764	1 894	1 951
崇明县	341	3 205	4 081	1 790	1 560

数据来源:《上海统计年鉴》(2014 年),上海统计局主编。

(三) 文化体育事业日益繁荣

2014 年,上海市在基层公共文化设施建设中逐步形成市、区、街镇共同参与的投入保障机制,探索社会化、专业化运行管理机制,提高基层公共文化设施服务能力。原创现代沪剧《挑山女人》荣获中宣部第十三届精神文明建设“五个一工程”优秀作品奖等 8 项大奖,总奖项达 15 个,实现了沪剧史上的新突破。同时加快重点公共文化服务项目建设、完善区县公共文化设施,健全基层公共文化设施网络布局和社区文化活动中心规范化运行、落实重大公共文化惠民工程建设、建立健全公共文化产品和服务的招投标采购制度和公共文化服务内容配送体系、文化创意产业发展等。宝山区文化馆被文化部评为“全国优秀文化馆”,上海淞沪抗战纪念馆入选首批80处国家级抗战纪念设施、遗址名录。举办“2014上海樱花节”、“2014上海邮轮旅游节”等活动。上海闻道园获批国家AAAA级旅游景区。

各区县深入开展30分钟体育生活圈建设试点,成功承办ATP1000网球大师赛、2014年世界青少年乒乓球锦标赛、别克女子高尔夫邀请赛等国际赛事,一批品牌体育赛事的国际影响力不断扩大。

(四) 各区县重视养老设施规划布局,养老服务能力增强

据不完全统计,2014年,在郊区9个区县中,除青浦区之外,宝山区(642张)、嘉定区(448张)、闵行区(705张)、松江区(666张)、奉贤区(423张)、金山区(358张)、浦东新区(1 241张)以及崇明县(450张)8个区县新增养老床位达到4 935个,8个区县均完成了上海市下达的新增养老床位年度计划进度指标。

各区县均确定新增或转型一所老年护理院并规划落实各类养老相关设施建设用地。针对郊区新城和大型居住社区等人口大量导入地区,加强规划的引导和控制,严格落实公益性养老设施的总量、布局和规模要求。同时在郊区规划建设一批社会经营性养老示范基地。继续推行实事项目“老伙伴”计划,推进老人结对关爱服务,为低保困难老年人提供居室适老改造服务,初步形成了养老服务格局。

(五) 社会保障体系不断完善

2014年,上海郊区社会保障和就业资金投入力度大幅度增加,郊区各区县城乡居民的社会保障程度和水平得到改善。据统计,2014年,闵行区社会保障和就业经费投入金额为33.77亿元,比上年增长5.3%;松江区社会保障和就业经费投入金额为22.47亿元,比上年增长33.7%;青浦区社会保障和就业经费投入金额为15.2亿元,比上年增长28%;宝山区社会保障和就业经费投入金额为16.02亿元,比上年增长3.7%。同时,各区县全面完成“新农保”与“城居

保”、“廉租房”与“公租房”两项并轨改革，“小农民”社会保障问题已纳入市区两级联动解决专项，各类保障基本实现“应保尽保”。

各区县实施城乡统一的灵活就业人员参保办法，调整城镇职工社会保险缴费比例，提高养老金水平，提高城乡低保、最低工资等标准，提高计划生育家庭特别扶助和农村奖励扶助标准。首次向城乡低保家庭和重点优抚对象发放一次性高温补贴，扩大医疗救助范围，开展因病支出型贫困家庭生活救助，迈出解决支出型贫困的第一步。包括郊区各区县在内的全市城镇最低生活保障标准从上年的每人每月 640 元提高到 710 元；农村最低生活保障标准从每人每年 6 000 元提高到 7 440 元。同时在郊区实行全市统一的月最低工资标准，将最低工资从 1 620元提高到 1 820 元，小时最低工资标准从 14 元提高到 17 元。

二、各区县社会事业发展概况

(一) 宝山区社会事业发展情况

2014 年，宝山区注重把保障和改善民生作为发展的根本目的，着力扩大公共服务覆盖面，通过统筹城乡社会事业和基本公共服务一体化发展，不断提高城乡居民收入水平，推动城乡人民群众生活水平持续提高。城镇和农村居民家庭人均可支配收入分别同比增长 9.7%和 10.3%。社会事业相关方面 10 项指标均已实现全年计划目标。

1. 社会事业服务均等化、优质化深入推进

积极优化教育基本公共服务，提升发展水平。14 个“十二五”教育基建规划项目竣工，7 所新校、幼儿园(含分校)开办，顺利通过全国义务教育均衡督导，成功承办“第十二届全国学生运动会”田径比赛。至年末，宝山区有各级各类教育单位 305 个，在校学生 16.5 万人。“新优质学校”创建项目稳步推进，与高校、外区县优质资源合作办学，以五大区域、教育联建体、教学协作联盟、新建学校联盟和特色组团建设为抓手，打造了一批老百姓家门口的好学校。以绿色指标为导向，加强基础教育内涵建设，教育教学质量稳步提高，荣获“全国社区教育示范区”称号。

表 4　　宝山区社会事业和民生发展指标完成情况

类别	指标	全年目标	全年完成情况
超额完成全年目标的指标8项	常住人口数量	控制在206万人以内	201.8万人
	帮助成功创业/创业带动就业	600人/4 000人	720人/5 168人
	城镇登记失业人数	控制在3.01万人以内	25 920人
	新增执业医师/医院床位数/家庭医生工作室	120人/100张/50个	120人/100张/100个
	安置房开工建设/竣工	100万平方米/60万平方米	107.6万平方米/62.9万平方米
	安置房供应/安置户数	120万平方米/2 200户左右	120万平方米/2 406户
	老旧小区成套改造	2万平方米	2.8万平方米
	新增养老床位/居家养老服务对象	130张/200名	642张/236名
完成全年目标的指标2项	城乡居民家庭人均可支配收入增幅	高于经济增长幅度	城镇居民人均可支配收入增长9.7%、农村居民家庭人均可支配收入增长10.3%
	公共文化设施面积	新建2万平方米	新建2.01万平方米

深化公立医院改革。完成医疗联合体第二轮合作签约。完善社区卫生服务功能,落实家庭医生责任制,建立乡村社区医生定向培养机制。完成第四轮健康城区建设三年行动计划。首次编制完成养老服务设施布局专项规划,医养护机构养老模式深入推进,新增养老床位和居家养老服务对象超额完成,成功试点老年宜居社区建设。至年末,有公立医疗卫生机构41家,卫生技术人员7 848人,医疗卫生机构实际开放床位数5 734张。全年门急诊1 245.43万人次,比上年增长8.6%;入院14.21万人次,增长15%;住院手术5.74万人次,增长23.7%;健康检查38.81万人次,下降2.3%。户籍人口平均期望寿命82.61岁。

开展上海市民文化节宝山专场系列活动,举办各类活动8 500余场,参与市民190万人次。举办海峡两岸淞沪抗战文化研讨及书法展。支持企业创作的3D动画电影《神笔马良》实现全球首映。宝山体育中心全年无休开放,接待健身市民433.9万人次。组建上海宝山大华女子篮球俱乐部原创大型现代沪剧《挑山女人》荣获“五个一工程”优秀奖等15项国家级大奖，为上海市争得了荣誉；成功创办“陈伯吹国际儿童文学奖”，成为国内首个国际性儿童文学奖项。成功创建“全国旅游标准化示范区”；圆满承办高尔夫大师赛、全国学生运动会田径比赛。

2. 保障体系进一步完善

就业形势总体稳定。新增就业岗位2.51万个，其中非农就业4 955人。至年末，城镇登记失业人数25 920人，控制在市下达的3.01万人指标以内。积极推进创业型城区创建，帮助成功创业720人，带动就业5 168人。推进“上海市创业型城区”创建，帮助成功创业720人，带动就业5 168人。

完善制度体制，提升社会保障水平。农村居民城乡居保正常缴费4 574人，养老13 017人；城镇居民城乡居保正常缴费2 785人，养老4 039人；办理征地落实保障项目35个、被征地人员落实保障3 124人。新农保月平均养老金、征地养老人员月生活费标准分别提高到748元和1 300元，比上年增长15.5%和15%。至年末，城镇居民基本医疗保险缴费16.75万人，增长14.5%；市民社区医疗互助帮困缴费2.28万人，增长7.7%；参加新型农村合作医疗3.4万人。贯彻实施本市城乡居保制度及城乡养老保险制度衔接办法，农村居民基本实现应保尽保，参保覆盖率99.7%。

制定出台改善民生的10项政策，大力发展养老事业，完成养老设施布局专项规划，超额完成市下达的为老设施建设任务。至年末，有养老机构38家，床位8 572张，收养人数5 631人，其中社会投资开办的21家，床位4 219张。有老年人日间照料服务中心14家，社区老年人助餐服务点21个，助老服务社14家，为1.24万名老年人提供居家养老服务。

（二）嘉定区社会事业发展情况

2014年是“十二五”规划的第四年，也是实现“十二五”规划目标的关键之年。全区上下紧紧围绕建设现代化新型城市的发展目标，加快改革创新，社会事业不断进步，民生保障明显改善，人民生活水平持续提高。

1. 社会事业服务能力显著提高

教育综合改革全面启动，成立区教育咨询委员会、教育安全管理中心、中小学学业质量监测中心。实施“品质教育”十大项目计划，联盟化实施“新优质学校”项目,加强市区两级委托管理和国际合作办学。完成教育千兆骨干网络升级改造,基本建成教育资源共享云平台。全区持续深化品质教育内涵建设,大力探索教育综合改革实践,积极引导青少年学生健康成长,不断提高各级各类教育发展均衡度和满意度。学前教育在园托幼儿 31 329 人,小学在校学生 48 486 人,初中在校学生 22 851 人,高中在校学生 6 175 人,各类中等职业教育在校生 5 899 人,特殊教育在校生 155 人。民办农民工子女学校 14 所,在校小学生 12 765 人。全区高中阶段录取率达 99.6%;初中和小学入学率均为 100%;3～6 岁幼儿入园率为 99.8%。

稳步推进公立医院改革,加快区域卫生信息化建设,探索建立监管评价、收入分配、分级诊疗等机制,启动实施医疗卫生分级分类管理与服务。合理规划布局区域医疗资源,安亭医院迁建、江桥医院新建等项目前期工作稳步推进。医改工作逐步落实,实施国家及上海市 12 类基本及 9 项重大公共卫生服务项目,致力于推进公共卫生服务均等化。至年末,全区共有各级各类医疗卫生机构 295 个,其中区级及以上医疗机构 8 个,病床 4 018 张。全区共有社区卫生服务中心及分中心 19 个,社区卫生服务站 58 个,市级标准化村卫生室 77 个。全年完成诊疗 1 004.2 万人次,出院 8.8 万人次,区级医院住院病人施行手术 8.3 万人次。年内社区卫生服务中心的诊疗总人次为 401.1 万,门诊量占公立医疗机构总业务量的比例达 48.7%。全面开展家庭医生制服务工作,签约居民近 20 万户、51.7 万人。

文化体育服务供给持续加大。嘉定体育馆(新馆)主体竣工,一批文化体育惠民实事工程圆满完成。启用区公共文化数字服务平台,成立公共文化服务议事会,积极开展“百姓系列”群文活动,参与人次 195 万。多圈层全民健身公共服务体系不断完善,全民健身发展指数测评再列全市首位。深入推进全国文明城区创建,继续做好民族宗教、对台侨务、红十字会、妇女儿童和档案方志等工作。以“经典上海・风雅嘉定”为主题,全年成功举办了上海汽车文化节、马陆葡萄节、孔子文化节、南翔小笼文化展四大品牌活动。体育事业健康发展。在全市率先启动第四次全国国民体制监测工作,30 分钟体育生活圈全面建设,公共体育设施开放率保持 100%,体育馆(新馆)主体工程完工。年内共承办、参加市级及以上比赛和活动 203 次,参与人数 34 681 人;组织开展各类区级赛事、培训 106 次,参与活动总人次为 84 139 人。体育设施不断完善,全区拥有各类体育场地

2 100片,总面积580万平方米,全年体育产业收入18 331.8万元。

旅游产业快速发展。加大旅游节庆和赛事活动的融合发展,依托2014世界耐力锦标赛和冠军赛车嘉年华等上赛场秋季活动,组合包装嘉定赛事旅游产品和线路,开展"观赛事·游嘉定"主题宣传推介和互动活动。2014年接待游客1 407万人次,同比增长37.9%;实现旅游直接收入48.9亿元,同比增长145%。全区星级宾馆6家,客房数874间,出租率65.6%。旅行社58家,全年接待游客260万人次。

2. 社会福利与救助事业不断完善

加强养老服务,编制完成区养老设施布局专项规划。至年末,全区拥有各类敬老院23所,床位6 361张,收养老人4 532人,新增养老床位448张。年末共有社会福利企业87家。深化"一口上下"社会救助机制,实施各类救助40.9万人次,救助金额2.2亿元。全区享受民政部门救助16.7万人次,救助金额达8 218.8万元。其中享受城镇最低生活保障3.2万人次,累计发放救助金额1 803.5万元;享受农村最低生活保障0.1万人次,累计发放救助金45.6万元。实施医疗救助1万人次,发放救助资金1 219.4万元。2014年"蓝天下的至爱"共募集资金2 589.4万元。

社会保障体系进一步健全。至年末,全区有60.4万人参加城镇基本养老保险,享受养老保险待遇的离退休人员为11.5万人。2.3万人享受"镇保"退休待遇,4.2万名农民采用或参照征地养老方式落实了社会保障。有3 485人参加农村养老保险,16 620人领取农村养老金,农村养老金最低发放标准提高到每人每月690元。

推进强化农村医保工作,完善区级大病基金管理。至年末,全区参加农村合作医疗3.1万人。全区筹集农村医保基金4 755.8万元,累计为46.1万人次的农村居民支付医药费用5 155.3万元。其中,住院病人2 888人次,补偿医疗费用1 927.9万元,实际补偿比例达57.2%,与上海市城镇职工基本医疗保险制度可报销比达到100%。

不断创新助残服务模式,创建成为全国残疾人文化体育建设示范区,成为政府购买残疾人服务全国试点区。加大社会组织培育力度,区社会组织公益实践园启用,已有21家社会组织入驻。

3. 社会治理不断创新

强化村居社会治理。结合城市基本管理单元理念,深入推进“镇管社区”试点工作。12个街镇社区事务受理服务中心全部实现“一口受理”。开展社区生活地图试点工作,完成60个社区居委会“一站式”服务点建设,因地制宜推进农村组务管理创新,全区50%的村建立组务工作站。村居社会管理信息平台投入运行,全面梳理归并村居台账。全力开展村居社会治理专项整治行动,多项任务超额完成年度目标,全区共拆除违法建筑80.5万平方米,完成群租整治2 500户。

加强人口服务管理。健全人口服务管理组织架构,建立条块联动的工作机制,加强公共服务与人口综合调控统筹协调。完善随迁子女入学入园管理服务,推广“点勤式”及房屋租赁托管等创新做法,规范农村住房租赁管理,强化年度目标考核。人口综合调控成效初显,呈现“人口总量逐步稳定,来沪人员缓中略降”态势,人口结构逐步优化,素质稳步提升。

(三) 松江区社会事业发展情况

2014年,松江区积极落实各项民生政策,实施民生工程,加强民生保障,使发展成果更多更公平地惠及全体人民。

教育事业有新发展。加快教育基础设施建设,5所学校建成投入使用。对接市高考改革,启动高中教育教学改革。实施教育信息化三年行动计划,夯实教育发展基础。深化公立医院改革,完善公立医疗机构绩效考核和标准化工作量管理办法。推进学校资源和基础设施建设,完成东华附校、新闵小学、新闵幼儿园、九亭第四小学等项目建设。主动对接高考改革,引导各高中学校以加强教师课程能力为抓手,聚焦教学模式变革,全力推进教师专业发展和特色高中建设,推动高中教学转型。

卫生计生事业有新成效。区中心医院改扩建二期和九亭医院改扩建工程稳步推进,乐都医院成为全国首家获得国际康复认证的医院。完成区域病理诊断中心建设,深化实施家庭医生制度,国家卫生应急综合示范区通过专家调研评估。深化家庭医生制服务,户籍人口家庭医生签约率达76.27%。完善康复、老年护理医疗服务链,推进乐都医院转型为二级康复医院。加强卫生应急体系建设，完善卫生应急、120 指挥系统与区联动指挥中心信息系统的互联互通。加强健康城区建设，推进第四轮健康城区三年行动计划。做好“单独两孩”政策实施工作，全年共依法审批单独两孩 986 例。加大计划生育服务与管理力度，为全区 365 户失独家庭提供家庭关爱服务，流动人口计划生育管理进一步加强。

体育事业蓬勃开展。完成第六次全国体育场地普查及第四次国民体质监测工作。体育基础设施建设稳步推进，社区体育健身设施进一步完善。第十五届市运会共获得 64.5 金、46.5 银、48.5 铜，列金牌全市第十二位。全民健身活动火热开展，举办佘山元旦登高、端午龙舟赛等一系列品牌赛事。各类重大赛事顺利举办，2014 高尔夫“世锦赛——汇丰冠军赛”等一些重大赛事圆满收官。

文化体育事业健康发展。全国示范项目“万千百”文化配送工程有效推进。完成区文化馆新馆、图书馆分馆、新松江剧场和档案馆选址方案，新建 20 家居委会文化综合活动室。全面完成有线电视网络改造和数字化整体转换，下一代广播电视网络覆盖 33.12 万户。广富林文化遗址公园一期工程基本完工，建成全国最大湖底车库。推进首次全国可移动文物普查，非物质文化遗产传习基地进一步拓展。松江体育健儿在市十五届运动会上取得 64.5 金的好成绩。成功创建全国残疾人文化体育建设示范区。

社会救助、老年事业发展全力推进。实施各类救助 22.48 万人次，发放救助资金 1.1 亿元。积极推进“幸福家园”城乡互助综合型养老服务模式。围绕“9073”养老服务格局，建设一批“幸福养老院”。新增养老床位 666 张，全区养老床位达到老年人口的 3.5%。完善社区养老服务网络，推进街镇级综合为老服务中心为老年人提供助餐、文体活动、就医、日间照料等服务。规范养老服务业发展，综合救助体系不断完善。

强化培训促进就业，职业技能培训 36 915 人，帮助成功创业 504 人，新增就业岗位 26 148 个。不断提高农民保障水平，农保养老金、征地养老生活费每人每月分别增加 100 元、130 元。完善现代社会救助体系建设，实施各类救助 22.48 万人次、1.10 亿元。构建“幸福家园”城乡互助综合型养老服务模式，新增机构养老床位 666 张，为 8 598 名老人提供居家养老服务。健全劳动关系协调机制，强化群体性劳资纠纷化解，依法规范劳务派遣。

探索“一居一站”和“多居一站”模式，设立社区服务站，试点建立社区委员会，深化居委会规范化建设。加快社区事务受理服务中心标准化建设，完善社区生活服务中心服务功能，建成社区资源共享点 321 个。积极推进村(居)委会台账清理工作，初步形成台账规范目录。成立区社会工作协会，实施社会组织直接登记改革，推动街镇社会组织服务中心实体化运作。着手制定向社会力量购买公共服务管理办法，完善社区助老项目购买服务方案。

(四) 闵行区社会事业发展情况

2014 年，闵行区紧紧围绕“全面调结构、深度城市化”发展主线，全力以赴推进惠民生各项重点工作，社会事业全面发展，完成了社会事业年度发展任务。

社会事业蓬勃发展，优质社会事业资源总量进一步扩大。2014 年在全区推广“家门口的好学校”创建机制，完成 9 所“新优质学校”创建工作中期评估。深入实施中小学课堂教学改进三年行动计划，在社会实践和实验教学等方面取得实效。开办七宝德怀特高中。全面推广全国社区教育示范区成果，推进学前教育、特殊教育新三年行动计划。新开办浦江一品漫城幼儿园、鑫都小学、浦航二中、七宝德怀特高中等 8 所学校。严格执行国家和上海相关政策，小学和初中入学人数相比去年减少约 3 000 人。专项投入 988 万元用于万余名农村学生和城市低保学生营养午餐补助。加快建设“家门口的好学校”，完成 9 所初中“新优质学校”创建工作中期评估。积极推进“优质化、信息化、国际化”发展，市级数字化学习研究所和国际融合教育研究所在闵行挂牌。建成区“电子书包”试验应用平台，推出学前教育校园 APP 平台，初步形成教育资源共享机制。

医药卫生体制机制改革继续推进，以卫生信息化为支撑的公立医院全面预算管理和家庭医生制度进一步深化，被列入社会办医(国家)联系点，启动实施“单独两孩”政策。家庭医生签约 143.67 万人，户籍人口签约率达到 93%。养老服务体系加快建设，被确定为首批全国养老服务业综合改革试点。在莘庄镇、江川路街道启动全市统一老年照护需求评估试点工作。市文明城区创建工作持续推进，建成市及区文明小区 606 个、文明村 99 个、文明单位 544 家。

文化体育事业繁荣发展，荣获全国文化先进区称号，在市公共文化服务体系示范区中期督查中列全市第一。“30 分钟体育生活圈”建设扎实展开，完成国家第四次国民体质监测工作。一批文体活动和重大赛事成功举办。

积极推进养老服务体系建设。新增养老机构3家、养老床位705张,全区现有养老机构46家,养老床位10 118张。新建助餐服务点3个,累计58个;新建社区嵌入式养老服务设施8个,累计34个;新建标准化老年活动室15个,累计519个。新增居家养老服务对象2 600名,年末累计达2.39万人。积极推广"康乐福"为老服务信息平台建设,为11.79万名注册老年人提供主动关爱、家政便民、应急救助等服务。全面落实完成市、区政府实事项目,为1 172名残疾人提供辅助器具适配服务,完成率达169.9%;为9 593名残疾人提供两年一次免费健康体检;为26户残疾人家庭建设社区无障碍设施。全年共有177名残疾人实现就业,失业登记残疾人45人。28 810人次贫困残疾人得到及时救助,使残疾人应保尽保。

公共服务体系进一步健全。全年新增就业岗位33 189个,其中农村富余劳动力和征地人员非农就业岗位6 457个,新安置就业困难人员1 029人。扶持成功创业781人,创业带动就业2 367人。稳步提高各类人员保障待遇,农保平均养老金标准由每人每月770元调整为878元,征地养老人员生活费发放标准由每人每月1 118元调整为1 248元。人口调控工作开局良好,建立利益平衡机制,夯实组织架构,制定考核办法,聚焦产业升级、居住管理等重点工作,完成第一年人口调控目标。探索推进政府购买服务相关目录的编制工作。新增社区社会组织43家。完成全区社区事务受理服务中心标准化建设。社区服务站新增下沉受理公共服务事项24项。建立分级分责化解信访矛盾等制度,信访总量、积案存量、新增矛盾率、重访率等均呈下降态势。

表5　　2014年闵行区主要社会事业项目推进情况

类　别	主　要　进　展
教　育	一品漫城幼儿园、浦江三幼(浦润分园)、上海晶采坊幼儿园分园、君莲幼儿园(春都分园)、鑫都小学、蔷薇小学(分校)、浦航第二中学、七宝德怀特高中等8所新学校(幼儿园)开办;上海外国语大学闵行外国语中学基本竣工;上海市第二中学梅陇校区、浦江镇第六小学结构封顶;上海戏剧学院浦江校区、闵行第三中学改扩建项目有序推进
	紫竹国际教育中心(一期)项目加快建设,美国北卡罗来纳大学教堂山分校、上海交通大学—南加州大学文化创意产业学院、中美高等教育创新中心等项目签约入驻;德威英国国际学校结构封顶

(续　表)

类　别	主　要　进　展
卫　生	复旦大学附属华山医院、复旦大学附属上海市第五人民医院外科综合大楼、复旦大学附属眼耳鼻喉科医院、吴泾医院改扩建(三期)工程等项目有序推进;新增9辆急救车辆,梅陇镇、虹桥镇和古美路街道新增3个急救点投入使用
	新虹桥国际医学中心医技中心、能源中心建设稳步推进
	区中心医院纳入复旦大学附属医院建设范畴,吴泾医院挂牌岳阳中西医结合医院闵行分院
养　老	新建助餐点3个,标准化老年活动室15个;完成30家养老机构消防安全改造
	新东苑持有型养老社区主体工程结构封顶;君莲医养融合敬老院正式运营;浦江镇、马桥镇混合型养老社区项目有序推进;华漕镇、古美路街道社区为老服务中心等8个嵌入式养老服务设施建成
文体设施建设	闵行博物馆即将竣工,海派艺术馆前期工作有序推进
	颛桥社区体育活动中心、交大致远游泳馆、6条百姓健身步道建成启用;6个社区体育活动中心加快建设
	巩固100个市民文化广场改造成果;103所学校体育场地向社会开放,惠及150万人次
群众文体活动	成功举办区第五届艺术节、首届上海浦江沪剧节、社区广场舞大赛,开展各类活动2 000余项,参与市民300多万人次;承办的上海合唱节荣获"上海市重大文化活动晚会类"最佳奖
	在区群艺馆设立闵行区公共文化资源配送中心,配送高雅艺术进社区100场,东方宣教演出130场,开设东方讲坛150场,播放社区数字电影1.27万场;提供东方信息服务179万人次
	举办区第五届运动会、新春乒乓球公开赛、迎春万人健康行等活动;在66所学校、13 600多名学生中开展第三轮小学三年级游泳普及教育
重大体育赛事	成功承办ATP1000网球大师赛、2014年世界青少年乒乓球锦标赛、别克女子高尔夫邀请赛等国际赛事
	1 000余人参加市第十五届运动会,闵行代表团分列金牌榜、总分榜的第四位和第五位;成功承办市运动会田径、曲棍球、棒垒球等5个项目的比赛

(五) 奉贤区社会事业发展情况

2014年,奉贤区继续加强对民生保障的投入,全面提升社会事业发展水平。

全年全区教育、医疗卫生、社会保障就业、农林水事务等财政支出分别增长11.1%、28.7%、15.2%、8.5%。城乡居民收入稳步增加，全区城镇居民家庭人均可支配收入预计达到36 444元，同比增长10.1%。农村居民家庭人均可支配收入预计达到20 611元，同比增长10.8%，完成年度计划的100.5%。民生投入和城乡居民收入较快增长。

社会事业发展继续加快。坚持教育优先发展，积极引进优质教育资源。稳步推进中小学校舍安全工程，格致中学奉贤校区等一批学校开始招生。关注教育公平，规范发展来奉贤从业人员子女学校、民办学校。加强未成年人思想道德教育。努力构建现代职业教育体系和终身教育体系。基础教育水平不断提升，顺利通过国家义务教育均衡发展督导评估，全区高考本科上线率达87%，名列郊区前茅。进一步优化卫生资源配置，完成区中医医院、区妇保所、区血站整体搬迁。继续提升社区卫生综合服务能力。中医医院、妇保所、血站顺利搬迁并有序运行。卫生系统获国家自然科学基金项目3项。持续提升医疗质量，开展新技术新项目46项。区第三届文化艺术节、2014年市民文化节、首届梅花节、“亿万农民健身活动”田径比赛等文体活动蓬勃开展。在上海市第十五届运动会上区体育健儿再创佳绩。稳妥实施“单独两孩”政策。大力弘扬社会主义核心价值观，进一步深化“贤文化”内涵，开展好家风好家训活动。促进群众体育和竞技体育协调发展，积极推进30分钟体育生活圈建设。

社会保障不断加强。健全完善政府促进就业工作机制，继续加大民生投入，同比增长15.5%。全年全区新增就业岗位31 354个，城镇登记失业人数5 080人，比市下达指标控制数少1 210人，扶持成功创业组织508家，完成职业技能培训2.2万人。扶持创业成功组织508家，完成职业技能培训22 256人。继续完善社会保障制度，完成新农保、城居保并轨工作。优化养老服务设施规划布局，新增养老床位423张，新增居家养老服务对象300名，创建社区老年人日托站5家，不断提升为老服务水平。创新社区管理，加大投入，完成8家社区事务受理服务中心和15家社区居委会标准化建设，不断提升撤制镇社区管理水平。强化人口服务管理，推进来奉人员积分管理，引导来奉人员有序导入，截至2014年年底，全区实有人口115.54万人，同比下降0.58%，近5年来首次实现负增长。

(六) 青浦区社会事业发展情况

2014 年,青浦区注重综合施策,大力推进社会事业建设、公立医院改革、征收补偿安置、人才发展等三年行动计划,社会治理体系和治理能力建设有序推进。

1. 社会事业发展全面推进

社会事业三年行动计划 61 个项目中 45 个已正式启动。积极推进区域教育现代化建设,顺利通过了国家义务教育基本均衡发展督导认定和全国文化先进区复评,荣获"全国扶贫先进集体"称号。加强"新课堂实验"的实践与研究,推动学业质量绿色指标监测系统建设,深化体教、医教结合工作。

教育——从"立德树人"这一根本任务出发,全面推进学位满足、安全放心、质量满意、健康促进、创新发展五大工程,不断促进各类教育协调发展。顺利通过教育部全国义务教育发展基本均衡区督导认定,被列为首批"国家级农村职业教育和成人教育示范县"创建单位。全区教育经费投入 27.6 亿元,比上年增长 6.3%。年末教育单位 214 个,其中幼儿园 79 所,义务教育阶段学校 65 所,高中 5 所,特殊教育学校 2 所,中职教育 54 所,另有幼儿看护点 43 个。在校学生 10.0 万人,其中在园幼儿 2.5 万人,中小学、特殊教育、中职校 7.5 万人。另有看护点幼儿 6 689 人。

全面推进公立医院改革,开展公立医院改革卫生信息化项目建设,完成药品采购统一平台工程,有效运行社区卫生服务经费区级统筹,不断完善家庭医生制服务模式,新农合投保率达到 99.85%。稳妥有序实施"单独两孩"政策。至 2014 年年底,全区各级各类卫生计生机构 334 所,卫生计生系统门急诊次数 516.1 万人次,出院人数 45 917 人,手术 22 122 人次,核定床位数 2 208 张,实际开放床位 2 151 张,床位使用率 80.6%。卫生计生系统内每千户籍人口床位数为4.58。家庭医生制服务覆盖 100%户籍人口。中山医院青浦分院二期扩建等 9 个项目已竣工,复旦附中青浦学校等 15 个项目正在建设和推进,区综合福利院、夏阳街道社区卫生服务中心等 21 个项目正在办理前期手续。远大健康城一期的前期工作全面完成。社区卫生服务经费区级统筹机制正式运行。

2014年，青浦区文创产业实现营业收入309.2亿元，比上年增长5.3%。其中，文化创意服务业完成236.8亿元，增长4.5%；文化创意相关产业完成72.4亿元，增长8.2%。6家企业获得市文创资金扶持，6家企业被授予青浦区“区级文化创意企业”称号，1家基地被授予青浦区“区级文化创意产业园区”称号。通过国家文化部“全国文化先进区”复评；上海崧泽遗址博物馆开馆运行，淀山湖旅游购物节、文化艺术节和市民读书节、市民大课堂、市民大舞台等活动蓬勃开展，启动实施第一次全国可移动文物普查工作。完善全民健身服务体系，继续推进百姓健身工程，有序推进学校体育场地向社会开放，成功举办上海世界华人龙舟邀请赛、全国乒乓球超级联赛、全国重点学校射箭锦标赛等重大赛事。市民文化节、淀山湖文化艺术节和购物旅游节、世界华人龙舟邀请赛、中国乒乓球超级联赛、区第四届运动会等活动顺利举办。

2. 社会保障力度不断加强

2014年年末，全区养老机构26家，养老床位数3 694张，有648名助老员为32 055人次老人提供居家养老上门服务，建立老年人日间照料机构33家，老年人助餐服务点12个。新建和改建市级标准化老年活动室20家，涉及面积6 000平方米，投入资金460万元。全年新(改)建22家市级标准化老年活动室；为200户高龄、独居、纯老以及特殊困难的老年人家庭完成“无障碍设施进家庭”建设工作。社会救助和福利事业扎实推进，全年实施常规救助17.9万人次，残疾人保障和助残服务继续加强。全面启动北斗老年人位置服务信息化平台。“新农保”与“城居保”、“廉租房”与“公租房”两项并轨改革全面完成，“小农民”社会保障问题已纳入市区两级联动解决专项，各类保障基本实现“应保尽保”；23家老年人日间照料服务中心、22家标准化老年活动室和200户“无障碍设施进老年家庭”建设任务基本完成。

新农保基础养老金调整至每人每月650元，城居保基础养老金调整至每人每月540元，征地养老人员养老标准调整至每人每月1 175元，原乡镇办企业中原居民户口退休(职)人员养老金每人每月提高170元～230元，未参保城镇老年人养老补贴调整至每人每月510元，未参保自理口粮户老年人养老补贴高档调整为540元，低档调整为470元，每人每月均提高100元。

表 6　　2014 年青浦区主要社会事业推进情况

类　别	发　展　情　况
教　育	● 顺利通过教育部全国义务教育发展基本均衡区督导认定；被列为首批“国家级农村职业教育和成人教育示范县”创建单位 ● 沈巷幼儿园迁建、蒸淀幼儿园异地改扩建、小蒸幼儿园扩建、颜安小学(东部)校舍抗震加固 4 个项目竣工交付；复旦附中青浦学校、御澜湾九年一贯制学校、新建华新中学等重大项目加快推进
卫　生	● 建立综合评价指标体系，完成 4 家二级以上医疗机构综合评价 ● 完成区域临床检验中心和医学影像诊断中心的试运行 ● 中山医院青浦分院扩建项目投入使用，远大健康城一期的前期工作全面完成，完成重固镇社区卫生服务中心搬迁 ● 加强中医科研能力建设，入围“上海市卫生和计划生育委员会中医药科研基金 2014～2015 年度课题”1 项
文　化	● 通过国家文化部“全国文化先进区”复评；通过上海市公共文化服务示范项目“‘清阅朴读’青浦全民阅读推广项目”中期评估；朱家角镇、白鹤镇、练塘镇被评为 2014～2016 年度“上海民间文化艺术之乡” ● 成功举办第二届上海青浦市民文化节和第十一届上海青浦淀山湖文化艺术节，全年组织开展“二节”文化活动 1 108 项、2 663 场次 ● 各街镇社区积极开展文化活动，如重固“泉文化”系列、白鹤“沪剧文化”系列、夏阳“广场文化”系列、朱家角民俗系列以及华新快乐村民秀等 ● 公共文化资源向街镇配送演出、展览、讲座、电影等 2 507 场次，配送文艺指导员下基层辅导 5 265 人次
体　育	● 市体育局公布的 2013 年全市全民健身 300 发展指数中，区综合指数达到 268 分，高于全市 250 分的平均数，在全市 17 个区县中位列第 4 ● 在上海市第十五届运动会上获得 35 金、35.5 银、42 铜 ● 新建白鹤百姓健身房、5 条百姓健身步道

(七) 金山区社会事业发展情况

2014 年，金山区牢牢把握稳中求进的总基调，全面贯彻落实抓改革、稳增长、促转型、提质效、重民生各项政策措施，扎实有效地推进各项重点工作，改革创新活力不断显现，民生和社会事业持续发展。

社会事业全面发展。2014 年，金山区坚持以人为本，加大投入，深化改革，大力推进人才服务、教育、卫生、文化体育等社会事业发展，实现社会事业全面进步。

表 7　　2014 年金山区主要社会事业项目推进情况

主要领域	主　要　进　展
人　才	● 完成“十二五”中期人才工作绩效评估，加强高层次人才服务专窗建设，积极推进海外人才金山行活动后续工作，帮助 1 个项目落户金山 ● 加强优秀人才队伍建设，全区入选享受国务院特殊津贴 1 人，市首席技师千人计划 6 人，获评市杰出技术能手 1 人，市技术能手 2 人
教　育	● 开展学区化集团化办学试点，通过教师交流、统一教研、统一培训等途径，实现教育资源共享、学校文化共建、教育教学互助 ● 启动第二轮城乡学校组团发展，从初中推广至小学幼儿园，确定 18 所学校(9 组)为第二轮组团发展学校 ● 石化工业学校与上海应用技术大学合作招收首届“3＋4”中本贯通学生，推进与二工大区校合作，共建二工大高等职业技术学院 ● 终身教育发展成效显著，5 个街镇申报创建上海市社区教育示范街镇 ● 加强青少年综合素质培育，积极推进学校少年宫建设，召开上海市学校少年宫建设现场推进会，此做法被市文明办肯定为“金山模式”
卫　生	● 成功创建全国基层中医药工作先进单位 ● 启动实施计划生育特殊家庭的养老、医疗、就业、收养、再生育等全方位扶助 ● 实施重大公共卫生服务项目，其中“社区居民大肠癌筛查”项目筛查 31 329 人，“60 岁以上老年人接种肺炎”22 596 人次 ● 金山工业区社区卫生服务中心被评为全国最满意的社区卫生服务中心(全市仅 3 家)，亭林医院挂牌成立江苏大学教学医院
科　普	● 金山嘴渔村和金山桀园获批成为市级科普教育基地，张堰镇被评为上海市科普示范街镇 ● 通过“科普惠农”示范基地建设，优选品种和改良技术进一步推广
文化体育	● 全年共开展群众文化活动项目 1 089 个，惠及群众达到 180 万人次；公共文化配送资源重点向村居倾斜；共有 35 个项目申报文创扶持资金，其中 7 个获得市级文创扶持资金 884 万元 ● 积极推进 30 分钟体育生活圈建设，完成 1 个社区公共运动场、1 个百姓健身房、4 条百姓健身步道、16 个健身苑点和 2 个农民健身工程 ● 组织参加第十五届市运会，并取得历史最好成绩

社会保障制度不断完善。坚持以创业带动就业，全年新增就业岗位 20 892 个，净增就业岗位 5 400 个，均超额完成年度指标；城镇登记失业 5 298 人，控制在市政府下达的指标 6 790 人以内，各项就业工作取得新进展。积极推进城乡居民参加养老保险，提高城乡居民养老水平，全区城乡居保参保 8 万人，其中享

受城乡居保养老待遇 5.4 万人,原新农保人均月养老金、原老年农民补贴、原城居保人均月养老金分别提升至 639 元、565 元和 607 元。妥善处理历史遗留问题,完成金山铁路支线、沪杭高铁配套工程 241 名失地人员纳保工作。完善城镇医保服务网络,全区参加城镇居民医保 7.4 万人,互助帮困计划 853 人,镇保门急诊统筹 2.1 万人。继续做好困难群体社会救助工作,实施生活救助 11.5 万人次共计 5 225 万元,实施医疗救助 4.9 万人次共计 1 227 万元。108 户农村低保低收入户完成危旧房改造。新增养老床位 358 张,新(改)建社区老年人助餐服务点 3 个、日间服务中心 4 个和标准化老年活动室 21 个,为 9 100 名老年人提供社区居家养老服务,为 5 400 名高龄老人提供家庭互助服务。

社会管理水平稳步提高。进一步规范"12345"市民服务热线管理工作,优化网格化管理处置机制,提升城市管理综合能力。网格化综合管理中心共受理案件 68 105 件,结案 61 166 件,结案率达 89.8%。"12345"市民服务热线共受理工单 6 489 件,其中区级热线平台受理工单 4 578 件,按时办结率 99.8%。完善朱泾镇"镇管社区"工作,依托社区联动指挥中心、社区生活服务中心、编制社区生活服务手册等载体,延伸服务内涵,完善提升社区服务水平。加大社会顽症治理力度,对全区住宅小区开展"地毯式"排查,并对其中 10 个社区(居委会)的 212 户"群租"户开展整治;开展非法客运专项整治 125 次,查处涉嫌非法客运车辆 224 辆;全区共消除无照经营 344 户,疏导办照 1 562 户;加大依法拆除违法建筑的力度,全年拆除违法建筑 16.6 万平方米。加强实有人口管理,全面推进金山区房屋编码管理工作,加强对来沪人员排摸、登记、核查等管理工作。

(八) 崇明县社会事业发展情况

2014 年,崇明县紧紧围绕崇明生态岛建设总目标,坚持创新驱动发展,振奋精神,真抓实干,全力推进社会事业和社会发展各项工作,促进社会治理不断完善,促进人民生活水平进一步提高。

教育事业全面发展。全面通过国家义务教育均衡发展督导认定。民本中学等一批中小学校舍更新加固改造工程基本完成,平安小学等 5 所新建学校建成投用。继续实施委托管理、集团式办学等项目,开展第二轮双联工程评估总结。

成功举办第五届上海崇明生态岛国际论坛。上海工程技术管理学校创建国家级中等职业教育改革发展示范校工作通过市级评估验收。完成县级"新优质学校"创建单位中期评估。平安小学建成投用。裕安社区初中、上海市工程技术管理学校长兴校区、上海一师附小附属江帆小学和上海南京西路幼儿园附属新城幼儿园建设稳步推进。启动建设上海市东滩思南路幼儿园、上海市实验学校附属东滩学校。长兴镇凤西路幼儿园前期工作正在展开。

医疗卫生事业有序推进。县级公立医院改革全面推进。深化区域医疗联合体试点工作。县第三人民医院迁建工程启动,向化镇等 6 家社区卫生服务中心标准化改造完成。完成第一轮乡村医生培养计划。国家慢性非传染性疾病综合防控示范区和全国基层中医药工作先进单位创建通过评审。新华医院崇明分院新一轮三级医院建设继续推进。县第二人民医院开展二级乙等医院复评审工作。启动县第三人民医院迁建。江南造船职工医院前期工作有序展开。国家慢性非传染性疾病综合防控示范区和全国基层中医药工作先进单位创建通过评审。完成卫生信息化二期工程,并推进三期工程建设。

文化体育事业稳步推进。第十七届崇明文化艺术节系列活动圆满完成。积极推进文化下乡活动。依托县文化馆新馆、图书馆新馆、美术馆开展各类文化活动。崇明学宫瀛洲书院等古建筑复建工程正在实施。陈家镇自行车绿道示范段完成 23 千米建设。积极推进"30 分钟体育生活圈"建设,新建百姓灯光篮球场 8 片。成功举办 2014 年环崇明岛女子国际公路自行车赛和国际自行车联盟女子公路世界杯赛等赛事,环岛赛首次走出上海、走进江苏。

社会保障不断加强。新增就业 9 388 人,开展职业培训 10 060 人次,扶持成功创业 219 人,城镇登记失业人数控制在市下达的指标以内。城镇居民社会养老保险和新型农村社会养老保险合并实施,城乡居民基础养老金标准统一提高为每人每月 540 元。新型农村合作医疗人均筹资水平提高为 1 780 元。编制完成养老设施布局专项规划(2015～2020 年),完成新增 450 张养老床位等市政府养老实事工程。新增公共租赁住房 491 套,完成旧住房综合改造 4 008 户、以残疾人家庭为主的农村低收入户危旧房改造 631 户。全年救助各类对象 46 万余人次,发放救助资金超过 1.8 亿元。

表 8　　2014 年崇明县教育、医疗、养老等领域主要建设项目与成效

主要领域	主要建设情况与成效
就业、培训	● 全年新增就业 9 388 人，职业技能培训 10 060 人次，完成 17 000 人次农民工安全生产培训，扶持成功创业 219 人，创业带动就业 1 199 人 ● 城镇登记失业人数控制在市下达指标内 ● 组织开展 20 场次各类招聘专项活动 ● 贯彻落实“双特”政策，开展“万人就业项目”调整转制后跟踪指导
医疗、生活保障	● 提高农村医疗保障水平，新型农村合作医疗人均筹资水平由 2013 年的 1 550 元提高到 1 780 元 ● 为 1 396 名残疾人补贴提供个性化辅助器具适配服务 ● 完成农村贫困残疾人家庭无障碍改造 129 户、残疾人家庭危旧房改造 150 户 ● 为 834 对计划怀孕夫妇提供免费孕前优生健康检查
养老体系建设	● 城镇居民社会养老保险和新型农村社会养老保险合并实施，城乡居民社会养老保险基础养老金标准统一提高为每人每月 540 元 ● 为 7 500 名高龄老人提供家庭互助服务，新增 400 名社区居家养老服务对象，新建 1 个社区老年人助餐点 ● 新增养老床位 450 张 ● 县级敬老院招投标工作正在展开 ● 开展 15 个乡镇居家养老服务社会化建设 ● 为 120 户低保老人家庭进行适老改造

(九) 浦东新区社会事业发展情况

2014 年，面对复杂多变的外部环境，浦东新区积极贯彻党的十八届三中全会精神，坚持创新驱动发展、经济转型升级，扎实推进“稳增长、促改革、调结构、惠民生”的各项工作，经济社会发展平稳有序，城乡居民可支配收入分别达 49 629 元和 21 814 元，增长 9.8%和 11.7%，均超过全市平均水平。农村居民收入增速继续高于城镇居民收入，城乡居民收入差距有所改善。社会事业得到全面发展和有效提升，社会事业和民生发展相关任务指标全面完成。

1. 社会事业全面发展

教育事业取得新发展。新开办中小幼学校 19 所，36 所急需建造的公建配套学校开工 15 所、竣工 1 所。积极推进“区级新优质学校创建”和第一批 10 所区级特色高中创建等工作。与全市多所著名高校开展战略合作，实现全市教育资源与新区发展的深度融合。积极促进教育培训等开放领域项目在自贸区落地,鼓励并支持中外合作经营性培训机构发展。与商飞公司、临港集团、唐镇电子商务港等联合开展校企合作培训。

医疗服务水平进一步改善。浦南医院综合楼建成,东方医院改扩建、七院医技综合楼新建项目积极推进,祝桥区域医疗中心、新场综合医疗卫生中心前期工作启动,花木、金桥、高行、泥城等社区卫生服务中心建设项目有序实施。落户在国际医学园区的质子重离子医院和国际医学中心开业试运营,新区医疗服务的能级进一步提升。深化公立医院改革,完善公立医疗机构综合评价体系,形成公立医院医药分开改革扩大试点方案。以全科医生为核心,形成居民健康管理团队工作机制,推广慢性病自我管理模式。推进国家中医药综合改革试验区建设。继续实施 60 岁以上老人接种肺炎疫苗、新生儿疾病筛查等国家及上海市重大公共卫生服务项目。

文化软实力逐步提升。公共文化设施建设积极推进,谢稚柳陈佩秋艺术馆、航头大居文化活动中心和广电中心等项目稳步实施。努力打造文化活动品牌,成功举办上海夏季音乐节、"三林塘"上海民俗文化节等重大文化活动。文化创意产业发展平稳,重点园区(基地)建设和功能平台集聚加速,张江国家数字出版基地三期、三林老街文化创意园区等一批文化创意集聚区全面开工。

体育事业稳步发展。推进川沙体育场征地改扩建、周浦体育中心新建等重点项目建设。继续推进公共体育设施对外开放,保障居民的基本健身需求。顺利完成第十二届全国学生运动会各项工作,成功承办全运会女子排球比赛等重大赛事。

2. 就业和社会保障工作深入推进

实施就业优先战略和更加积极的就业政策,确保就业形势保持基本稳定。社会保障力度不断加大,城乡居民养老保险制度合并实施,全区城乡居保参保人数 14.6 万人。切实落实重大工程项目被征地人员社会保障政策,近 6.4 万名征地养老纳入镇保人员参加本市镇保门急诊统筹。加快推进社会养老服务体系建设,新增养老床位 1 241 张,新建 6 家老年人日间服务中心、10 家老年人助餐点,完成 266 户适老性住房改造和 79 家标准化老年活动室建设,为 5.83 万名老人开展社区居家养老服务,为 2.63 万名高龄老人提供家庭互助服务。进一步加快保障性住房建设，245 万平方米保障性住房(区级)已全部开工建设，全年竣工 174.86 万平方米。

实事项目全面完成。在确保完成由新区实施的市政府实事项目的同时，新区十二大类涉及居民出行、居住、健康、老年人服务等日常生活改善和解决急、难、愁等问题的实事项目全面完成。

表 9　　**2014 年浦东新区社会事业实事项目推进情况**

项目名称	建设完成主要内容
为老年人提供服务，提高其生活质量	在三林等地区新建养老院，超额完成新增床位 1 200 张的任务，实际新增 1 391 张；新建 20 家标准化老年活动室；为 5.46 万人提供居家养老服务；为 2.25 万高龄老人提供家庭互助服务；在高东、康桥地区新建 6 家老年人日间服务中心；为 120 户低保困难老年人家庭提供居室适老改造服务；在浦兴等地区新建 10 家老年人助餐服务点
加快公共卫生软硬件建设，关注居民身心健康，提高卫生服务水平	完成 10 个社区卫生服务中心全科诊室建设；新增 900 个社区居民高血压自我管理小组，发展 1.3 万名组员，培训 100 名社区指导医生和 900 名高血压自我管理小组组长，培育 36 个高血压自我管理示范小组，培育 20 名优秀指导医生和 100 名优秀组长；对医疗急救中心分站的 12 辆急救车辆进行救护车车载设备标准化配置；建立 7 个社区心灵驿站；心理健康服务进家庭系列活动；培训和管理三级社区心理服务网络；与复旦大学心理研究中心共建社区心理健康服务基地，建立社区居民心理数据库；关注新区居家老人、儿童、户外工作者健康，在新区的学校(幼儿园和小学)、社区卫生服务中心、有户外场所的企事业单位开展感冒、慢性阻塞性肺病(COPD)、儿童哮喘和中暑风险预报服务
新建幼儿园	在北蔡 F2－5 等配套幼儿园地块新建 6 所幼儿园，项目建成后可开办 89 个班
成功扶持创业	成功扶持 1 800 人创业，对符合条件的创业者落实小额担保贷款、财政贴息、场地安排等扶持政策
关心残疾人生活，为其提供更好的服务和更全面的保障	建立浦东新区残疾人服务中心，集医疗康复、教育就业、生活服务、法律咨询四位一体；为全区约 7.2 万名持证残疾人购买意外伤害保险
推进文化服务下基层，建设和完善健身设施，丰富群众文体生活	开展公共文化资源配送服务(进农村、进工地、进军营)，组织文艺巡演 300 场，放映公益电影 1 万场；建设 3 个百姓健身房，1 个百姓游泳池，10 个农民健身工程，3 个社区公共运动场，14 条百姓健身步道

（续 表）

项 目 名 称	建设完成主要内容
深入社区，方便和服务居民生活，打造安全的生活环境	在各相关镇的大居筹建 10 个“青年中心”；将公益直通车送进不少于 80 家企业，建立至少 20 家企业助力公益实践基地；助推至少 20 家企业与社会组织一一结对，开展企业服务社区公益项目不少于 40 次，服务社区不少于 1 万人次；成立 4 家区域性的企业-社团公益联盟，开展员工暖心行动项目不少于 4 次，服务员工不少于 5 000 人次；在部分案件高发小区及城市化地区建设约 200 个宣传栏；在全区有条件的街镇支持建立示范性家政服务站共 4 个

3. 社会治理水平不断提高

大力推进基层民主，完善社区代表会议制度和社区共治机制，以居委会自治家园示范点创建为抓手扎实推进居民自治工作。以“一门服务、一口受理、一头管理”为目标，积极推进受理中心标准化建设，进一步规范社区生活服务中心的设置运营和建设管理。加大扶持力度，进一步促进社会组织发展，2014 年年末，新区各类社会组织达 1 764 家。继续推进政府购买服务“供需对接一站式服务平台”建设，累计为 59 个公益服务项目开展对接服务。

强化服务管理，有序开展对四类社会组织进行直接登记，加强社会组织专业培训，提升社工人才综合能力。加快街镇网格化平台建设全覆盖，完善六位一体的城市网格化综合管理机制。强力推进“三违”整治，共拆除各类违法建筑 432 万平方米。强化城市安全管理，生产安全事故数、死亡人数和 110 报警类警情数量同比均有所下降，全区未发生集体性食物中毒和责任性药害事件。圆满完成亚信峰会等重大活动保障工作。

三、2015 年上海郊区社会事业发展展望

围绕人民群众日益增长的多样化需求，坚持尽力而为、量力而行，努力完善方便可及、公平均等的公共服务体系，着力推进公共服务建设，切实保障和改善社会民生，切实提高居民生活质量，仍然是 2015 年乃至今后上海郊区社会事业发展面临的重要课题。

改革义务教育投入统筹机制，促进义务教育优质资源向郊区转移，推进全市

义务教育城乡均衡发展是上海市面临的重要课题。加大全市义务教育经费统筹力度，逐步完善市级统筹为主的上海城乡义务教育财政体制和资金投入机制，按照各区县义务教育阶段学生数量统一支付义务教育资金，促进义务教育投入真正实现城乡平衡。增加郊区各区县的教师编制、改善郊区各类学校教师待遇，完善教师在中心城区和郊区之间正常流动和岗位轮换制度，鼓励优秀教师以各种形式到郊区服务、向郊区流动。加大各级政府对民办教育机构的补贴支持力度，充分保障民办教师的收入水平。鼓励公办学校教师与民办学校结对，提高民办学校教师的师资水平。加强教育信息化建设，推进教育领域综合改革，市、区合作开展教育改革试点。加快学校基础设施建设，按规划优化学校资源配置，确保公建配套学校中尚未开工的学校全部开工。整合教育资源，促进教育优质均衡。深化义务教育学校发展共同体建设，推进市新优质学校项目。加大名师、名校长培训力度，打造区域教育人才高地。出台鼓励教育人才向基层和郊区流动的综合激励办法。深化合作办学等改革，推进义务教育优质均衡发展。积极支持区内高等院校改革发展。

卫生方面需要在以下几个方面实现突破：① 加快三级甲等医院在郊区落户步伐，推动三级甲等医院与郊区医院共建教研协同型的医疗卫生和健康服务体系建设，建立大学科医疗联合体和人才培养体系；② 深化公立医院改革，完善和推广新建三级医院管理运行机制，推动部分二级医院转型为康复护理机构。开展新一轮社区卫生服务综合改革，建立健全现代医院管理制度和治理机制。完善家庭医生制度，完成社区家庭医生工作室标准化建设；③ 实施公共卫生服务分级分类管理。加强社区卫生服务中心内涵建设，全面实施家庭医生制度，建立健全双向转诊机制，强化卫生信息化应用。鼓励社会办医，提供多层次的医疗卫生服务；④ 全力推进区域医疗中心、综合医疗卫生中心项目，加快医院改扩建等重大项目实施。完成公立医疗机构改革三年行动计划。加强医疗质量管理，持续改进医疗和服务水平；⑤ 加强医疗、医保、医药联动，探索分级诊疗制度，继续推进社区卫生服务中心内涵建设，深化公立医院改革，充分调动医务人员积极性。完善卫生应急管理机制，提高突发公共卫生事件处置能力；⑥ 以全科医学服务体系建设为抓手，继续做实全科医师家庭责任制，加强居民健康管理和服务。

着力构建现代公共文化服务体系，提高公共文化服务的质量和效能，建立政府购买公共文化服务制度，推进社区文化活动中心社会化、专业化管理，鼓励社会力量参与提供公共文化服务，是 2015 年上海郊区公共文化发展的重点和主要任务。整合各类文化资源，夯实区镇村(居)三级市民文化活动平台，提升公共文化资源配送效率，加快完善文化事业布局。深化文化金融合作平台，完善文创专属金融产品，吸引重点文化企业和文创项目入驻。体育方面，加快推进体育中心等体育设施建设，积极探索公共体育场馆管理新机制。培育重大体育品牌赛事，促进体育产业发展。继续完善市民广场自我服务、自我管理机制。继续推进社区体育活动中心和百姓健身步道建设，完善区镇两级市民体质监测体系和政策保障体系，探索区属场馆市场化运作管理模式。延伸全民健身组织体系，试点区-街镇-村(居)委-楼组四级网络。深化体教结合机制，实施第四轮小学三年级游泳普及教育培训，加快足篮排三大球一条龙布局。服务保障好网球大师赛等国际赛事，提升赛事辐射面。扩大体育人口，引导体育消费，发展体育产业。加快推进 30 分钟体育生活圈建设，建立市民体质监测中心，努力构建现代体育公共服务体系。

进一步完善社会保障体系，调整城乡低保标准，全面实施农村综合帮扶，扩大因病支出型贫困家庭生活救助的受益面，持续提高城保参保率和其他各类人员社会保障水平依然是改善上海郊区居民生活质量、提高人民生活水平的重点和任务。提高养老金水平，统一城乡居民基本养老保险制度，提高居民基本医保住院报销比例。落实政府托底保障救助职责，继续推进城乡低保一体化救助，稳步推进“新农合”市级统筹，适度拓展区级因病支出型贫困救助范围，全面推进医疗救助“一站式”实时结算，持续做好民生综合保险和民生救助保险工作。健全社会保险体系，优化医疗保险服务，实施定点医疗机构分级管理。稳步提高城乡居民养老保险、征地养老人员生活费待遇。健全社会救助工作三级网络，完善社会力量参与机制，加强社会救助监督管理。健全临时救助制度和特困人员供养保障机制。鼓励居家养老，推进养老设施建设和优化布局，新增养老床位，积极引导市场和社会力量参与养老服务事业。推进实施医养结合，探索建立医养合作机构。继续做好民生实事工程，继续围绕与人民生活最需要的相关重点领域，在教育配套、养老设施建设、公共卫生、生活配套等方面，持续实施一批实事工程。加强社会保障和养老服务。积极发展慈善事业。继续完善社会养老服务体系,整合养老服务资源,促进医养结合,鼓励社会力量参与提供养老服务,新增养老床位,为老年人提供社区居家养老服务。

（执笔：张同林）

上海郊区新城：2014 年发展与 2015 年展望

2014 年，全上海开始发起了面向“十三五”城市发展的大讨论，明确了上海“全球创新城市”的未来定位。郊区新城各项工作在 2014 年继续作为上海市政府重点工作持续推进。尤其重要的是，2014 年上海启动了中运量公交体系建设，总规模有望达 1 000 千米，对各郊区新城发展意义重大。面向 2015 年，上海将结合新一轮城市总体规划编制，加快建设连接中心城与郊区的重要交通线和区区对接道路，推进以人为核心的新型城镇化建设，推进城市有机更新，促进新城产城融合、有序发展。

一、2014 年上海郊区新城发展概况

上海郊区新城建设对带动郊区发展、优化城市空间布局、加强区域发展联动、缓解主城区人口集聚等发挥着重要作用。2014 年，上海郊区新城建设步伐不断加快，其中，松江新城城市形态较为成熟，嘉定新城、南桥新城和临港新城的城市框架基本清晰，淀山湖新城、金山新城和城桥新城的城市框架正在形成。

（一）上海市政府领导高度重视新城发展，相关部委出台多项政策支持

2014 年 4 月 10 日，副市长周波实地视察了嘉定新城规划展示馆、嘉定区图书馆（文化馆）新馆等地，并听取嘉定新城总体规划和开发建设情况汇报。

2014 年 6 月 5 日，市委常委、市政法委书记、副市长姜平一行前往松江新城指导，并参观了泰晤士小镇和在建的广富林项目。区委副书记黄冲，区委常委、区政法委书记张益弟，新城公司董事长胡柳强等领导陪同参观。在松江城市规划展示馆，姜平一行听取了胡柳强董事长关于松江悠久历史文化底蕴、现代新城发展成就以及未来城市规划的介绍。之后，姜平一行又来到广富林公园，在广富林文化交流中心观看了项目宣传片，并实地考察了基本建成的文化展示区。

2014 年 8 月 7 日，上海市委书记韩正一行前往临港奉贤园区调研远大住工，实地察看了混凝土预制构件生产车间、钢筋加工车间。在了解了装配式建筑预制构件生产技术、装备和建设成果后，韩书记评价说，要进一步提高认识、转变观念，勇于直面利益调整，积极淘汰落后、引进先进，把装配式建筑发展作为提升建筑业工业化水平的重要机遇和载体，促进建筑产业转型升级。

2014 年 8 月 27 日，市委副书记、市长杨雄亲临崇明调研，强调加快探索新型城镇化道路，崇明生态岛建设事关全局，意义深远，历届市委、市政府高度重视。面对创新驱动发展和全面深化改革的新形势、新要求，我们要进一步站高看远，统筹谋划，着力创新体制机制、优化政策措施，努力做到既建设好崇明生态岛，又全面促进崇明经济社会发展、人民生活富裕，为实现上海未来战略目标作出应有贡献。

2014 年 10 月 15 日，副市长姜平一行在市农委、奉贤区委的陪同下来到南桥镇金港村，对金港村曹军辉粮食家庭农场进行了工作视察。金港村自 2014 年起启动家庭农场种植模式，由刘港二组的曹军辉承包经营家庭农家，承包面积达 112.3 亩。姜市长询问了曹军辉的家庭农场播种、施肥、收割等情况，并听老曹讲述种植过程，看着整齐的稻田，一派丰收的景象，姜市长对家庭农场的种植模式给予了充分的肯定。

2014 年 11 月 25 日，上海市副市长赵雯赴青浦区调研体育、旅游业发展工作。赵雯副市长一行实地察看了上海美帆游艇俱乐部，详细了解了帆船、游艇活动项目发展及与旅游融合等工作，并分别听取了青浦体育、旅游发展情况汇报。赵雯同志对青浦的体育、旅游以及体旅融合工作分别给予了肯定，并强调：一要重点推进环湖存量资源的盘活，摸清存量资源归属，使存量资源的新建改建项目符合总体功能定位。二要重点推进水上旅游发展，以淀山湖为中心，向东贯通黄浦江，向西串联长三角，并通过赛事等活动载体，完善基础配套设施建设。三要重点推进体旅融合，各个层面上加强沟通，筹备重大赛事各个部门要密切合作，充分发挥体育赛事效应，促进当地旅游发展。四要重点推进品牌创建工作，且市级层面要给予大力支持。同时，要进一步打造具有青浦特色的旅游纪念品。

市商务委《关于加快上海商业转型升级提高商业综合竞争力的若干意见》编制发布城市商业网点布局规划，加强商业规划与城市总体规划、区域分类规划、产业专项规划的衔接，组织推动各区县完善区域商业网点布局规划，发挥商业规划指导和调控作用，推动商业与人口、交通、市政、生态环境之间的协调发展。瞄准建设世界级商业城市的目标，统筹考虑实体商业和网络商业布局。构建完善以"市级商业中心、地区级商业中心、社区级商业中心、特色商业街"为核心的"3＋1"实体商业布局，推动发展以"网络终端＋网上商店＋快递配送"为核心的网络零售商业布局，引导优化"商贸物流园区＋城市公共配送中心＋末端物流配送点"的商贸物流网络布局，形成互联网时代以消费者需求为中心的"多层级实体店＋跨区域网店＋高效率物流配送网络"的新型商业布局体系。突破消费空间和时间限制，最大限度满足消费者体验消费、享受服务的需求，形成多中心、集聚型、超广域、网络状、高能级的国际大都市商业新格局。

（二）基础设施项目有序推进，城市建设管理持续加强

1. 金山新城

基础性设施建设取得初步成效，枫泾、朱泾污水处理厂二期扩建及提标改造工程、枫泾新镇区东片水系调整等项目顺利竣工，完成502个建成区未纳管污染源截污纳管工作，"城中村"地块改造方案获批。功能性项目建设加快推进，万达广场项目提前实现结构封顶，区文广中心基本完工，红星国际项目、城市沙滩以西保滩工程进展顺利，枫泾南镇区保护性开发项目基本完成，城镇地区实现光纤网络全覆盖、无线网络重点区域全覆盖、4G网络连续覆盖。郊野单元规划编制正式启动，金山卫、廊下、金山工业区郊野单元规划获批，廊下郊野公园纳入全市第一批郊野公园建设范围。

2. 松江新城

基础设施建设推进有力。申城首条现代有轨电车示范线启动建设。沪昆高速松江段抬升、沪昆铁路松江城区段南移工程已列入市政府推动项目。重大道路建设有序推进，新建、改扩建、大中修道路 110.85 千米。新辟、调整 20 条公交线路，建成 15 个港湾式公交站、390 座公交候车亭，在全市率先实现公交车内免费无线上网。新增公共停车场 10 处、机动车泊位 2 427 个。双层旅游巴士专线开通运营。有序推进浦南天然气市政管网配套工程建设前期准备工作。新建通信基站 205 个，基本实现新城 4G 网络全覆盖。完成佘山国家旅游度假区和中山中路休闲绿地民防工程建设。关闭全部镇级水厂，全面实现供水集约化目标。完成东部自来水公司车墩水厂深度处理改造，成为市郊首个自来水深度处理全覆盖地区。

3. 嘉定新城

城市综合配套进一步完善。统筹推进重大工程项目建设，陈行原水支线项目加快建设，泰和水厂扩建工程顺利推进，大众污水厂三期扩建主体结构完成，南翔污水厂有序推进，区再生能源利用中心顺利完成环评审批。持续加强交通路网建设，S5(沪嘉高速)大修二期嘉定段改造完成，S6(沪翔高速)、嘉闵高架路北段一期主线高架建成通车，沪宜公路改建工程稳步推进，区区对接道路加快建设。轨道交通 11 号线陈翔路站和 14 号线嘉定段建设前期工作加快推进。公交服务水平进一步提升，新辟、调整公交线路 18 条，新增、更新公交车 75 辆。全面实施积水点改造等五类重点防汛整改项目，整治河道 82.7 千米。完成第五轮环保三年行动计划，全力推动清洁空气行动计划。实施重点区域、高快速道路绿色廊道建设和特色绿化建设，新增绿地 39.3 公顷。有序推进多层级垃圾资源化处置体系建设，不断扩大生活垃圾分类减量覆盖面。加强土地储备和房地征收工作，腾空基地 41 个。

表 1　　嘉定新城重点项目推进情况

项目名称	主　要　功　能	推　进　情　况
嘉闵高架北段	与虹桥商务区直接联通，增加全区对外快速通道	● 北一段(主线高架)建成通车 ● 北二段启动建设

（续 表）

项目名称	主 要 功 能	推 进 情 况
沪翔高速(S6)	外环西延伸，疏解货流运输功能	● 建成通车
沪嘉快速路改造	作为嘉定新城和市区主要联系通道，改造提升通行能力	● 完成改造提升
陈行原水支线	从陈行水库引入原水，改善北部和新城地区供水及水质问题	● 建设工程量完成过半
S5两侧景观绿带改造	改善生态环境和城市形象，建立生态隔离屏障	● 全面完成
再生能源利用中心	1 500吨/日生活垃圾处理能力，解决城市生活垃圾出路	● 完成环评工审批和勘察设计招标等前期工作

4. 崇明城桥新城

重点地区开发加快推进。新城东区乔松路、海天路等一批道路开工建设，宝岛路西侧绿化带景观工程基本完工。新城6号、8号地块配套商品房土建工程全部完成，10号、41号地块配套商品房前期工作正在展开。文化科技中心二期(县档案馆)、县生态环境监测实验基地基本建成，县委党校项目建议书获批复，绿地18号地块二期和31－4号地块项目正在实施。城桥新城滨江地块概念性设计方案编制完成，重要基础设施建设取得新进展。城桥水厂实现原水切换，完成老城区天然气旧管网改造。

5. 淀山湖新城

青浦淀山湖新城规划总面积为119平方千米，规划人口规模为70万人。新城范围为：(自北侧开始顺时针方向)沪常高速公路(原苏沪高速公路)—油墩港—章泾江—老通波塘—公园路—油墩港—沪青平公路—淀山湖—盈港路—老青赵公路。

2014年，淀山湖新城多项重点设施建设项目有序推进。其中，新城大型居住社区崧泽华城配套商品房基地6条道路、秀禾路等3条道路、上达河南6条道路、青东地块5条道路及崧润路二期、崧泉路二期、三期、汇金路等已开工的道路达24条。汇金路污水泵站、汇金路污水总管、公园东路污水总管按计划节点实施，确保了崧泽华城配套商品房的污水接纳成功。秀泉路幼儿园、崧文路小学、

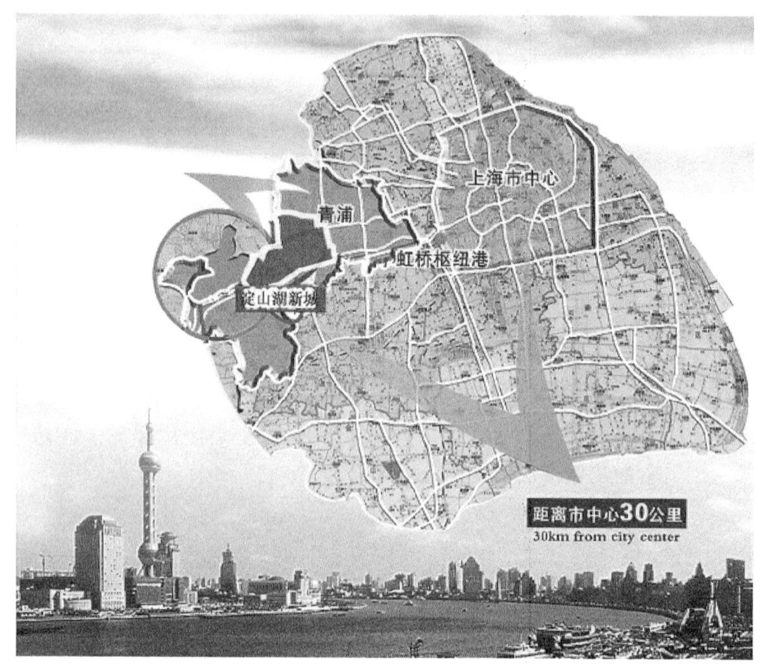

图 1　淀山湖区位图

崧淀路初中、崧润路小学、崧文路菜场 5 个公建项目顺利完成。

6. 南桥新城

南桥新城的“上海之鱼”主体工程、“金海湖”湖面二期工程已接近尾声，工程将开始注水。作为上海面积最大的人工湖，“上海之鱼”项目占地 2.53 平方千米，以 800 亩人工湖串联周边水系。项目将形成集商务酒店、文化体育、娱乐休闲、会展旅游为一体的生态型国际社区。轨道交通 5 号线高架段基础工程于 2014 年 6 月正式开工，预计 2017 年建成并通车，将为上海市中心与奉贤架起主通道。虹梅南路—金海路越江工程将于 2015 年建成，届时直达中环只需 15 分钟。此外，作为本市首条快速公交线路，南桥新城至东方体育中心的 BRT 项目基本完成开工准备。

7. 临港新城

临港等新兴重点区域开发建设有序推进。落实“双特机制”，实施“南下战略”，推动临港地区开发。四大开发公司南下项目取得积极进展，综合区先行区控制性详规获批，J1 道路等市政基础设施加快推进，临港亚太营运中心等项目开工，进口商品直销中心等功能性项目开业。借力自贸试验区建设，推动服务贸易、保税展示交易、文化装备等基地建设。促进产城融合发展，双定双限房完成首批 1 400 套房源供应，上海建桥学院等项目加快推进。以迪士尼为核心的国际旅游度假区，开发建设高质量、高标准推进，主题乐园抓紧建设，核心区“四个一”工程、外围市政配套道路基本建成，运营准备、服务保障、景观建设、环境整治全面展开。世博前滩地区，形态开发和功能集聚全面推进，一批基础设施、生态景观和综合体项目落地开工，世博源初步形成公园式体验、消费、娱乐综合体，世博公园成为开放式公共活动中心。

（三）加快旧区改造工作

1. 金山新城

深入推进上海化工区限制带环境综合整治，限制带内搬迁居民已签约 1 272 户，签约率达 96%。社会管理和治理稳步推进。积极探索“垂直体制、双重管理、条属块用”的城管执法体制。群租、非法客运、违法建筑、无照经营、乱设摊等各类管理顽症得到初步整治，市容市貌明显改善。房屋编码工作全面启动，各街镇（工业区）人口调控目标纳入考核范围，人口调控和管理服务工作有序推进。第三次经济普查顺利完成。成功创建第二轮市文明城区，区社会组织服务中心正式启用。实施最严格水资源管理制度，全国第四批节水型社会试点通过验收。切实保障食品药品安全，新增区餐饮服务食品安全示范达标单位 39 家。村（居）社会管理专项治理积极推进，3 个市级督办区域整治取得初步成效，10 个区级督办区域综合整治同步开展。

2. 松江新城

佘山镇与漕河泾松江园、永丰街道与上实城开集团联手实施区块改造并被列入市级试点范围。区政府分别与上海地产集团、上海电气集团签订战略合作协议，进行沪松公路产业带综合改造、工业地产综合开发。松江新城国际生态商务区开发建设快速推进，万达广场成为新城商业新地标。新浜镇市级土地整治项目有序推进，佘山镇土地增减挂钩试点项目完成验收，松南郊野公园完成一期整治方案编制。小昆山镇全国小城镇综合改革试点稳步推进，完成土地复垦整理 84.13 公顷。

3. 嘉定新城

嘉定新城老城改造有序实施，进一步完善西门历史风貌区改造方案，不断提升州桥地区环境质量。安亭地区加快功能性项目建设，东方肝胆外科医院和国家肝癌中心基本建成，研发科技港和同济科技园初具形象。南翔江桥地区整体转型有力有序，多个总部经济、商务商贸项目加快推进，区域功能不断优化。

4. 崇明城桥新城

崇明城桥大力开展“两违”整治，共拆除违法建筑 38.2 万平方米，整治违法用地 102 宗、458.7 亩。集中开展乱埋乱葬整治活动，整治完成 18 个试点村 507 个乱埋乱葬点。

5. 临港新城

轨交 16 号线滴水湖站交通枢纽工程地下 35 千伏开关站、用户站正式送电，实现重要节点目标。为外高桥进口商品直销中心及进口汽车展示交易中心 2014 年如期落户提供了有力保障。临港新城滴水湖站交通枢纽工程(含配套地下空间)完成全部工作，总体满足设计和规范要求，通过竣工验收。

6. 淀山湖新城

淀山湖新城动迁安置房陆续竣工交付，已完成设计方案的 12 个公建项目，动迁安置房基地内的配套设施大都依照“开放互动、绿色生态、社区发展、文化极核、商业纽带”的主要理念进行设计，覆盖未来社区居民在教育、文娱、商业等多方面的需求。

(四) 社会事业全面发展，成果不断惠及民生

1. 金山新城

就业渠道有效拓展，新增就业岗位 20 892 个、净增就业岗位 5 400 个，累计扶持 1 338 家创业组织成功创业，带动就业 12 164 人。稳步提高城乡居民养老金水平，为 2 431 名 90 周岁及以上高龄老人发放津贴 287.1 万元。新增养老床位 358 张，为 9 100 名老年人提供社区居家养老服务。新农合投保率 99.8%，年最高补偿额提高至 20 万元/人。18 万平方米动迁安置房竣工，35 万平方米开工建设。22 293 户居民用户完成天然气转换。

深化教育内涵建设，试点学区化集团化办学，顺利完成国家义务教育均衡发展督导认定，中侨学院整体迁入，“金山模式”学校少年宫建设经验在全市推广。健康城区建设进展顺利，探索建立公立医院政府投入、监管、综合评价运行新机制，成功创建全国基层中医药工作先进单位（区），在全市率先试点村卫生室纳入医保联网结算；成立医疗联合体，启动亭林医院、金山医院改扩建，区社会福利院被纳入全国公办养老机构改革试点。成立区文联，积极培育、引导和整合社会文化组织参与公共文化服务建设。

2. 松江新城

全国示范项目“万千百”文化配送工程有效推进。完成区文化馆新馆、图书馆分馆、新松江剧场和档案馆选址方案，新建 20 家居委会文化综合活动室。全面完成有线电视网络改造和数字化整体转换，下一代广播电视网络覆盖 33.12 万户。广富林文化遗址公园一期工程基本完工，建成全国最大湖底车库。推进首次全国可移动文物普查，非物质文化遗产传习基地进一步拓展。松江体育健儿在市十五届运动会上取得 64.5 金的好成绩。成功创建全国残疾人文化体育建设示范区。

加快教育基础设施建设，5 所学校建成投入使用。对接市高考改革，启动高中教育教学改革。实施教育信息化三年行动计划，夯实教育发展基础。深化公立医院改革，完善公立医疗机构绩效考核和标准化工作量管理办法。区中心医院改扩建二期和九亭医院改扩建工程稳步推进，乐都医院成为全国首家获得国际康复认证的医院。完成区域病理诊断中心建设，深化实施家庭医生制度，国家卫生应急综合示范区通过专家调研评估。

3. 嘉定新城

深化“创业型城区”创建工作，全面推动就业公共服务平台延伸至村居，新增就业岗位 3.5 万个，转移农村富余劳动力 8 333 名，334 名就业困难人员得到妥善安置，新增创业组织 680 家，全面创建和谐劳动关系。加强养老服务，编制完成区养老设施布局专项规划，新增养老床位 448 张，区第一社会福利院主体工程完工。加大社会组织培育力度，区社会组织公益实践园启用，已有 21 家社会组织入驻。扎实推进住房保障工作，新开工、竣工征收安置房 68.9 万平方米和 43.2 万平方米，1 400 户居民搬入新居，大居外配套建设有序推进。

教育综合改革全面启动,成立区教育咨询委员会、教育安全管理中心、中小学学业质量监测中心。稳步推进公立医院改革,加快区域卫生信息化建设,探索建立监管评价、收入分配、分级诊疗等机制,启动实施医疗卫生分级分类管理与服务。文化体育服务供给持续加大,嘉定体育馆(新馆)主体竣工,一批文化体育惠民实事工程圆满完成。

4. 崇明城桥新城

崇明生态科技馆建成投用,县档案馆、县生态环境监测实验基地基本建成。探索城区静态交通管理模式,开展城区道路临时停车收费试点。上海工程技术管理学校创建国家级中等职业教育改革发展示范校工作通过市级评估验收。第十七届崇明文化艺术节系列活动圆满完成。崇明编制完成养老设施布局专项规划(2015～2020年),完成新增450张养老床位等市政府养老实事工程。

(五) 创新招商理念,有序推进各项重大项目

1. 奉贤南桥新城

南桥新城积极推进漕河泾科技绿洲奉贤园区、中小企业总部商务区、上海金融产业服务基地等重点载体平台建设,南郊石油升级为"上海石油化工交易中心",上海文交所体育文化产权交易中心落户奉贤。

2. 嘉定新城

嘉定新城核心区产城融合示范效应显著增强,企业总部集聚商务区首个项目顺利落地,嘉定新城台北风情街、西云楼等商业项目加快推进,中福会幼儿园等功能性项目有序建设。安亭电动汽车国际示范区规划稳步推进,东方肝胆医院和国家肝癌中心基本建成,研发科技港和同济科技园初具形象。战略性新兴产业全面铺开,物联网中心二期正式启用。

3. 松江新城

大力培育具有独特技术和自主品牌的成长型骨干企业,聚集3D打印、机器人和智能制造等领域100多家"四新"企业。莘莘学子园和玉树路西片区两个市级重点调整区块顺利通过验收。电子商务发展迅猛,方松、永丰、中山、石湖荡等电商集聚区加速推进。文化创意产业加快发展,泰晤士创意小镇初显规模,仓城影视、创异工房等产业集聚区总税收达8.59亿元。

4. 金山新城

发挥金山工业区、金山第二工业区和张江高新区金山园的主战场作用，强化“招商选资”，有针对性对接重点企业、重点项目，抓牢搞活招商引资工作。完善区级招商平台，实现项目从洽谈、签约到落地的全过程精细化管理。完善考核激励机制，落实区域内招商引资项目异地落户管理办法，形成责、权、利相统一的招商引资共赢机制。推进经济小区招商、管理、服务、激励体制创新，实现经济小区由“政策型招商”向“服务型招商”转变。加快和辉光电、蓝滨、海亮、悦得软包装等重点项目的建设。

5. 崇明城桥新城

科技支撑崇明生态岛建设专项工作有序展开。加大服务科技企业力度，新增高新技术企业 23 家，新增小巨人培育企业 4 家，有 47 家科技企业享受政府科技创新政策，张江高新技术产业开发区崇明园稳步推进。

6. 临港新城

港城集团作为主城区开发招商主体，积极推介临港的“双特政策”，承接自贸区溢出效应的相关工作。上海首家中外合资综合性医院——嘉会国际医院在漕河泾开发区正式开工建设。上海电气—西门子 4.0 兆瓦风力发电机组下线仪式在上海电气临港重装备基地正式下线，标志着上海电气西门子联合品牌已成功完成本土化制造。上海开埠以来建造的第一座自升式钻井平台在上海临港产业区外高桥海工基地命名交付。瓦锡兰与中国船舶工业集团公司(CSSC)正式签署合作协议，组建合资公司生产中大型缸径中速柴油机及双燃料发动机，临港有望成为中船集团船用动力新产品、新技术的新闻发布基地。

7. 淀山湖新城

17 号线是上海“十二五”期间重点建设的一条轨道交通线路，途经淀山湖新城有 5 个站点，各个站点的城市设计已陆续出台。青浦吾悦广场项目建成并投入使用，该项目位于漕盈路与淀山湖大道交汇处，地处淀山湖新城核心区域，总建筑面积约 16 万平方米。正在建设的中山医院青浦分院是上海市郊三级医院“5＋3＋1”规划建设项目之一，该项目建设三年。复旦大学附属中学青浦分校选址于淀山湖新城西片区，总占地面积 163.7 亩，建筑面积约 7.6 万平方米，项目正式启动建设，计划于 2015 年 6 月底竣工并移交区教育局投入使用。

二、2015 年上海郊区新城发展展望

全球创新城市将成为上海未来发展的战略目标，上海郊区新城发展已经不再是郊区的新城建设，而是上海国际化大都市体系中必不可少的重要组成部分，直接影响到上海未来的城市建设、国民经济和社会发展。因此，对于上海郊区新城要敢于突破，创新体制机制，加强规划工作，进一步推进重大基础项目建设，促进新城经济建设，提升新城各项民生事业。

(一) 进一步加强规划工作

1. 金山新城

立足长三角一体化和上海加快“四个中心”及全球科技创新中心建设大局，紧紧抓住新的改革机遇，积极对接自贸试验区，继续推进新型工业化、信息化、新型城镇化、农业现代化同步发展，加大城乡一体化、社会治理精细化力度，加快构建现代产业体系，调整和优化经济结构，积极探索新常态下经济增长的新思路，不断实现质量、效益和结构优化相统一。全面深化重点领域和关键环节改革，破除制约发展的体制机制瓶颈，充分发挥市场主体发展潜力，激发社会创新创业活力，形成更强劲、可持续的发展格局。坚持“1158”城镇体系建设战略定位，强化规划引领，注重管建并举，改善生态环境，持续优化空间格局，加快完善城市功能。

2. 嘉定新城

坚持稳中求进工作总基调，主动适应新常态，加强自主创新和科技成果产业化，引领产业转型新局面；加强产城融合和城乡一体化，引领城市建设新格局；加强依法行政和基层建设，引领社会治理新秩序；加强改革开放和作风建设，引领政府效能新高度，圆满完成“十二五”规划目标任务，谋划好“十三五”发展，努力开创嘉定现代化新型城市建设新局面。

3. 松江新城

城乡规划覆盖日趋完善。全面启动新一轮城市总体规划编制，有序开展控制性详细规划编制。6 个镇级郊野单元规划通过市级专家评审。电力黄线、消

防设施布局等专项规划上报审批，区域综合交通体系规划完成初步方案。启动养老、商业、水务等社会事业公共设施中长期发展规划。认真编制“十三五”规划。坚持全局视野、问题导向、改革思维，开展“十三五”规划调查研究，谋划好“十三五”期间发展，组织编制本区“十三五”规划纲要，绘就新一轮发展美好蓝图。深入推进城市总体规划编制，实施经济社会发展规划、城市总体规划、土地利用总体规划“三规合一”。加快完成公共设施配套、生态资源保护等各类专项规划，为未来发展奠定扎实基础。

(二) 进一步推进重大基础项目建设

1. 嘉定新城

全力配合推进市级重大工程建设。聚焦重大工程和关键节点，全力配合推进沪通铁路、嘉闵高架北二段、沪宜公路改建、泰和水厂扩建、瑞金医院肿瘤(质子)中心等项目建设，做好轨道交通 14 号线、11 号线陈翔路站以及跨铁路、跨高速立交节点等项目的前期工作。

加快完善基础设施和生态环境配套。聚焦城市功能和区域重点，基本建成陈行原水支线、外环生态专项等项目，持续推进白银路公共地下车库及道路改建、华江路等区区对接道路、沪翔高速和嘉闵高架绿色廊道、墅沟引水河道综合整治、集约化供水工程、截污纳管改造、北区污水厂扩建等工程建设，保障再生能源利用中心、南翔污水厂及污泥处理等项目顺利开工，做好城北路、安亭水厂扩建、嘉北郊野公园(一期)等前期工作。

重点保障公共服务和社会民生项目。聚焦共建共享和民生保障，基本完成中福会幼儿园、成佳学校、枫树林动迁安置房等民生保障项目，持续推进江桥B1－02地块动迁安置基地、福临佳苑公租房等项目建设，推动陈翔路完全中学、汽车城核心区 B 地块小学、第一社会福利院(二期)、旧住房综合改造等项目开工建设，加快推进中心医院(二期)、江桥医院新建、安亭医院迁建、档案馆新馆等项目的前期工作。

2. 松江新城

持续推动沪松公路产业带综合改造。建立健全旅游公共服务体系，充分利用松江自然禀赋和人文资源，推动文化旅游休闲产业跨界融合，实质性启动佘山风情街和游客集散中心建设。加快推进华阳老街改造、泗泾下塘历史风貌区保护性开发。完成南部新城城市形态设计,实施天马古镇风貌区一期动拆迁。完善综合交通体系,优化公交线网,加快推进公交智能化,全面创建公交城区。完成沪昆高速松江段抬升、沪昆铁路松江城区段南移等重大工程专项规划,建成辰塔路黄浦江大桥。积极推进新能源在公交行业的运用,加快现代有轨电车 T1、T2 示范线建设,启动 T3、T4 线前期工作。加快金山铁路公交枢纽站等一批公共交通基础设施建设,完成中山东路延伸等道路新建、改扩建和大中修 102 千米。建成佘山 21 丘、泗泾南拓展大型居住社区供水管网,开工建设东部自来水公司新车墩水厂。完成 36.9 千米燃气旧管网改造,开工建设浦南天然气市政管网配套工程。

3. 金山新城

全面推进以农村路桥改造项目为重点的农村基础设施建设,2014 年内计划改造农村桥梁 187 座,农村道路 183 千米。积极推进金枫输变电工程及配套出线工程建设,争取年内启动区广播电视发射塔迁建、消防站工程等公共基础设施建设,确保完成天然气转换四年计划。加快浦南西片泄洪通道和朱泾万联大洢圩等项目建设,提高区域防洪和局部除涝能力。开展平申线航道整治工程、新沪杭公路和亭枫公路改建工程等重点项目前期储备工作。

4. 崇明城桥新城

将加快城桥新城滨江地块开发建设前期工作,6 号、8 号地块配套商品房建成投用,基本建成百联崇明商业广场等项目,开工建设崇明大道(宝岛路—淡云路)新建工程和团城公路(江帆路—宝岛路)改造工程。城桥水厂管网二期工程和城桥增压泵站基本建成。

(三) 进一步促进新城经济发展

1. 金山新城

着力培育“四新”经济。聚焦战略性新兴产业中的新技术领域、近一时期发展迅速的产业热点领域、传统产业的改造提升领域,助推“四新”经济发展,推进新型显示、3D 打印等关键技术的广泛应用,推进移动医疗、大数据平台、大宗商品交易服务平台等重点领域的集聚发展,探索建立“四新”经济孵化、培育、加速机制。

加快实施创新驱动发展战略。积极对接上海市全球科技创新中心建设，完善信息基础设施，以信息技术应用促产业提质，并在公共服务、城市管理等方面加强探索和应用，建设智慧新城。加快推进企业技术中心、工业项目科技创新能力评价等创新体系建设。积极争取国家和本市重大产业振兴、重点技术改造、自主品牌建设等各类专项资金，支持一批重大产业和重点技术改造项目建设。

2. 嘉定新城

着力推动优势产业集群集聚式发展。以龙头企业带动创新联盟、创新团队、创新基地和创新基金，形成“五位一体”的产业集群发展模式。持续推进以汽车智能化及新能源汽车为重点的研发设计、生产制造和示范应用的汽车全产业链发展，带动先进制造业能级提升。全力打造以分子影像技术为核心的涵盖前端研究以及设计生产、售后服务的高性能医疗设备产业集群。着力推动以半导体芯片和传感器为主要方向的世界级研发设计中心建设，积极推进具有自主知识产权的智能制造与智能服务产业集聚。进一步加大对具有核心制造功能的企业总部集聚力度，加快培育“新技术、新产业、新模式、新业态”经济发展，继续全力推进互联网、电子商务、文化信息、新型金融、商务商业等现代服务业快速发展，深入打造商务会展和旅游休闲目的地，提升城市软实力。

3. 松江新城

聚焦“四新”企业，设立专项资金，建立绿色通道，引导企业组建产业创新联盟，鼓励国内外知名企业在松江设立研发中心、总部机构。梳理优化扶持政策，搭建服务实体经济创新发展的金融服务平台，多渠道、多形式满足企业发展需求，不断培育新的经济增长点。完善人才开发和集聚的体制机制，优化人才发展综合环境，加强专业技术高效能人才队伍建设。健全以企业为主体的技术创新体系，加快大学科技园和大学生创新创业孵化基地建设。继续推进“两化融合”示范园区、示范企业创建工作，促进制造业信息技术集成应用。健全知识产权运用保护长效机制，激发全社会创造活力。通过全国科技进步考核、全国质量强市示范城市验收，推动松江制造向松江创造转变。

(四) 继续做好各项社会民生事业

1. 松江新城

加大就业培训力度,完善“培训就业 1+1”计划,关注重点人群就业,鼓励创业带动就业,新增就业岗位 2.2 万个。优化医疗保险服务,实施定点医疗机构分级管理。稳步提高城乡居民养老保险、征地养老人员生活费待遇。全面推进“城中村”改造地块项目开发建设。加快大型居住社区建设,开工建设 189 万平方米保障性住房。加快学校基础设施建设,新增学校 8 所。整合教育资源,促进教育优质均衡。加强医疗、医保、医药联动,探索分级诊疗制度,继续推进社区卫生服务中心内涵建设,深化公立医院改革,充分调动医务人员积极性。启动智慧城市建设情况评估和新一轮三年行动计划编制。推进信息基础设施建设,编织城市光网、无线宽带、移动通信“三张网”,推广智慧城市应用。加快智慧园区、智慧社区项目化建设。

2. 金山新城

整合资源,加大投入,完善机制,努力构建均衡、便捷、高效、完备的基本公共服务体系,让民生保障工作有更多看得见的进步、感受得到的实惠。努力完善保障体系。推动实现更高质量就业,重点关注高校毕业生就业,开展青年大学生创业引领及“起航”计划。完成全年就业、创业等“硬指标”任务,完成第一轮创业型城区创建工作。开展被征地人员、农村富余劳动力和失业人员等“三类人员”就业前培训,确保城镇失业登记人数控制在市政府下达指标内。注重人才培养,发挥区人才发展专项资金作用,开展首席技师千百人计划选拔评聘工作。筑牢基本民生保障网,扩大城乡居民养老保险参保覆盖面,提高城乡居民养老水平,规范被征地人员纳保工作。

大力发展社会文化事业。坚持教育优先发展,制订和实施学前教育新三年行动计划。深化小学生学科基础素养评估,促进义务教育优质均衡发展。深化公立医院改革,完善医疗服务综合监督平台建设,推广药品供应链管理信息平台,健全医务人员绩效考核和薪酬分配体系,完成公立医院改革信息化建设项目。启动新一轮健康城区建设三年行动计划,完善区域医学科研协作中心运行机制,打造特色医学品牌。举办音乐节、烟花节、啤酒节和市民文化节,办好城市沙滩铁人三项赛、区市民体育大联赛,积极开展全民健身运动,继续抓好 30 分钟体育生活圈建设。

3. 嘉定新城

创新镇域管理体制，推进资源整合下沉，充分调动社会力量参与社区治理，引导居民自治，举办 2015 嘉定睦邻节系列活动，丰富“一镇一品”社区服务品牌内涵。深入推进社区事务受理服务中心标准化建设，做好信息化系统更换试点和群众服务事项下沉工作。继续推进居委会“一站式”服务点建设，完善村居社会管理信息平台，全面推进电子台账应用。确保村居换届选举依法、规范、有序开展。推动社会组织健康发展，发挥区社会组织公益实践园培育孵化功能，加大引进扶持力度。

三、进一步加快新城发展的建议

郊区新城建设的过渡期比建设期和成熟期更为复杂，既有建设期的工程建设任务，又面临着成熟期的社会管理难题，还存在流动人口较多、安全隐患凸显等不稳定因素，是郊区新城建设最为关键的时期。为加快新城建设，有效衔接建设期和成熟期管理需求，需以全面深化行政审批制度改革为契机，尽快理顺市级政府、区级政府、市区相关部门、新城公司等新城建设参与主体的职责权限、利益及相互关系，统筹城郊发展，统筹新城规划与开发，加快推动新城建设体制机制的创新与优化。

（一）加强规划引领和标准法规建设

城市要发展，首先是科学规划、健全标准，其次才是建设、发展。要增强新城规划的权威性和可行性，科学编制、严格执行，一经审定就应具有法律效应，必须接受市级及所在区级人大的监督。要充分考虑郊区新城发展的现实需求及其与中心城区的差异性，借鉴昆山、太仓规划审批等权力下放经验，在规划参数不变的前提下，对新城控制性详细规划和修建性详细规划的审批权予以适当下放，允许区级规划局拥有一定的裁判权。要加快制定新城建设地方法规和评估标准，针对郊区新城日常管理、建设工程管理、行政审批、行政执法等事务，考虑制定《上海郊区新城建设管理办法》等地方法规，建议组织政府部门、建设机构和第三方研究机构联合制定《上海郊区新城建设和管理水平评估标准》，由市郊区新城建设推进领导小组、新城管委会等据此进行自评、互评和抽评。

(二) 加快事权调整，建立健全市、区联动和分工协作机制

按照"事权匹配、权责统一"的原则，探索建立与新城发展需要相适应的管理体制和市、区分工机制，推动管理重心下移和管理权限下放。市级层面应尽快建立和理顺市、区新城建设的组织实施体制，由郊区新城建设推进领导小组和郊区新城建设推进办公室牵头，定期举行推进工作联席会议，市级各相关部门要派出专职处级干部进入推进办公室，及时处理新城规划、政策、建设标准等方面出现的具体问题。必要时，针对行政管理和新城建设脱节状况，可适时调整行政区划，将郊区新城所涉镇域转为街道管理。区级层面推动新城管委会与区政府合署办公，由区级主要领导主持常务工作，夯实新城管委会工作权限和职能；提升管委会办公室的行政层次和管理协调权限，在开发建设职能基础上，逐步增强产业发展、社会服务、城市管理等方面的协调职能。新城公司层面，建立新城公司高级管理人员与新城所在街镇主管领导的相互兼职制度，保持建设过程的透明度，形成良性互补。同时，积极探索新城开发建设的市场化机制。除银行信贷外，研究引入企业债券、土地资产证券化、土地开发项目信托、项目融资或发行地价指数债券等多种融资方式，推动市属国资公司与区属新城公司合资组建开发公司，允许社会资本通过特许经营、股权融资等方式参与基础设施建设和功能性项目建设。

(三) 优化运行管理和实务协调流程，提高新城建设效率和协调发展能力

进一步发挥市级职能部门在新城建设中的作用，推进市级部门和新城管委会领导成员的交叉兼职，形成有效的市、区联动机制。要进一步提高运行协调效率，以"办事不出新城"为目标，制定市级职能部门支持新城建设与发展的对接制度。要推动管理重心下移，由新城管委会在新城范围内全面行使市政府委托的管理权限，牵头组织开展新城范围内规划管理、城市建设、城市经营和招商引资等工作。要完善项目审批制度，加快新城建设行政审批制度改革试点，对新城建设重大项目实行优先办理、特事特办，同时，适当下放一般性项目的审批、核准、

备案权限，允许新城对区域内项目建设、招商引资具有一定审批自主权。

(四) 完善教育、医疗、商业等城市配套基础设施，健全城区综合功能，提升新城区生活品质

以搬迁、结对、对口支援、投资、委托管理、合作等各种方式鼓励优质教育资源向郊区转移，缩小城乡差距，确保产业发展、社区发展与教育发展的同步；引入社会力量，积极发展民办公助、双语教育、国际性幼儿园与中小学教育，构建多元化教育体系；保障所在区域外来人员随迁子女的入学权利，以专项经费支持及区县或社会自筹等形式，逐步改善外来人员随迁子女学校的办学条件。

在布局新城区医疗卫生配套服务体系方面，应重点布局综合性或专业化大型医疗机构，同时依托乡镇、街道发展若干个社区卫生服务中心，构建预防、保健、医疗、康复、健康教育和计划生育技术服务“六位一体”的社区卫生服务机构网络，逐步形成覆盖整个新城区的公共医疗服务体系。此外，应不断完善新型农村合作医疗制度，实行郊区社区卫生服务中心和村卫生室实时报销结算，推动跨区县结算；将外来人口逐步纳入基础医疗服务体系，推动跨省市结算；积极引导社会力量参与发展医疗卫生体系建设，形成多元办医格局，同时注意形成有效的监督机制；进一步加强对乡镇和社区医生的定向培养和职业培训，提高郊区基础医护人员执业水平。

外来人口的增加和城市化的推进，在商业、娱乐、餐饮、家政服务等领域都会产生巨大的市场需求，应结合郊区规划和交通建设发展，加快推进建设综合性商贸功能中心。积极引进集购物、餐饮、休闲娱乐等功能为一体的大中型时尚商业综合体，在有条件的地区加快推进展示中心、专业交易市场等设施的建设，形成较强的商业辐射力，建设成为一定规模的综合性商贸功能区。同时，依据各新城区特点，建设各具特色的新市镇商业，进一步推进“万村千乡市场工程”和村委会综合服务站建设，鼓励连锁企业型和标准化的便利店、中介、商务、培训、大众化餐饮、理发、洗染、汽车维修、物资回收等安居便民型服务业发展，逐步形成多层次网络化的社区郊区商业和社区生活服务网络，提升生活服务业整体水平。

（执笔：林建永、陈海波）

上海郊区就业：2014 年发展与 2015 年展望

2014 年，上海经济步入了增速放缓的新常态，同时也全面进入了创新驱动发展的转型升级阶段。在“一带一路”建设和长江经济带建设两大区域新战略的引领下，在上海自贸区建设逐步深入的新动力推动下，上海郊区各区县牢牢把握创新驱动发展、产业转型升级的发展主线，更加重视培育“四新经济”，更加重视结构调整，更加重视创业带动就业，实现了经济增速放缓格局下的就业稳定，并为 2015 年的就业稳定和就业结构升级奠定了基础。

一、2014 年上海郊区就业总体概况

2014 年是全面贯彻落实党的十八届三中全会精神、全面深化改革的第一年，是实施“十二五”规划、推进创新驱动发展的关键一年。上海郊区各区县(包括浦东新区、嘉定区、宝山区、松江区、金山区、闵行区、青浦区、奉贤区和崇明县)认真贯彻中央和市委、市政府决策部署，坚持改革创新，统筹推进稳增长、促改革、调结构、惠民生、防风险的报告各项工作，确保了全年郊区就业的基本稳定。

(一) 就业形势总体平稳

2014 年，全市新增就业岗位 62.85 万个(见表 1)，其中郊区(县)新增就业岗位 35.41 万个，占全市新增就业量的 56.34%。其中浦东新区、嘉定区、闵行区

新增就业岗位相对较多；与各区县的常住人口比，相对来说青浦区、金山区新增就业岗位更加突出一些。

表 1　**2014 年上海各区县新增就业岗位与失业情况**　（单位：万人）

区　县	全年新增就业岗位数	年末登记失业人数	成功创业(户)
黄浦区	7.9	2.1	707
徐汇区	4.5	2	666
长宁区	3	1.41	600
静安区	2.4	0.71	347
普陀区	2.27	1.96	585
闸北区	2.46	2	544
虹口区	2.9	1.49	1 134
杨浦区	2	2.6	1 055
嘉定区	3.5	0.53	710
浦东新区	15.07	4.51	1 800
宝山区	2.23	2.59	720
松江区	2.61	0.7	504
青浦区	2.52	0.43	454
奉贤区	3.14	0.51	508
金山区	2.09	0.53	510
闵行区	3.32	1.4	781
崇明县	0.94	0.19	219
合　计	62.85	25.66	11 844

数据来源：上海市人力资源和社会保障局网，http://www.12333sh.gov.cn/，各区县统计月报和各区县统计网站。

与 2013 年的新增就业岗位形势比，2014 年保持了平稳状态。其中嘉定区表现比较突出，为全郊区的就业稳定作出了较大的贡献；多数区县略有减少，但幅度都比较小。在经济速度下行的形势下，新增就业岗位的平稳发展也可印证上海郊区经济发展的质量有所提升(图 1、表 2)。

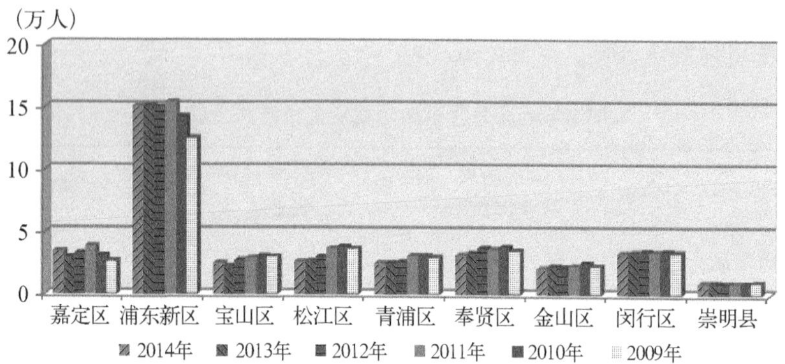

图1 上海郊区各区县新增就业岗位数比较(2009～2014年)

资料来源：上海市人力资源和社会保障局网，http://www.12333sh.gov.cn/；各区县统计月报和各区县统计网站。

表2 上海郊区各区县新增就业岗位数比较(2011～2014年) (单位：万人)

区县 \ 时间	2011年	2012年	2013年	2014年
嘉定区	3.9	3.33	2.99	3.5
浦东新区	15.39	15	15.1	15.07
宝山区	2.9	2.72	2.25	2.23
松江区	3.67	3.02	2.67	2.61
青浦区	3.1	2.60	2.51	2.52
奉贤区	3.63	3.7	3.3	3.14
金山区	2.29	2.2	2.27	2.09
闵行区	3.41	3.47	3.37	3.32
崇明县	0.93	0.91	0.96	0.94
合计	39.22	36.95	35.40	35.41

资料来源：上海市人力资源和社会保障局网，http://www.12333sh.gov.cn/；各区县统计月报和各区县统计网站。

(二) 成功创业呈现良好态势

创业不仅可以培育新兴产业，而且可以更加积极地带动就业。2014年，郊区各区县成功创业的户数达到6 206户，占全市的52.4%，其中浦东新区占全郊区的29%；宝山和闵行两区成功创业的形势也比较良好。

(三) 郊区失业状况小幅改善

郊区各区县政府积极拓宽就业渠道，完善集职业介绍、职业指导、职业培训、劳务派遣、创业指导、劳动保障事务代理、就业服务技术支持等多项功能为一体的就业服务体系，为就业困难群体提供就业服务。截至 2014 年年底，城镇失业人员再就业人数、就业困难人员就业人数等多项指标平稳增长，各区县年末登记失业人数始终控制在市政府下达的 4.2% 指标以内，而且失业水平各个区县都呈现了不同程度的小幅下降趋势(见图 2)，其中嘉定、宝山、金山 3 个区表现尤为突出一些(见表 3)。

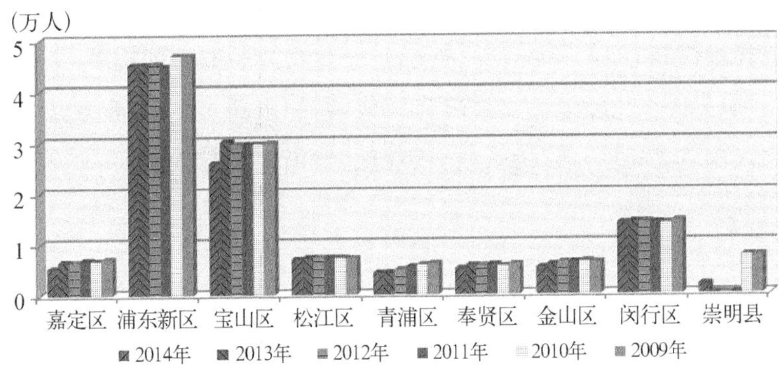

图 2　上海郊区各区县年末登记失业人数比较(2009～2014 年)

资料来源：上海市人力资源和社会保障局网，http://www.12333sh.gov.cn/；各区县统计月报和各区县统计网站。

表 3　上海郊区各区县年末登记失业人数比较(2011～2014 年)　(单位：万人)

时间 区县	2011 年	2012 年	2013 年	2014 年
嘉定区	0.69	0.65	0.65	0.53
浦东新区	4.48	4.53	4.52	4.51
宝山区	2.96	2.96	2.95	2.59
松江区	0.73	0.73	0.73	0.7
青浦区	0.55	0.5	0.5	0.43
奉贤区	0.59	0.57	0.57	0.51
金山区	0.64	0.64	0.63	0.53

(续 表)

区县 \ 时间	2011 年	2012 年	2013 年	2014 年
闵行区	1.41	1.43	1.43	1.4
崇明县	0.03	0.02	0.02	0.19
合　计	12.08	12.03	12	11.39

资料来源：上海市人力资源和社会保障局网，http://www.12333sh.gov.cn/；各区县统计月报和各区县统计网站。

(四) 职业培训力度继续加强

为解决劳动者素质能力和就业需求不相适应的矛盾，2014 年，郊区各区县继续采取积极措施，加大职业培训力度，进一步扩大职业培训规模，共完成29.16 万人次培训(见图 3、表 4)。与 2013 年比较，增加培训人次 1.55 万，其中奉贤区增加培训人次较多，达 0.82 万人次，松江区、金山区略有减少。

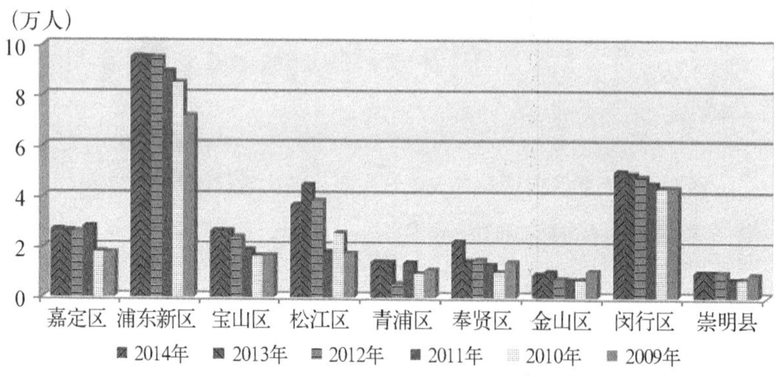

图 3　上海郊区各区县全年职业培训人次的比较(2009～2014 年)

资料来源：上海市人力资源和社会保障局网，http://www.12333sh.gov.cn/；各区县统计月报和各区县统计网站。

表 4　上海郊区各区县职业培训人次的比较(2011～2014 年)　(单位：万人)

区县 \ 时间	2011 年	2012 年	2013 年	2014 年
嘉定区	2.83	2.61	2.65	2.7
浦东新区	8.95	9.49	9.51	9.53
宝山区	1.9	2.4	2.64	2.65

（续　表）

区　县 \ 时　间	2011年	2012年	2013年	2014年
松江区	1.82	3.84	4.47	3.69
青浦区	1.4	0.54	1.42	1.43
奉贤区	3.63	1.5	1.45	2.23
金山区	2.29	0.75	1.02	0.92
闵行区	3.41	4.8	4.9	5
崇明县	0.93	0.09	1	1.01
合计	39.22	26.02	27.61	29.16

资料来源：上海市人力资源和社会保障局网，http://www.12333sh.gov.cn/；各区县统计月报和各区县统计网站。

（五）失地农民就业仍然比较困难

由于城市的扩展，特别是新城建设的扩围，不断释放出一批新的失地农民。这批农民的生活都可得到较好保障，但在就业上仍有较多困难。他们文化素质相对较低，劳动技能单一，而且对就业又有较高期待，形成了结构性的就业难题。许多非农部门对就业人员提出越来越高的素质要求，这使得农村劳动力在非农领域的就业竞争中处于不利地位。失地农民的年龄偏大，尤其是女40岁、男45岁以上者较多，他们以前多以农业生产为主，现在没有了田地，由于年龄、文化、体力、技能等因素限制，转业困难，即使就近能够找到一份工作，也多数不稳定，所以大龄失地农民成为就业中的困难群体。

二、2014年郊区各区县就业工作概况

（一）各区县就业工作情况

1. 浦东新区

浦东新区坚持以人为本，实施就业优先战略和更加积极的就业政策，确保就业形势保持基本稳定。全年新增就业岗位15.07万个，其中，新增非农就业岗位

2.15万个。累计帮助成功创业1 959人,带动5 445人实现就业,城镇登记失业人数41 759人,始终控制在市政府下达的45 740人的目标范围内。具体包括以下几方面的成绩:

(1) 加大就业援助力度,统筹推进各类重点人群就业。发放失业保险各项待遇50.09万人次,共计3.71亿元;发放各类促进就业项目补贴69.65万人次,共计4.15亿元。帮助2.13万名就业困难人员实现市场化就业并稳定就业岗位,依托就业托底基地和残疾人阳光基地安置1 307名重大病患者、中度残疾人等特殊人员上岗就业,鼓励引导3.56万名大龄征地保障人员实现自谋职业或自主创业,帮助推动6 826名农村富余劳动力实现跨区非农就业,帮助2 874名失业青年参加职业见习走上工作岗位。会同相关部门进一步规范和加强转制后的协管员队伍、公共服务类和公益性社区四保组织管理。按照区委一号课题部署,牵头新区相关部门深入开展街道编外聘用人员规范管理研究。

(2) 深入调研论证,调整完善新一轮促进就业政策。在认真评估总结前一轮促进就业政策(2012～2014年)基础上,经过近一年时间的政策调研和论证,以过去的就业援助、大龄征地保障人员特殊就业援助、鼓励创业、职业培训补贴等政策为基础,突出就业保障政策联动,新增促进特定行业吸纳本地劳动力就业政策,保留21项、调整13项、新增4项、取消2项,形成更加完善的“4+1”政策框架。

(3) 深化“创业型城区”创建,社会创业活力进一步提升。开展“创业微讲坛”、“创业诊所”等活动,提升新创组织的创业能力。推进创业孵化示范基地建设,张江孵化器被评为国家级孵化器,康桥先进制造园区、张家浜双创园区等申报为市级孵化器。举办创业计划大赛、创业论坛等活动,组织开展“创业型城区”创建专题工作巡展,联合浦东电视台制作“创业故事会”专题栏目,借助网络新媒体扩大创业服务品牌影响力。

(4) 加强基本公共就业服务,服务水平和质量进一步提升。以创建充分就业社区为抓手,提升基层公共就业水平,塘桥街道被推荐为第三批国家级充分就业社区,陆家嘴街道、高东镇被评为上海市充分就业星级社区。举办残疾人就业援助月、社区矫正安置帮教专项活动、应届毕业生就业服务月、退役军人专场招聘会等就业活动，组织开展青年就业启航活动，在全区 24 个镇推广“农民就业通”。全年办理招工备案 26.4 万人次，退工 24.2 万人次。办理外国人就业各类证件 10 491 份。管理失业和未登记失业人员档案 25 万份。聚焦重点区域加快就业服务配套，外高桥职介所招退工窗口入驻自贸区人才服务中心，临港分中心外国人就业窗口正式启用。

（5）来沪从业人员就业登记进一步规范，公共就业服务进一步提升。办理来沪从业人员有效灵活就业登记证明 1.3 万人，注销存在行业不符、材料虚报等问题的既有灵活就业登记证明 1 617 人；居住证就业审核通过 21.2 万人，通过率为 94.4%。加强来沪人员公共就业服务，完善以南、北两个来沪人员就业服务市场为主，各职介所和 36 个街镇服务专窗为辅的两级就业服务网络。规范企业的用工指导，建立外来人员个人和企业基本信息库。

新区政府不断完善和积极创新促进就业政策体系，进一步完善民生保障体系，实施新一轮促进就业政策，具体来说主要开展了以下几方面的工作：① 以创业带动就业，以援助促进就业，以培训稳定就业；② 推动重大项目带动本地劳动力就业，完善鼓励就业困难人员在特定行业就业政策；③ 加强就业和社会保障政策联动，鼓励被征地人员通过市场就业缴纳社保进入城镇职工社会保险体系；④ 加大劳动者权益保障力度，维护和促进就业稳定。

2. 宝山区

宝山区围绕提高百姓生活质量和生活幸福指数为指导思想，进一步完善民生保障体系，就业情况实现持续稳定增长，城镇登记失业人数控制在 3.01 万人以内，2014 年，创业型城区创建工作取得重大进展，带动就业率从创建前的 1∶3.52 提升到创建后的 1∶7.12，大场动漫创业园成功创建为上海市唯一一家第二批全国创业孵化示范基地。

宝山区政府结合区实际情况和就业特点，突出民生导向优先的原则，主要采取了以下几项促进就业工作的措施：① 进一步完善促进就业体系，着力搭建创业服务平台，力争成功创建为首批上海市创业型城区；② 促进更高质量就业建设人力强区，以“人才强区”为目标，突出“人才政策、人才服务、人才建设”三大重点，完善人才发展体系；③ 调整完善区级职业技能补贴奖励政策，增设补贴新项目，加大现有项目的补贴力度。

3. 松江区

松江区注重民生改善,完善就业服务体系,2014 年新增就业岗位 26 148 个,城镇失业登记控制在 7 018 个,帮助成功创业 504 个。举办大型公益性招聘会 16 场次,进场人数 4.2 万人,参与企业 1 123 家,招聘人数 2.9 万。完成青年职业见习 779 人,开展职业技能培训 36 915 人,其中高技能人才培训 6 832 人,外来农民工培训 7 071 人。

2014 年,松江区保障民生方面工作成效显著,人民生活水平有了显著改善,区政府在 2014 年主要做了以下几方面的工作:① 做好就业、社会保障等各项民生工作,以鼓励创业和加强就业培训为重点,实现更高质量就业;② 推进居家青年、离校未就业高校毕业生、退伍军人、就业困难人员、农村转移劳动力等群体就业,鼓励自主创业;③ 完善就业培训政策,推动实现更高质量就业;④ 建立健全劳动关系协调机制,加强劳动保障监察和争议调解仲裁,构建和谐劳动关系。

4. 奉贤区

奉贤区继续加大民生投入,完善社会保障体系,加强社会建设,确保人民群众安居乐业。健全完善政府促进就业工作机制,2014 年,全区新增就业岗位 31 354 个,城镇登记失业人数 5 080 人,比市下达指标控制数少 1 210 人。扶持创业成功组织 508 家,完成职业技能培训 22 256 人。

保障和改善民生是政府一切工作的出发点和落脚点,越是转型发展,越要重视民生。2014 年,奉贤区在促进就业工作方面主要开展了以下几方面的工作:① 实施更加积极的就业政策,鼓励创业带动就业,加强就业管理和服务,关注就业困难群体;② 完善社会保障体系,多种举措促进就业工作;③ 以创业园区为平台,完善以创业带动就业服务体系。

5. 金山区

2014 年,金山区坚持稳定就业和扩大就业并举,使就业工作继续保持稳定态势,坚持以创业带动就业,全年新增就业岗位 20 892 个,净增就业岗位 5 400 个,均超额完成年度指标;城镇登记失业 5 298 人,控制在市政府下达的指标 6 790 人以内,各项就业工作取得新进展。各项就业工作取得新进展(见表 5)。

表 5 **2014 年金山区扩大就业取得的新进展**

主要领域	主 要 进 展
创业型城区创建	● 全区已累计 1 338 家创业组织成功创业，带动就业 12 164 人 ● 金石湾、云服务现代物流、精细化工火炬创新园、杭州湾北岸电子商务园、金山嘴渔村海洋文化创意园等 5 个创业园区成功创建市级创业孵化示范基地 ● 落实创业扶持政策，全年为 53 户创业组织推荐开业贷款担保 1 931 万元，为 974 户(次)创业组织办理各项政策补贴 1 903.8 万元
就业援助	● 全年认定就业困难人员 648 人，帮扶成功就业 594 人；其中认定“双特”人员 175 人，帮助成功就业 169 人 ● 全年发放就业困难一次性补贴 727.6 万元；积极宣传落实“双特”政策，发放“双特”补贴 50.4 万元
职业技能培训	● 组织职业技能等级培训 9 213 人、组织农民工技能提升培训 6 170 人，均超额完成年度目标任务 ● 发挥中小微企业培训公共服务平台作用，共服务 2 299 人 ● 开设校企合作项目 4 个，组织 217 人参加培训

金山区政府不断完善和积极创新促进就业政策体系，进一步完善民生保障体系，具体来说主要开展了以下几方面的工作：① 做好创业型城区创建迎评工作，力争创建成功，做好公共就业服务，缓解企业用工结构性矛盾；② 进一步鼓励创业带动就业，实施促进青年大学生创业引领计划，做好以高校毕业生为重点的青年就业工作，继续实施帮助失业青年就业“起航”计划；③ 继续落实“双特”政策，做好涉农、涉老等特殊行业特定人群就业服务；④ 进一步完善地方教育附加专项资金补贴企业政策，开展“双证融通”试点工作，为企业技能劳动者提供培训服务；⑤ 继续开展被征地人员、农村富余劳动力和失业人员等“三类人员”就业前培训。

6. 闵行区

2014 年，闵行区全力推进创业型城区创建工作，就业形势总体保持平稳，全年新增就业岗位 33 189 个，其中农村富余劳动力和征地人员非农就业岗位 6 457 个，新安置就业困难人员 1 029 人。扶持成功创业 781 人，创业带动就业 2 367 人。

闵行区在促进就业方面主要采取了以下几个方面的措施：① 加大民生保障

力度。调整完善促进就业政策，大力推进创业带动就业工作，实施新一轮创业三年行动计划，做好就业困难人员、长期失业青年、应届大中专毕业生等重点人群就业服务；② 加强职业技能培训，鼓励企业设立职业技能培训基地；③ 加强和谐劳动关系建设，保护劳动者合法权益。

7. 崇明县

崇明县加快推进就业和培训等保障能力建设(见表 6)，确保人民生活水平进一步提高。积极制定出台促进就业新政策，2014 年新增就业 9 388 人，职业技能培训 10 060 人次，完成 1.7 万人次农民工安全生产培训，扶持成功创业 219 人，创业带动就业 1 199 人，城镇登记失业人数控制在市下达指标内。

表 6　　2014 年崇明县就业和培训情况

主要领域	主 要 进 展
就业、培训	● 全年新增就业 9 388 人，职业技能培训 10 060 人次，完成 1.7 万人次农民工安全生产培训，扶持成功创业 219 人，创业带动就业 1 199 人 ● 城镇登记失业人数控制在市下达指标内 ● 组织开展 20 场次各类招聘专项活动 ● 贯彻落实“双特”政策，开展“万人就业项目”调整转制后跟踪指导

2014 年，崇明县继续实施激励政策，在稳定就业、促进就业的方面主要采取了以下几点措施：① 出台新一轮(2015～2017 年)促进就业扶持政策及其实施细则，开展新政策宣传和业务培训工作；② 进一步聚焦 35 周岁以下失业青年、未就业大学生以及就业困难人员等特定群体，加强就业公共服务和指导，强化项目带动定向培训，推动更多本地劳动力实现就业；③ 实施积极的创业激励政策，在项目开发、开业指导等方面加大创业扶持力度，强化优秀创业典型的示范引领，促进创业带动就业。

8. 嘉定区

2014 年，嘉定区区政府以创业促就业，不断完善创业就业服务体系。启动“创业型城区”创建工作，加强公共就业服务体系建设，推动就业服务信息平台向村居延伸，基本实现农村全覆盖。实施积极的就业政策，就业形势基本稳定。城镇登记失业人数 5 321 人，在控制指标范围内；新增就业岗位 34 965 个，转移农村富余劳动力 8 333 人，分别完成年度计划的 134.5%和 104.2%；安置就业困难人员和“零就业家庭”成员342人，实现100%安置。

嘉定区在促进就业方面主要采取了以下几个方面的措施：① 积极实施各类就业政策，推动实现更高质量就业，加强对重点群体的就业服务，关注长期失业青年和大学生就业，促进就业困难群体实现充分就业；② 进一步做好各类重点群体就业工作，加强就业形势监测和服务，完善并运作好“区、镇、村”三级和“社区、校区、园区”三区的就业服务信息共享平台；③ 加大社会保障力度，推动企业从业、灵活就业等人员纳入城保参保渠道，为低收入困难家庭成员提供专项救助。

9. 青浦区

2014年，青浦区继续实施积极的就业政策，社会民生持续改善，全年新增就业岗位25 182个，完成年目标的125.9%；帮助成功创业454人，完成年目标的100.9%；城镇登记失业人数为4 334人，控制在市政府下达指标6 300人之内。继续做好就业困难人员和零就业家庭托底扶持工作，落实“西劳外输”、低收入农户就业补贴等政策。

青浦区在促进就业方面主要采取了以下几个方面的措施：① 继续实施和完善积极的就业政策，研究制定新一轮落实创业带动就业扶持政策；② 全面实施鼓励企业吸纳本地农村富余劳动力等促进就业的新政策，继续做好高校毕业生、长期失业青年、就业困难人员、零就业家庭、退伍军人、残疾人等重点群体的就业工作；③ 认真做好工资集体协商、劳动市场监管、劳动争议仲裁等工作。

(二) 年度新政评价

就业是关系经济升级、民生改善和社会稳定的大事。上海市政府历来高度重视就业工作中存在的问题，按照“劳动者自主择业、市场调节就业、政府促进就业”的方针，各郊区(县)扎实推进扩大就业和稳定就业并重的发展战略，并将促进就业工作指标列入政府每年年度工作考核内容及市政府实事项目，构建了以政府主导的促进就业社会责任体系。

1. 促进特定行业吸纳本地劳动力

浦东新区政府提出了“推动重大项目带动本地劳动力就业，完善鼓励就业困难人员在特定行业就业政策”。浦东人力资源和社会保障局制定了“促进特定行业吸纳本地劳动力”的就业新政策，并通过与重点项目、本地企业、社会组织等单位的多方联动，保证政策实施上不脱节。为了实施新政策，浦东新区做了以下几方面的工作：① 浦东新区人保局主动对接大飞机、迪士尼等重点项目，并着力聚焦自贸试验区等重点区域，挖掘就业岗位，细化职业指导，做好征地劳动力就业和社会保障工作，以此加强产业对就业的带动；② 针对征地劳动力缴费年限少、社会保险待遇低等问题，扩大就业困难人员认定范围，提高补贴标准，并引导通过市场化就业接续社会保险，实现就业与保障联动；③ 浦东人保局还积极调动社会力量以推动就业工作，持续创建充分就业社区，鼓励引导企业和各类社会组织吸纳本地劳动力就业，扶持创业带动就业。

专栏1　浦东新区:“4+1”政策框架

浦东新区第六轮促进就业政策已经区政府常务会议审议通过，它在原有基础上增加了“促进特定行业吸纳本地劳动力”的就业政策，形成了“4+1”的政策框架。“4+1”的政策框架基本保持了就业援助、大龄征地保障人员特殊就业援助、鼓励创业、职业培训补贴等原有政策体系不变，从扩大政策覆盖面、加大扶持力度、鼓励特定行业吸纳本地劳动力等政策空间方面，对原有政策进行调整完善，保留21项、调整13项、新增4项、取消2项，形成“4+1”政策体系。

浦东新区人保局委托第三方社会机构，针对2012～2014年促进就业政策开展绩效评估。评估报告指出，3年内新区累计投入12.7亿元，新增45.14万个岗位，促进27.33万人实现就业；帮助5 614人成功创业，带动逾2.4万人就业。3年来，新区城镇登记失业人员始终控制在市下达指标之内，职业技能培训每年8万人，高技能人才占技术性从业人员比重从25.3%提高到27.1%。在政策评估过程中，新区人保局倾听大量基层意见，了解到诸如就业保障联动不够紧密、就业援助对象覆盖面不能适应市场变化等呼声，同时结合就业形势，新区人保局对新一轮就业政策提出“不沉淀”、“接社保”、“稳岗位”、“激活力”四大关键词，将突出问题纳入本轮政策调整和完善的范畴中。未来3年，新区将扩大就业困难人员认定范围，力求长期失业人员、就业困难人员以及"关、停、并、转"企业中的本地劳动力"不沉淀"；扶持引导大龄征地人员、大龄和长期失业人员通过市场化就业"接社保"，以提高其养老保障水平；提高职业培训、就业困难人员补贴标准，鼓励企业吸纳本地劳动力"稳岗位"；扩大创业扶持对象范围，将更多长期失业青年纳入进来，激发创业活力，促进创业带动就业，实现"激活力"。

2. 出台新一轮促进就业扶持政策

为促进创业带动就业工作和进一步加大创业扶持力度，营造良好政策环境，实现劳动者更加充分、更高质量的就业，各区县在优化创业扶持、深化就业援助、强化就业培训等方面出台了多项扶持政策。扶持政策通过加强对城镇登记失业人员、就业困难人员、高校毕业生等劳动者的创业就业扶持，激发了创业活力。就业扶持政策主要包括以下几方面的内容：① 加大创业就业扶持力度。对符合创业园区建设，按规模一次性给予相应的补贴。对创业带动就业、自主创业、自谋职业、网上创业的，给予一次性的促进就业（自主创业）社会保险补贴；② 支持困难人员就业。用人单位招收就业困难人员和符合条件的农村富余劳动力给予社保补贴和岗位补贴。就业困难人员和符合条件的农村富余劳动力灵活就业给予社保补贴，延长就业困难人员灵活就业的补贴期限，提高公益性岗位的补贴标准；③ 加强职业技能培训。对城镇登记失业人员、农村富余劳动力等参加职业技能培训的予以免费。

专栏 2　《崇明县 2012～2014 年促进就业扶持政策》操作办法

一、鼓励用工单位新录用就业困难人员

补贴对象与标准：

(1) 补贴对象：新录用本县就业困难人员的用工单位。

(2) 补贴标准：新录用农村富余劳动力、城镇失业人员等困难群体，每人每月 500 元；新录用按市标准认定的就业困难人员，每人每月 800 元。

二、鼓励本县劳动力跨区(岛)就业及低收入农户家庭人员就业

(一) 跨区(岛)就业补贴

补贴对象与标准:

(1) 补贴对象:2012年1月1日后,在户籍以外跨区就业以及在崇明三岛之间跨岛就业的本县农村富余劳动力及城镇户籍劳动力。

(2) 补贴标准:按月给予市跨区(岛)就业补贴,县按照市补贴标准给予配套补贴。2012年4月1日后市调整补贴标准,县按照新标准的50%给予配套补贴。城镇户籍劳动力参照市县补贴标准由县财政按月给予补贴。

(二) 劳务输出补贴

补贴对象与标准:

(1) 补贴对象:2012年1月1日以后,通过劳务公司输出到岛外且就业满一年以上的本县户籍劳动力(从事的工种为保洁、保安、营业员、护理人员、加油工、勤杂工6个工种,不包含劳务输出的出租车驾驶员);2012年以后通过本县证照齐全的家庭劳务介绍所输出到岛外且就业满一年以上的本县户籍家政服务员。

(2) 补贴标准:每满一年给予12个月的市、县跨区(岛)就业补贴之和。

(三) 崇明、横沙二岛劳动力到长兴海洋装备企业就业交通与住宿费补贴

补贴对象与标准:

(1) 补贴对象:2012年1月1日以后,到长兴海洋装备企业就业的崇明、横沙二岛户籍劳动力。

(2) 补贴标准:按月给予交通费补贴150元,未安排职工宿舍的按月给予住宿费补贴150元。

(四) 出租车驾驶员就业补贴

补贴对象与标准:

(1) 补贴对象：2012 年 1 月 1 日以后，到市区新从事出租车行业工作的驾驶员。

(2) 补贴标准：一次性补贴 4 000 元。

（五）低收入农户家庭人员就业补贴

补贴对象与标准：

(1) 补贴对象：经县农委确认，处于法定劳动年龄段内的本县户籍低收入农户家庭就业人员。

(2) 补贴标准：按月给予低收入农户家庭人员就业补贴，县按照市补贴标准的 50%给予配套补贴。

3. 不断完善职业培训

政府抓就业的工作重点转向促进素质就业、稳定就业和体面就业，而职业培训就成了市场经济环境中促进劳动者素质就业的主要途径。近年来，上海不断完善职业培训相关政策，细分不同的劳动者群体，建立面向不同劳动者的职业培训制度，通过扩大职业培训的宽度和广度，努力提高劳动者技能素质，解决就业结构性矛盾。目前，上海已经建立了对失业、协保、农村富余劳动力等人员的就业技能培训和定向培训制度、在职职工的技能提升培训制度和对来沪农民工的技能提升专项培训制度。

三、2015 年上海郊区就业形势分析与展望

2015 年是全面深化改革的关键之年，是全面推进依法治国的开局之年，也是全面完成“十二五”规划的收官之年。2015 年政府工作报告提出，要坚持稳中求进工作总基调，坚持以提高经济发展质量和效益为中心，坚持创新驱动发展、经济转型升级，全面推进自贸试验区建设，全力推进科技创新中心建设，注重均衡协调可持续发展，注重民生保障和城乡统筹，注重社会治理创新，努力完成好“十二五”规划，认真谋划好“十三五”发展。

(一) 2015年上海郊区就业的背景形势

1. 国家层面大力推动“大众创业、万众创新”将大大增强郊区新增就业的能力

习近平总书记在2014年中央经济工作会议上强调,市场要活、创新要实、政策要宽,营造有利于大众创业、市场主体创新的政策制度环境。李克强总理在2015年《政府工作报告》中提出,打造大众创业、万众创新和增加公共产品、公共服务“双引擎”,推动发展调速不减势、量增质更优,实现中国经济提质增效升级。报告强调,“大众创业、万众创新”既可以扩大就业、增加居民收入,又有利于促进社会纵向流动和公平正义。我国有13亿人口、9亿劳动力资源,人民勤劳而智慧,蕴藏着无穷的创造力,千千万万个市场细胞活跃起来,必将汇聚成发展的巨大动能,一定能够顶住经济下行压力,让中国经济始终充满勃勃生机。政府要勇于自我革命,给市场和社会留足空间,为公平竞争搭好舞台。个人和企业要勇于创业创新,全社会要厚植创业创新文化,让人们在创造财富的过程中,更好地实现精神追求和自身价值。把亿万人民的聪明才智调动起来,就一定能够迎来万众创新的浪潮。

3月11日,国务院办公厅发布了《关于发展众创空间推进大众创新创业的指导意见》(国办发〔2015〕9号),全面部署推进大众创业、万众创新工作,提出了八大部署:加快构建众创空间、降低创新创业门槛、鼓励科技人员和大学生创业、支持创新创业公共服务、加强财政资金引导、完善创业投融资机制、丰富创新创业活动、营造创新创业文化氛围。

2. 上海启动全球影响力科技创新中心建设将有力促进郊区就业的转型升级

全力建设具有全球影响力的科技创新中心,是上海市委市政府贯彻落实习近平总书记重要讲话精神的战略部署。2015年政府工作报告提出,要牢牢把握科技进步大方向、产业革命大趋势、集聚人才大举措,深入推进以科技创新为核心的全面创新,加快建设创新要素高度集聚、创新活力竞相迸发、创新成果持续涌现的全球科技创新中心。郊区将成为上海建设全球影响力科技创新中心的重要承载区。因为上海工业的绝大部分布局在郊区,创新驱动发展的任何一项努

力都将表现为工业的转型升级。特别是即将实施一批重大科技创新项目，如新能源汽车、机器人、智能制造、民用航空发动机、燃气轮机等，其研发基地和产业化基地都已布局郊区，这些项目除了影响自身外，还将对周边的工业园区、科技园区等产业具有积极的溢出效应，进而可以创造出一批高科技领域的创业机会和就业岗位，吸引各类创新创业人才向郊区流动，可从根本上改变郊区传统的就业结构形象。

3. 城乡发展一体化新政的出台将为郊区营造出更加良好的就业环境

在经过一年的深化调研后，市委市政府于 2015 年 3 月正式出台了《关于推进新型城镇化建设促进本市城乡发展一体化的若干意见》，提出了推进新型城镇化、转变农业发展方式、改善农村人居环境和生态环境、提高郊区交通设施建设和管理水平、着力解决好农村地区社会保障问题和离土农民就业问题、着力推进城乡基本公共服务均等化、推动郊区农村产业转型升级、推进农村集体经济组织产权制度改革和农村土地制度改革、加强郊区农村管理和社会治理等 9 个方面的政策措施。围绕《若干意见》还将出台 21 项配套性政策文件，以求在各领域打通城乡发展一体化的制度性障碍。该政策文件不仅针对性强，含金量之高、扶持力度之大，也是 21 世纪以来前所未有的，其中有些是根据上海实际进行的创新探索，比如开展强镇扩权试点、支持纯农地区发展等；有些是加大了对郊区和农村的扶持力度，比如将镇村级河道整治纳入市对区县的补贴范围等；有些是统一了城乡之间的标准，比如农村低保、城乡救助、失业保险、基本医疗保险等，都将探索建立全市基本统一的标准。

上海还有约 140 多万的农业户籍人口，在推进新型城镇化和城乡发展一体化的过程中，将积极推动农村集体经济组织产权制度等重点改革，切实注重维护好农民的土地承包经营权、集体收益分配权和宅基地使用权等各项权益，让农民放心种地、放心进城进镇。还将推动农村生产生活方式转变，加快实现由“物的新农村”向“人的新农村”的转变。针对务农农民、离土转移农民、老年农民等各类群体的生活状况和诉求，将实行分类施策。在农民方面，将加大培训力度，建立职业农民制度，让农民有更体面的收入、更好的社会地位。今后，在上海当农民，有一定门槛，要持证上岗，还可以参加农艺师、助理农艺师、高级农艺师等评定，农业在真正意义上成为一个体面职业。

目前,上海城乡之间仍然存在比较明显的二元结构,郊区促进就业的公共服务不够发达,农村劳动力市场发育很不完善,迫切需要加强公众对公共就业服务均等化的认知,加大政府对公共就业服务的投入力度,完善公共就业服务均等化的政策法规体系。《若干意见》提出,要以扩大就业为核心,积极优化城镇就业环境。促进以高校毕业生为重点的青年就业和农村转移劳动力、城镇困难人员、退役军人就业,提高城镇就业吸纳能力;建立全市联网的就业服务信息平台,规范招人用人制度,完善城乡均等的公共就业创业服务体系。因此,公共就业创业服务体系的完善,也将大幅度改善郊区的就业条件。

4. 上海自贸区的扩区建设和一批重大项目建成运行将释放大量新的就业机会

上海自贸区从 28 平方千米拓展到浦东新区的 120 平方千米,其所进一步深化的重大改革创新举措,如在深化投资管理制度创新方面推出一批新的扩大开放举措,在深化贸易便利化改革方面,实行货物状态分类监管试点,拓展国际贸易"单一窗口"功能,在深化事中事后监管方面,加快建设信息共享、联动联勤等服务管理平台,完善专业监管制度等,不仅对浦东新区,还将对全市各个区县产生更加积极的影响,提供更加有力的开放动力和创新动力,促进经济发展转型升级。

一批重大建设工程的兴建和投入运行将带来很多新的就业机会。如 2015 年上海迪士尼即将建成开放,预计开业后第一年的客流量可能超过百万人次,将带动周边各类服务业的集聚发展,可形成一大批新的就业岗位。根据相关的预测,在上海迪士尼度假区的建设和运营过程中,会对本地多种专业类型的优秀人才产生大量需求,直接产生的就业岗位或将超过 1 万个,间接的岗位则将会更多。在虹桥商务区,国家会展中心已经成功试展,南片区及配套酒店将于 2015 年 6 月全部竣工,虹桥商务区作为上海国际贸易中心的重要功能承载区也将加快建设,并将带动周边的嘉定区、青浦区、松江区,还有闵行区等各类商务服务业、高科技创新创业的发展,并可提供相当数量的新增就业岗位。

(二) 促进 2015 年郊区就业工作的若干建议

1. 努力落实国家"大众创业、万众创新"的一系列新政策

2015 年国办发的 9 号文件,对于推动大众创业、万众创新提出了一系列新

的政策导向。上海郊区要积极响应落实。如大力推广创客空间、创业咖啡、创新工场等新型孵化模式，特别要结合郊区各个产业园区的转型升级，有的要重新进行规划布局，有的要进行设施改造，有的要引进新的运营机构，形成一批有利于创新与创业相结合、线上与线下相结合、孵化与投资相结合的良好的工作空间、网络空间、社交空间和资源共享空间。改革工商、税务等管理制度，采取一站式窗口、网上申报、多证联办等措施，切实降低创新创业门槛。特别要降低税费负担，提供廉价优质的办公用房，乃至廉租房，让创新创业者有一个轻负担、低风险的好环境。要大力创新创业投融资机制。开展互联网股权众筹融资试点，增强众筹对大众创新创业的服务能力；规范和发展服务小微企业的区域性股权市场，促进科技初创企业融资，完善创业投资、天使投资退出和流转机制；鼓励银行业金融机构新设或改造部分分（支）行，作为从事科技型中小企业金融服务的专业或特色分（支）行，提供科技融资担保、知识产权质押、股权质押等方式的金融服务。

2. 着力拓宽各类新的就业渠道

为了帮助困难人群充分就业，要努力拓宽就业渠道，积极挖掘就业岗位。可以从以下几方面入手：首先是开发一些公益性岗位，如社区治安、环境绿化、河道保洁、农村垃圾收集等岗位；其次可以安排居家养老、后勤等岗位，通过开展家政服务培训，使一批年龄偏高、文化偏低的征地失业人员得到一技之长，通过居家养老，解决了就业的难题，也使一批老年人得到照顾；再次是开发青年见习岗位，对就业困难的大学生，可以先参加职业见习，积累工作经验，再寻求就业。为了更好地服务人才，促进就业，应该根据形势要求，举办用工招聘洽谈会，实实在在促进百姓就业。“鼓励创业”也是促进就业的又一良方，可以采取以下几方面具体措施：① 劳动保障部门应重视非正规就业劳动组织的管理，专注发挥非正规就业劳动组织及小企业促进就业的职能；② 通过降低税费、资金补贴等方式为合法经营的初创企业提供经济、政策上的支持，以减轻创业初期微利或亏损企业的负担；③ 优化贷款担保政策，简化相关审核流程，提高工作效率。

3. 进一步加强职业培训体系建设

为使劳动者提高适应岗位变化能力，增强就业的稳定性，要建立完善的职业培训体系。首先是优化职业培训项目的设置、职业培训机构的评估机制：要通过专家会审、各部门并联审批等方式设置职业培训项目，充分发挥各行业、各部门的合力作用，提高各行业对劳动保障部门职业培训项目的认可度，提高职业培训证书的含金量，激发失业人员参训的积极性，完善对培训项目质量和培训机构的评估机制，坚持以实效为导向，及时撤除那些不适应就业市场需求、不适合劳动者特点的培训项目，提高职业培训质量；其次是要进一步优化定向培训的立项、审批流程，在培训立项、补贴标准和审批时限等方面，要重点倾斜那些吸纳"4050人员"、农村富余劳动力、应届毕业生就业的项目，培训内容的设置要更能满足用人单位多样化的需求。实施职业技能培训补贴政策，对失业、协保和农村富余劳动力等相关人员参加市政府规定培训项目的职业技能培训，经鉴定合格后，由市失业保险基金予以全额补贴；对在职职工参加市政府规定培训项目中的中级以上技能培训的，经鉴定合格后，由市失业保险基金与区镇两级财政按50%的比例承担。

4. 积极引导郊区求职者转变择业观念

针对目前老百姓在择业方面的观念误区，应该定时举办就业择业讲座，引导群众树立科学正确的就业观念，培养群众创业精神，解决群众创业问题。① 积极开展职业介绍，引导自主创业。及时发布用工信息和开展创业指导。成立由就业援助员为主、劳动监察协管员为辅的培训就业服务队伍。负责建立城乡劳动力资源计算机动态管理系统，掌握劳动力的年龄、技能特长、就业愿望等具体情况和就业、失业状况，摸清本辖区就业和未就业劳动力分布状况，保持和劳动力之间的长期联系，积极组织、推荐就业，做好就业前的组织、引导和就业后的跟踪服务工作。到辖区内各企业、周边县用工单位进行实地用工岗位收集，建立与用工单位的长期联系与合作的良好关系，第一时间获取用工信息，签订用工合同；② 举办就业择业讲座，培养良好观念。鼓励失业人员自谋职业、自主创业和多种灵活形式就业；③ 宣传青年创业政策，鼓励创业带动就业。设立青年创业咨询服务专窗，建立青年创业服务平台，为青年创业实践提供多方位、易获取的信息支持。针对性地宣传创业意识、创业理论、操作方法、成功案例、创业政策法规等。积极宣传青年创业典型，营造全社会鼓励创业、支持创业的氛围。

5. 努力实现企业和就业人员的双赢

要积极深入社区和企业，了解企业和就业人员的需求，以保证就业的真实性和稳定性。首先是深入社区。建立"就业岗位信息收集→组织劳动力岗前培训→培训后推荐就业→就业后跟踪服务"的一条龙服务体系，确保就业的实效性、稳定性，形成劳动力积极要求培训、积极参与政府组织就业的良性循环。其次是深入企业。为做好服务企业工作，实现企业需求和就业人员双赢，对企业进行调查摸底，了解企业生产情况及用工信息，并进一步加大政策指导，服务企业，为就业人员提供稳定岗位。

（执笔：吴明玺）

上海城乡(郊)一体化：2014年发展与2015年展望

近年来，上海不断加大统筹城乡发展力度，推动城乡一体化发展。继2011年上海市相继出台《关于本市加快新城发展的若干意见》(沪府发〔2011〕19号)和《市政府关于本市加快城乡一体化发展的若干意见》(沪府发〔2011〕77号)之后，2012年制定印发《上海市推进城乡一体化发展"十二五"规划》(沪府发〔2012〕16号)。2013年制定《上海市推进城乡一体化发展三年行动计划(2013～2015年)》(沪府办发〔2013〕27号)，明确细化上海推动城乡一体化的各项任务和目标。在2014年深入推进重点课题调研的基础上，2015年1月出台《关于推动新型城镇化建设促进本市城乡发展一体化的若干意见》，奠定了未来几年上海市城乡一体化发展的总体框架和发展路径。

一、2014年上海城乡(郊①)一体化发展进展

2014年，上海继续加大对郊区和农村的投入力度，大力发展都市现代农业，多渠道促进农民增加收入，促进提升农村地区公共服务水平。2014年，上海促进城乡一体化发展的主要进展体现在如下几个方面。

---

① 作为一个大都市，考虑到在资源配置、公共服务方面的城乡差距主要体现在中心城区与郊区县的差距上，故反映公共服务和资源配置一体化程度的指标均为中心城区和郊区县的比值。

(一) 支农政策体系进一步完善,市级财政资金补贴范围扩大

支农政策体系进一步完善。2014 年,上海市继续通过直接补贴和各种农民培训等途径增加农民收入;通过补贴高标准农田、设施菜田、标准化畜禽和水产养殖场、小型农田水利等农业生产基础设施建设和农业科技研发、成果转化、推广应用和人才培养等途径推动现代农业发展;通过村庄改造、农村生活污水治理、河道整治等农村生活性基础设施建设以及农村医务教育、农村医疗和养老等社会事业发展改善农村风貌。

2014 年,上海在乡村建设、农田水利建设、污水处理、河道养护等方面加大了力度,市级财政资金在河道整治和管护等方面向郊区倾斜。如出台了《本市推进美丽乡村建设工作意见》,计划到 2020 年:完成基本农田保护地区所有农户的村庄改造,从 2014 年起,每年评选 15 个左右的宜居、宜业、宜游的美丽乡村示范村,累计形成 100 个左右的美丽乡村示范村,引领和带动全市美丽乡村建设;修订《上海市河道整治项目和资金管理办法》、《上海市小型农田水利项目和资金管理办法》,加大了市对各郊区县和街镇的补助资金比例;编制完成了《上海市农田水利建设前期工作指导意见》(试行),进一步规范了本市农田水利工作。修订了《上海市农村生活污水处理项目和资金管理办法》,制定《关于进一步加强本市河道管理养护工作的实施意见》,理顺了市与区县的事权关系,将郊区县所有河道纳入市级补助范围,提高了市级对各郊区县和街镇的补助金额。提出了力争 2020 年基本实现农村水利现代化的目标。并且,积极推进农村生活垃圾处置设施建设,逐步改善郊区生活垃圾处理结构,降低环境影响,在“户投放、村收集、镇集运、区处置”一体化模式基础上,进一步完善农村生活垃圾中转系统建设,提高运转效率。

2014 年,上海市继续完善对农业发展的金融支持,构建了农业大灾保险机制。2014 年 5 月,市金融办与市农委、市财政局共同制定《关于完善本市新型农业经营主体贷款担保财政支持政策的意见》(沪府办〔2014〕49 号),将市级支农贷款担保专项资金增加至 1.1 亿元,每个区县按不低于 400 万元的标准提供配套资金,扶持对象扩大至家庭农场,2014 年信贷投放累计达 21.7 亿元。起草了《上海市农村土地经营权抵押贷款试点实施办法》(2015 年出台),拟在金山区吕

巷镇及1～2家涉农银行先行启动试点。2014年还出台了《上海市农业保险大灾(巨灾)风险分散机制暂行办法》(沪府办〔2014〕50号),构建起了多层次的农险大灾、巨灾风险分散机制。该文件规定,遭受台风、特大暴雨、重大病虫害(疫病)等不可抗拒灾害,在公历年度内政策性农业保险业务赔付率在90%以下的损失部分,由农业保险机构自行承担。赔付率在90%～150%的损失部分,由农业保险机构通过购买相关再保险的方式,分散风险。赔付率超过150%以上的损失部分,由农业保险机构使用对应区间的再保险赔款摊回部分和农业保险大灾(巨灾)风险准备金承担。如仍不能弥补其损失,差额部分由市、区县财政通过一事一议方式,予以安排解决。第七条市级财政对农业保险机构购买有关政策性农业保险业务赔付率在90%～150%损失部分的再保险,给予保费补贴。

(二) 城乡公共服务均等化有所突破,农村基础设施加快完善

一是上海实现了城乡居民养老保险和大病保险制度的一体化。2014年出台实施了《上海市城乡居民基本养老保险办法》,将本市范围内的城镇居民社会养老保险和新型农村社会养老保险并轨,建立起城乡统一的居民基本养老保险制度。城乡居民养老保险基金由个人缴费、集体补助、政府补贴构成。同时,出台《上海市城乡居民大病保险试行办法》(沪发改医改〔2014〕2号),对本市城镇居民基本医疗保险(以下简称"居民医保")和新型农村合作医疗(以下简称"新农合")的人员,需要重症尿毒症透析治疗、肾移植抗排异治疗、恶性肿瘤治疗、部分精神病病种治疗的,在基本医疗保险定点医疗机构发生的、符合本市基本医疗保险报销范围的费用,在基本医疗保险报销后,城乡居民在基本医疗保险政策范围内个人自负的费用,纳入本市城乡居民大病保险支付范围,由大病保险资金报销50%。

二是教育和医疗资源的城郊配置差距逐步缩小。2014年,上海17个区县全部通过国家义务教育基本均衡发展督导认定,郊区新建三甲医院陆续开始运营,郊区与中心城区之间医疗资源配置差距有所缩小。

三是以"美丽乡村"建设和新城建设为抓手,农村基础设施建设不断完善。2014年,各区县积极以"美丽乡村"建设为抓手,完善郊区县基础设施。其中,嘉定区制定了一系列美丽乡村建设规划,包括《嘉定区村庄布点规划(2014～2020

年)》,明确了 2040 年前,嘉定区现有 3 000 多个自然村、8.5 万户村宅的发展方向。以及《嘉定区 2015～2020 年美丽乡村建设计划》、《嘉定区美丽乡村建设标准》、《嘉定区美丽乡村农村居住点内项目建设的实施办法》、《嘉定区美丽乡村农村居住点外项目建设的实施办法》、《嘉定区规划保留村庄村宅更新的实施办法》,还有华亭镇北新村和徐行镇曹王村的村庄规划等,为美丽乡村建设谱写了蓝图。青浦区将各条线已有的村庄改造、生态河道治理、农田水利、农村生活污水处理、林地建设、养老及文化体育设施等 10 多项政策,按照"渠道不改、用途不变、统筹安排、集中投入、形成合力"的原则进行整合,通过政策聚焦、项目叠加,集中到"美丽乡村"建设,并积极营造"自己家园自己建,自己家园自己管"的氛围。2014 年,轨道交通 17 号线、5 号线南延伸段开工建设,嘉闵高架北延伸、第一轮大型居住社区外围市政配套等项目基本建成,郊区交通设施得到进一步改善。各区县新城建设也取得了较大进展。如奉贤南桥新城因为低碳生态化建设被住建部列为国际绿色生态示范区,青浦淀山湖地区入选国家主体功能区建设试点示范。

(三) 农村改革进一步深化

一是农村集体经济组织产权改革进一步深入。2014 年,上海市已完成 700 多个村的村级经济组织产权制度改革,部分区县已经基本完成,开始进一步深化。如松江区在 2013 年完成农村集体资产产权制度改革之后,2014 年继续深化改革,制定了《松江区农村集体资产管理暂行办法》。坚持"三会制度",推进村社分账,理顺了村委会和村级合作社的关系;落实了分红。闵行区已开始探索股份的退出机制。已经完成 120 个村集体经济组织的股份占有、收益、继承等权能试验,有 41 个村开展股份的退出与流转相结合的权能试验。宝山区以不撤村改制为主,成立社区经济合作社,全面推进农村集体经济组织产权改革,共完成 43 个村(占 40%),界定社员股东 95 641 人,量化集体净资产 252 341.47 万元。宝山区坚持农民主体,实现了产权关系由集体共有改变为成员按份共有、管理方式由行政管理为主向民主管理转变、分配方式由按人头分配改变为按份额分配等三个转变,做到了集体资产家底清晰、集体成员界定清晰、集体治理结构清晰。金山区 2014 年全面完成镇级集体经济组织清产核资工作,对产权制度改革的村实行分账管理。40 个村成立了村经济合作社。

二是上海市全面开展农村土地承包经营权确权登记工作，涌现出了“确权确利不确地”和“确权确利又确地”两种模式。2014 年，部分区县已经基本完成确权登记工作。其中，松江区以“确权确利不确地”为原则，于 2014 年基本完成农村土地承包经营权确权登记。奉贤区作为农业部全国农村土地承包经营权证登记试点单位，确权确利又确地，在确权颁证过程中，依法处理历史遗留问题、图版明示农户承包地块，规范权证发放操作程序，成效显著。并于 2014 年全面完成农村土地承包经营权证登记颁证工作，涉及 1 932 个村民小组，确权农户 6.83 万户，确权面积 21.25 万亩。金山区全面完成农村土地承包经营权确权登记工作，涉及 70 个村，1 198 个村民小组，42 842 户承包户，16.58 万亩承包地。

三是农村综合帮扶项目取得初步成效。2014 年，上海继续落实农村综合帮扶项目(奉贤区 2 个，金山区 5 个，崇明县 4 个，浦东新区 1 个)，提高经济相对薄弱村特别是低收入农户的生活水平。各区县积极创新，帮扶政策取得初步成效。如奉贤区把 100 个薄弱村组成“百村公司”，构建村级经济发展联合平台，在区级层面整合帮扶资金等资源，提升帮扶项目规模和质量。2014 年，每个贫困村从公司获得 30 万元收益。金山区金山卫镇的帮扶项目，把城乡一体化、土地减量化、支持纯农地区发展等工作紧密结合起来，放大项目综合效益。

四是全市有序推进家庭农场，合作社联社规范化发展。如松江区家庭农场规模进一步扩大，2004 年年底达到 1 240 户，涉及耕地 15.28 万亩，占全区粮食播种面积的 90.9%；金山区出台培育发展家庭农场的实施意见，全区达到 548 家，涉及 69 151.5 亩。

此外，嘉定、松江等区县的宅基地置换试点工作继续深入开展。其中，奉贤区出台完善村民建房管理办法，开展“三线”周边农民宅基地置换试点，加快“撤制镇”社区更新改造。

二、上海城乡(郊)一体化发展状况与比较分析

城乡一体化是城乡生产力差距逐步缩小，二元结构逐步破除、城乡壁垒逐步打破的过程。城乡一体化最终将体现在农业的现代化、农民生活方式的城市化、城市地区和农村地区公共服务的均等化等方面。反映为农业与非农业劳动生产率差距

的缩小、城乡居民收入差距和生活质量差距的缩小、城乡公共服务一体化上。

(一) 上海城乡(郊)经济发展一体化分析

上海城乡(郊)经济发展一体化水平由反映二元经济结构的比较劳动生产率和二元对比系数，以及反映中心城区和郊区县地方经济实力差距的城郊人均地方财政收入比来综合反映。在此分析框架下，下文主要分析近年来上海一体化发展变化情况，并与同为直辖市的北京，以及上海周边城乡一体化发展较好的苏州市和嘉兴市的进行横向比较，分析上海在城乡一体化发展中的优势和差距所在。由于数据可得性的原因，部分指标只能采用到 2013 年的数据。

1. 经济二元性仍无改善，与苏州等地差距依然较大

从近几年的数据来看，反映上海二元结构的比较劳动生产率和二元对比系数表现出了明显一致的趋势，均未达到二元对比系数为 0.31～0.45 的发展中国家标准，与非农产业相比，上海市第一产业发展仍非常滞后。2013 年，上海的二元对比系数为 0.14，即第一产业比较劳动生产率是第二、第三产业比较劳动生产率的 14%；上海市第一产业比较劳动生产率为 0.15，即第一产业产值比重是在此部门就业的劳动力比重的 15%。与上年相比均有所降低。反映中心城区和郊区县经济实力差距的城郊人均地方财政收入比在经历了 2005 年的不相上下之后，城郊差距有所拉大(见表 1)。

表 1　　上海城乡(郊)经济发展一体化水平分析

二级指标	2000 年	2005 年	2010 年	2011 年	2012 年	2013 年
二元对比系数	0.15	0.13	0.19	0.19	0.15	0.14
第一产业比较劳动生产率	0.17	0.14	0.20	0.19	0.16	0.15
城郊人均地方财政收入比	1.20	0.97	1.66	1.64	1.68	1.62

数据来源：根据历年上海市统计年鉴计算。

2. 各区县人均财力差距有所拉大

从各区县的情况来看，各区人均经济实力很不平衡，2013 年，上海全市人均地方财政收入(按常住人口计算)为 8 830 元，浦东新区为 11 288 元/人。中心城区 8 个区有 4 个区超过平均水平，仍是静安区人均地方财力最强，为 34 265 元/

人,是位居第二的黄浦区的 1.55 倍。8 个郊区县的人均地方财力仍然全部低于全市平均水平,其中嘉定区和青浦区的人均地方财力高于其他郊区县。2013 年,财力最强的黄浦区人均财力是财力最弱的宝山区的 6.77 倍,与上年的 6.49 倍相比,差距有所拉大。与上年一样,郊区县中超过中心城区财力最弱的普陀区的有 6 个,只有宝山区和奉贤区的人均财力不及普陀区(见表 2)。

表 2　　人均地方财政收入(区县级)比较　　(单位: 元)

地　区	2000 年	2005 年	2010 年	2011 年	2012 年	2013 年
上海全市	1 720	4 951	6 429	7 472	8 032	8 830
浦东新区	2 025	5 253	8 428	9 667	10 454	11 288
黄浦区	3 684	7 981	17 049	19 248	20 450	22 097
徐汇区	1 447	4 453	8 333	9 138	9 816	10 548
长宁区	1 957	5 383	10 437	12 827	14 235	15 363
静安区	3 603	12 027	26 736	30 694	30 993	34 265
普陀区	1 208	4 071	4 032	4 749	5 263	5 795
闸北区	1 489	4 026	5 576	7 162	7 676	8 323
虹口区	1 650	3 835	5 674	6 318	6 883	7 898
杨浦区	926	2 955	3 814	4 872	5 374	5 815
闵行区	1 559	3 628	5 154	5 599	5 928	6 760
宝山区	1 317	4 872	3 692	4 420	4 772	5 061
嘉定区	1 770	6 133	5 636	7 110	7 960	9 341
金山区	1 406	4 948	4 198	6 196	5 868	6 461
松江区	1 890	6 684	4 884	5 203	5 197	5 958
青浦区	2 222	7 033	5 449	6 023	6 425	7 408
奉贤区	1 046	4 243	3 729	4 791	5 169	5 721
崇明县	825	2 769	3 987	4 806	5 286	5 819

数据来源: 根据历年上海市统计年鉴计算获得。

3. 经济二元性比参照城市更为明显,且农业劳动生产率较低

从横向比较来看,上海与同为直辖市的北京相比,经济的二元对比系数均远低于国际上发展中国家最低为 0.31 的标准,且上海的经济二元性更为显著。如

与上海周边城市相比，上海的经济二元性特征远比嘉兴和苏州明显，其中苏州的二元经济性已经达到发展中国家水平，嘉兴已经达到发达国家水平。在经济实力对比上，上海中心城区与郊区县的差距比北京要小，但比苏州和嘉兴要大得多，甚至苏州郊县财力还略强于苏州市区（见表 3）。

表 3　城乡（郊）经济发展一体化横向比较（2013 年）

二级指标	上　海	北　京	苏　州	嘉　兴
城郊人均地方财政收入比	1.62	2.09	1.02	1.26
第一产业比较劳动生产率	0.15	0.17	0.42	0.51
二元对比系数	0.14	0.16	0.41	0.49

数据来源：各城市统计年鉴 2014，嘉兴数据来自浙江省统计年鉴 2014。

说明：北京的城区包括首都功能核心区和城市功能拓展区，具体为东城区、西城区、朝阳区、丰台区、石景山区和海淀区 6 个区；苏州的城区指的是市区，郊区指的是常熟、张家港、昆山和太仓 4 个县市；嘉兴的城区指的是市区，郊区指的是平湖、海宁、桐乡、嘉善和海盐 5 个县市。

考虑到上海是全国性经济中心，第二产业和第三产业比较发达，非农产业劳动生产率较高，可能因此拉低二元对比系数，为此特别单独考察其第一产业发展程度。从历年数据来看，2000 年以来，上海的农业劳动生产率处于逐年上升的态势。2013 年，上海市第一产业劳动生产率比上年略低，为 27 886 元/人。

从横向比较来看，2013 年，北京农业劳动生产率为 29 206 元/人，略高于上海市；苏州市和嘉兴市的则分别为 77 721 元/人和 49 122 元/人，分别是上海市的 2.79 倍和 1.76 倍。与上年相比，上海与北京、苏州和嘉兴的农业劳动生产率差距有所拉大。

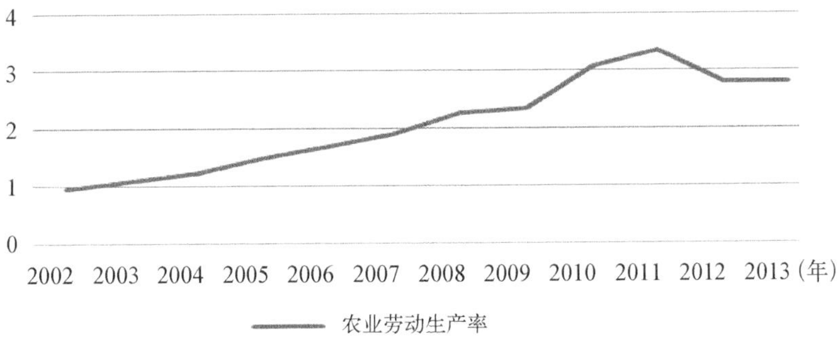

图 1　2002～2013 年上海市第一产业劳动生产率变化情况

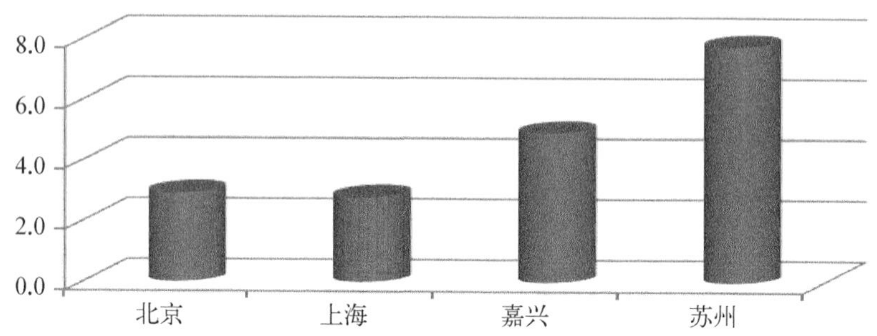

图 2 第一产业劳动生产率城市比较(2013 年)

(二) 上海城乡居民收入水准和生活质量一体化分析

城乡一体化意味着城市居民和农村居民生活方式的一体化,城乡之间的要素流动由单向变为双向,城乡居民在收入水准和生活质量方面不再存在城乡差异。上海城乡(郊)居民收入水准和生活质量一体化状况由城乡居民收入差异倍数、城乡恩格尔系数比、城乡居民人均教育文化娱乐支出比、城乡户均家用空调数量比和城乡户均家用电脑数量比等指标综合反映。

表 4 上海城乡居民收入水准和生活质量一体化水平分析

二级指标	2000 年	2005 年	2010 年	2011 年	2012 年	2013 年
城乡居民收入差异倍数	2.12	2.24	2.32	2.32	2.31	2.28
城乡恩格尔系数比	1.00	0.97	0.90	0.89	0.92	0.88
城乡居民人均教育文化娱乐支出比	2.20	2.43	3.32	3.29	3.42	4.28
城乡户均家用电脑数量比	5.45	2.53	2.15	2.76	2.94	—
城乡户均家用空调数量比	6.89	2.00	1.36	1.59	1.52	—

数据来源:历年上海市统计年鉴。

1. 近年来城乡收入差距逐步缩小,多数区县内城乡差距较小

2000 年以来,上海市城乡居民收入差距一直在拉大,近三年来,城乡差距相对保持稳定,有小幅度缩小。2014 年,上海城市和农村居民家庭人均可支配收入分别达到 47 710 元和 21 192 元,分别比上年增长 8.8%和 10.3%,2014 年,上海市城乡居民可支配收入比为 2.25,比上年降低 0.03。

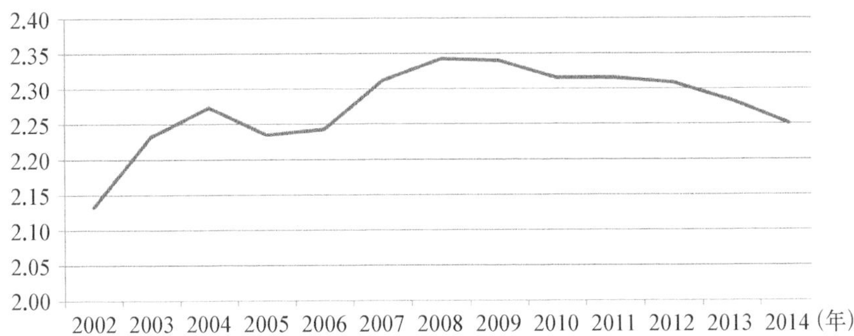

图 3 2002～2014 年上海城乡居民可支配收入比历年变化情况

从上海各区县的情况来看，大多数郊区县城乡收入差距明显低于全市平均水平。2014 年，8 个郊区县除了崇明县，城乡居民收入比均小于 2，远低于上海全市平均水平，其中城乡差距较高的郊区县是金山区、青浦区和松江区，城乡收入比均超过 1.8。城乡居民收入差距较小的区县为闵行区和宝山区，分别为1.47和 1.57(见表 5)。

表 5　2014 年上海郊区县城乡居民收入比较

指标＼地区	上海市	浦东	闵行	宝山	嘉定	金山	松江	青浦	奉贤	崇明
城市居民人均可支配收入	47 710	49 628	40 637	39 881	40 042	36 433	39 510	37 624	36 444	35 058
农村居民人均可支配收入	21 192	21 814	27 560	25 356	23 831	19 436	21 736	20 100	20 611	14 910
城乡居民收入比	2.25	2.28	1.47	1.57	1.68	1.87	1.82	1.87	1.77	2.35

数据来源：上海市及闵行、宝山、嘉定、松江、青浦区数据来自 2014 年统计公报；奉贤数据来自奉贤区统计局网中“2014 年全区经济运行分析”；崇明数据来自县统计局网站；金山数据来源于 2015 年政府工作报告；浦东新区数据来源于 2014 年 12 月统计月报。

2. 上海市城乡居民生活水平差距较小，与上年相比有所拉大

恩格尔系数是国际上通用的衡量居民生活水平的一项重要指标，2000 年，上海城乡恩格尔系数比为 1，说明城乡居民生活水平差距很小。虽然该系数以后有所下降，但差距仍然较小。2013 年，上海城乡恩格尔系数比为 0.88，说明城市居民食品支出比重占农民居民食品比重的 88%。与上年相比，城乡差距有所拉大。

3. 上海市城乡居民生活丰富度差距仍在逐年拉大

2013 年，上海城乡居民人均教育文化娱乐支出分别为 4 122 元和 964 元，城

乡比为4.28。从历年变化情况来看,2000～2013年,除2005年外,反映上海市居民生活丰富度的城乡居民人均教育文化娱乐支出比呈逐年拉大之势,城乡差距由2000年的2.2提高到2013年的4.28。城市居民人均教育文化娱乐支出基本上逐年增加,农村居民人均教育文化娱乐支出总体上呈现增加趋势,但会有反复,2011年后,农村居民支出水平在逐年缩小,城乡差距进一步拉大。

表6　　2004～2013年上海城乡居民人均教育文化娱乐支出对比

项目＼年份	2004	2005	2006	2007	2008	2009	2010	2011	2012	2013
城	2 195	2 273	2 432	2 654	2 875	3 139	3 363	3 746	3 724	4 122
乡	806	936	920	857	850	943	1 012	1 139	1 088	964
支出比	2.72	2.43	2.64	3.10	3.38	3.33	3.32	3.29	3.42	4.28

数据来源:历年上海市统计年鉴,其中城乡支出比为计算所得。

4. 与三个参照城市相比,上海城乡居民生活差距大

从横向比较来看,与北京相比,上海的城乡差距较大。除城乡户均家用空调数量比外,上海各指标均低于北京。5个指标中,在城乡居民收入差异、城乡居民人均教育文化娱乐支出、城乡户均家用电脑数量3个指标的差距较大,说明上海城乡居民在收入、居民文化生活和现代化水平三个方面,差距要大于北京。

与苏州相比,上海城乡差距表现得更加明显,苏州城乡居民差距指标均低于2,最高的是城乡居民收入差距,其他指标的城乡比值均小于1.5。

表7　　城乡居民收入水准和生活质量一体化横向比较分析

二级指标	上海	北京	苏州	嘉兴
城乡恩格尔系数比	0.88	0.90	1.04	0.99
城乡居民收入差异倍数	2.28	2.20	1.91	1.90
城乡居民人均教育文化娱乐支出比	4.28	2.99	1.50	
城乡户均家用电脑数量比	2.94	1.49	1.27	
城乡户均家用空调数量比	1.52	1.46	1.15	

数据来源:各城市统计年鉴2014,其中上海市的城乡户均家用电脑数量比和城乡户均家用空调数量比为2012年数据。

(三) 上海城乡(郊)公共服务一体化分析

城乡(郊)公共服务一体化水平由城郊小学生生均专职教师数比、城郊人均医生数比、城乡最低生活保障标准比和城郊人均固定资产投入比等指标反映中心城区和郊区在教育资源、医疗资源和资产投入等方面的一体化程度,以及城乡居民社会保障一体化程度。

1. 中心城区和郊区在教育和医疗资源方面的差距缩小明显

在教育和医疗资源分配方面,前几年城乡差距在拉大,城郊小学生生均专职教师数比由 2000 年的 0.9 上升到 2012 年的 1.33,人均医生数比由 2000 年的 1.92 上升到 2012 年的 2.84。但从 2013 年来看,上海中心城区和郊区的差距变化明显,小学生生均专职教师数比和人均医生数比分别下降 0.05 和 0.22。其中,尤其是教育资源差距缩小明显,可能得益于 2013 年上海郊区三级甲等医院的相继开始运营,大幅缩小了城郊差距。

表 8　　上海城乡(郊)公共服务一体化水平分析

项目＼年份	2000	2005	2010	2011	2012	2013
城郊小学生生均专职教师数比	0.90	1.02	1.33	1.32	1.33	1.28
城郊人均医生数比	1.92	2.46	2.85	2.82	2.84	2.62
城乡最低生活保障标准比	1.55	1.54	1.50	1.40	1.34	1.28
城郊人均固定资产投入比		1.55	1.65	1.05	1.12	0.90

数据来源:各年城乡最低生活保障标准比来自当年统计公报,其他数据根据历年上海市统计年鉴计算获得。

从教育和医疗资源在各区县的分布来看,人均教育资源最为丰富的是崇明县、黄浦区、虹口区和杨浦区,百名小学生生均专任教师数分别为 9.46 人、8.84 人、8.37 人和 8.37 人,与上年相比,有所下降。中心城 8 区人均教育资源全部高于全市平均水平,8 个郊区县人均教育资源高于全市平均水平的有 3 个,分别是崇明县、宝山区和金山区。人均教育资源占用最低的是闵行区、嘉定区和松江区,百名小学生生均专任教师数分别为 5.54 人、5.27 人和 5.14 人。总体来看,中心城区各区县普遍占用了更多的教育资源。

从人均医疗资源的占有情况来看,人均医疗资源最为丰富的是静安区和黄浦区,万人医生数分别为 131 人和 86 人,与上年相比还均有小幅上升。中心城 8 区人均医疗资源高于全市平均水平的有 7 个,只有普陀区相对较低;高于中心城区平均水平的有 4 个,分别为静安区、黄浦区、徐汇区和长宁区。8 个郊区县人均医疗资源最高的为金山区和崇明县,是仅有的两个高于全市平均水平的郊区县,万人医生数为分别为 26 人和 25 人,与上年相比,均有较大幅度的提高。8 个郊区县万人医生数平均为 16 人,虽然比上年略有提高,但仍远低于中心城区的 42 人。8 个郊区县中,明显低于郊区县平均水平的是松江区和青浦区,分别有 13 和 14 人,远低于中心城各区。宝山区和闵行区作为两个中心城区功能拓展区,人均医疗资源和教育资料均处于较低水平。

总体来看,与人均教育资源的占有情况相比,中心城区和郊区县的医疗资源占有差距仍然更为明显。

表 9　　2013 年上海各区县教育和医疗资源分布差异分析

指　标 地　区	万人医生数	百名小学生生均专任教师数
上海全市平均	24	6.28
浦东新区	17	5.72
黄浦区	86	8.84
徐汇区	56	6.72
长宁区	44	7.6
静安区	131	7.81
普陀区	20	7.04
闸北区	27	6.99
虹口区	38	8.37
杨浦区	25	8.37
中心城 8 区	42	7.61
闵行区	15	5.54

（续 表）

地 区 \ 指 标	万人医生数	百名小学生生均专任教师数
宝山区	15	6.66
城区10区	32	6.9
嘉定区	16	5.27
金山区	25	6.66
松江区	13	5.14
青浦区	14	6.01
奉贤区	16	5.6
崇明县	26	9.46
市郊8区县	16	5.94
中心城与郊区县之比	2.62	1.28

数据来源：根据《上海市统计年鉴2013》计算。

2. 城乡社会保障差距进一步缩小

从居民最低生活保障来看，2000年，上海市城镇居民最低生活保障标准为290元/月，农村居民最低生活保障标准为186.7元/月，城乡最低生活保障标准比为1.55，以后年度每年适度提高城镇居民和农村居民的最低生活保障标准。2006～2010年，上海市在维持1.5城乡比的基础上逐年提高标准，直到2011年放弃固定城乡比，一体化力度开始加大。2014年，上海市城镇居民最低生活保障标准为710元/月，农村居民最低生活保障标准为620元/月，城乡比下降为1.15。

3. 城郊人均固定资产投入差距小幅提高

从中心城区和郊区人均固定资产投资额来看，与2005年相比，2010年城郊人均固定资产投入差距扩大，城郊人均固定资产投资比由2005年的1.55增加到2010年的1.65。随着上海城市建设由中心城区向郊区转移，2011年，上海8个郊区县的固定资产投入首次高于8个中心城区，城郊差距开始缩小，城郊人均固定资产投资比下降为1.05，2012年有所回升，为1.12。

从各郊区县情况来看，2012年，人均固定资产投资额较大的为青浦区、奉贤区和嘉定区，分别为2.97万元、2.66万元和2.61万元。

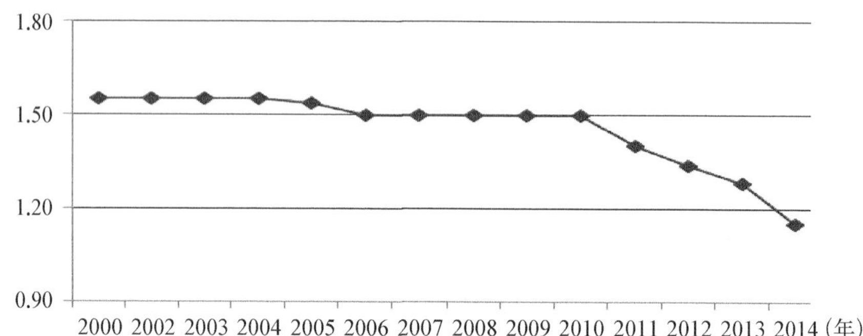

图4　上海市城乡居民最低生活保障标准比变化情况

表10　上海市城区与各郊区县人均固定资产投资额变化　（单位：元）

地区＼年份	2005	2010	2011	2012	2013
总　计	19 920	23 094	21 585	22 073	23 385
中心城8区	24 974	28 506	20 471	21 969	19 814
闵行区	10 514	12 687	12 527	13 129	55 391
宝山区	15 101	15 344	19 001	15 716	24 851
嘉定区	17 066	23 438	26 910	26 105	20 902
金山区	23 819	15 530	19 007	21 057	61 476
松江区	26 809	15 334	17 060	15 732	10 740
青浦区	20 986	25 693	26 010	29 667	24 122
奉贤区	15 806	19 183	23 877	26 631	31 131
崇明县	4 217	15 037	18 031	18 854	41 853
郊8区县	16 061	17 228	19 457	19 582	22 000
中心城区与郊区县之比	1.55	1.65	1.05	1.12	0.90

数据来源：历年上海市统计年鉴。

4. 与参照城市比较，上海城乡医疗和教育资源占有差距仍然明显

从横向比较来看，上海在公共服务方面的城乡差距比苏州和嘉兴大。与北京相比，上海在教育资源、医疗资源方面的城乡差距明显大于北京，在城乡最低生活保障方面，上海的城乡差距比北京稍小。在固定资产投入方面，北京对郊区

的投入远超过中心城区。值得注意的是，无论是与同为直辖市的北京相比，还是与周边的苏州和嘉兴相比，上海在医疗和教育资源城乡配置方面的差距尤其明显。而周边的苏州市已经基本实施城乡公共服务的一体化。

表 11　　城乡居民公共服务一体化横向比较分析

二级指标	上海	北京	苏州	嘉兴
城郊小学生生均专职教师数比(2013 年)	1.28	0.92	1.07	
城郊人均医生数比(2013 年)	2.62	1.69	1.02	1.55
城乡最低生活保障标准比(2014 年)	1.15	1.16	1.00	1.00
城郊人均固定资产投入比(2013 年)	0.90(0.78)	0.61	1.04	1.01

数据来源：各城市统计年鉴 2014，其中城乡最低生活保障标准来源于各地方政府网站。

三、2015 年上海城乡(郊)一体化发展展望

总体来看，上海市城乡一体化发展水平逐步提高，部分指标如城乡居民物质条件已经非常接近。2014 年，上海在公共服务一体化方面的进展比较明显，城乡居民收入差距也在继续缩小，但在经济二元性、城乡居民生活丰富度、城郊人均财力等方面的差距仍在扩大。从横向比较来看，上海在经济二元性、农业劳动生产率、城乡居民生活和城乡公共服务一体化方面，与三个参照城市均有差距，尤其与周边的苏州和嘉兴的差距较大。在农业劳动生产率、城乡居民收入、城乡居民生活丰富度、教育和医疗资源的城郊配置差距等几个方面的城乡差距尤其明显。

2015 年，上海将主动适应经济发展新常态，按照稳粮增收、提质增效、创新驱动的总体要求，全面深化农村改革，依靠制度创新和科技进步，破解土地、环境和人力资源瓶颈，力争在健全城乡发展一体化体制机制上取得新进展。

(一) 城乡一体化发展政策框架基本确立

针对现实存在的与周边城市之间在城乡(郊)发展一体化发展方面的差距，2014 年，上海市委组织了重点课题调研，并于 2015 年 1 月底出台了《关于推动新型城镇化建设促进本市城乡发展一体化的若干意见》，为未来几年上海城乡一

体化发展指出了方向，确定了政策框架。《意见》中支持农村力度将明显加大，《意见》重在从体制机制的顶层设计上"破解城乡二元结构、明显缩小城乡差距"，力争使上海率先走出一条以人为本、四化同步、生态文明、文化传承的新型城镇化道路，以高质量的新型城镇化推动高水平的城乡发展一体化。围绕《意见》已出台和即将出台的共有 21 项配套性政策文件，涵盖了深化完善镇村规划体系、加快农业结构调整、强化农村生态环境整治、加强郊区农村基础设施建设、促进基本公共服务均等化等 8 个领域。其中，已有 4 项出台实施，3 项即将出台，其余 14 项将于 2015 年一季度或上半年陆续出台实施。

(二) 将整建制创建国家现代农业示范区

针对农业劳动生产率低、农产品附加值不高、种田农民老龄化程度高等突出问题，2015 年，上海提出要整建制创建国家现代农业示范区，围绕城市需要来重点发展都市农业，转变农业生产方式，发展资源节约、环境友好型农业，通过规模化经营和农业科技创新，重点提高农产品品质，提高农业劳动生产率和农产品附加值，推动农业"接二连三"，真正把农业调"强"。2015 年，上海将推动发展家庭农场和农民合作社联社，加快培育高素质职业农民队伍，引导土地承包经营权有序流转，加快构建适应现代农业发展的新型农业经营体系。

(三) 继续深入推进农村改革

2015 年，上海将在坚持土地公有制性质不变、耕地红线不突破、农民利益不受损三条底线的前提下，将聚焦重点领域，把握关键环节，深入推进农村改革。

一是将继续推进农村集体产权制度改革，开始镇级集体产权制度改革试点。2015 年，上海将继续深化农村集体经济组织产权制度改革，还将开始镇级改革的试点，摸清集体资产家底，推进镇级农村集体经济组织产权制度改革，并将鼓励集体资产向镇一级集中，发挥镇级统筹发展集体经济的作用。同时指导闵行全国农村改革试验区探索对农民持有的集体资产股份权能改革试点。二是将分类推进农村土地制度改革，积极争取国家支持，开展土地制度改革试点。2015 年，上海将基本完成农村土地承包经营权确权登记，明确农民对承包地的权益，让农民拿到承包地"身份证"、吃上"定心丸"。让农民可以放心离开土地，促进承包地规范流转,进而推动现代农业的发展。有序推进集体经营性建设用地流转工作,并结合低效建设用地减量化,探索建立集体建设用地跨村流转机制,开展农村集体经营性建设用地出让、租赁、入股试点;慎重稳妥推进农村宅基地制度改革,积极稳妥施行城乡建设用地增减挂钩推进农民宅基地置换试点工作,有限解决高压线、高速铁路、高速公路等沿线农民安居问题;总结完善"城中村"改造相关政策,因地制宜采取征地留房留资产安置、物业回购、资金补偿等多种方式;推进征地制度改革并加强农村土地利用管理。三是乡镇治理机制进一步完善,将推动综合执法力量下沉,将充实城郊结合部、大型居住社区等公共服务资源和执法力量。此外,2015 年,上海将继续深化农村综合帮扶,重在培育发展更多的"造血"项目,增强经济相对薄弱地区自我发展能力。

(四) 公共服务均等化将全面推进

一是城乡居民统一的社会保险制度正在形成。2015 年,上海将要建立健全城乡统一的社会保险制度。在 2014 年已统一城乡居民养老保险制度的基础上,2015 年,上海将落实统一城乡低保制度,实现新农合全市统筹;将加快调整"镇保",使之与国家制度接轨,规定今后新征地人员将直接纳入现行社会保险制度体系;将打通新型农业经营组织参加"职保"的政策通道;将加快实现城乡居民基本医疗保险和城乡职工失业保险的制度并轨;将加快提高郊区农村社会救助水平:统筹农村"三无"人员救济与农村"五保"供养政策,实现城乡救助标准统一,扩大社会救助政策对农村困难家庭的覆盖面;统一城乡优抚对象的抚恤救助标准;提高对郊区农村残疾和智障人士的公共服务水平;还将进一步加大促进离土转移农民就业的工作力度,鼓励区县因地制宜开发一批容量大的市场化就业项目,有针对性地强化离土农民的职业培训。

二是城乡一体化教育资源配置机制即将形成,城乡卫生文化等资源配置一体化正在推进。2015 年,上海市将根据《中共上海市委、上海市人民政府关于推动新型城镇化建设促进本市城乡发展一体化的若干意见》的要求,推动教育资源配置城乡一体化。在建设和管理上,在义务教育阶段,上海将实施全市基本统一的"五项标准"(义务教育学校建设标准、学校配置(设施设备)标准、教师队伍配置标准、教师收入标准和生均经费标准),明确区县落实保障办学基本标准的主体责任,形成市与区县投入相结合的义务教育投入机制。同时继续选派高水平高质量有特色的义务教育学校和幼儿园,赴大型居住社区、郊区新城以及郊区重点发展城镇新建公建配套学校办分校,实现郊区新城、大型居住社区等新建公建配套学校高水平起步。2015 年,上海将激励专业人才到郊区农村工作。对农村地区义务教育学校、社区卫生服务中心等公益性事业单位,在绩效工资总量上予以倾斜,加强对扎根农村工作的年轻人才,建立支撑评定、交流培养等长效机制;将增量部分重点用于激励在农村工作的教师、医生、农业技术推广服务人员等专业技术人才。2015 年,还将加快教育、卫生、文化等设施补点建设,对部分城郊结合部、区区交界处、郊区农村地区资源特别短缺的区域,加快学校、幼儿园、社区卫生服务站或村卫生室、标准化社区文化活动中心等的补点建设。

三是以路网结构完善和市郊快速公共交通体系建设为重点推动城乡交通一体化。根据《推动新型城镇化建设促进本市城乡发展一体化的若干意见》的要求,上海将逐步健全通达便利的郊区农村综合交通体系,重点推进以普通国省道为主的路网结构完善和市郊快速公共交通体系建设,构建郊区与市区之间的快速交通走廊和郊区重要城镇之间的横纵联系通道;还将加快建立城乡一体的郊区交通综合规划体系,完善郊区交通设施的规划、建设和管理标准,加快市郊快速轨道交通和公路建设,加大对郊区农村交通设施建设管理的支持力度,加强区县交通管理体制机制与队伍建设。2015 年,上海有望加大对区内道路跨越高等级航道、铁路、高速公路部分的补贴力度,对外环线以外的农村公路改造项目和相关郊区县的农村公路建设提供支持。

四是水环境综合整治城乡一体化开始起步。2015 年,上海市将提高区县管及以下河道日常养护和河道整治标准,将镇村级河道整治纳入市对区县的补贴范围。除了加大扶持力度,还将推动水环境治理的重点项目安排由城市向郊区转移,并探索建立城乡一体化的水环境综合整治行业标准和长效机制。① 将加快推进郊区城镇污水处理厂提标改造;② 将加快推进农村污水处理。2015～2020 年,将每年新建农村集中小型生活污水处理站及配套管网 5 万户,将累计完成达到 62 万户,对其余规划保留农户,采用“截污纳管”的方式纳入城镇污水收集系统,对分散的农户全面实施三格化粪池改造;③ 将加快推进农村河道治理。上海力争到 2020 年年底前对全市 2.6 万余条中小河道全部轮疏一遍,同步实施村沟宅河治理和村庄改造。结合美丽乡村和郊野公园建设,上海自2014年到2020年,以打通断头河为重点,每年完成市管区管河道100千米、镇村河道200千米的整治任务。

(五)将开始实施郊区差别化管理

一是对各类镇进行分类指导。根据"分类赋权、分类施策"原则,进行差别化管理,赋予大镇同人口和经济规模相适应的管理权和社会治理权,推进执法管理力量下沉。2015年,上海将更加重视镇域发展。将根据各镇不同情况分类指导,避免"千镇一面";坚持大镇显能级、小镇保基本,提高建设标准和公共服务管理水平;鼓励有条件的镇发展特色产业,建设一批工业强镇、商贸重镇、旅游名镇。并将结合农村集体经济组织产权制度改革,鼓励集体资产向镇一级集中,充分发挥镇级统筹发展集体经济的作用。

二是更加重视非建制镇服务管理。2015年,上海将推进分类试点,加强非建制镇服务管理,深化完善"镇管社区"管理模式,将探索在非建制镇建立社区党委和社区工作站,确保非建制镇管理服务所需经费。

三是支农扶持重点转向纯农地区。2015年,上海将划定纯农地区特征和范围,明确纯农地区在考核机制上实行差别化,保障基本运转经费,在政策设计上体现多方统筹。支农政策将加强整合力度,扶持重点转向纯农地区的本地农民,重点扶持上海农业结构调整优化和都市农业现代化。

城乡一体化是一个系统工程,农业的现代化发展、农民收入和生活品质的提高、城乡公共服务的均等化三者之间互相影响、相辅相成。2015年是上海推动城乡一体化发展的推进年,深化改革的方向和思路已经形成,在具体操作上应更加关注借鉴兄弟城市经验,更加关注郊区居民和农村居民的广泛参与,更加关注政策绩效。

(执笔:戴伟娟)

专题研究篇

推进本市城乡发展一体化的总体思路研究

党的十八届三中全会明确指出:“城乡二元结构是制约城乡发展一体化的主要障碍。必须健全体制机制,形成以工促农、以城带乡、工农互惠、城乡一体的新型工农城乡关系,让广大农民平等参与现代化进程、共同分享现代化成果。要加快构建新型农业经营体系,赋予农民更多财产权利,推进城乡要素平等交换和公共资源均衡配置,完善城镇化健康发展体制。”作为全国改革开放排头兵和科学发展先行者的上海,在城乡发展一体化方面有着得天独厚的“先发优势”,理应大胆创新、率先突破,积极发挥示范引领作用,率先构建与“四个中心”和现代化国际大都市战略目标相适应的规划、产业、基础设施、公共服务和就业保障、要素市场、生态环境治理等领域的城乡发展“一体化体系”。

但是,目前上海的城乡发展一体化,仍然存在着城乡收入差距扩大、公共服务和基础设施差距拉大、郊区区县之间差距拉大、农村生态环境恶化,以及与周边地区农村居民收入差距拉大等“五大挑战”,面临发展规划不协调、公共资源配置不平衡、镇域经济活力不足、农村产权制度改革滞后等“四大瓶颈”问题,因此需要在统筹城乡规划、统筹城乡产业布局、统筹城乡基础设施建设、统筹城乡公共服务与就业社保、统筹城乡要素市场、统筹城乡生态环境治理等六个方面构建“六大一体化推进体系”,切实加快上海的城乡发展一体化进程。

一、加快上海城乡发展一体化的重要性和紧迫性

面向全球城市的上海,郊区及其农村是其未来发展和转型的主战场。加快推动城乡发展一体化对于上海也有着非常重要的战略意义和现实意义。

(一) 城乡发展一体化是上海国际大都市建设的重要组成部分

国际大都市不仅仅体现在城市自身的发展,还体现在它对周边区域的外溢与带动,因此,城乡发展一体化是上海国际大都市建设的重要组成部分之一,这主要体现在:一是城乡发展一体化有助于拓展上海国际大都市的发展空间。国际大都市需要在空间形态上具有一定的广度,在空间和时距上不断缩小中心城区与周边地区的距离,形成中心城市与周边中小城市的集聚、辐射、外溢和互动关系,形成国际大都市的城市群体系;二是城乡发展一体化有助于提升上海国际大都市的品质与品位。国际大都市建设的一个重要特征就是在重要城市中心之外拥有高品质的城市副中心和环境优美的"美丽乡村",从而实现"多核化、多元化、多选择"的发展格局。而上海的城乡发展一体化就是要对原来以中心城区为核心的单核结构进行疏解和重构,把过度集中、不适应新环境要求的城市功能扩散到周边城镇,培育新的经济增长极,建设多样化、高品质的新兴城市,最终形成多核多中心的空间结构,给予人们更多可选择的城市或乡村生活空间。

(二) 城乡发展一体化是上海"四个中心"建设的动力源泉

上海城乡发展一体化离不开"四个中心"的功能支撑,同样它也可以为推动和提升上海的"四个中心"建设提供各种新动力、新空间。一是城乡发展一体化为"四个中心"建设提供积极动力,具有"支撑效应"。城乡发展一体化就是要打造活力郊区、美丽乡村,就是要以国际大都市的品质标准提升郊区的基础设施和公共服务,其所形成的活力、投资、服务和生态环境,正是建设"四个中心"的核心要务和关键要素;二是城乡发展一体化为"四个中心"建设提供重要补充,具有"示范效应"。上海"四个中心"建设需要构建城乡(郊)之间的互补和互动关系,这种关系能够逐渐减少城乡差距,形成城乡之间新型的平等发展、共同进步的新

格局，进而产生“示范效应”，带动周边区域的共同发展；三是城乡发展一体化为上海“四个中心”建设提供发展潜力，具有“延续效应”。上海城乡间仍然存在的较大差距反过来也意味着郊区的未来具有更大的增长空间和发展潜力，郊区所具有的“洼地效应”也就是未来可持续增长的动力源泉。

(三) 城乡发展一体化是加快上海经济转型升级的重要支撑

城乡发展一体化以经济发展为基础，以市场机制为导向，而在市场机制的决定性影响下，郊区经济也必然进入一个加速转型升级的重要时期。一是城乡发展一体化可以为上海培育和壮大“四新”企业提供重要载体。大力培育和壮大“四新”企业（新产业、新技术、新业态、新模式）是上海经济转型升级的重要路径。随着城乡发展一体化的不断深化，郊区的投资环境和创新环境将得到极大的改善，可以为“四新”企业的成长提供更好的发展载体。特别是目前的郊区还拥有一定的生产成本比较优势，同时又拥有显著的同城效应，这都非常有利于引进和集聚创新型人才和创业人才，有利于发展“四新”企业；二是城乡发展一体化可以加快郊区经济的转型升级。上海经济的转型升级，很大程度上讲的是郊区经济的转型升级，因为多数低效产业或企业主要分布在郊区，包括一些规模大的工业区，特别是一些镇级工业园区，还布局着相当数量的落后企业，有待调整，有待腾笼换鸟。产业是城乡发展一体化的重要抓手和实力支撑，要通过功能布局和产业布局的一体化，让郊区更多地分享“四个中心”和现代化国际大都市建设的成果和优势，大力提高郊区产业的发展水平，加快实现郊区经济的转型升级。

(四) 城乡发展一体化是上海当好改革开放排头兵，带动长三角一体化发展和长江经济支撑带建设的重要举措

做好改革开放排头兵和科学发展先行者，发挥在长三角一体化发展和长江经济支撑带建设中的龙头带动作用，是国家对上海的要求和战略部署。加快城乡发展一体化是上海贯彻落实国家战略的重要举措。一是城乡发展一体化为全面深化体制机制改革提供有效切入口。城乡发展一体化是一项系统性、综合性重大工程，涉及经济、社会等诸多领域的体制机制和政策，抓住城乡发展一体化这根绳，就可以更有针对性地突破长期以来存在的各种体制机制瓶颈；二是城乡

发展一体化的探索实践可以形成可复制可推广的经验。浦东综合配套改革的三大任务之一就是统筹城乡发展、缩小城乡差距,为全国各地提供示范和经验。上海的城市化和工业化一直走在全国前列,也更具备城乡发展一体化的现实需求和先行条件,在探索实践中对一些体制机制瓶颈的创新突破和由此形成的新的制度和政策,都是极其宝贵的,是可供其他地区复制和推广的;三是城乡发展一体化是更好发挥上海在长三角一体化发展和长江经济支撑带建设中带动作用的重要举措。上海城乡发展一体化的重要目标,不只是缩小城乡差别,更重要的是要通过提升郊区发展实力和城市化水平,同时联动周边城市,共同打造具有世界影响力的大都市圈城市群。这个大都市圈集中全球城市的各种功能,集聚世界能级的创新资源和要素市场,成为长三角地区一体化发展的龙头,进而带动长三角地区共同为长江经济支撑带建设提供有力的支持。

二、上海城乡发展一体化的内涵与目标

上海城乡发展一体化的目标就是要在规划、产业、基础设施、公共服务、要素市场,以及生态环境治理等六个方面实现统筹,构建城乡共同发展的"六个一体化"。

(一) 全球视野、"四规合一"的城乡规划一体化

要尽快实现城乡建设规划、产业发展规划、土地利用规划和生态建设规划的"四规合一"。① 在规划的总体思路上突出"一个高度",即对于郊区的发展定位和规划,要站在打造世界级全球城市的战略高度,形成具有鲜明时代特征和全球城市特点的总体规划。② 在规划制定过程中要重视规划的统筹性,实现城乡之间"三个对接",即城乡资源指标的对接、城乡项目的对接和城乡空间布局的对接。注重城乡资源整合,充分体现全面发展、协调发展和可持续发展要求,实现经济效益、社会效益和生态效益的统一。③ 在规划方法上要注重"五个加强",即顶层设计的加强、协调机制的加强、基层实践的加强、空间落实的加强和产业支撑的加强。规划理念、内容、方向、政策、机制和法治等方面求实创新,不断提高上海城乡之间整体生活品质和国际竞争力,为把上海建成现代化国际大都市

奠定物质环境基础。④ 在规划内容上要坚持“四规合一”，要从建设全球城市的战略高度，研究制定郊区城镇开发建设条例或规划引导，更好地规划建设大都市圈，建立与现代化国际大都市相适应的城市规划管理框架，在全市 6 340 平方千米的范围内实现整体规划、“四规合一”。

（二）“四化同步”、有效分工的城乡产业发展一体化

包括：① 促进“三业融合”。产业发展是城乡经济社会发展的基础与重点，在城乡发展的过程中，只有加速郊区经济的协调发展，使三大产业在城乡之间进行广泛渗透融合，城乡经济相互促进，才能为城乡协调发展提供坚强的物质基础，最终实现共同繁荣。② 实现“四化同步”。上海的城乡一体化发展，在产业上就是要建成城市的总部经济、园区的新兴产业和农村的现代农业，区域协调发展的产业体系，将现代农业作为农村的基础产业、生命产业和不可替代产业，实现工业化、信息化、城镇化和农业现代化“四化”同步发展。③ 推进“五个优化”。即在郊区区县和街镇两个层面，要不断推进主导产业结构的优化、产业发展方式的优化、区域和产业创新能力的优化、公共服务体系的优化，以及体制机制和政策体系的优化。

（三）智慧发展、国际水准的城乡基础设施一体化

基础设施的建设和完善是大都市圈形成的硬件，交通基础设施的超前是城镇发展的前奏。交通系统延伸的尺度和组合建设水平决定了大都市圈成长的速度和规模，因此基础设施一体化主要体现为以下三个方面：① 在规划布局上要形成“三个结合”，即与郊区的产业发展相结合、与郊区人民的日常生活相结合、与上海的城镇体系建设相结合。② 在建设机制上要实现“三个统一”，即要统一考虑、统一布局、统一推进。特别要增加对农村道路、水、电、通信和垃圾处理设施等方面的建设投入，提高各类市政设施的质量和服务功能，并纳入城市市政设施统一体系，实现城乡共建、城乡联网、城乡共享。③ 在推进建设上要加强“五个统筹”，即要依据“市区体现繁荣，郊区体现实力”的发展构想，在基础设施建设上实现交通、水利、电力、环保和信息化的“五个统筹”体系，建设城乡一体化的“三路三网”（即高速公路、高速铁路、水路、电力输送网、互联物联网和供水污水管网）。

(四) 机制完善、服务发达的城乡要素市场一体化

包括：① 理顺农村资产关系，实现“三个化”，即农村资源的资产化、农村资产的资本化、农村资本的股份化，通过对农村集体资产清产核资、完善民主管理和监督制度、对收益实行按股分红等，使以股份制经济为基础的农村新型合作组织成为农民持续增收的重要依托和载体。② 积极推动农村土地制度“五项改革”，即农村征地制度改革、农村集体建设用地改革、农村承包耕地经营体制改革、农村宅基地产权改革和农村土地开发投融资体制改革等，让土地的资源、资产和资本属性在市场机制中得到更为理性的表现。③ 消除劳动力市场存在“七个城乡差距”，即城乡之间用工岗位的差距、工资收入水平的差距、福利待遇差距、生产生活环境差距、劳动者权益保障差距、政府服务内容的差距、职业培训的差距等，大力发展专业服务于劳动力流动和就业的中介机构和公共平台。

(五) 体现公平、共享成果的城乡公共服务和就业保障一体化

大都市圈在国家和全球经济发展中具有枢纽作用，是连接国内国际的重要节点和产生新技术、新思想的“孵化器”。这些也都需要高度依赖于一个科学、包容、高效的公共服务和社会管理体系的形成。包括：① 实现“四个并轨”。要积极推动教育在统一管理、统一规划布局、统一办学标准、统一办学经费、统一师资配置、统一办学水平上实现城乡并轨。同时，要逐步消除城乡之间在最低生活保障、社会养老保障和医疗保险等基本公共服务上差距，逐渐实现教育、养老、医疗和就业等方面的“四个并轨”。② 推动“三项改革”。包括按照有利于逐步实现基本公共服务均等化的要求，加快完善公共财政体制改革，加大公共财政向农村教育和公共卫生等方面的转移支付和财政支出的力度。加大户籍制度改革力度，进一步放宽农民进城落户的条件。改革农村征地制度，引入市场机制并完善法规，切实解决好失地农民的就业和生活保障问题。③ 坚持“五位一体”。建设“党委领导、政府负责、社会协同、公众参与、法制保障”的社会管理体系，建立有利于统筹城乡经济社会发展的政府管理体系，改变一些地方政府重城市、轻农村，重工业、轻农业，重市民、轻农民的做法，充分发挥政府在协调城乡经济社会发展和建立相关制度方面的作用。

(六) 环境优美、富有特色的城乡生态环境治理一体化

联合国、世界银行、世界经济论坛等国际机构以及世界上各方面专家学者纷纷认识到城乡发展一体化是一个巨型的有机系统，因此要注重经济、自然环境与社会等多点之间的有机互动，特别是要注重人居环境的美化和提升。人居环境包括出行环境、居住环境和休闲环境等。城乡环境一体化建设包括：① 坚持“双轮驱动”，即建立具有时代特征的新型城镇化和具有各地地域特征的新农村建设的“双轮驱动”体系。② 建立“三个系统”。即形成“自然—空间—人类”系统，即农业、工业协调发展的“城乡融合的社会”，真正做到使上海的农村成为具有上海特色的农村，成为上海中心城区的“后花园”，从而使上海真正成为既适合于工作，更适合于生活和休闲的国际大都市。③ 实现“五个结合”，即与本地区的自然地理条件相结合，与本地区的文化内涵相结合，与本地区的功能定位相结合，与本地区的发展水平相结合，与本地区生活方式相结合。

三、上海城乡发展一体化面临的五大挑战

改革开放 30 多年以来，上海在城乡发展一体化方面取得了显著成绩：城市建成区面积从 1980 年的 140 平方千米增长到 1 563 平方千米，增长了 11 倍；农业户籍人口从 1980 年 453.05 万人下降到 2012 年的 146.11 万人，绝对数下降了 67.7%，占户籍人口的比重从 38.7%下降到 10.2%；农民收入也有较大提高，从改革开放之初的 401 元上升到 2013 年的 19 208 元，农村居民家庭的恩格尔系数从 51.7%下降到 2012 年的 40%(见图 1)。但站在新的时代背景和战略定位下，当前的城乡发展一体化也面临着一系列必须正视的趋势性挑战，主要表现为五大方面。

(一) 城乡收入差距存在进一步拉大的趋势性可能

最近几年，城乡之间发展速度上的不均衡逐渐凸显，城乡居民之间的收入差距不但没有缩小，反而呈现出拉大的趋势。

首先，从城乡收入比来看，城乡可支配收入比呈先降后升的趋势。1980 年，上海城乡收入比为 1.59，至 1991 年这一比值甚至下降到 1.24，但随后这一比值

又有扩大,至 2008 年达到 2.34 的近期峰值。随后虽有下降,但 2013 年仍达到 2.28,城乡收入差距拉大的趋势并没有明显改善。城乡收入差距的绝对数也在拉大,1980 年上海城乡收入差距为 236 元,而 2013 年,这一差距达到了 24 643 元,绝对差距在拉大(见图 1)。

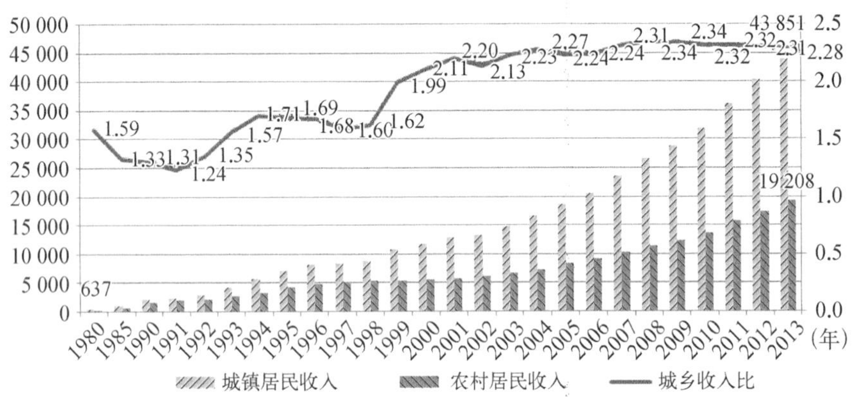

图 1 1980～2013 年上海城乡可支配收入变化情况

数据来源:《上海统计年鉴》历年。

其次,从城乡收入的年份差距来看,如果扣除物价上涨因素对城乡收入水平的影响,我们的研究发现,如果以 1980 年物价水平为基期,1985 年上海城乡差距只有 3 年左右,2001 年以后增加到 9 年,2009 年以后更是扩大到 10 年左右,至 2013 年,上海农民收入水平约为 2 884.2 元(1980 年物价水平),仅相当于上海市区居民 2003 年的收入水平(2 886.7 元)。这意味着上海城乡差距实际是在 10 年左右,且 2009 年以来这种城乡差距扩大的趋势并没有明显改善。

再次,从农民未来增收潜力来看,农民面临增收乏力,收入增长空间收紧的困境。主要表现为:农民的工资性收入增长缓慢,自 2003 年以来,农民工资性收入占比从 79.4%左右下降到 2012 年的 66.1%,下降了 12.7 个百分点;而农民的家庭经营性收入由于面临的不确定因素增加,难以快速增长,且易受农产品价格波动的影响,已经从 2000 年的 16.8%下降到 2012 年的 5.2%。这在农民的经营性收入金额上也很明显,2012 年,上海农村居民的经营性收入仅 905 元,甚至低于 2000 年的 934 元。农民的财产性收入和转移支付收入虽然增长迅速,但农村居民的财产性收入主要以土地出让、储蓄利息为主,财产性收入来源单

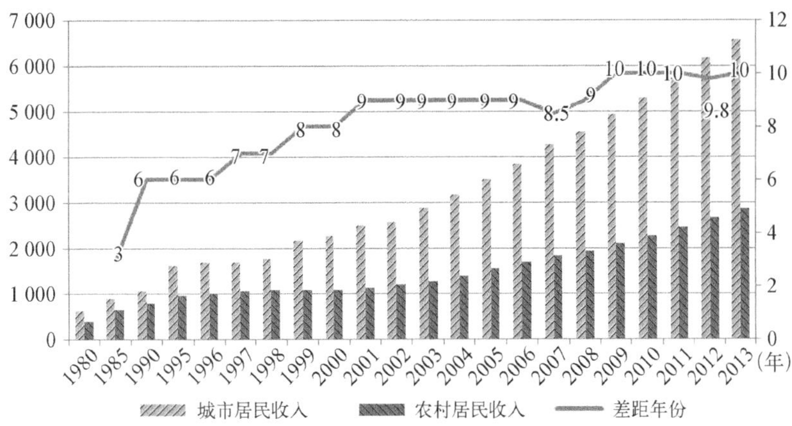

图 2 考虑物价水平的上海城乡差距变化(1980=100)

数据来源：上海统计年鉴历年，2013 年数据为《统计公报》数据。

一，且在目前土地和农村集体资产经营管理的体制下，缺乏保障机制，很难向现实财富转化，财产权益难以完全落实。而以单纯的财政补贴政策为特征的农民转移性收入增长难度更大，难以形成农民收入的可持续增长(见图 3)。

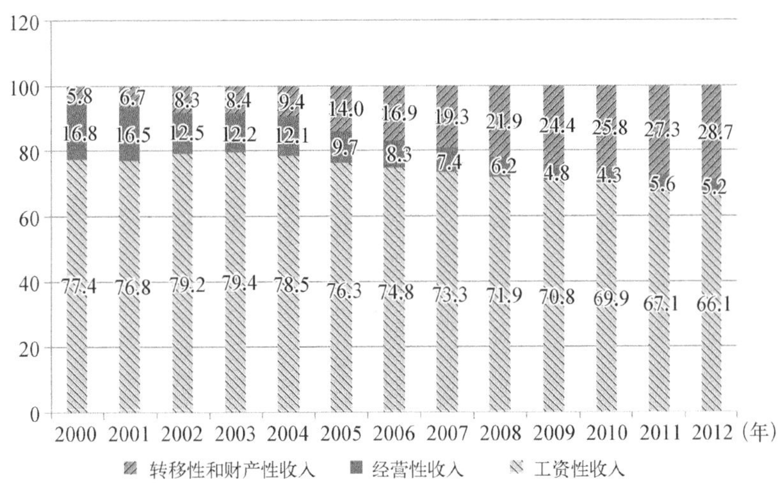

图 3 2000～2012 年上海农村居民收入构成(%)

(二) 城乡公共服务和基础设施投入水平差距存在进一步拉大的趋势性可能

近年来，上海加大了对郊区基础设施建设和公共服务投入的力度，但由于历史遗留问题和体制机制的制约，城乡公共服务和基础设施之间的差距不但没有缩小，反而呈现拉大趋势，这表现在：

一是城乡公共基础设施差距有拉大趋势。如以上海城市交通体系为例，目前城乡之间的公共交通存在三个方面的问题：① 与郊区相连的交通网络发展不足，上海轨道交通网规模虽然庞大，但是郊区的覆盖率太低，通往郊区的轨线长度只占 1/2，而香港、东京等占 75%以上；② 轨交与新城开发规划之间的协调不够，新城的商业中心、开发区中心及公共服务中心缺乏相应的快速交通联系；③ 中心城与各郊区乡镇之间高速公路网络尚未完善。

二是城乡公共服务数量和质量差距有拉大趋势。上海城乡之间的公共设施都出现了较快水平的提高，如以公共医疗服务为例，2012 年相对于 2007 年，上海的医疗机构数量由 2 646 个增长到 3 465 个，增加了 31%，床位数量由 95 939 个增加到 109 612 个，增长了 14.3%，医疗卫生服务人员数由 122 413 人增加到 146 148 人，增长了 19.4%，各郊区区县公共服务也有相应增加。但各区之间存在明显的增长差异，其中近郊地区公共服务增长较快，大多高于全市平均水平，但远郊特别是金山和崇明两区增速较慢，远低于全市平均水平(见表 1)。

表 1　　2007 年和 2012 年各区医疗服务状况比较

		上海平均	奉贤	青浦	嘉定	宝山	浦东	松江	金山	崇明
2007 年	医疗机构	2 646	61	86	182	98	491	177	98	106
	床　位	95 939	4 540	1 926	2 695	4 421	12 701	3 886	3 759	3 619
	卫生人员	122 413	3 224	2 781	3 894	5 101	16 378	3 807	4 360	3 065
2012 年	医疗机构	3 465	81	125	221	268	606	164	111	117
	床　位	109 612	4 835	2 607	3 545	5 232	15 508	4 230	4 001	3 094
	卫生人员	146 148	4 228	3 884	5 379	7 323	20 927	5 380	4 542	3 599
增长率	医疗机构	31	32.8	45.3	21.4	173.5	31	−7.3	13.3	10.4
	床　位	14.3	6.5	35.4	31.5	18.3	14.3	8.9	6.4	−14.5
	卫生人员	19.4	31.1	39.7	38.1	43.6	19.4	41.3	4.2	17.4

数据来源：各区 2012 年统计公报，由于黄浦、静安、虹口、普陀、长宁、杨浦 5 区已属于市区，因此不考虑这几个区的城乡差距问题。此外，浦东新区于 2009 年并入南汇区，因此，其 2008 年的数据与 2013 年数据不具有可比性。

而从目前上海城乡之间拥有的公共设施现状来看，以黄浦区、徐汇区和静安区为代表的核心城区拥有的公共服务资源仍然远远高于其他区县（见表 2）。

表 2　2012 年各区每千人拥有的医疗服务状况比较

	浦东新区	黄浦区	徐汇区	长宁区	静安区	普陀区
每千人拥有的床位数	5.11	20	16.46	9.47	30.17	5.75
每千人拥有的医护人员数	6.89	31.31	22.31	16.06	45.53	7.28
	闸北区	虹口区	杨浦区	闵行区	宝山区	嘉定区
每千人拥有的床位数	8.29	10.1	7.06	5.6	4.52	5.48
每千人拥有的医护人员数	9.82	12.47	8.3	7.16	6.33	8.32
	金山区	松江区	青浦区	奉贤区	崇明县	
每千人拥有的床位数	7.62	6.51	5.46	8.66	5.63	
每千人拥有的医护人员数	8.65	8.28	8.14	7.57	6.55	

三是城乡社会管理能力差距有拉大趋势。由于外来人口的迅速导入，使郊区多数新市镇、中心镇面临的公共服务压力进一步增加。如以松江九亭为例，近年来，人口从 2 万人增加到 30 万人，其中大部分是外来人口，而九亭的公共服务配置仍然是按照原来的户籍人口进行配置，无形中增加了他们的公共服务压力。大量外来人口在近郊城乡结合部聚集，形成自成一体的“棚户区”和“城中村”，普遍存在脏乱差等现象，环境卫生条件恶化、社会治安隐患突出，已经导致一定程度上的“拉美现象”。

四是新城与小城镇之间的差距有拉大趋势。由于近年来上海建设的重点在新城，而忽视了小城镇的建设，导致新城与小城镇之间的差距在拉大。郊区区县层面也出现“单核强中心”特征，新城集中了政府机构、公共服务机构、大产业集聚区、大中型企业，还有不断改善的基础设施和市容市貌，而区内的其他新市镇、中心镇，尤其是那些撤制镇，在各个方面与新城的差距不断拉大。特别是，很多新市镇及中心镇承受着外来人口不断流入、中心城市人口随大居建设快速流入的压力,但在产业用地配额、基础设施配套、社会管理力量配置方面却还在原有的小城镇框架下运行,带来严重的失衡现象。

(三) 郊区内部区与区之间不平衡状态存在进一步扩大的趋势性可能

从 2008～2013 年各区的城乡收入变化情况看,除宝山区以外,其他各区的城乡差距均有不同程度的改善(见表 3),这说明上海城乡差距的扩大首先表现为区与区之间差距的拉大,而不是各区内部差距的扩大。这是我们在推进城乡发展一体化中需要予以特别关注的。

而在郊区范围的城乡收入差距上,各区之间的差距也不尽相同。其中嘉定、宝山等发展较快的区城乡差距较小,而离中心城区较远的青浦、金山,特别是崇明县则城乡差距仍然较大(见表 3),其中崇明县城乡收入比达 2.39,青浦区和金山区也都在 1.91 的较高水平。

表 3　　2008 年和 2013 年各区县城乡收入差距比较

		奉　贤	青　浦	嘉　定	宝　山	浦　东	松　江	金　山	崇　明
2008 年	城　镇	19 999	21 110	22 241	22 105	27 797	21 548	22 100	—
	农　民	10 714	10 676	12 587	14 592	13 778	11 590	10 300	7 765
	收入比	1.87	1.98	1.77	1.51	2.02	1.86	2.15	—
2013 年	城　镇	30 209	31 274	33 222	32 948	45 190	32 800	30 082	28 936
	农　民	16 789	16 381	19 429	20 241	19 483	17 769	15 760	12 124
	收入比	1.80	1.91	1.69	1.63	2.32	1.83	1.91	2.39

数据来源:各区 2012 年统计公报,由于黄浦、静安、虹口、普陀、长宁、杨浦 5 区已属于市区,因此不考虑这几个区的城乡差距问题。此外,浦东新区于 2009 年并入南汇区,因此,其 2008 年的数据与 2013 年数据不具有可比性。

(四) 城乡结合部地区的生态环境存在进一步恶化的趋势性可能

近年来,上海加大了生态环境整治力度,并且在环境保护和资源利用方面取得了一系列成绩:上海市环保局公布的《2013 年上海市环境评估报告》显示:2013 年全市环保投入资金约 607.88 亿元,比 2012 年增长 37.39 亿元,相当于同年上海市生产总值(GDP)的 2.8%,其中,城市环境基础设施建设投资284.18

亿元，污染源防治投资为 173.87 亿元，生态保护和建设投资为 5.41 亿元，农村环境保护投资为 39.43 亿元，环境管理能力建设投资为 2.98 亿元，环保设施运转费为 86.38 亿元，循环经济及其他方面投资为 15.65 亿元。但是，在城乡环境整体性改善的同时，部分地区特别是城乡结合部的生态环境则呈进一步恶化趋势，表现在：在水资源环境方面，2013 年，上海市水环境质量总体较 2012 年有所改善，但部分城乡结合部，如苏州河的武宁路桥和北新泾桥断面水质综合污染指数却分别上升了 8.4%和 6%。在 2013 年上海 15 个区县的平均水质综合污染指数上，虽然部分地区总体水质有所好转，但郊区中的浦东新区和崇明县总体水质却有所下降。

与此同时，上海空气污染加剧，说明郊区对中心城区的空气净化作用减弱。2013 年，上海市的 PM10 年日均值为 82 微克/立方米，较 2012 年上升 11 微克/立方米；二氧化硫年日均值为 24 微克/立方米，较 2012 年上升 1 微克/立方米；二氧化氮年日均值为 48 微克/立方米，较 2012 年上升 2 微克/立方米；全市平均区域降尘量为 5.8 吨/平方千米·月，上升 0.1 吨/平方千米·月；道路降尘量为 10.2 吨/平方千米·月；上升 0.8 吨/平方千米·月。

此外，由于受社会管理能力的制约，一些乡镇呈现出脏、乱、差的现象，一些小城镇管理“失范”严重。在中远郊地区，一些农民随意搭建现象也屡禁不止。

(五) 上海郊区农民收入水平与周边一些城市的差距存在进一步拉大的趋势性可能

从省级层面来看，2013 年，上海的城乡收入比虽然比江浙小，但是从收入差距的年限上看，江苏和浙江两地的收入差距年份分别只有 7 年和 8 年，上海的城乡差距明显大于江浙地区(见表 4)。

同样，在长三角地区经济发展水平比较发达的 10 个城市中，上海的城乡收入比仅低于南京，而在收入年份差上，则上海远远高于周边其他城市水平，是这 10 个城市中城乡差距最高的城市(见表 4)。从收入水平来看，上海城镇居民收入水平基本领先长三角其他发达地区 3～5 年(中心城区领先程度更高)，但上海农村居民收入水平却落后于苏州、无锡、宁波和嘉兴等地区，且落后这些地区至少 1～2 年。

表 4　　2013 年上海与周边城市城乡收入差距比较

	上海	江苏	浙江	苏州	无锡	常州	南通	南京	嘉兴	杭州	湖州	宁波
城　镇	43 851	32 538	37 851	41 096	38 999	36 946	31 059	39 881	39 087	39 310	36 220	41 729
农　民	19 208	13 598	16 106	21 569	20 587	18 643	14 754	16 531	20 556	18 923	19 044	20 534
收入比	2.28	2.39	2.35	1.91	1.89	1.98	2.11	2.41	1.90	2.08	1.90	2.03
城乡差距	10	7	8	6	6	7	7	8	6	7	6	7

数据来源：各城市 2013 年统计公报。

四、上海城乡发展一体化面临的四大瓶颈

造成上述现象的主要原因是，在城乡发展一体化的各个重要领域都存在着一些旧体制机制造成的瓶颈问题，主要体现在以下四个方面。

(一) 城乡发展规划一体化面对三个维度机制缺失的瓶颈制约

城乡规划一体化是城乡发展一体化的引领。当前在规划的体制机制上存在“三个缺乏”：

一是缺乏条线规划的协调机制。就是城镇规划、土地规划、基础设施规划、产业规划和生态规划等没有紧密衔接起来。由于不同规划隶属不同部门，缺乏一个统筹部门，常常出现规划之间相互矛盾、各管各的，协调起来难度很大。比如有些镇的轨道交通根据规划建设已经到了紧邻地区，实际到镇内仅剩一站路的距离，但由于部门规划的不同，就是难以解决这“最后一站”的问题。

二是缺乏中心城区与郊区上下规划的衔接机制。相对来说，中心城区规划水平高、规划执行也比较好，特别比较容易得到市级部门的倾斜性支持；但对郊区，无论是规划水平还是规划执行，都存在较大的差距。这背后，除了各级规划部门、专业管理部门存在能力水平差距外，还有一个很重要的原因是多年来“大上海、小郊区”的观念带来比较明显的重中心城区轻郊区的规划和建设思路，尽管全市的人口、工业已多数布局到郊区，但城市功能布局和基础设施建设还是继续重中心城区轻郊区。

三是缺乏郊区内部城镇体系规划的互动机制。尽管10多年前规划了“中心城—新城—中心镇—中心村”的“1966”城镇体系结构，但郊区内部新城独大，区级层面也是只重新城轻其他小城镇，城镇规模结构分布呈现跳跃式状态。新市镇人口规模膨胀，大多已经超过20多万常住人口，但城市功能、基础设施和产业发展资源配置仍然停留在一般城镇的规划能级上。再是目前一个比较严峻的问题是，一批非建制镇，有一定的人口规模，但各项建设基本处于停滞状况，与中心城区、新城形成了很大的反差。

（二）城乡公共资源配置一体化面对统筹机制缺失的瓶颈制约

虽然目前已经出台了一系列加强城乡公共资源配置均等化的规划和政策，但实际效果还不是十分理想，而且如果不能从根本性的机制上动脑筋、下力气调整，乃至重构的话，非均衡的局面是很难彻底改变的。

一是统筹基础设施资源配置中的机制缺失。与中心城区相比，郊区基础设施在数量、登记、养护、管理上仍然存在较大差距。特别是轨道交通和村庄的基础设施，如生活污水处理、供水、垃圾处置、防洪排涝设施等，差距更大。这些差距的背后是资源配置机制问题，即农村的基础设施主要由郊区区县和乡镇自己负担，财力不足导致基础设施建设上的先天不足。

二是统筹城乡公共服务资源配置中的机制缺失。最近几年郊区在公共服务的硬件设施建设上有比较大的进步，但公共服务最重要的是人才资源，然后是财政资金资源，如果与中心城区相比，差距也很明显。优秀的公共服务人才不下去、留不住，财政资金的保障水平，因为需要有区级层面的配套，往往配套力无法与中心城区相比，所以导致好的更好、差的更差。这背后与“两级政府、三级管理”的体制机制有很大的关系。

三是统筹社会保障中的机制缺失。目前城乡社会保障的具体问题包括：① 在同一保险制度内待遇不一。以城保为例，机关、事业、企业之间的退休待遇差距过大。镇保、农保的养老金水平则完全取决于各区、镇的财力。② 各保险制度之间的待遇差距较大。养老保险方面，镇保主要对象是征地农民，农保实行镇级统筹、各镇各办。医疗保险方面，缴纳城保的人员，可以享受所有门诊、急诊和住院的医疗保险，而参加镇保的人员，只享受住院、门诊大病医疗保险，农保的统筹层次更低。虽然国家和上海出台了相关镇保、农保和城保的并轨政策,但在实际操作过程中仍存在许多障碍。这些差距的背后,一方面是一些政策的设计出台比较容易向城里人倾斜;另一方面还没有突破分级负担的机制瓶颈,缺乏统筹机制。

(三) 城乡产业发展一体化面对镇域经济单薄的瓶颈制约

产业发展一体化是城乡发展一体化的重要抓手和经济基础,其中镇域经济具有重要的保障和支撑作用。但总体来说郊区多数镇的经济发展不够理想,在发展机制上存在“三个缺失”:

一是资源贡献与地方利益的共享机制缺失。土地是最重要的发展资源,拥有土地的是各个镇,但现在用于城镇化、工业化的土地,往往通过征用途径被中心城区及新城和各个国家级、市级产业集聚区所用,土地出让金归了国家、市、区县,镇级层面很难得到相应的利益补偿和长期收益;而承担基本农田保护和生态保护功能的镇,往往都是一些经济薄弱镇,当地农民的收入水平都处于底层,市、区两极对其补偿非常有限。

二是园区经济与镇域经济的互动机制缺失。不少镇域周边布局着大的产业园区,但这些产业园区归属于市级、区县级,在行政上高于周围的镇或同级,这样就带来两张皮问题和各自为政问题。有些园区为了争取提高土地的产出效益,还脱开周围的城镇,自己再搞所谓的产城融合,开发房地产,实际与周围的城镇争利益。

三是市、区两级支持镇域经济的激励机制缺失。郊区镇域经济相比周边地区,差距在不断扩大。造成差距的主要原因是我们还没有真正认识到镇域经济的重要性,没有把搞活镇域经济作为城乡发展一体化最为有效的抓手,没有把少取多予搞活落到实处,导致郊区镇域经济发展在用地资源、财税政策、融资保障、基础设施配置等方面与周边地区有差距,放权不够、支持不足。特别在如何激励郊区基层放手创新、搞好服务、改善环境、集聚企业方面,缺乏积极的推进和配套机制。

(四) 城乡要素市场一体化面对农村资产、土地两大基本制度改革滞后的瓶颈制约

农村土地制度改革和农村集体经济产权制度改革是两项农村基本制度改革。党的十八届三中全会已经对这两项改革作出了积极部署,而且这些年在上

海一些区县，如松江区、闵行区等也已开展积极试点，并取得宝贵经验。但要加快完成农村土地制度改革和农村集体经济产权制度改革，还是存在不少障碍，主要表现在三个方面：

一是基层干部的思想认识瓶颈问题。比如对于农村集体经济产权制度改革，一部分村干部将自己管理的集体资产视为可自己支配的财产，不愿意让自己拥有的对集体资产管理的权利和既得利益受到削弱与制约；还有怕引发干群矛盾，清产核资、折股量化，必然要露历史老账，让以往的一些财务问题、债务问题阳光化，从而会对基层干部的工作形成较大压力；怕承担改革风险，尽管一部分地区的乡村干部愿意推进集体产权制度改革，但他们又担心“枪打出头鸟”，不愿“先行先试”。特别是这项改革工作量大，没有上级的有力支持，基层干部宁可维持原状，采取观望态度。

二是上级相关部门对深化改革的态度不够坚决和积极。改革进入深水区，难度也在不断加大。虽然改革的经验源自基层，但改革的推进必须从上而下，这样才能取得更大范围的突破。但现在对于农村的两项基本制度改革，喊口号的多，实际行动的少，这与区县层面，乃至市级层面对改革缺乏具体部署有较大关系，各地的经验表明，农村土地制度改革和农村集体经济产权制度改革，都要由当地党政一把手亲自担任组长，冲在改革的第一线，还要对相关部门和基层列出具体时间表，这样才能取得积极进展。但目前在多数区县，还没有形成这样的推进机制。

三是相关的机制和政策配套明显不够。农村基本制度改革一方面要理清产权关系，赋权到人，更加符合市场机制的需要；另一方面要理顺运转关系，更好地发挥农村资产资源、土地资源在发展经济、富裕农民上的作用。比如对于改制后的社区股份合作社、土地股份合作社、农业专业合作社的运行管理，以及确权到人后的社员利益保障，要有相应的机制和政策保障，这方面目前还缺少全市性的完整配套。特别是三块地的改革，除了承包地比较清晰外，农村建设用地、农村宅基地，流转机制还很单薄，配套政策更不健全。

五、加快上海城乡发展一体化的五个推进路径

要以新的理念、新的高度认识上海城乡发展一体化的战略重要性和战略任

务,以更大的力度、多途径的突破,促进城乡统筹发展,为“四个中心”和现代化国际大都市建设奠定坚实的物质基础和城市空间。

(一) 按照“城市像城市,农村像农村”的宗旨科学制定城乡功能分区战略和分区规划

由于各区县发展的起点和可以依托的优势均不相同,因此需要因地制宜地谋定各个区县的战略定位和发展规划。应做到“四个明确”:

一是明确城乡功能分区。要以市场为导向配置资源,兼顾区域整体利益和长远利益,好用政府这只“看得见的手”的调控作用,加强对区域战略性资源的合理配置与开发引导。在功能区域规划中必须采取区别对待、分类指导的政策措施,不搞“一刀切”、“一般粗”,根据区县和乡镇发展的实际需求进行功能规划。如一些新市镇需要突出城市功能建设和产城融合发展,一些经济薄弱镇需要突出特色产业发展和基础设施建设问题,一些对接江浙的门户镇需要突出节点功能培育问题,一些沿江镇需要突出“大桥经济”发展和生态镇建设问题,一些拥有历史文化名镇需要突出文化的保留和传承问题。

二是明确城乡开发强度。由于自然特征差异引起的城乡空间承载力的差异,将影响不同功能分区的开发密度。按照“城市像城市,农村像农村”的原则和宗旨,不仅可以在空间上将城乡区域进行分区开发,也可以确定每个城乡分区单元的土地开发强度,在微观尺度上界定城乡的本质差别,这也可为制定合理的人口分布和转移支付分配等提供更加科学的依据。

三是明确城乡补偿机制。目前的财政转移支付主要发生在市与区两级层面之间,并未细化考虑到不同乡镇区域之间,因此难以真实反映城乡发展的真实差距,即便是在社会保障方面也是以乡村居民的人数来确定转移补贴资金的多少,并未从城乡动态发展的角度来考虑。在转移支付的某些领域,比如对城乡服务设施和市政基础设施的建设方面,可从城乡特色分区确定的开发权大小的角度来进行投资项目和资金分配,这种方法可防止无视城乡效率差别,对边缘地区采取过度的投资。而在基本公共服务领域,则必须从常住人口数来确定补助总数,以实现人人均享发展成果,这其实也是差别化与均等化并重的思路。

四是明确建设标准及配套政策。要根据规划的不同确定城市集中区、市镇

密集区、农业地区和生态地区等不同地区,并实施不同的配套政策。同时,促进城乡基本公共服务均等化,包括提高农业地区公共服务配置标准;建设现代农业,增强农村可持续发展能力和提高区域公共服务的共享水平等。按照资源共享、优势互补、合作共赢的原则,逐步推进各项基本公共服务的跨行政区提供,实现基本公共服务人员、资金、技术、服务在区域内的自由流动。

(二) 以阶段性的倾斜政策加快提升郊区的公共服务能级

当前郊区的公共服务与城乡城区比还有较大的差距,所以我们特别提出要阶段性地采取倾斜措施,重点解决短腿问题、瓶颈问题。

一是在公共基础设施建设上向乡镇倾斜。要在公共基础设施建设投入上实实在在地向郊区倾斜,如在公共交通的建设方面,要改变目前郊区投入 2/3,市财政投入 1/3 的城乡投入倒挂的情况,根据各区经济发展实力的实际情况,在实际层面上统筹公共交通建设支出。此外,在城乡道路、供水和污水管网建设、电力和信息化建设等方面,都需要在市级层面上加大对郊区的投入力度。

二是在教育投入上向乡镇倾斜。要提高教育在城乡之间的公益性和公平性,通过统一教育管理体制、统一规划布局、统一办学标准、统一办学经费、统一教师配置和统一办学水平的前提下,加大对郊区乡镇教育的投入。相关部门需要在修订教育资源专项规划,依法保障教育经费的"三增长"(即教育财政拨款不低于财政收入增速、学生平均教育经费逐年增长、教师工资逐年增长),按照市区级层面统一编制的标准实现中小学教职工的统一配置,教师轮岗交流和对乡镇义务教育教师培训等方面加大投入。

三是在公共文化设施建设上向乡镇倾斜。需要在农村按照公益性、基础性和便利性的原则,建立起结构合理、功能齐全、使用高效的公共文化服务设施网络,将文化设施建设(如村镇文化活动中心建设)、文化活动组织、指导以及文化信息咨询等有机结合起来,加大对乡镇文化设施的投入。

四是在医疗卫生服务上向乡镇延伸。上海需要在全市的统一规划引领下,借助全国医疗体系改革的契机,积极探索医疗资源纵向整合的模式和方法,通过统筹城乡资源,调整市、区、镇、村四级医疗服务网络,实施农村医疗的一体化管理,完善基本医疗卫生制度,形成基本覆盖城乡的公共医疗卫生服务体系。可以考虑借助在医疗体制改革的过程中，借助民间力量，组建基于乡镇区域医疗服务集团，以市场化的服务将优质医疗卫生资源向城郊农村及边缘地带延伸。

五是在就业和社会保险服务上向乡镇延伸。在社会保障方面，上海需要以“均等、普惠”为标准，按照城乡公共服务均等化的要求，整合拓展就业和社会保险等各类公共服务资源，将就业和社会保险、医疗保险、养老保险等统一，建立完善覆盖城乡各类人群的公共就业社保服务体系。在公共服务方面，可以健全综合服务便民中心，将就业社保有关的乡镇创业、社会保障、职业培训、劳动权益维护和网络信息服务等服务体系整合在一个统一的机构内，提升村镇的服务效率。

（三）以振兴镇域经济为抓手夯实城乡发展一体化的经济基础

要以振兴镇域经济为抓手，因镇制宜、突出特色，实施产业强镇、科技兴镇、生态建镇三大战略，夯实城乡发展一体化的经济基础。

一要积极鼓励各区县大力发展镇域经济。要学习和借鉴江苏、浙江在发展镇域经济方面的经验和做法，把建设实力郊区的重心适当下移到镇域，建设一批经济强镇。要在盘活城镇建设用地和农村集体建设用地上给予更加有力的支持政策，把宝贵的土地资源使用权、利益分享权留给镇域。要在财税政策上把中央的多予少取方正落到实处，如镇域土地内出让金的市、区所得部分以专项形式予以返还，税收中归市、区两级的部分在扣除教育、水利等必须保证的基金后，有更多的比例予以返还，专项使用，加大新市镇、中心镇基础设施建设的财政支持力度等；要强化振兴镇域经济发展的政府导向和工作考核、激励机制，鼓励基层干部用创新的思路、敢干的精神狠抓经济工作。

二要加快推进镇域经济的转型升级。要充分依托上海“四个中心”的功能优势，在创新驱动发展、经济转型升级上先行一步、走高一层，采取更加有力有效的办法，淘汰落后低效项目，大力引进和发展先进制造业和现代服务业。通过改造升级镇域产业园区的产业楼宇、基础设施，积极引进和培育“四新”企业，提高经济发展的内涵和质量。特别是一批撤制镇有一些老的行政和工厂建筑设施，目前没有很好利用，应该将其改造为各类小型的楼宇园区，重新注入发展活力。

三要积极构建镇域发展融资体系。如区县层面可以考虑设立镇域经济发展专项资金或投资基金，支持基础设施建设和产业转型升级；在市级发行地方债时可以考虑加入振兴镇域经济建设专用债券，扩大融资渠道；在一些有条件的新市镇、中心镇可以探索建设乡村银行；支持发展合作社金融和小额信贷公司；对民间金融可以采取更加宽松的政策。

四要努力改进农业的生产经营方式。农业也是镇域经济的一个重要组成部分。在远郊区，要进一步推进农业承包地的流转，促进规模化、专业化经营，培育农业职业经营者，配套农业专业服务，发展高附加值的绿色农业。

(四) 以全面深化农村产权制度改革为抓手构建农民增收长效机制

要把深化农村产权改革，推进城乡要素平等交换作为健全城乡发展一体化体制机制的主攻点之一，充分发挥好市场机制的决定性作用，通过建立健全城乡统一的生产要素市场更好地维护农民的生产要素权益，确保农民增收。

一是承认农村土地的物权属性，建立农民利益的保障机制。包括宅基地、集体使用的建设用地、农业经营承包地，要物权到人，明确其所有权或使用权的归属，让集体经济产权更明晰。同时要回归产权的本质，赋予农民在法定的框架内可以自由处置，可流转、可抵押，使产权资源可以转化为资本，转化为创业的投资和收益的源泉。要真正做到"确实权，颁铁证"，对每一块集体土地和资产要进行精确的实地测量，彻底清理农户之间的人口、土地关系，把各项权利真正确定到每家每户。

二是完善要素交换的市场机制，完善农村土地流转制度。探索农村土地和股权进入市场的流转办法，建立健全土地要素的市场机制。要借助市场机制，在全市范围内将城市建设用地增加和农村建设用地减少相挂钩。上海早在2009年就成立了上海农村产权交易所，相关的交易制度和交易规则早已建立，但至今业务难以开展起来，一个重要的原因就在于农村产权制度改革滞后，一级市场"确权"的缺失导致二级市场的产品缺失。

三是强化公平谈判的协调机制，完善征地补偿和利益分配机制。目前，农村集体土地的补偿机制仍然不是基于对等谈判，未来应规范农村集体土地征用程序，保障农民在土地流转中的谈判权，规范土地转让中的价格形成机制，真正按照土地的市场价值对征地农民进行补偿。政府用地严格限制在公共利益范围之内，对于以商业利益为主的经营性土地征地，应建立农民与开发商直接协商谈判机制。

四是深化“三大合作”释放农村产权改革红利。通过农村产权制度改革，为土地股份合作、社区股份合作、农业专业合作打下规范的产权制度基础和经营机制基础，让监督更有形，分配有依据。通过分清农村公共服务和农村集体经济的边界，从根本上解决多年来政社不分，政府侵占集体权益的旧弊端。

（五）以“美丽乡村”建设为抓手打造美丽上海后花园

建设“美丽乡村”是解决农村环境问题的重要抓手，也是提升上海城市品质的战略需要。要做到“四个统一”：

一是科学规划和有力实施的统一。要重视规划工作，组成高水平的规划团队，甚至是国际团队编制美丽乡村规划。要科学把握各类规划的定位和深度，努力做到总体规划明方向、专项规划相协调、重点规划有深度、建设规划能落地，形成以“美丽乡村”建设总规划为龙头，系列专项规划相互衔接的规划体系。同时，在具体实施过程中，既要充分发挥规划对实践的规范指导作用，又始终坚持把规划实施作为工作推进的基本环节，做到“符合规律不折腾、统筹推进不重复、长效使用不浪费”，充分保证规划的严肃性和长效性。

二是重点建设和成片开发的统一。即以点上整治为基础，推动农村整体改观。包括从点上推动以垃圾收集、污水治理、卫生改厕、河沟清理、道路硬化、村庄绿化为重点整治。同时要强加推进的整体性，区域化解决农村环境问题，联动推进生态人居、生态环境、生态经济、生态文化建设，联动推进区域性路网、管网、林网、河网、垃圾处理网和污水处理网等一体化建设，加快村庄整治以点为基、串点成线、连线成片，全面发展。

三是农业生产与农民生活的统一。要把美丽乡村建设作为培育农村经济新增长点的有效途径，发挥区位条件、生态资源、人文积淀等优势，强化经营村庄理念，鼓励农民创新创业，努力形成环境美化与经济发展互促、美丽乡村与农民富裕并进的良好局面。在农村经济发展过程中，要注意着力转变农村经济发展方式，推进农村集体经济产权制度改革，进一步壮大农村集体经济，从而带动农民生活方式和农村建设方式的转变，促进农民思想观念、行为方式、生活方式的变化，推进美丽宜居村镇建设和农村危旧住房改造，加快推行传统建筑现代化、现代建筑本土化和居住条件人性化，促进农村风貌、乡土建筑与自然山水相协调。

四是现代农村社区与保护乡土文化的统一。不但要让广大农民群众享受到现代文明的丰硕成果，又必须延续文化底蕴深厚的田园风貌。要坚持建设与保护、培育与传承相结合，保护农村的文化血脉，不断彰显美丽乡村建设的乡土特色。在村庄整治建设中，发掘反映村落个性的耕读文化、民族风情，提炼体现地域特色的产业文化、民间技艺，建设农耕文化展览馆、特色技艺体验馆、风味食品品味馆等场所，打造一村一品、一村一业、一村一韵、一村一景的特色文化村，充分展示山区、丘陵、平原、水乡、海岛不同特点的地域文化。

六、建议近期采取的关键举措

要在城乡发展一体化上取得重大突破和进展，必须在领导重视、政策聚焦、部门合力、资源集中等四个环节采取有力措施。从近期看，我们提出“一个体系”、“一套目标”、“两项规划”、“三项试点”的关键性举措建议：

（一）构建强有力的组织领导推进体系

从各地的经验来看，没有强有力的组织领导推进体系，就很难实现一体化的各项任务和目标。建议成立高规格的城乡发展一体化领导小组，由市主要领导担任组长，一位副市长担任常务副组长；在市发改委设立领导小组办公室，由发改委第一副主任担任办公室主任，该主任同时也可兼任农委主任；该办公室为专职处室，配备若干专职人员负责办公室的具体协调和督促工作，不与农村处（地区处）合署办公室。各相关区县也按此规格成立相应的组织架构。

（二）明确城乡发展一体化的一套任务目标

这套任务目标是可操作、可落实的，同时还要有明确的时间表。这套任务目标也不是各个部门自行提出，而是要紧紧围绕中央对上海改革开放排头兵和科学发展先行者的总体要求，围绕建设现代化国际大都市或全球城市的战略定位，在集中专家学者智慧，以及超部门研究的基础上，形成顶层设计，然后具体分解到相关部门和区县。这套任务目标不随领导班子调整而变动，咬住青山不放松，坚持数年必有成效。

(三) 抓紧启动编制“两项规划”

目前正在开展新一轮城市总体规划(2020～2040)编制工作和“十三五”规划工作。我们认为,要把城乡发展一体化的理念、内涵、任务和目标全面融入这两项重大规划中去,在块块上要统筹市级和区县、区县和街镇、街镇与村庄,特别要做好街镇、村庄的规划,真正用规划指导发展,用规划落实资源配置;在条线上要实现城镇、产业、土地、生态的“四规合一”,一张图纸绘到底,并在规划执行上努力构建统筹机制。要借鉴国际经验,研究提出符合上海特点的城镇功能布局、产业配置、人口规模、土地利用、基础设施、公共服务、生态环境等方面的规划和建设标准参数,这样可以让规划更有指导性和操作性。

(四) 抓紧开展“三项试点”

1. 对区县的“差别化”政策试点

对郊区的一些区县,要采取一些更加积极的政策,审批权能放的则放,能取消的取消,大力改善商务环境、增强引资引才竞争力。上海自贸区的制度创新、张江国家自主创新示范区政策,以及临港地区实施的政策,应该更快地复制到一些区县进行试点;江苏、浙江简政放权到县域的一些成功政策,应该积极主动地复制到郊区的各个区县;还有考虑到郊区基础设施、公共服务、产业孵化、人才集聚等方面相对薄弱,应该在财税政策、土地政策、投融资政策、人才政策上予以特别试点;再是在产业转型升级和产业园区腾笼换鸟的配套政策上也要开展更大力度的试点工作。

2. 对新市镇、中心镇的“强镇扩权”试点

可以借鉴江苏、浙江等地的“强镇扩权”做法,对一些人口、经济规模较大的强镇积极开展扩权试点,下沉管理权限,推行扁平化、网格化管理。甚至可以考虑对一些人口规模较大的新市镇,在社会管理和经济发展领域仿照区级机构设置和行政权限,设立相应的行政管理局,并拥有相对独立的执法权和人、财、物权,这样有利于把镇管社区做实,把实施负面清单管理和备案制管理后的事中、事后监管做实。这也类似于一些省正在开展的省管县试点,引入“市管镇”模式,

这样可以把市向区县放的权、投入的资金保证可以直接放到试点镇。对“强镇扩权”的试点镇，可以考虑在基础设施建设、土地出让金地方留用、地方税留成、建设用地指标、建设用地转性、人才引进等方面积极提供政策倾斜。各区县财政适当安排区级启动资金，同时争取市级财力提供一定的启动资金。

3. 对一些乡镇的“美丽乡村”建设试点

在农业部公布的《农业部办公厅关于公布“美丽乡村”创建试点乡村名单的通知》(农办科〔2013〕64 号文)中，上海有松江泖港等共 10 个村成为试点村。浙江在美丽乡村建设上已经取得积极的成效，可以充分借鉴它们的经验和建设标准，在更大的范围内进行试点，一个是选择更多的村进行试点，可以扩大到 50 个以上，保证每个区有 5 个以上的点。再一个是拓展到一个镇的范围，或者几个村的范围，进行更大空间的美丽乡村建设试点，形成片区化。要形成美丽乡村建设专项规划、专项政策、专项资金、专项班子，更加有力地开展试点。

（执笔：王振　刘亮）

上海城乡发展一体化中的公共服务问题研究

本文主要从城乡义务教育、医保、医疗卫生服务、养老保险、养老机构发展等几个方面，深入分析上海社会事业发展中城乡一体化存在的突出矛盾和问题，造成这些矛盾和问题的内在体制机制障碍，并提出改进的一些对策建议。

一、城乡义务教育差异的主要表现及对策思路

2000 年以来，上海把大力推进义务教育均衡发展作为全市教育工作的重点，采取了一系列措施，实现了义务教育的基本均衡。但由于存在体制机制的障碍，上海市区域间的义务教育资源差距仍然很大，严重影响了上海教育公平的实现和区域一体化的进程。

(一) 义务教育资源区域(城乡)差异的主要表现

1. 义务教育资源规模区域差异大，郊区资源供需矛盾突出

郊区专任教师负担比中心城区重。据上海市教委统计，2013 年，上海近郊区小学、初中专任教师负担学生数都是最多，分别为 17.3 个和 12.8 个，其次是远郊区，而中心城区最少，分别为 13.1 个和 11.2 个；从 2005～2013 年变化来看，小学近郊区、远郊区专任教师负担学生数都增多，而中心城区都减少，初中各个区域都是减少。

郊区中小学班额达标率较低。据上海市教委统计，2012 年，上海全市各区

县中小学班额达标率(每个班学生为40人及以下)都是中心城区最高,近郊区次之,而远郊区最低,其中奉贤区的小学、初中达标率分别仅为12.6%和37.8%,为全市最低,特别是城乡结合部小学"超标"现象较为严重。

随着郊区重点产业的发展,以及"十二五"期间郊区36个保障性住房大型居住社区的加快建设和7个郊区新城建设的继续推进,可以预见未来几年上海人口分布郊区化趋势将更加明显,且远郊区将逐渐成为人口主要导入区和集聚区。因而,未来几年上海郊区义务教育阶段教育资源供需缺口会更大。

2. 优质教育资源分布区域差异大,郊区尤其是远郊区优质教育资源缺乏

优质学校主要分布于中心城区。2013年,美国华盛顿的中国研究中心发布了中国大陆500所小学排名,在上海上榜的49所小学中,中心城区有46所,近郊区3所,远郊区1所都没有。另据不完全统计,2013年上海12所市重点小学全部分布在中心城区;12所市重点初中之中有11所在中心城区,1所在近郊区,远郊区1所也没有。

优秀师资也主要分布在中心城区。如表1所示,2012年,中心城区小学专任教师占全市的33.6%,但高级教师占全市的比例则达到了40.7%,而近郊区小学专任教师占全市的41.5%,但高级教师占全市的比例为35.9%;初中也是中心城区高级教师的比例高。另外统计数据显示,2013年中心城区小学、初中高级教师分别占专任教师专任教师的4.7%和15.9%,而近郊区分别仅为3.3%和13.5%。

表1　　2012年上海小学、初中中高级教师资源的区域分布　　(单位:%)

区　域	小　学			初　中		
	专任教师	中　级	高　级	专任教师	中　级	高　级
中心城区	33.6	35.7	40.7	35.0	39.3	38.1
近郊区	41.5	40.0	35.9	41.9	40.2	39.4
远郊区	24.8	24.3	23.4	23.1	20.5	22.5
合　计	100.0	100.0	100.0	100.0	100.0	100.0

资料来源:2012年上海市区县政府依法履行教育责任执行情况的公示公报。

3. 民办农民工小学与公办小学差距大，教育质量仍然偏低

据统计，2012 年，在上海全日制公办中小学就读的外来在校生人数达到了 40.2 万人，占外来义务教育在校生的 74.7%，另外 25.3%在 157 所政府购买服务的 157 所民办小学就读。与公办学校相比，这些民办小学的无论是硬件设施还是师资水平都仍然比较差，教学质量仍然比较低。首先，师资仍然比较薄弱。由于经费限制，这些学校的教师主要招聘的是外省市的教师，部分是退休老师，教师学历普遍为大专，很多不具备专业任职资格。调研表明，民办学校非沪籍教师比例达 80%～90%；教师以大专生为主，还有部分中专或高中生；已退休或临近退休教师和刚毕业的年轻教师比例均偏高。[①] 再加上这些学校的班额大而教师少，教师工作量大、任务重，但待遇偏低，因此教师队伍流动性大、稳定性差。其次，硬件设施也很不到位。因为受资金、场地的限制，很多学校的硬件设施缺乏，尤其是文化、体育、电脑等教学设施缺乏。

(二) 造成义务教育资源区域(城乡)差异的体制机制原因

1. “两级管理，以区县为主”的义务教育管理体制造成投入的区域差异

上海义务教育实行“两级管理，以区县为主”的管理体制，在投入上以区县为主，市级财政的调控力度有限。由于区域经济社会发展不平衡等历史和现实原因，上海各区县财政收入水平差距大，再加上学龄人口的规模大小不一，所以各区县生均教育经费投入差距仍然很大，郊区尤其是远郊区财政投入偏少，是造成学校、师资教育资源区域差异尤其是优质教育资源区域差异的根本原因。

生均教育经费投入区县差距大，且趋于扩大化。2012 年，上海小学、初中最高生均教育经费投入是最低投入的倍数分别达到了 3.4 倍和 2.7 倍；与 2005 年相比，倍数扩大且绝对值的差距也在扩大；另外，小学差距比初中大(见表 2)。

① 徐瑞哲：《两年后上海学前与义务教育缺 2 万个班级》，东方网，2013 - 06 - 06。

表 2　　**2005 年、2012 年上海小学及初中生均教育经费的区县差异**　　(单位：元)

类　别	小　学				初　中			
	2005 年		2012 年		2005 年		2012 年	
	区县	金额	区县	金额	区县	金额	区县	金额
最高	静安	19 888	黄浦	41 180	卢湾	16 242	黄浦	45 683
最低	奉贤	6 122	奉贤	12 103	青浦	6 638	青浦	16 797
最高最低差额		13 766		29 077		9 604		28 886
最高最低相差倍数		3.2		3.4		2.4		2.7

资料来源：2006 年上海教育年鉴、2012 年上海市区县政府依法履行教育责任执行情况的公示公报。

生均公用经费投入区县差距更大，总体也趋于扩大化。2012 年，上海小学、初中最高生均公用经费是最低投入的倍数分别达到了 6.7 倍和 6.6 倍；与 2005 年相比，小学倍数有所缩小，但初中倍数在扩大，且两者绝对值的差距也都在扩大；另外，小学差距也比初中大(见表 3)。

表 3　　**2005 年、2012 年上海小学及初中生均公用经费的区县差异**　　(单位：元)

类　别	小　学				初　中			
	2005 年		2012 年		2005 年		2012 年	
	区县	金额	区县	金额	区县	金额	区县	金额
最高	静安	9 759	黄浦	17 905	静安	6 281	黄浦	22 085
最低	奉贤	861	金山	2 686	金山	1 137	金山	3 368
最高最低差额		8 898		15 219		5 144		18 717
最高最低相差倍数		11.3		6.7		5.5		6.6

资料来源：2006 年上海教育年鉴、2012 年上海市区县政府依法履行教育责任执行情况的公示公报。

2. 义务教育资源空间配置滞后于学龄人口分布变化导致郊区教育资源紧缺

伴随着常住人口分布的郊区化，上海义务教育学龄人口也向郊区集聚，但因为义务教育配置滞后，导致郊区教育资源紧缺。表 4 数据显示，2013 年，上海近郊区、远郊区小学在校学生数占全市的比重都高于专任教师数、学校数占全市的比重,而中心城区则相反;从2005～2013年变化来看,近郊区小学在校生占全市的比例上升了7.5个百分点,学校数、专任教师占全市的比重仅分别上升了5个、3.1个百分点。初中也基本上如此(见表5)。

表4　　2005年、2013年上海小学教育资源的区域分布　　(单位:%)

区　域	学　校　数			专任教师			在　校　生		
	2005年	2013年	升降	2005年	2013年	升降	2005年	2013年	升降
中心城区	42.4	32.3	−10.1	35.3	28.4	−6.9	34.9	23.4	−11.5
近郊区	39.8	44.8	5.0	42.8	45.9	3.1	42.4	49.9	7.5
远郊区	17.8	22.9	5.1	21.9	25.7	3.8	22.7	26.7	4.0
合　计	100.0	100.0	—	100.0	100.0	—	100.0	100.0	—

资料来源:2005年、2013年上海教育统计数据手册。

表5　　2005年、2013年上海初中教育资源的区域分布　　(单位:%)

区　域	专任教师			在　校　生		
	2005年	2013年	升降	2005年	2013年	升降
中心城区	38.9	33.9	−5.0	39.4	31.2	−8.2
近郊区	39.2	42.8	3.6	37.4	45.4	8.0
远郊区	21.9	23.3	1.4	23.2	23.4	0.2
合　计	100.0	100.0	—	100.0	100.0	—

资料来源:2005年、2013年上海教育统计数据手册。

3. 外来义务教育在校生增长快且分布更加郊区化加剧了区域差异

随着外来人口规模的不断扩大以及流动模式的家庭化,上海市外来义务教育在校生规模越来越大,占全市的比重不断上升。据统计,外来义务教育在校生规模由2000年的26.3万人增加到2012年的53.8万人,12年间平均每年增加2.3万人,占全市在校生的比重由19.6%上升到45.1%,高于2012年外来常住人口占全市常住人口40.3%的比重。另外,与外来人口分布相比,外来义务教育在校生分布更加郊区化尤其是远郊化,在郊区的一些街镇,外来在校生已经超过了户籍在校生。

根据我国义务教育法,适龄儿童义务教育由地方负责,分级管理。上海外来流动少年儿童因为户籍在上海外省市，并没有相应的教育经费随之流转，在上海的教育经费主要由上海政府承担，在外来在校生比较集聚的近郊区，降低了教育投入的区域水平，加剧了区域差异。

（三）加快促进义务教育区域（城乡）一体化的对策建议

1. 全面贯彻《上海市实施〈中华人民共和国义务教育法〉办法》，依法保障义务教育一体化发展

2009年6月施行的《上海市实施〈中华人民共和国义务教育法〉办法》为促进义务教育均衡发展，全面实现教育公平提供了法律保障。《办法》从经费、设备、师资、生源等多方面对均衡发展提出了要求，作了一系列明确的规定：在经费均衡方面，规定本市加大对财力薄弱区县的财政转移支付规模；在设备均衡方面，对市教育行政部门和区县人民政府及其教育行政部门的职责作了规定；在师资均衡方面，主要是建立校长、教师合作交流制度，在教师培训、骨干教师配备等方面向师资力量比较薄弱的农村学校等倾斜，明确到农村支教的鼓励措施；在生源均衡方面，规定就近入学，学校不得举行或者变相举行与入学挂钩的选拔考试或者测试。上海各级政府、教育行政部门和学校要落实《办法》各项有关规定，依法保障义务教育均衡发展。

2. 政府加大义务教育投入力度并建立义务教育经费筹措的全市统筹机制，进一步推进义务教育投入的区域一体化发展

首先，申请国家义务教育经费转移支付。国家已经出台了有关文件，准备建立全国统一的中小学生学籍档案，在此基础上，国家对义务教育经费的投入制度也要改革，要建立中央教育经费的转移支付政策，把以学生户籍所在地为准支付教育经费调整为以学生实际接受义务教育所在地为准，将义务教育经费支付给流入地学校，而不是支付给学生户籍所在地的学校。上海外来人口子女比较多，可以申请成为国家义务教育经费转移支付的试点地区。

其次，进一步加大市财政转移支付力度，继续对农村、远郊和财政困难地区实行倾斜政策，促进义务教育投入达到基本均衡。考虑到外来子女由中心城区向郊区的逐步外移的流动趋势，部分郊区县以全日制公办和民办学校为主使农民工子女接受义务教育将遇到很大的困难，市级财政要加大对外来子女集聚的

区县的支持力度。同时,加强对薄弱学校的市财政倾斜力度,改善他们的办学条件,提高他们的教学质量;给予这些学校的教师特别津贴,吸引或留住优秀教师。

再次,逐步建立市级统筹为主的义务教育财政投入体制。为了追求教育的公平,促进教育的均衡发展,世界上大多数发达国家义务教育的公共财政经费的投入均由各级政府共同承担,其中中央或较高层次的地方政府甚至负有更大的投资责任。义务教育是强制性的国民教育,加大中央政府与省市一级政府对义务教育经费的统筹力度,是我国均衡发展义务教育的必由之路。上海作为全国经济社会最发达的地区,可率先探索加大市一级义务教育经费统筹力度的改革,逐步建立市级统筹为主的义务教育财政投入体制,按照各区县义务教育阶段在校生数量均衡支付义务教育资金,促进义务教育投入达到真正的平衡。

3. 根据义务教育学龄人口的分布变化,合理配置义务教育资源

根据上海义务教育阶段学龄人口规模、分布特点及变化趋势,科学规划义务教育资源。

实现义务教育资源富余与紧缺地区的资源共享。根据义务教育阶段常住学龄人口逐渐向郊区,特别是近郊区发展的趋势,及时调整不同区域学校的设点布局,实现义务教育资源的共享。中心城区的富余学校通过土地置换,可以在近郊区建设新的学校。

扩大郊区义务教育资源的建设。在义务教育阶段常住学龄人口都成呈增长态势的近郊区,要根据需要新建一些中小学学校,以满足这些地方不断增长的义务教育学龄人口对义务教育的需求。

4. 加快郊区农村学校的师资队伍建设,促进义务教育教师资源区域一体化均衡发展

加强郊区农村师资队伍建设。市和区县教育行政部门要把加强郊区农村师资队伍建设作为均衡义务教育发展的工作重点。加强对郊区农村教师的免费专业培训,提高教师的专业化教学水平;加大郊区农村教师的工资补贴、交通、住房补贴力度,提高郊区教师的整体收入水平,使其工资收入较市区教师有更快的增长水平,并探索出台郊区教师可以纳入郊区廉租房和经济适用房政策覆盖范围的政策,吸引更多的优秀应届大学毕业生到郊区农村任教。

加强优质义务教育资源的辐射功能。一方面,扩展郊区薄弱学校委托管理

的覆盖面。上海市区品牌中小学或教育机构托管农村义务教育薄弱学校取得了很好的成效,要进一步扩大托管学校的数量,并创新工作机制,加快市区品牌中小学或教育机构的人、财、物等资源跨区域向薄弱学校的流动,切实提高郊区薄弱学校的办学水平。另一方面,扩大名校捆绑办学的效果。继续组织义务教育学校赴大型居住社区和郊区新城对口办学。总校要从输出管理团队、优质教师团队和优质课程资源等方面,全方位支持分校。同时,健全总校与分校采用联动考核办法,督促优质资源有效辐射郊区,从而迅速提高郊区新城和大型居住社区新建学校的办学水平。另外,逐步建立公办中小学教师定期合理流动制度,鼓励中心城区学校教师到郊区农村支教,在工资收入、住房补贴、职称晋升、培训机会、升学以及延长退休年龄方面都优先考虑,引导优秀教师从中心城区学校向郊区学校、从优质学校向薄弱学校流动。

5. 加大民办小学的管理和扶持力度,逐步提高其办学质量

加大民办小学的管理力度。推广上海浦东新区的经验,通过政府购买服务的方式,委托教育中介机构管理民办小学。

提高民办小学的师资水平。上海市教委可以安排一些专项资金,招收一定数量的大学毕业生到民办小学任教,他们的工资及相关费用从这个专项资金出。同时加强对民办小学的师资培训。

促进公办小学与民办小学"结队"活动。上海市教委鼓励公办学校选派管理人员帮助民办小学进行管理,选派优秀教师指导教学活动,并且可以与民办小学共享一些体育、音乐等教学设施等。

二、城乡医保政策、医疗卫生服务差异问题与对策思路

(一) 城乡医保制度和卫生服务差异问题

1. 新农合的筹资和补偿水平均低于城镇居民医保

上海目前参加各种医疗保险的人达 1 751 万人,其中 78%是参加城镇职工保险的,参加居民保险和新农合的分别为 15%和 11%;从医疗保险筹资额来看,也是城镇职工保险居多,占 94%,而居民医保和新农合资金分别只占 3.65%和

1.94％。

从医疗卫生财政投入来看,向农村居民倾斜较明显。但是从医疗保险来看,虽然已经城乡全覆盖,但城镇的筹资额(来源于企业和个人缴费)所占比重具有明显优势,超过城镇职工医保人数的比重,是其 1.2 倍,而居民保险筹资额比重:参保人数比重为 0.24,新农合为 0.3。作为同样由财政大量投入的医保项目,与城镇居民保险(居保)相比,不论筹资还是补偿,新农合均处于较低水平,2010 年居保人均筹资 1 500 元,是新农合的 2 倍;2008～2011 年,新农合人均筹资年均增长 25.6％,居保人均筹资年均增长 33.1％[①](见表 6)。

表 6　　上海城乡医疗保障情况比较

保障类型	医保人数(万人)	医保筹资额(亿元)	医保人数(％)	医保筹资额(％)	财政投入(％)
城　保	1 375.98	539.67	78.55	94.41	9.26*
居　保	262.59	20.88	14.99	3.65	27.58
新农合	113.21	11.1	6.46	1.94	23.77
总　计	1 751.78	571.65	100	100	60.61**

注:*指事业和行政单位投入;**其他约 40％。

资料来源:上海人保局医保办公室;金春林主编:《上海市卫生总费用研究 2012》,上海科学技术出版社 2013 年版。

2. 城乡医保财政投入层级不同、差异大

新农合的个人缴费较低,基本都是财政投入,但最主要由区县财政投入,如 2011 年,新农合政府投入总额 10.22 亿元,市级财政 18％多,区县级财政 60％,乡级财政 21％多,中央财政 1％不到(700 万元专项投入)。

3. 基层卫生资源薄弱,硬件和软件都比较差

从卫生资源配置来看,虽然上海已经在郊区建设三级公立医院,但是基层医疗卫生仍然薄弱,投入有限。从 2011 年上海市卫生总费用来看,65％配置于医院,13％配置于基层医疗卫生机构。

上海医改试图通过家庭医生制度建立来缓解基层医疗服务薄弱问题,但家

① 瞿介明、李卫平、刘红炜等:《上海市新型农村合作医疗制度的巩固与发展》,《中华医院管理杂志》2011 年第 7 期。

庭医生功能的发挥受制于社区卫生服务中心“六位一体”服务定位，受制于基本药物制度，受制于现有的医生雇员制度。家庭医生的能力提升缺乏，从而缺乏工作的价值的体现。[①] 这也就使实行家庭医生首诊制和医保按服务人口付费的制度尚有许多难度。

合格的医疗资源总体缺乏，主要问题在于目前的资源高度倾斜于城市大型公立医院以及形成的垄断优势（地域垄断、专业技术垄断等）以及市级财政专项投入和医保支付等都集中于大型公立医院，区县政府财政一般主要投资于区县中心医院，而基层卫生机构不仅得不到重视，人员技术水平、职业前景不佳、收入水平不乐观，更是受到来自二、三级医疗机构和其他机构对人才的虹吸效应。

（二）造成这些问题的体制、机制原因以及症结

1. 公立医院绝对主导导致体制僵化

目前，无论是二、三级医院还是基层社区卫生服务中心和诊所，无论是专科、综合还是全科，基本是公立医院和机构绝对主导。卫生相关部门从网点设置布局规划，到机构设置准入、组织运行管理、监督和考核等都有较全面的政策安排、措施设计和跟踪管理，几乎涉及人、财、物全方位的计划安排和评估考核，目的是为了保证公立医院公益性落实，以满足群众需求。但是这种自上而下行政计划主导的思路注定与需求导向相背离，造成医疗服务系统反应性差，而公立医院的所谓公益性在体制僵化兼机制扭曲（包括补偿机制、立项机制、价格机制、激励机制）的共同作用下流于口号。

2. 计划经济思维主导，市场机制缺乏

以卫生规划为例，2013 年初颁布的《上海市区域卫生规划（2011～2020 年）》（沪府发〔2013〕6 号），对于医院床位提出总体要求：“本市医疗机构总床位控制在千人口 5.5 张，其中治疗床位千人口 4.15 张（含中医治疗床位 0.48 张），康复床位千人口 0.25 张，护理床位千人口 1.1 张。床位增量优先配置在床位配置水平较低区域，以及康复、护理等短缺资源和社会办医领域。”卫生部门虽然把这界

---

① 有专家指出家庭医生五个基本权利缺乏。第一个是首诊权；第二个是处方权有限，能开的药只能是基本药物；第三个权利是检查权；第四个是治疗权。全科医生承担了很多公共卫生工作，临床功能几乎没有了。最后一个权利是发展权，缺乏科研、进修提高职称的机会。

定为最低目标,并提出优先领域(康复、护理和社会办医)。但没有明确规定社会办医所占的目标比例(全国规定社会办医占总量超过20%),并还是强调非营利性社会办医疗机构是公立医疗机构提供基本医疗服务的重要补充,作为基本医疗服务资源,纳入医疗机构设置规划。尤其是规划还是沿袭原来的布局合理性审批,沿袭出生审批而非根据结果淘汰。

基层医疗卫生机构包括乡村卫生院是在每10万人左右布局一家的思路下确定的,具体内容包括:①“1560”就医圈(使广大市民在15分钟内可到达社区卫生服务机构,60分钟内可到达三级医院)是根据原来人群的就医选择倾向确定的,随着高速公路、轨道交通的逐步发达和普及,自由的就医选择不仅突破了区县范围,也突破了省市范围,因此旧思路下的机构布局显然造成机构间苦乐不均。② 加上基层医疗机构的服务功能定位也是行政思维下的所谓“六位一体”,最终导致医疗服务弱化并萎缩为开药服务,其他服务基本徒有虚名,在马太效应作用下,基层医疗机构渐渐失去其功能。③ 在农村地区的乡村卫生院基本服务于新农合的人群,其资金来源少,保障水平低,进一步催化了乡村卫生院的资金和经营困境,并进而产生人才困境和人才流失,虽然有众多政策吸引人才引进和下乡,但更多的人将乡村卫生院作为进入上海和其他医疗机构的跳板。乡村卫生院困境局面的根源就是乡村卫生院的官方定位功能和实际需求的严重脱节所致。

3. 基层医疗机构收支两条线造成激励机制失范

行政主导思路下维持基层医疗机构公益性的重要手段之一就是财政投入收支两条线:一方面政府加大财政投入以确保基层医疗机构公益性行为;另一方面又要防止基层医疗机构创收后分利,收支两条线成为这种体制机制下的合理思路和选择。但同时也加深了体制机制的僵化,政府对基层医疗机构的收支两条线思路必然从医院领导传导到科室、医生团队,最终落到基层医务人员头上,层层绩效考核也就应运而生,何为绩效也基本是自上而下认定的,再加个客户(病人)满意度指标,但一开始就无客户(病人需求)导向的目标定位如何能产生出可靠可信的满意度呢?

在乡村卫生院,医院管理者和医务人员更是采取“人格分裂”方法来应对,一方面通过努力完成收支两条线考核指标来保证财政投入的有效性和绩效性;另一方面,又要用足有限的医保项目和资金来维持自身的收入,开药和检查等方面的过度，用药方面的乱象在乡村卫生院尤甚，可以说乡村卫生院在有限的医疗服务项目下要发挥更大的作用，因此过度医疗更明显。

4. 服务项目缺失和服务定价偏低带来引导机制扭曲

在上海历次调整医疗服务价格，调高门诊费，降低检查费中，基本定位于二、三级医院情况，如果说适当调高诊疗费和降低检查费在二、三级医院还有一定效果的话，那么在基层医疗机构几乎没有作用，因为那儿内部没有那么多服务项目和内容可以达到所谓的结构合理性。

由于特殊功能的定位问题，基层医疗机构的"六位一体"项目中基本是不进价格目录的非医疗项目，也是超越医保资金的非医保项目，而是由财政买单，根据公共卫生项目投入特殊序列来考核。

基层医疗机构若要根据需求来提供服务项目，会遭遇服务补偿困境，因为诸如基层群众所短缺的护理、康复、老年服务在既有的价格目录和医保项目目录中要么没有，要么内涵缺失，要么定价太低，而要进公共卫生项目序列也很艰难，因此基层机构无论是医疗服务还是公共卫生服务都几乎没有积极性和自主性，完全按照行政命令在完成行政任务。在乡村卫生院，大部分人是新农合人群，其医保基本只补偿大病住院，因此乡村卫生院有动力让病人尽量住院，导致门诊疾病住院治疗的过度医疗在乡村卫生院尤其严重；而在病人选择范围扩大化全市化的局面下，乡村卫生院住院病人萎缩，对收治在内的病人变本加厉地治疗更是十分普遍，口碑日下，因此与基层百姓更是渐行渐远，其机构的生存也就日益困难。

以上所有问题及其造成问题的原因，其根本症结在于我们过于强调医疗服务的公共性、外部性和特殊性，并有将此扩大化的趋势，并过于相信市场扭曲问题可以通过政府作用加以改变。其实除了少部分医疗服务和一部分人群属于服务公共性和外部性领域，需要政府适当干预，医疗服务中很多内容和项目都属于非公共领域，有些属于市场领域。因此需要政府和公立医院适当退出。在以社会化的医保资金为主的情况下，强调机构社会化、服务专业细化、项目需求导向化，并通过适当有序的市场竞争机制作用确定机构和人员的数量、布局。

(三) 对策建议

1. 弱化公益性名义下的行政主导作用,强化市场机制作用

在医疗资源配置方面,政府所能管辖的医疗资源总量只限于政府财政出资的部分,以及社会医疗保险定点的机构,而对于其他的非公共性及非基本医疗性的机构、床位、人员、布局和布点以及增量不应在规划之内硬性限定,最多只能指导和建议,而更多地由市场来取舍决定,这才是市场配置资源主导作用的发挥。

政府部门主要扮演两个角色:其一是服务购买者,包括对公共卫生服务、基本医疗服务(通过公立医疗保险)、特定类型的医疗服务(例如精神病、传染病以及各类疑难杂症)、医学理论和技术前沿的成果等,进行购买。其二是监管者,包括对医疗服务市场准入、医疗服务最低质量保障、医疗服务项目和药品的最高价格等方面进行管制。

2. 改变公立医院绝对主导格局

早在 2012 年 6 月,国家就启动实施第一批县级公立医院综合改革试点,其主要举措一是加强财政投入;二是取消药品加成。在新出台的县级公立医院改革文件强调县级医疗改革是全国医改的重中之重,特别提出要加强部门与政策的相关联动。李克强总理则提到以县级公立医院改革为突破口,按照上下联动、内增活力、外加推力的原则,下足工夫做好"破除以药补医、创新体制机制、充分调动医务人员积极性"三篇大文章。

新一轮公立医院改革不仅要继续练好内功,进行薪酬工资、劳动人事等方面改革,更重要的是联动以及通过体制机制创新,调动医务人员积极性。因此,新一轮公立医院改革内功、横向关联和外部关联及其效应要同时考虑。

从卫生主管部门来看,比较擅长的改革是内部管理,如上一轮已经用的以药补医制和药价改革(效果有限),正在进行的人事分配改革,以及一直在做并有动力继续做的资源配置优化,和同样有动力做的医疗评估体系。而与关联部门的联动,以及上下联动应该是下一轮改革要突破的(如与医保的联动);而更难的是寻找内增活力和外加推力的方法和途径(如医生执业社会化和社会办医发展)。

3. 逐步构建城乡一体化的医疗保障制度

对于上海来说,统一城镇内部的社保制度,进而逐步打破城乡差别、构建城

乡统筹的"1+X"社保制度，即一个基本制度平台、多层次的社保制度体系。这项工作可以分成两个阶段实施，第一阶段是"十二五"期间，完成城镇内部的逐步统一，第二阶段则是"十三五"或者更长的时间里完成上海市的城乡统筹。

2014年，城乡居民养老保险已经开始整合，随着各方面改革的深入，城镇居民医疗保险和新农合整合成城乡居民医疗保险将成为趋势。因此在筹资额度及其构成、财政投入等方面需要进行预先研究制度的衔接和归并。

要提高农村居民医疗保障水平，一要靠制度改革，根据经济发展状况，逐步增加个人医疗保险缴费比重；二要靠财政投入结构改变，适当增加市级政府的投入比重和转移支付额度。

4. 医保门诊按人头支付有助于推进医生执业社会化

当医保资金成为医院日常运营和服务主要收入之际，一方面推动着医保支付方式的形成和运用；另一方面也推进了门诊服务的改变。如日本，市场化改革的结果不但增加了医生收入，同时也吸引了大批优秀医疗人员设立私人诊所，这同样增加了医疗服务的供给，并在此基础上发展出各种高端医疗服务。1950年，日本私人诊所5.1万个，到1990年增至8.1万个，增加近6成。

目前，中国面临基层医疗诸多问题，已有公立医院体制内政府主导的改革措施作用有限，如基层医疗机构标准化、家庭医生制度推进、医疗联合体推进等，而多点执业政策也只能惠及少数医务人员。

更有效地激发公立医院医生活力和鼓励医生下沉基层医疗服务的方法有待于用新的医保支付方式，按人头付费的方法在很多国家的基层医疗服务中盛行，主要根据医生及其团队所服务的签约人群支付费用，成为医师诊所的运营和收入主要来源。既解决了医生薪酬问题，又推进了资源配置的合理化，更重要的是吸引有资质的医生下沉服务于基层。

5. 以家庭医生制度为契机，重新思考基层医疗服务人员的作用

对基层从医人员进行系统鼓励性政策设计，重点是吸引有资质和经验的医务人员下沉。

(1) 逐步放开公立医院医师执业范围，放开基层医疗提供形式，尤其是放宽诊所的开设要求。

(2) 通过公立医院改革，推动和促进有资质的医务人员下沉基层。

(3) 通过医保支付制度设计和倾斜吸引有资质的医务人员真正下沉到农村基层,并获得体面的工作环境和收入待遇。

(4) 通过财政补贴倾斜,保证基层医务人员的收入、福利和退休待遇。

6. 重新思考基层卫生机构的功能定位和作用

基层卫生机构的"六位一体"功能需要反思和重构,可以利用现有机构的建筑和场所,引导其发展为真正符合区域人群需求的医养融合的机构。如整体改建或部分改建为老年医疗护理院、老年康复院,或部分增设护理病床和康复病床,通过医保增设项目和内容、财政公共经费投入购买等多种方式实现。

还可以与社会化办医及诊所发展相结合,与按需发展服务内容相结合,让基层医疗机构成为基层各种诊所集合地,从而推进基层医疗资源多元化。

三、城乡养老保险制度差异问题与对策建议

党的十八大报告在以保障和改善民生为重点部署社会建设时,提出了"统筹推进城乡社会保障体系建设"的具体要求,但是上海在城乡养老保障方面差异还很大。由于养老制度"双轨制"甚至"多轨制"的存在,使得养老金水平的保障情形有失公允也更为复杂。

(一) 上海城乡养老保险制度待遇差异问题突出

1. 城保、镇保、农保之间的待遇差距逐渐扩大

近几年来,国家连续每年提高养老金待遇,但由于养老金计发缺乏灵活体制,在每年养老金的增加额方面,镇保约是城保的一半,而农保约是镇保的一半,这样导致城保、镇保、农保之间的待遇差距逐渐扩大,基础养老金的公平性问题严重。至2013年3月底,上海城保参保1 307.72万人,其中领取养老金381.93万人,企业人均月养老金2 645元;新农保参保71.89万人,其中领取养老金40.66万人,人均月养老金580元;城居保参保7.71万人,其中领取养老金5.04万人,人均月养老金546元。2011～2014年,镇保分别增加养老金90元、130元、130元、130元;新农保从2012年起连续3次增加养老金,2014年基础养老金标准比2013年又增加了100元,达到540元;城居保从2013年、2014年连续

两年增加养老金，每人每月各增加 70 元，2014 年，基础养老金标准达到 540 元，新农保和城居保实现了并轨，但是与其他养老保险之间的待遇差异还是非常大，城保平均养老金水平是新农保和城居保的 5.5 倍。

2. 城保、镇保、农保之间只能单向转移，社会保障体系存在流动性问题

目前，国家正在研究城乡居民社会保障转移衔接办法，城保、镇保、农保之间从上往下转移容易，却不允许从下往上转移，这是一种单方向的转移，即城保可折算为镇保或农保，但镇保或农保不可折算为城保，这对上海的影响非常大。上海一般将近郊的被征地人员纳入城居保，不愿将其纳入城保，而城保和城居保的基础养老金待遇标准相差很大，从而导致被征地人员的社会稳定问题。

（二）上海城乡养老保险制度待遇差异问题的内在原因

1. 城乡养老保障制度虽然在推进整合进程，但是各制度之间差异仍然很大

近几年，上海在稳妥推进“综保”、“镇保”、“老农保”中企业参保人员与“城保”的接轨，整合基本社会保险制度。为了贯彻落实国家《社会保险法》，2011 年 7 月 1 日起，上海将参加综保的农民工和参加镇保的郊区用人单位及其从业人员纳入城保。按照“明确目标、统筹设计、逐步过渡”的基本工作思路，综合考虑综保、镇保、城保各保险制度的差异，企业和个人各方面承受力和外来从业人员流动性强等因素，确定了这两类人群参加城保实行两个过渡——缴费水平过渡和实施险种过渡的方法。2011 年年底在郊区各区县将“老农保”参保企业过渡到“城保”。2013 年终止了“综保”制度，同时将“镇保”专门面向市郊被征用地人员，从而顺利实现了对本市基本社会保险制度进行整合的目标。同时，统筹增加各类养老金，完善城镇企业基本养老金计发办法和增长办法，在增加养老金时，多增加低收入人群的养老金。

2013 年 8 月，上海市政府出台《关于调整本市城镇职工社会保险缴费比例的通知》(沪府发〔2013〕62 号)，决定自 2013 年 10 月 1 日起，本市城镇职工基本养老保险缴费比例由原来的 30％调整为 29％，其中单位缴费比例由原来的 22％调整为 21％，个人缴费比例不作调整。改革后，降低了本市城镇职工基本养老保险的单位缴费率 1 个百分点，在一定程度上缓解了企业的负担。但是，迄今为止，上海的城保、镇保、新农保、城居保之间在缴费基数、补贴标准、待遇标准等方面仍然存在巨大的差异(见表 7)。

表 7　　**上海市 62 号文出台后的社会养老保险费缴费标准**

(2013 年 10 月 1 日～2014 年 3 月 31 日)

<table>
<tr><th rowspan="2">对　　象</th><th rowspan="2">缴费基数</th><th colspan="2">养　老　保　险</th></tr>
<tr><th>单　位</th><th>个　人</th></tr>
<tr><td>机关事业、企业、社会团体等单位</td><td>2 815～14 076 元</td><td>21%</td><td>8%</td></tr>
<tr><td>有雇工的个体工商户</td><td>2 815～14 076 元</td><td>个体业主缴付 21%</td><td>个人(包括业主自己)缴付 8%</td></tr>
<tr><td>灵活就业人员</td><td>2 815～14 076 元</td><td colspan="2">29%</td></tr>
<tr><td>非正规就业劳动组织从业人员</td><td>2 815～14 076 元</td><td colspan="2">29%</td></tr>
<tr><td>外来从业人员</td><td>2 815～14 076 元/2 346 元</td><td>21%</td><td>8%</td></tr>
<tr><td>原参加小城镇社会保险的从业人员</td><td>2 815 元</td><td>21%</td><td>8%</td></tr>
<tr><td>新农保参保人员</td><td colspan="3">新农保的个人缴费标准设为每年 500 元、700 元、900 元、1 100 元、1 300 元 5 个档次,参保人自主选择档次缴费。区县政府(含乡镇)对参保人缴费给予补贴,对应上述缴费档次,补贴标准为每年 200 元、250 元、300 元、350 元、400 元</td></tr>
<tr><td>城居保参保人员</td><td colspan="3">城居保的个人缴费标准设为每年 500 元、700 元、900 元、1 100 元、1 300 元、1 500 元、1 700 元、1 900 元、2 100 元、2 300 元10 个档次,参保人自主选择档次缴费。区县政府对参保人缴费给予补贴,对应上述缴费档次,补贴标准为每年 200 元、250 元、300 元、350 元、400 元、425 元、450 元、475 元、500 元、525 元</td></tr>
</table>

2. 没有建立起科学合理的养老金财政投入和合理增长机制

养老金替代率持续下降,城保中不同人群养老金待遇差异大。2005～2014 年,上海城保已经连续 10 年增加养老金,每年平均增加幅度都在 10%以上,较快地提高了退休人员的养老金水平,但是由于在职职工的工资基数高,因此尽管在职职工工资增长速度慢,养老金的替代率仍然在降低,2013 年,上海城镇退休职工的月平均养老金为 2 645 元,在职职工月平均工资 5 036 元,养老金的替代率为 52.5%,而 2001 年上海养老金的替代率为 64%左右。享受城保的人员中间,养老金的差异也很大,机关退休的比事业单位退休的养老金高,而事业单位退休的又比企业退休的养老金高，同一缴费制度内不同人群的养老金差异，引起了极大的社会公平问题。

过快的物价上涨部分抵消了养老金待遇提高。退休人员收入渠道单一，主要依靠养老金，因此对于物价的上涨更为敏感。近些年来，一些与日常生活密切相关生活必需品特别是食品、住房的价格连续上涨，更是增加了老年人口的生活压力。

与城保相比，镇保、城居保、新农保的养老金水平更低。因而这些养老保险的养老金替代率也更低，以他们的养老金水平在上海生活非常困难。

养老金的财政投入机制、养老金水平的增长机制和不同人群的分配机制缺乏统一考虑和合理的测算办法。增加退休人员的养老金水平，是保障他们的基本生活，体现社会经济发展成果让全体人群共享的理念。但是，现行的碎片化的养老保险制度，政府应该按照什么标准对不同的养老保险制度进行财政补贴？退休人员的养老金水平应该如何增加，与物价挂钩？与在职职工的工资增长幅度挂钩？与养老金替代率挂钩？还是与政府财政增长的一定幅度挂钩？不同类型的退休人员之间养老金的水平是否应该保持差距？应该保持多大的差距比较合理？这些问题都没有一个科学合理的测算办法或者发展理念。

(三) 缩小城乡养老保险差距的对策建议

1. 进一步降低缴费率，建议上海向中央申请开展国民基础养老金制度试点

目前，在上海城保、综保、镇保三个制度已经打通的情况下，在面临人口老龄化不断加速的趋势、人口红利即将丧失、收入差距扩大、未来经济增长下滑、急需转变经济发展方式的国内环境下，面对解决大量就业问题的众多中小企业的成本压力和经营困难，上海要降低企业缴费率，并向中央申请开展国民基础养老金制度试点。只有降低缴费率，才能使低收入群体包括农民工和城镇非正规就业人员都参加进来，减少镇保、综保转入城保的“与高缴费率水平靠拢”的困难与障碍，将大幅度地降低企业逃缴率。降低强制性的养老保险缴费率，不但有利于扩大养老保险的覆盖率，还有利于尽快提高统筹层次，实行养老保险的全国统筹，顺利地将综保、镇保转入城保，扩大覆盖面，真正实现“广覆盖、保基本、多层次、可持续”的目标。

2. 合理确定城保、镇保、农保之间的待遇折算办法，提高社会保障体系的公平性

建议为人们提供一个可供选择的通道，采用转移衔接办法，将镇保或农保折算为城保，如将一定年限的镇保或一定缴费额的农保折算为一年城保，同时提供政策出台的过渡期和可供选择的方案。

3. 合理制定城保、镇保、农保之间的双向转移办法，提高社会保障体系的流动性

建议合理建立城保、镇保、农保之间可上可下的折算制度，即不仅城保可折算为镇保或农保，而且镇保或农保也可折算为城保。如果镇保或农保不能折算为城保，那么至少维持现状，确保前后之间的衔接、左右之间的衔接。

4. 建立稳定的养老金财政投入机制

上海现行的城镇职工基本养老保险制度是从1993年开始建立，最近10多年来又陆续建立了镇保、农保、城居保等养老保险制度。这些制度有一个共性的问题，就是在制度建立之初没有为已经退休的或者即将退休的中老年人提供足够的财政投入，作为他们从参加工作开始的基础缴费，这种先天不足对制度的可持续运行带来了很大的隐患。尽管在制度运行过程中，各级政府投入了一定的财政补贴，但是财政应该补贴多少没有明确的标准，受到财政形势的制约。

因此，我们建议通过深入调研，把财政投入法制化，确保各类养老保险制度的可持续运行。

5. 逐步缩小不同退休人群的养老金差距

现在城保、镇保、城居保、新农保之间养老金待遇差别太大，并且城保内部不同人群差别也很大，不利于社会和谐稳定，不利于保障老年人的基本生活。但是，我们认为，不同养老保险之间在一定阶段内保持一定的差距是必要的，即使是在城保内部，在没有完成公务员和事业单位养老保险制度改革之前，存在不同人群的差距也是必要的，但是，我们要制定长远的发展规划，逐步缩小不同制度、不同人群的养老金缴费和待遇的差距，基本养老保险制度应该以公平为主，以保障老年人的基本生活为主。此外，可以结合企业年金、职业年金制度的推进，体现出不同人群的养老金差异。

四、城乡养老机构发展方面的矛盾问题与对策建议

(一) 城乡养老机构发展存在一些突出矛盾和问题

1. 养老机构床位建设进展较慢,与人口老龄化的形势不相适应

据最新统计,截至 2013 年 12 月 31 日,上海全市户籍人口 1 432.34 万人,其中,60 岁及以上老年人口 387.62 万人,占总人口的 27.1%;70 岁及以上老年人口 171.93 万人,占总人口的 12%;80 岁及以上高龄老年人口 71.55 万人,占 60 岁及以上老年人口的 18.5%,占总人口的 5%。

养老床位建设进展缓慢,与人口老龄化发展的形势不相适应。进入"十二五"时期以来,上海的人口老龄化加速发展,但是养老机构床位数增长却明显减速,2013 年,"十二五"规划的时间已经过半,但养老床位数建设目标没有过半(见图 1)。按照"十二五"规划要求,至 2015 年本市养老床位新增 2.5 万张,总量达到 12.5 万张,其中 2/3 必须公建。但是,到 2013 年年底,养老机构床位 108 364 张,其中 2013 年新增 5 155 张,净增只有 3 149 张,离 2015 年 12.5 万张的目标还有 1.7 万张的差距,按照时间进度已经落后于"十二五"规划的节点目标。

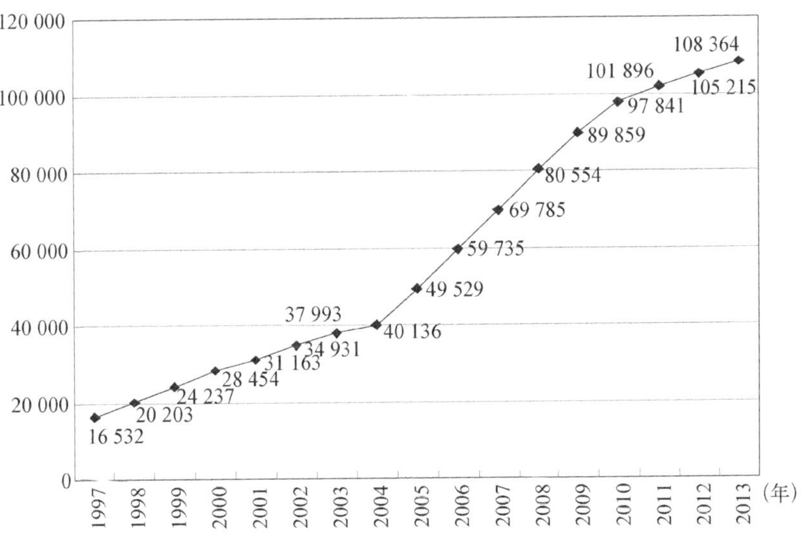

图 1 1997~2013 年上海市养老机构床位数增长情况(单位:张)

造成养老机构床位增加缓慢的主要原因是建设用地缺乏。除了大型居住社区养老用地外，养老机构建设用地普遍存在规划难、落地难。特别是中心城区，可挖掘的潜力有限，有的区历史欠账尚未完成，在新建床位的同时，因旧区改造现有的部分床位还可能流失，全市 2011 年、2012 年、2013 年一共新增 16 587 张，但是养老床位净增只有 10 503 张，3 年中有 6 084 张原有的床位流失。

2. 养老机构供需不平衡，中心城区人满为患，而民办机构、郊区机构入住率低

一方面，中心城区的公办养老机构“一床难求”，排队等候的老年人远远超过其容纳能力；另一方面，地处郊区的社会办养老机构床位空置率高。2012 年年底，全市 10.52 万张养老床位收住老人 6.8 万人，总体入住率不到 70%，个别郊区社会办养老机构实际入住率仅 18%，资源浪费严重。

3. 老人入住养老机构的标准不明确，评估不规范

由于缺乏统一、规范的入住标准审核，一些需要入住公办养老机构的困难老人进不去，而一些身体条件较好的老人长期居住在公办养老机构。由于部门之间协调不够，多数养老机构不具备医保定点条件，入住老年人就医不便。

（二）城乡养老机构发展问题的体制机制原因

1. 公办养老机构与民办养老机构得到的补贴标准差异大

公办养老机构经营场地是各级政府部门投资建设的，并且在运营中得到政府的补贴也多，经营压力小，因而可以较低的收费提供比较好的养老服务，服务质量有保证；而一些社会养老机构经营场地是自己购买的或者租来的，虽然在建设中得到了市区各级政府部门的一定补贴，但是主要的负担还是由民营企业承担，在运营中得到的政府补贴或者帮助也不如公办机构。这些民营企业为了降低成本，往往选址在地理位置相对偏远的地方，聘用的服务人员也参差不齐，硬件设施和服务质量不高，而收费高于公办机构，这使他们生存很困难，很多民营机构只能勉强维持。

2. 不同区县之间对养老机构的投入和补贴标准差异大

中心城区的经济实力较强，对养老机构建设和运营补贴投入较多，而作为人口导入区的城乡结合部近郊区和远郊区，经济实力有限，可以用于养老机构建设

和服务方面的投入能力有限，民营机构面临很大的运营压力。

3. 养老机构规划、建设和运营补贴没有实现全市统筹

区域分割的投入体制，造成郊区有土地缺资金，而中心城区有资金缺土地，并且中心城区的老人入住郊区的养老机构往往得不到户籍所在地和养老机构所在地的补贴，这些都造成中心城区床位紧张，而郊区床位空闲的不合理现象。随着人口老龄化问题的愈益严重，这种矛盾越来越突出。

（三）对策建议

第一，要尽快制定全市养老机构建设用地规划。市规土部门要在新一轮城市总体规划编制中，根据未来本市人口老龄化发展的需要，加紧制定全市养老机构建设规划，保障养老设施建设土地的供给。

第二，要提高养老机构建设和管理的统筹层次。在养老机构用地与建设资金投入方面，要全市统筹；在养老机构入住标准方面，要全市统一；在养老机构运营补贴方面，也要全市协调。通过提高统筹层次，解决现在难以解决的区域分隔问题，充分利用好现有的各类养老机构床位资源，并从全市角度进一步规划布局好养老机构。

第三，要切实发挥公办养老机构的托底保障作用，给予郊区和社会办养老机构更多的政策扶持。要明确公办养老机构的准入和评估标准，优先保障失能、失智及低收入困难老人等特殊困难人群的需求。要加大财政投入，真正实现新增养老机构床位 2/3 为公办，改变过去几年新增养老机构主要靠民办的局面。民办养老机构可以满足多层次的养老服务需求，既可以提供高端的养老服务，也可以提供一般的养老服务；对于高端的养老服务机构，要走市场化的路子，满足少数高收入人群的需要，避免过多占用公共资源；对于一般的养老服务机构，特别是郊区的民办养老机构，政府要给予更多的扶持，加强管理监督，保障服务质量，弥补政府办养老机构的不足。

（执笔：周海旺、胡苏云等）

区县报告篇

浦东新区国民经济和社会发展报告（2014～2015）

一、2014年国民经济和社会发展计划执行情况

2014年，面对复杂多变的外部环境，浦东新区积极贯彻党的十八届三中全会精神，根据市委、市政府的总体部署，坚持创新驱动发展、经济转型升级，扎实推进“稳增长、促改革、调结构、惠民生”的各项工作，经济社会发展平稳有序，年度计划执行情况总体良好，约束性指标全面完成，多数预期性指标得以实现（见表1）。

表1　2014年浦东新区国民经济和社会发展计划主要指标完成情况

序号	指标名称	属　性	2014年目标预期	2014年完成情况
1	地区生产总值	预期性	增长10%左右	9.3%
2	第三产业增加值占生产总值比重	预期性	进一步提高	比上年提高2.6个百分点
3	常住人口规模	预期性	完成市下达指标	完成市下达指标
4	地方财政收入	预期性	增长8%	12.1%
5	全社会固定资产投资	预期性	1 700亿元左右	1 765.73亿元
6	区属单位增加值综合能耗	约束性	下降3%左右	超额完成
7	合同外资	预期性	70亿美元	143.07亿美元
8	外商直接投资实际到位金额	预期性	48亿美元	44.76亿美元

(续 表)

序号	指 标 名 称	属 性	2014 年目标预期	2014 年完成情况
9	战略性新兴产业产值占工业总产值比重	预期性	进一步提高	比上年提高 1 个百分点
10	金融业增加值	预期性	两位数增长	18.8%
11	航运业增加值	预期性	两位数增长	14.3%(预计)
12	外贸进出口总额	预期性	比全市增幅高 2 个百分点	比全市增幅高 1.6 个百分点
13	商品销售总额	预期性	两位数增长	15%
14	社会消费品零售总额	预期性	两位数增长	8.9%
15	全社会研究与试验发展经费支出相当于生产总值比例	预期性	3%左右	3.6%(预计)
16	每百万人发明专利授权数	预期性	550 件	580 件
17	社会民生投入	约束性	与财政支出同口径增长	与财政支出同口径增长
18	城镇登记失业人数	约束性	控制在市下达指标内	控制在市下达指标内
19	新增就业岗位数	约束性	15 万个以上	15.07 万个
20	城乡居民家庭人均可支配收入	预期性	持续稳步增长	9.8%/11.7%
21	新增养老床位数	约束性	800 张	1 241 张
22	保障性住房开工面积	约束性	245 万平方米	245 万平方米
23	二氧化硫、化学需氧量和氨氮等主要污染物排放量削减率	约束性	完成市下达指标	完成市下达指标

(一) 经济转型升级步伐加快

经济运行总体平稳。2014 年,新区实现地区生产总值 7 109.74 亿元,增长 9.3%,增幅比上年小幅下降,但高于全市增幅 2.3 个百分点。经济运行质量和效益继续提升,全年地方财政收入达到 684.51 亿元,增长 12.1%。投资规模再创新高,2014 年,全社会固定资产投资完成 1 765.73 亿元,增长 5.6%,超额完成全年目标。在自贸试验区资本集聚效应的带动下，招商引资保持良好势头，全年合同外资达到143.07亿美元，增长93.6%；新增内资企业注册资本6 062.32亿元，增长2.4倍。

产业结构进一步优化。2014年，第三产业实现增加值4 760.63亿元，增长12.7%，占GDP比重达到67%，比上年提高2.6个百分点，已超过“十二五”规划预期目标。第三产业中，金融、信息服务业等现代服务业增速相对较快，电子商务、互联网服务等新兴业态发展迅速。工业内部结构进一步优化，“三大三新”行业中除整体增加值率相对较低的电子信息产品制造业下降1.3%外，其他重点行业增长速度均快于工业平均水平(见表2)。战略性新兴产业(制造业)产值增长8.8%，高于全市平均增幅3.3百分点，占全市比重达32%。

表2　　2014年浦东新区“三大三新”产业发展情况

名　　称	产值(亿元)	增速(%)	名　　称	产值(亿元)	增速(%)
“三大”产业	5 162.44	4.2	“三新”产业	517.62	4.9
电子信息产品制造业	2 463.08	−1.3	生物医药	411.85	5.1
汽车制造业	1 558.81	10.9	航空航天	12.24	13.9
成套设备制造业	1 140.54	8.7	新能源	93.52	3.1

重点区域建设继续加快。陆家嘴、张江和金桥地区加快集聚高端项目，推进转型升级；临港地区落实“双特机制”、实施“南下战略”，高标准推进区域开发；国际旅游度假区全力推进迪士尼乐园建设；世博园区及前滩地区形态和功能开发全面推进。

表3　　2014年重点区域开发建设情况

区　域	主　要　工　作
陆家嘴	互联网新兴金融产业园暨创新孵化基地初具雏形，积极引进广发证券设立的P2P平台、网易设立的互联网小贷平台以及91金融上海总部等一批有影响力的互联网新兴金融企业。二层连廊一期世纪连廊项目、停车引导系统一期等投入使用。陆家嘴世纪金融广场等商办楼宇建设稳步推进

(续　表)

区　域	主　要　工　作
张　江	国家数字出版基地三期、诺华中国研究中心一期、上海天马第5.5代AM-OLED量产线等项目平稳推进,长泰广场城市商业综合体和汇智国际商业中心相继开业;康桥工业区的沙伯基础项目已竣工、蒂森克虏伯项目平稳推进;国际医学园区的质子重离子医院、国际医学中心已建成投入运营,加快推进上海医疗器材专科学校和上海出版印刷专科学校建设。张江科技金融广场招商引资工作稳步推进
金　桥	聚焦总部经济,引进特斯拉华东区总部、德国默克投资性总部、中科新松机器人总部等项目。聚焦平台经济,积极推进新兴金融平台、移动视频产业平台以及智能装备产业平台建设。聚焦数字化和智能化制造领域,深化与上海产业研究院的战略合作,促进卫邦医用机器人、载物智能电网、吉凯基因大数据等企业技术研发和成果转化
世　博	A片区吉富(中国)投资有限公司等5家公司相继设立项目公司,B片区中国黄金集团公司等11家央企已注册项目公司或实体公司,世博源综合商业中心开业。前滩地块惠林顿国际公学正式开学,企业天地一期、二期和三期、体育公园等项目已开工建设,有序推进休闲公园项目。耀华地块已有4家企业入驻,环通商业广场、合景泰富以及公租房项目建设稳步推进
度假区	核心区主题乐园各片区桩基及下部结构均已完成,2家配套酒店和餐饮零售娱乐区主体结构完成。日常管理、人力资源、政策保障、应急管理等运营准备和服务保障工作全面推进。核心区发展备用地块基本清盘,精品购物村和郊野公园项目稳步推进
临　港	加快推进南下战略实施,临港国际会议中心(一期)、中移动IDC项目开工建设;临港进口商品直销中心、汽车交易中心以及艺术品保税展示等功能性项目正式开业;临港软件园加快建设;极地海洋世界项目抓紧开展前期工作。功能性项目建设有序推进,上海天文馆、建桥学院、电力学院等项目稳步实施,耀华国际学校落地,双定双限房一期首批1 400套房源平稳完成供应,公共租赁房一期已有超过2 000人入住。成功举办滴水湖啤酒节、台湾美食节、自贸进口食品节等一系列吸引人气活动

(二) 核心功能进一步拓展提升

金融功能进一步提升。2014年年底,中外资银行本外币存贷款余额分别增长9.7%和4.7%。在国债、股票和基金的拉动下,证券市场成交额增长48.1%。金融机构加快集聚,金砖国家开发银行总部、中国农业银行上海管理总部落户。全年新增监管类金融机构50家,股权投资及管理企业963家、融资租赁企业

267家、财富管理企业73家、金融专业服务机构594家。新兴金融业态蓬勃发展，出台相关政策，推动新纳入监管的第三方支付及移动支付等互联网金融机构进一步集聚。

航运功能继续增强。2014年，港口货物吞吐量和集装箱吞吐量分别增长4.3%和5.8%。机场货邮吞吐量由上年的下降逆转为增长8.7%。洋山港水水中转箱量和国际中转箱量分别增长5.7%和5.1%，占比达到49.7%和11%。上海南盛堡船舶管理有限公司等5家外资船舶管理公司、大地航运保险运营中心、中外运长航航运事业部等重点航运服务企业落户。上海亚洲船级社中心、中国贸促会上海海损理算中心、上海海事司法鉴定中心等航运功能性机构入驻。中国海运大厦、洋泾国际航运服务创新试验区等项目建设正式启动。

贸易功能稳步发展。2014年，实现商品销售总额20 287.71亿元，增长15%，增幅高于上年2.2个百分点，高于全市3.6个百分点。社会消费品零售总额1 638.89亿元，增长8.9%，增速逐月回升。世博源等新增商业设施和周浦万达等区域型商圈销售良好。全年外贸进出口总额2 679亿美元，增长7.2%。贸易结构继续优化，电子商务交易额和服务贸易总额均达到两位数增长。积极发展跨境电子商务，东方电子支付、快钱、盛付通、通联支付等4家第三方支付机构参与了自贸区跨境电子商务人民币支付结算试点。

总部功能不断升级。实施总部企业外汇集中管理、人民币资金池政策，优化总部运营环境，促进一批企业区域总部的设立。引导和协助已落户浦东的总部企业升级为亚太区总部。2014年年底，累计获认定的跨国公司地区总部达229家，占全市的46.7%。

（三）区域创新体系不断完善

创新创业环境继续优化。探索扩大代持股专项资金的政策受益覆盖面。完善集成电路产业链保税监管模式，推进再制造产业改革试点。积极推进孵化基地建设，加大对孵化器、在孵企业和苗圃项目的扶持力度，在南汇工业园、临港软件园和北蔡、航头、泥城等区域布局新建孵化器。推动科技金融服务平台建设，完善科技企业与金融机构的交流对接机制。全面推进国家知识产权试点城区建设，不断优化知识产权发展环境。科技企业信用体系进一步完善。

创新成效进一步显现。全年专利授权数达到 10 896 件,其中发明专利3 139件,每百万人发明专利授权数达到 580 件。罗氏、安进、杜邦等跨国公司创新中心相继落户。新认定高新技术成果转化项目 139 个,认定技术交易合同2 753件,交易金额 179.5 亿元。获得各类科技奖励 160 项,其中 12 个项目获国家科技进步奖。深入推进“千人计划”引才工程,入选“千人计划”专家 283 人,其中国家级 148 人、市级 135 人。

(四) 以自贸试验区带动综合配套改革取得新进展

自贸试验区内外联动进一步加强。主动建立对接联动机制,积极配合全市制定推广自贸试验区改革经验的实施方案。深化跨国公司总部外汇资金集中运营管理试点,总部企业的集中报关试点范围进一步扩大。延伸自贸试验区保税展示交易功能,推动森兰商都进口商品展示平台正式运营,形成“前店后库”的商业模式。促进上海国际黄金交易中心推出国际板业务。完善信托登记制度的地方规范性文件,推动全国性信托登记服务机构落户浦东。推进商业保理业务创新,首创商业保理企业信用评级机制。

政府管理体制改革取得突破。成立全国首家实现专利、商标、版权的集中管理和综合执法的知识产权局。进一步推进工商、质监、食药监及价格监督检查组成的市场监管体制改革。借鉴负面清单管理理念,优化外资项目审批流程,实现外资审批、企业登记、组织机构代码证办理、税务登记和食品前置审批“五证联办”,并在全国首创推动海关加入“一口受理”流程,实现外资设立和变更环节审批“六联动”。推进区级机关编制下沉,各区级机关行政编制精简率达到 15%,内设机构精简率近 16%。完善建设项目审批制度,建立陆家嘴、张江、金桥、世博和自贸试验区(含森兰区域)等“4+1”区域审批平台,建立“建设项目网上联合审批系统”,完善政府投资项目代建制管理制度。国资国企改革有序推进,制订国资国企改革意见,部分企业率先启动分类改革试点。

(五) 社会民生持续改善

居民收入保持较快增长。城乡居民可支配收入分别达 49 629 元和 21 814 元,增长 9.8%和 11.7%,均超过全市平均水平。农村居民收入增速继续高于城镇居民收入，城乡居民收入差距有所改善。

就业和社会保障工作深入推进。实施就业优先战略和更加积极的就业政策，确保就业形势保持基本稳定。社会保障力度不断加大，城乡居民养老保险制度合并实施，全区城乡居保参保人数 14.6 万人。切实落实重大工程项目被征地人员社会保障政策，近 6.4 万名征地养老纳入镇保人员参加本市镇保门急诊统筹。加快推进社会养老服务体系建设，新增养老床位 1 241 张，新建 6 家老年人日间服务中心、10 家老年人助餐点，完成 266 户"适老性"住房改造和 79 家标准化老年活动室建设，为 5.83 万名老人开展社区居家养老服务，为 2.63 万名高龄老人提供家庭互助服务。进一步加快保障性住房建设，245 万平方米保障性住房(区级)已全部开工建设，全年竣工 174.86 万平方米。

教育事业取得新发展。新开办中小幼学校 19 所，36 所急需建造的公建配套学校开工 15 所、竣工 1 所。积极推进"区级新优质学校创建"和第一批 10 所区级特色高中创建等工作。与全市多所著名高校开展战略合作，实现全市教育资源与新区发展的深度融合。积极促进教育培训等开放领域项目在自贸区落地，鼓励并支持中外合作经营性培训机构发展。与商飞公司、临港集团、唐镇电子商务港等联合开展校企合作培训。

医疗服务水平进一步改善。浦南医院综合楼建成，东方医院改扩建、七院医技综合楼新建项目积极推进，祝桥区域医疗中心、新场综合医疗卫生中心前期工作启动，花木、金桥、高行、泥城等社区卫生服务中心建设项目有序实施。落户在国际医学园区的质子重离子医院和国际医学中心开业试运营，新区医疗服务的能级进一步提升。深化公立医院改革，完善公立医疗机构综合评价体系，形成公立医院医药分开改革扩大试点方案。以全科医生为核心，形成居民健康管理团队工作机制，推广慢性病自我管理模式。推进国家中医药综合改革试验区建设。继续实施 60 岁以上老人接种肺炎疫苗、新生儿疾病筛查等国家及上海市重大公共卫生服务项目。

文化软实力逐步提升。公共文化设施建设积极推进，谢稚柳陈佩秋艺术馆、航头大居文化活动中心和广电中心等项目稳步实施。努力打造文化活动品牌，成功举办上海夏季音乐节、"三林塘"上海民俗文化节等重大文化活动。文化创意产业发展平稳，重点园区(基地)建设和功能平台集聚加速，张江国家数字出版基地三期、三林老街文化创意园区等一批文化创意集聚区全面开工。

体育事业稳步发展。推进川沙体育场征地改扩建、周浦体育中心新建等重点项目建设。继续推进公共体育设施对外开放,保障居民的基本健身需求。顺利完成第12届全国学生运动会各项工作,成功承办全运会女子排球比赛等重大赛事。

实事项目全面完成。在确保完成由新区实施的市政府实事项目的同时,新区12大类涉及居民出行、居住、健康、老年人服务等日常生活改善和解决急、难、愁等问题的实事项目全面完成。

表4　　2014年浦东新区实事项目推进情况

序号	项目名称	建设完成主要内容
1	为老年人提供服务,提高其生活质量	在三林等地区新建养老院,超额完成新增床位1 200张的任务,实际新增1 391张;新建20家标准化老年活动室;为5.46万人提供居家养老服务;为2.25万高龄老人提供家庭互助服务;在高东、康桥地区新建6家老年人日间服务中心;为120户低保困难老年人家庭提供居室适老改造服务;在浦兴等地区新建10家老年人助餐服务点
2	实施"早餐工程"和"菜场工程",营造公平、放心的交易环境	建设60家标准化早餐门店,按需配置60辆"帮帮车"(爱心早餐车);新建和改建25家标准化菜场、6家中心菜场,新建6家限时菜场、5家生鲜菜店;建设标准化菜市场农副产品追溯系统,利用标准化菜市场食品安全信息查询系统网络平台,以IC卡为信息载体,实现对菜市场相关食品进货渠道的查询;在全区50家集贸市场活水产摊位附近设立共约100台"自助式公平秤便民装置"
3	推进新农村建设,实施村庄改造	推进村庄道路改造、桥梁改扩建、村庄路灯、河道综合整治、农村生活污水治理、低水压管网改造、公建配套设施完善、村宅综合整治、村庄绿化等方面的改造
4	对旧住宅小区实施综合整新和老旧电梯安全风险评估,建设街镇物业应急维修特约服务站	新建南汇新城等16个镇的物业应急维修特约服务站;为新区售后公房、政府动拆迁房、混合产权房小区的200台使用15年以上的老旧电梯进行安全风险评估,为政府决策和旧小区改造提供依据和参考;对浦东新区总建筑面积80万平方米旧住房小区实事综合整新工程,整新包括:屋面、墙面、道路、楼道、绿化等项目

（续 表）

序号	项目名称	建设完成主要内容
5	加快公共卫生软硬件建设，关注居民身心健康，提高卫生服务水平	完成10个社区卫生服务中心全科诊室建设；新增900个社区居民高血压自我管理小组，发展1.3万名组员，培训100名社区指导医生和900名高血压自我管理小组组长，培育36个高血压自我管理示范小组，培育20名优秀指导医生和100名优秀组长；对医疗急救中心分站的12辆急救车辆进行救护车车载设备标准化配置；建立7个社区心灵驿站；心理健康服务进家庭系列活动；培训和管理三级社区心理服务网络；与复旦大学心理研究中心共建社区心理健康服务基地，建立社区居民心理数据库；关注新区居家老人、儿童、户外工作者健康，在新区的学校（幼儿园和小学）、社区卫生服务中心、有户外场所的企事业单位开展感冒、慢性阻塞性肺病（COPD）、儿童哮喘和中暑风险预报服务
6	新建幼儿园	在北蔡F2－5等配套幼儿园地块新建6所幼儿园，项目建成后可开办89个班
7	提高公交覆盖率，改善公交设施，完善信号灯系统，方便市民出行	在新建道路、市民来信和两会办件反映较多，以及街镇提供的公交站点安装150个公交候车亭；延伸、新辟、调整公交线路25条；对辖区道路306个信号灯路口进行设施完善与公安交通设施基础及管道线路全面整修；新增15个信号灯控制路口
8	推进垃圾分类，构建生态文明	推进实施“百万家庭低碳行，垃圾分类要先行”生活垃圾分类减量，新增覆盖2万户生活垃圾分类减量区域
9	成功扶持创业	成功扶持1 800人创业，对符合条件的创业者落实小额担保贷款、财政贴息、场地安排等扶持政策
10	关心残疾人生活，为其提供更好的服务和更全面的保障	建立浦东新区残疾人服务中心，集医疗康复、教育就业、生活服务、法律咨询四位一体；为全区约7.2万名持证残疾人购买意外伤害保险
11	推进文化服务下基层，建设和完善健身设施，丰富群众文体生活	开展公共文化资源配送服务（进农村、进工地、进军营），组织文艺巡演300场，放映公益电影1万场；建设3个百姓健身房，1个百姓游泳池，10个农民健身工程，3个社区公共运动场，14条百姓健身步道
12	深入社区，方便和服务居民生活，打造安全的生活环境	在各相关镇的大居筹建10个“青年中心”；将公益直通车送进不少于80家企业，建立至少20家企业助力公益实践基地；助推至少20家企业与社会组织一一结对，开展企业服务社区公益项目不少于40次，服务社区不少于1万人次；成立4家区域性的企业-社团公益联盟，开展员工暖心行动项目不少于4次，服务员工不少于5 000人次；在部分案件高发小区及城市化地区建设约200个宣传栏；在全区有条件的街镇支持建立示范性家政服务站共4个

(六) 社会治理水平不断提高

进一步加强基层治理。以“两个合法稳定”为导向,狠抓人口综合管理和服务,外来无序流动人口数量明显下降。大力推进基层民主,完善社区代表会议制度和社区共治机制,以居委会自治家园示范点创建为抓手扎实推进居民自治工作。以“一门服务、一口受理、一头管理”为目标,积极推进受理中心标准化建设,进一步规范社区生活服务中心的设置运营和建设管理。

促进社会组织健康发展。加大扶持力度,进一步促进社会组织发展,2014年年末,新区各类社会组织达1 764家。继续推进政府购买服务“供需对接一站式服务平台”建设,累计为59个公益服务项目开展对接服务。强化服务管理,有序开展对四类社会组织进行直接登记,加强社会组织专业培训,提升社工人才综合能力。

(七) 城市综合环境明显优化

基础设施体系进一步完善。轨道交通16号线全线通车,9号线三期、13号线二期工程已启动,10号线二期、14号线已完成部分前期工作。罗山路快速化改建工程竣工,中环线浦东段、东西通道等重大道路工程有序推进。迪士尼、商飞、大型居住社区等配套道路项目按计划实施。加强智慧城市建设统筹规划,城市光网覆盖197万户,百兆家庭宽带接入能力覆盖率达99%,建成4G基站4 200个。

表5　2014年浦东新区重大基础设施工程推进情况

重大工程	主要情况
轨道交通工程	16号线全线通车 9号线三期工程、13号线二期工程均已启动征收和腾地工作。13号线二期成山路站居民协议置换工作已完成77%以上居民的签约工作 10、14号线2个项目前期工作加大协调力度,目前已完成了部分前期工作
重大道路工程	骨干路网:罗山路快速化改建工程已竣工;中环线浦东段、东西通道工程2个项目已开工;杨高路处于前期阶段 区区对接道路:闸航公路、川南奉公路和申江路(华夏中路～沈家港桥)3个项目已开工;申江南路(沪南公路～浦东奉贤区界)和航塘公路2个项目处于前期阶段

（续 表）

重大工程	主 要 情 况
大型项目配套工程	迪士尼配套项目：周邓公路、秀浦路（申江路～S2）、秀浦路（S3～申江路）、申江路高架专用道、S2 高速公路辅道工程、公交枢纽和入园大道已全部开工建设；六奉公路、南六公路已建成 商飞配套项目：下盐公路（川南奉公路～东海大道）、两港公路（拱极路～机场南进场路）均已竣工 大基地配套项目：9 个道路项目：上南路已竣工，芦恒路、长清路、康沈路、川周公路、下盐公路、东靖路东段、东靖路西段和沪南公路已全部开工建设；川沙公交枢纽已基本完成，民乐公交枢纽已采取临时公交枢纽方案替代

旧区改造稳步推进。积极落实资金房源，加大工作推进力度，旧区改造受益居民 2 202 户。推进三林、川沙、康桥等 8 个镇的 11 个地块列入市“城中村”改造项目，其中三林楔形绿地等项目已经启动。累计完成以“三高”地区为主的“厂中村”改造 1 013 户。

生态环保工作力度不断加大。第五轮环保三年行动计划 104 个项目全面完成。继续推进滨江森林公园二期、开天窗补绿工程和南汇生态专项工程建设，新建公共绿地 50 公顷。继续推进生活垃圾分类减量各项工作。配合全市完成水价调整工作。加大对重点企业、敏感区域的监管力度，监察企业近 1 万户次，立案查处 271 户。加大节能降耗工作力度，出台新能源车购买补贴政策，完成 390 台锅炉和窑炉的清洁能源替代，实施 143 栋大型公共建筑的分项计量安装工程，预计区属单位增加值综合能耗下降率超额完成年度目标。

城市管理成效显著。加快街镇网格化平台建设全覆盖，完善六位一体的城市网格化综合管理机制。强力推进“三违”整治，共拆除各类违法建筑 432 万平方米。强化城市安全管理，生产安全事故数、死亡人数和 110 报警类警情数量同比均有所下降，全区未发生集体性食物中毒和责任性药害事件。圆满完成亚信峰会等重大活动保障工作。

（八）城乡发展一体化有序推进

“三农”工作稳步推进。推进落实国家新型城镇化发展规划，以城乡发展一体化为导向，积极推动镇域经济整体发展。2014 年，各镇完成固定资产投资

612.93亿元。以国家现代农业示范区建设为核心，推进农业产业结构调整，构建新型农业经营体系，提升浦东地产农产品经营效益。发展家庭农场190家，全区20%的粮田由家庭农场经营。在全区22个涉农镇形成52家农业生产投入品供应平台(农资超市)，覆盖全区主要农业生产区域。农产品“三品一标”认证覆盖率达到70%。完成村庄改造五年计划，对212个行政村实施村庄改造，共惠及20.43万农户。积极推进美丽乡村建设和创建工作。创新农村综合帮扶工作方式，组建经济薄弱村联合发展平台，采取促进非农就业、涉农补贴政策等多项措施，大力促进农民增收。

积极探索城乡发展一体化改革试点。成立地区工作委员会，优化区镇工作机制。调整街镇考核体系，实施分类考核，引导街镇更加关注社会民生和可持续发展。出台鼓励卫生人才向基层和郊区流动的综合激励办法。扩大农村土地承包经营权确权登记试点，有序推进承包土地经营权流转，流转率提高到66%以上。积极开展集体资产产权制度改革，试点范围由39个村扩大到180个村。加强农村基层建设，深化村民自治工作，加强村务公开民主管理，在19个镇、106个村开展“1+1+X”村民自治模式扩大试点工作。

总体上看，2014年新区积极应对复杂的外部环境，经济运行总体保持稳定，结构调整持续优化，改革创新取得新进展，社会事业稳步发展，人民生活水平继续提高，城市管理日益完善，各项工作有序推进，为2015年全面完成“十二五”规划各项发展目标奠定了扎实的基础。但同时，新区经济社会发展还存在一些问题需要引起重视：一是经济增长面对较多趋缓因素。工业处于中低速增长，外贸增速趋缓、内需市场不足，房地产市场交易不活跃等，导致浦东经济增长下行的压力加大；二是结构调整和转型升级的力度有待加强。虽然新兴服务业发展较快，但行业规模较小。工业设备购置、技术改造投资力度与技术更新需求相比仍有待加强，企业创新能级不高，技术优势不明显。同时，全区范围内尚存在一定数量的低效落后产能需要加快调整；三是社会发展总体水平仍然相对滞后。教育、卫生、社会保障等公共服务优质资源总量不足，配置不均，城乡差距仍较大。社会多元化背景下的治理机制和体系尚需要进一步完善。

二、2015 年经济和社会发展目标和主要任务

(一) 经济社会发展主要目标

2015 年,浦东新区面临的外部环境仍然复杂多变。世界经济呈现低速增长、深度调整、分化明显的态势,未来发展仍存在较大不确定性。全国主要经济指标走势偏弱,经济正在向形态更高级、分工更复杂、结构更合理的阶段演化,经济发展进入新常态,从高速增长转向中高速增长,经济发展方式正从规模速度型粗放增长转向质量效率型集约增长,经济结构正从增量扩能为主转向调整存量、做优增量并存的深度调整,经济发展动力正从传统增长点转向新的增长点。全市及浦东新区仍处于深化转型阶段,产业结构调整的力度将进一步加大。同时,中央全面深化改革的步伐将进一步加快,改革红利将进一步释放,浦东依托自贸试验区试点范围的拓展,以及综合配套改革试点的深化,在体制机制方面的优势将进一步体现;上海全面推进具有全球影响力的科技创新中心的建设,将在科技创新体制机制、人才制度、科技投入等方面有所突破;迪士尼项目也为新区发展现代服务业、提高城市管理和服务功能提供了重要契机。

根据对 2015 年发展形势的判断,结合"十二五"规划主要目标,统筹考虑需要与可能,提出 2015 年新区经济社会发展主要目标如表 6 所示:

表 6　　2015 年浦东新区国民经济和社会发展计划主要指标预期目标

序号	指标名称	属　性	2015 年目标预期
1	常住人口规模	预期性	控制在 555 万人以内
2	地区生产总值	预期性	增长 9%左右
3	第三产业增加值占生产总值比重	预期性	68%左右
4	地方财政收入	预期性	增长 8%
5	城乡居民家庭人均可支配收入	预期性	城乡居民收入均高于全市平均水平 农村居民收入增速快于城镇居民收入
6	全社会固定资产投资	预期性	1 700 亿元以上

(续　表)

序号	指标名称	属　性	2015年目标预期
7	战略性新兴产业产值占工业总产值比重	预期性	进一步提高
8	全社会研究与试验发展经费支出相当于生产总值比例	预期性	3.5%左右
9	每百万人发明专利授权数	预期性	进一步提高
10	外贸进出口总额	预期性	保持增长
11	商品销售总额	预期性	增长10%左右
12	社会民生投入	约束性	与财政支出同口径增长
13	城镇登记失业人数	约束性	控制在市下达指标之内
14	新增就业岗位数	约束性	15万个以上
15	新增养老床位数	约束性	1 200张
16	保障性住房开工(筹措)面积	约束性	225万平方米
17	区属单位增加值综合能耗	约束性	下降3%左右
18	二氧化硫、化学需氧量和氨氮等主要污染物排放量削减率	约束性	完成市下达指标

(二) 2015年经济社会发展主要任务

2015年是浦东开发开放25周年和综合配套改革10周年,是全面推进自贸试验区建设的一年,也是全面完成“十二五”规划各项目标任务的冲刺之年,做好2015年的各项工作意义重大。浦东新区要按照国家和全市的总体部署,坚持以改革统领全局,以创新驱动发展,强化风险防控,大力促进结构调整,积极发现培育新增长点,持续改善社会民生,统筹推进城乡发展一体化,积极创新社会治理,着力提高城市品质,实现经济社会持续健康平稳发展,努力完成好“十二五”规划确定的各项目标任务,为“十三五”发展奠定基础。重点推进以下几方面工作:

1. 全面推进自贸试验区建设,进一步深化制度创新

充分发挥自贸试验区和综合配套改革试点叠加效应,积极响应市委市政府关于自贸试验区管理体制、运行机制的重大调整和责任重心的转移,主动承担推进自贸试验区建设的光荣使命,努力开拓浦东二次创业新局面。

一是推动自贸试验区建设取得新突破。建立浦东新区与自贸试验区统一高效的管理体制和运行机制，把自贸试验区改革试点经验推广到全区范围。落实服务业和先进制造业扩大开放举措。推进投资管理、贸易监管、综合监管等制度创新，争取在新区实施负面清单管理模式。在新区实施自贸试验区仲裁规则，加快打造全球仲裁中心。深化"四个中心"功能创新，建设面向国际的金融市场体系和交易、清算、结算平台。扩大保税展示和保税交易试点范围。探索更加便利化、规范化的国际中转集拼运作流程。完善总部经济功能拓展的系统性政策，探索国际贸易"单一窗口"模式，争取自贸试验区离岸业务税制创新，将外汇改革试点举措拓展到全区。

二是进一步转变政府职能。贯彻落实依法行政的要求，建立政府权力公开透明运作机制，推进行政权力清单。发挥市场监管"三加一"改革和知识产权"三合一"改革的效应，推动城市管理综合执法体制改革。完善市场准入和商事登记制度改革，深化行政审批制度创新，推进区域审批服务平台、外资企业设立和变更"七证联办"、建设项目行政审批制度改革等举措。健全事中事后监管模式，推进公共信用信息服务平台建设，促进政府信息资源协同共享，积极鼓励社会力量参与监管。贯彻《国务院关于加强地方政府性债务管理的意见》(国发〔2014〕43号文)，加快投融资体制创新，加大政府投资项目向社会开放，促进市场主体多元化。加大国资国企改革力度，落实好国资国企改革意见，推进开放性、市场化重组，发展混合所有制经济。

2. 完善区域创新生态系统，提升创新创业能力

进一步优化创新创业发展环境，大力集聚各类创新资源，激发企业发展活力，促进大众创业、万众创新，提高创新创业成功率，努力在全市建设具有全球影响力的科技创新中心过程中发挥核心功能作用。

一是创新科技资金投入模式。完善政府科技创新资金投入机制，探索形成区层面科技投入统一规划、统筹管理、分主体实施的新模式和"投贷保补奖"五位一体的科技创新创业政策扶持体系。健全覆盖科技企业全生命周期的股权投资体系和适合科技企业轻资产特征的债权融资体系。设立专注于服务科技型中小微企业的功能性科技创业投融资平台。创新科技型中小微企业服务模式和考核机制，建立科技信贷风险分担机制、天使投资引导和风险分担机制。

二是探索促进科技成果转化的有效机制。建设“基金＋基地、孵化＋投资”的创新型孵化器,吸引和鼓励国内外知名机构、投资人在浦东设立标杆孵化器。根据不同区域的产业特点,完善孵化器的空间布局。推动国家重大科研基础设施布局浦东,推动上海科学中心落地。加快推动张江生物医药中试平台建设,大力发展技术创业、成果转化、产业促进类服务机构。依托国家级重大科技项目布局,加强产学研合作平台和创新联盟建设,加强对人才集聚、技术转化和产业化的政策引导和服务支持。

三是提高整合利用全球创新资源能力。探索完善企业通过海外投资并购等方式整合创新资源布局、创新网络的机制政策。依托上海自贸试验区要素市场平台和金融创新试点,探索面向科技创新企业的国际化融资模式。探索利用国际人才资源推进科技创新的改革试点。争取延长外籍人士入境免签时限,探索放宽外国人就业年龄限制。探索国际化市场化的人才评价体系,推动高端航运人才资质认定试点项目。引进集聚一批具有全球影响力的跨国公司研发中心,鼓励在浦东设立全球范围内布局的创新网络节点。

3. 进一步提升核心功能,加快推进产业结构调整和转型升级

坚持创新驱动发展、经济转型升级,增强核心功能的全球资源配置能力,逐步增强战略性新兴产业和现代服务业的支撑作用,着力推动传统产业向中高端迈进,促进“四新”经济发展,推动重点开发地区产城融合。

一是进一步提升核心功能辐射带动作用。金融方面,积极推动一批金融创新政策的推广。继续集聚财务公司、金融租赁公司、汽车金融公司等非银行金融机构,以及股权投资、私募证券、互联网金融、创业投资、财富管理等新兴金融机构。重点培育发展第三方支付、金融资讯、金融大数据采掘加工、网络融资与网络融资中介等新兴金融业态。航运方面,围绕航运高端产业链和功能要素,聚焦引进国际航运功能性机构、标杆性航运企业。发挥浦东机场航空枢纽港优势,促进空运及相关服务业在浦东集群集聚,推动海、陆、空联运一体化建设。加快推进洋泾国际航运服务创新试验区建设,打造航运金融产业基地。推进董家渡船坞航运文化广场项目建设。商业贸易方面,探索发展具有市场潜力的体验化新型业态,着力推动传统商圈转型升级,引导商家线上线下融合发展。继续发展购物退免税、前店后库、跨境电子商务等创新模式。探索建立跨境电子商务产业集

聚区，形成集聚和示范效应。推动跨境电子商务监管制度创新，优化报关、检验检疫、收付汇、退税等环节的监管和服务。进一步深化国际维修业务试点，扩大试点企业和行业范围。鼓励各类专业贸易促进平台和贸易服务平台建设，进一步提高贸易便利化水平。

二是加快培育和发展战略性新兴产业。聚焦移动互联网、大数据技术和应用、智能穿戴、机器人、新能源、再制造等领域，支持相关园区转型升级、资源整合，打造“四新”经济新载体。以国家集成电路产业基金成立为契机，加大支持力度，探索对集成电路企业推出进口货物监管便利化措施。以金桥、临港、康桥为核心打造智能制造产业基地。全面落实生物医药产业发展三年行动计划，积极推进国家重大新药创制项目和上海市生物医药产业化项目等重大项目的实施，继续深化生物制药合同生产试点，建立对生物医药研发产业进出口货物通关的长效管理机制，培育形成一批具有持续创新能力的大企业。进一步推动以南汇工业园区为核心，以张江、临港两个新能源产业聚集区为支撑的国家级新能源高新技术产业化基地建设和发展。结合商飞项目推进，抓紧引进民用航空垂直产业链企业。

三是加快重点开发区建设。进一步聚焦发展陆家嘴、张江、金桥等重点区域的龙头产业，提升产业能级；大力推进临港、度假区和世博地区开发建设，加快形成区域功能。

表 7　　2015 年重点区域开发建设计划安排

区　域	主　要　工　作
陆家嘴	稳步推进楼宇十大重点工程项目建设。持续优化金融城综合环境配套和功能提升。继续建设陆家嘴互联网新兴金融产业园，重点集聚互联网金融、第三方支付、对冲量化、私募基金、财富管理、融资租赁、融资担保、小额贷款、商业保理、金融服务、各类金融机构子公司等新兴金融企业
张　江	全面推进建设上海具有全球影响力的科技创新中心的核心基地，在巩固集成电路、软件和生物医药产业优势的基础上，创建一批在 3D 打印、智能机器人、IC 设计等新兴产业领域技术领先、配套完备、开放共享的公共技术服务平台。以张江重点产业发展为导向，针对拥有自主知识产权、技术领先、有较好市场发展前景和竞争优势的创新型企业给予重点支持

(续 表)

区 域	主 要 工 作
金 桥	积极推动以通用凯迪拉克新项目为代表的传统汽车和以特斯拉为代表的新能源车的研发创新及产业化进程,推进通用四期项目开发建设。积极推进智能装备、移动互联网视频等产业发展。以金桥出口加工区(南区)为试点,探索跨境贸易电子示范区建设。推进南汇智城生产性服务业项目建设。探索创新合作方式,进一步提升高端生产性服务业、高新技术产业和高技术服务业的发展水平
世 博	着力推进B片区央企有关功能和业务板块落地;推动A片区剩余地块、C片区先行启动地块和耀华、前滩地块的招商选商工作;推进前滩地块体育、医疗、教育、文化等重大功能性项目建设
度假区	推进迪士尼主题乐园建设和各项运营准备工作,做好交通组织、市容环境、应急管理等服务保障。推动核心区发展备用地块精品购物村、郊野公园等项目建成运营。全力推进度假区南一片区、北片区及西片区横沔地块等重点片区征地和规划编制工作。围绕迪士尼核心项目,深化配套产业链招商,培育旅游娱乐、文化创意、现代商贸等产业集群,加强与周边区域统筹协调
临 港	继续深入实施“南下战略”。着力打造3平方千米创新城、2.5平方千米创业带以及科技成果展示交易中心。做大做强新能源装备、汽车整车及零部件、船舶关键件、海洋工程、工程机械、民用航空六大装备制造业。大力发展海洋高新技术产业、IC装备及智能制造、3D打印、新材料、轨道交通设备等高技术含量的新兴产业。大力发展以研发、检测、维修为主的生产性服务业。抓紧极地海洋世界、上海天文馆、电力学院等项目开工建设,确保上海建桥学院按时开学。加大“聚人气”工程推进力度

四是推进迪士尼等重大产业项目建设。推进迪士尼主题乐园建设和各项运营准备工作,做好交通组织、市容环境、应急管理等服务保障。加强与迪士尼项目的对接,着力发展宾馆餐饮、旅游休闲、文化创意、现代商贸等产业,充分放大迪士尼项目的辐射和带动效益。推动商飞、通用四期、上海烟草等在建重点项目顺利实施。

五是加大产业结构调整力度。制定实施引逼结合的产业结构调整综合性政策,结合土地减量化工作,推进高污染、高能耗、高安全风险、低产出效益类企业关停和产业用地的调整。完善工业用地全生命周期管理,盘活利用存量建设用地,结合“三违”整治做好历史违法用地的整治。制定产业准入指导目录和标准,严把项目准入关,确保新落户项目质量。加强节能减排工作,重点推进区属

2 000 吨标煤以上用能单位的节能技术改造，推动重点用电企业加快使用高效电机，全面完成燃煤锅炉和窑炉清洁能源替代工作。

4. 统筹推进城乡发展一体化，着力缩小城乡差距

坚持统筹推进城乡发展一体化，积极推动新型城镇化和新农村建设，着力推进农业现代化、农民市民化和城乡基本公共服务均等化。

一是进一步提升城镇管理水平。结合市新一轮总体规划修编和新区"十三五"规划编制，从打造全球城市和长三角一体化发展的高度谋划城镇体系布局，优化公共服务资源配置格局，促进开发区与镇联动发展。加快推进中部地区城镇化进程，更好地发挥各镇在城市整体功能提升和城乡发展一体化中的作用。推进街镇体制改革，深化强镇扩权试点，进一步明确区与街镇的职责重点，明确下放事权，理顺条块关系，加强制度保障。

二是深入推进"三农"工作。加快推进国家现代农业示范区建设，提高农业科技含量和附加值。转变农业生产经营方式，鼓励发展家庭农场，积极培育农民合作社联社，构建新型农业经营体系。积极开展美丽乡村创建试点，营造以江南水乡和现代田园为特色的乡村环境和文化氛围。努力提高农村富余劳动力的非农就业水平和社会保障水平，完善农村综合帮扶和农民增收"造血"机制，优化农民收入结构，促进农民持续增收。

三是积极稳妥实施农村综合改革。全面完成村级集体经济组织产权制度改革，加强农村集体"三资"管理，有序推进镇级集体经济组织产权制度改革试点。全面完成农村土地承包经营权确权登记，推进承包土地经营权规范流转。探索建立村级公共服务和基层治理的财力保障机制以及区镇分担机制。在全区推广"1+1+X"村民自治模式，进一步推动基层农村社会治理制度化、规范化。

5. 着力推进公共服务建设，切实保障和改善社会民生

围绕人民群众日益增长的多样化需求，坚持尽力而为、量力而行，努力完善方便可及、公平均等的公共服务体系，切实提高居民生活质量。

一是全面提升社会事业发展水平。教育方面，推进教育领域综合改革，市、区合作开展教育改革试点。按规划优化学校资源配置，确保 36 所公建配套学校中尚未开工的 20 所全部开工。出台鼓励教育人才向基层和郊区流动的综合激

励办法。深化合作办学等改革,推进义务教育优质均衡发展。积极支持区内高等院校改革发展。卫生方面,全力推进祝桥区域医疗中心、新场综合医疗卫生中心项目,加快东方医院改扩建等重大项目实施。完成公立医疗机构改革三年行动计划。加强医疗质量管理,持续改进医疗和服务水平。以全科医学服务体系建设为抓手,继续做实全科医师家庭责任制,加强居民健康管理和服务。体育方面,加快推进周浦体育中心等体育设施建设,积极探索公共体育场馆管理新机制。深化文体、体教、体绿结合。培育重大体育品牌赛事,促进体育产业发展。

二是进一步完善民生保障体系。实施新一轮促进就业政策,确保就业形势基本平稳,推动实现更高质量就业。推动迪士尼等重大项目带动本地劳动力就业,推动中小微企业职业技能培训及高技能人才培养。健全创业服务体系,完善创业带动就业格局。进一步完善社会保障体系,加强就业和社会保障政策联动,鼓励被征地人员通过市场就业方式进入职工社会保险体系。进一步健全临时救助制度和特困人员供养保障机制。鼓励居家养老,推进养老设施建设和优化布局,新增养老床位 1 200 张,积极引导市场和社会力量参与养老服务事业。推进实施医养结合,探索建立医养合作机构。进一步完善住房保障体系,区级保障性住房开工(筹措)面积达到 225 万平方米。加快推进大型居住社区和区级征收安置房建设,推广代理经租试点,继续扩大廉租房受益面,有序做好共有产权房供应。

三是继续做好民生实事工程。继续围绕与人民生活最需要的相关重点领域,在教育配套、养老设施建设、公共卫生、生活配套、公交出行、旧住宅综合整新等方面,持续实施一批实事工程(具体见附表)。

6. 创新社会治理,构建多方参与治理的新格局

坚持系统治理、依法治理、综合治理、源头治理,发挥政府主导作用,增强社会各方发展活力,确保人民群众安居乐业,社会安定有序。

一是深入推进人口综合管理服务工作。以合法稳定居住与合法稳定就业为基本原则,结合不同区域的人口结构、产业特点以及发展趋势,深入实施人口管理和服务的各项工作措施,大力推进就业结构调整,切实加强居住管理,实施阶梯化的公共服务,疏堵结合、标本兼治、综合施策、多管齐下,合理调控人口规模,

优化人口结构和布局。

二是加强基层社区建设。加大改革创新力度，坚持依法治理、重心下沉，建立完善基层治理体系。试点建立基本管理服务单元，完善“镇管社区”的管理架构和资源配置。发挥街道职能，做实社区共治平台，深化基层公共事务共商共治。继续开展市、区两级居(村)委会自治家园建设，激发社区群众参与共同治理的热情。继续推进大型居住区社区管理工作。

三是激发社会组织活力。推动行业协会发展和登记制度改革，加强供需对接平台和社区社会组织支持平台建设，完善政府购买社会服务制度建设。继续推进上海公益社会组织示范基地建设。推进社会组织信用体系建设，强化规范、分类和服务管理。加强社会组织自身建设，促进法人治理、行业自律和信用征信建设联动发展。

7. 进一步完善城市综合环境，努力提升城市品质

将基础设施、生态环境等硬件建设和文化氛围营造、城市管理水平提升等软实力培育有机结合，高品质推进城市更新和城市化，不断优化城市综合发展环境，努力提升城市发展品质和能级。

一是不断提升文化内涵和活力。做好“全国文明城区”复评工作，提升区域文明程度和市民综合素质。加快新区广播电视中心、吴昌硕纪念馆等重大文化事业项目建设，在重点开发区域拓展功能性文化新空间，全力创建“国家公共文化服务体系示范区”。推进新场、横沔等古镇保护开发，加强历史文化传承和保护。积极推进简单生活节项目和小陆家嘴地区文化氛围营造系列活动，办好第四届浦东文化艺术节等艺术类活动。大力发展文化产业和重点文创项目，积极营造有利于文化创意产业发展的优良环境。推进外高桥国家对外文化贸易基地、张江中区国家数字出版基地三期、临港主城区上海文化装备产业园等项目建设。加快文化类项目的培育和引进。

二是进一步完善城市基础设施。切实推动以4G为重点的无线城市重点工程建设，继续推动国家智慧城市试点及中欧绿色智慧城市试点，加强政府信息资源共享，扩大智慧社区、智慧园区推广应用。高标准建设现代化立体交通体系，配合推进轨道交通9、10、13、14、18号线和迪士尼专线建设，建成中环线浦东段、迪士尼和商飞道路配套项目。加大旧区改造力度，积极推进庆宁寺等旧改项目，

全面启动城中村地块征收工作,实施旧区改造 2 300 户,完成“十二五”规划明确的城中村、厂中村改造任务。

三是推进生态环境建设。启动第六轮环保三年行动计划,着力加强大气、水环境、土壤治理。确保滨江森林公园二期年内开工,继续推进开天窗补绿、南汇生态专项续建工程。全力推进商飞总装基地配套水系、迪士尼外围配套水系等河道整治工程。继续开展新区污水支管、小区污水治理等工程建设和中小河道治理。积极推进生活垃圾减量分类工作。

四是持续提高城市管理水平。进一步提高网格化管理水平和覆盖率,加强公共安全等重点领域的动态跟踪和监控。围绕“零增长、减存量”的目标,继续推进“三违”整治工作,进一步建立完善长效机制。推进乱设摊、非法营运等专项整治,确保迪士尼乐园周边、主要交通沿线等重要区域的环境整洁、秩序可控。健全食品药品安全监管机制,强化政府安全监管责任,落实企业主体责任。完善安全生产监管制度,提高监管和应急救援能力。注重发挥城乡社区在社会治安防控中的基础作用,推进平安社区建设。

同时,结合国家“十三五”发展规划编制和全市新一轮总体规划修编,全力做好浦东“十三五”发展规划编制和总体规划修编工作,加强顶层设计,主动对接长三角一体化战略、全面推进自贸试验区建设及具有全球影响力的科技创新中心建设等国家战略,完善公共服务体系、强化核心功能建设,提升城市品质,充分发挥规划对城市创新转型的引领作用。

附表

2015 年浦东新区实事工程项目计划

序号	项目名称	建设内容	
1	为老年人提供服务，提高其生活质量	(1)	在航头拓展 13-04 地块、航头大居 H-5 地块、惠南民乐大居 F08-03 地块、惠南民乐大居 M02-04 地块、惠南民乐大居 B05-07 地块、塘桥、高桥、泥城等新建 8 家养老院，共新增养老床位 1 200 张
		(2)	新建标准化老年活动室，具体指标待市政府下达
		(3)	居家养老服务，具体指标待市政府下达
		(4)	为高龄老人提供家庭互助服务，具体指标待市政府下达
		(5)	在塘桥、花木、泥城、周浦、老港等新建 5 家老年人日间服务中心
		(6)	为低保困难老年人家庭提供居室适老改造服务。具体指标待市政府下达
		(7)	在塘桥街道(蓝高、东方、茂兴)、沪东新村街道、浦兴街道、高行镇、康桥镇、泥城镇等新设立 8 家老年人助餐点
		(8)	在沪东新村街道老年学校、高桥镇老年学校、潍坊新村街道老年学校、张江镇老年学校、川沙新镇老年学校、周家渡街道老年学校等 6 所老年学校开展标准化建设
2	实施“早餐工程”和“菜场工程”，营造公平的交易环境	(9)	建设 40 家早餐门店(其中 10 个大门店、30 个标准化门店)、40 辆帮帮车(如继续列入 2015 年市政府实事项目，则以市政府下达的数字为准)
		(10)	新建和改建 20 家标准化菜场、2 家中心菜场，新建 6 家限时菜场、10 家生鲜菜店
		(11)	在全区 30 家集贸市场活水产摊位附近设立“自助式公平秤便民装置”，平均每家集贸市场 2 台，共约 60 台
3	加强食品安全监管，普及食品安全与健康知识	(12)	在 2015 年新建和改造的标准化菜市场建设猪肉、蔬菜、水产等品种的食品安全信息追溯系统，实现对菜市场相关食品进货渠道的查询
		(13)	浦东电视台开办新版《食品与健康》电视专栏；《浦东时报》开设专版专栏，做好食品安全、重大活动和重要节点的深度报道，开设“科普知识”专栏；发挥新媒体优势，实现立体式食品安全及食品科普常识的传播

(续 表)

序号	项目名称		建 设 内 容
4	对旧住宅小区(包括电梯等)进行综合整新、维修,实施二次供水改造	(14)	为新区售后公房、政府动拆迁房、混合产权房小区的 200 台使用 15 年以上的老旧电梯进行安全风险评估
		(15)	对中心城区的老旧小区实施二次供水改造工程,共约 80 万平方米
		(16)	对浦东新区总建筑面积 80 万平方米旧住房小区实施综合整新工程,包括:屋面、墙面、道路、楼道、绿化等项目
5	加快公共卫生软硬件建设,关注居民身心健康,提高卫生服务水平	(17)	继续推进全科诊室标准化建设,包括全科诊室标准化改造装修施工工程;标准化诊室家具、办公用品配备;全科医生诊察室医疗设备配置
		(18)	急救分站配置急救车 2 辆及配套医用通信设备等
		(19)	对新区医疗急救中心分站的 6 辆急救车,按照《上海市院前急救质控手册》的要求,结合信息化建设需求,进行车载医疗设备的标准化配置
		(20)	巩固已建成的 36 个街镇"幸福家庭心灵驿站"的硬件建设;继续发挥幸福家庭心理服务热线和幸福沙龙、幸福面询等服务功能;培训和管理三级社区心理服务网络,提升社区心理危机预警能力;开展多种形式的心理健康知识宣传;结合国际精神卫生日举办"心理健康服务进社区进家庭"国际论坛;完成"十二五"期间心理健康服务 5 年绩效评估
6	新建幼儿园	(21)	新建民乐居住区 A03－01 地块配套幼儿园、民乐居住区 E06－01 地块配套幼儿园、周康航拓展基地 A－01－01 地块幼儿园、航头拓展基地 25－02 地块配套幼儿园、周浦镇御沁园配套幼儿园、新场镇汇锦城幼儿园共 6 所幼儿园,建设规模合计 90 班
7	提高公交覆盖率,改善公交设施,完善信号灯系统,方便市民出行	(22)	对辖区道路 300 个信号灯路口进行设施完善与公安交通设施基础及管道线路全面整修;新增 15 个信号灯控制路口
		(23)	在新建道路等公交站点安装 150 个候车亭
		(24)	延伸、辟通、调整公交线路 25 条
8	燃煤(重油)锅炉、窑炉清洁能源和调整关停	(25)	2015 年新区完成燃煤(重油)锅炉、窑炉清洁能源和调整关停,基本取消分散燃煤设施

（续 表）

序号	项目名称		建设内容
9	培育一批新型职业农民，成功扶持符合条件者创业	(26)	成功扶持1 800人创业，对符合条件的创业者落实小额担保贷款、财政贴息、场地安排等扶持政策
		(27)	培育一批以家庭农场主、合作社（农业企业）理事长和专业大户为主的生产经营型职业农民；培育一批农民合作社、农业企业、家庭农场、专业大户等新型农业生产经营主体较为稳定地从事农业劳动作业的专业技能型新型职业农民；培育一批以农机驾驶员和维修工、农产品安全监管村级协管员为主的社会服务型职业农民；加强新型职业农民继续教育和提升性培育；开发新型职业农民培训课件和教材；健全新型职业农民培育认定管理办法和扶持配套政策
10	推进文化服务下基层，建设和完善文化、健身设施，丰富群众文体生活	(28)	开展公共文化资源配送服务，组织500场文艺巡演，放映1万场公益电影
		(29)	夏令期间，长青公园、南浦广场公园、临沂公园、泾南公园、梅园公园、塘桥公园、豆香园、陆家嘴中心绿地等公园关闭时间从晚上7点延长至9点
		(30)	对东方信息苑的设备进行更新，包括电脑、装饰、投影机、服务器、空调、路由器、家具等
		(31)	新建百姓健身步道8条；百姓健身房2个；百姓游泳池2个；社区公共运动场4个；农民健身工程10个；30分钟体育生活圈项目（含健身点、非标准百姓健身步道及各类球场等）
11	对农民工加强安全生产培训，改善工会会员服务	(32)	为2万名职工办理工会会员卡，该卡具有五大功能：会员身份标示；会员专享基本保障；工会组织服务设施优惠；会员团购优惠；金融服务功能
		(33)	为新区6万名农民工开展安全生产教育培训，增强农民工安全生产意识，提高安全生产技术和能力（具体指标待市政府下达）
12	深入社区，方便和服务居民生活，打造安全的生活环境	(34)	开展权益责任、环境责任、诚信责任、和谐责任四大类主题活动，以社区为载体、以青少年群体为服务对象，建立浦东团委搭台、企业唱戏、青年社会组织参与的助力企业社会责任平台，服务青少年6万人次，建立“企业助力公益实践基地”20家
		(35)	对浦东新区101家示范性“妇女之家”在硬件、功能和机制等方面进行标准化建设
		(36)	在部分案件高发小区及城市化地区建设约200个宣传栏

(续　表)

序号	项目名称	建　设　内　容	
12	深入社区,方便和服务居民生活,打造安全的生活环境	(37)	为1万人进行智慧社区便民APP实用技能培训、普及宣传
		(38)	巩固2013年、2014年分别在全区已创建的32个和4个上海市示范性家政服务站,建立健全家政服务信息平台,开展家政服务技能和管理能力培训,建立家政服务员灵活就业登记核查核对机制,督促检查指导36个服务站提升服务水平

(供稿：浦东新区发展和改革委员会)

闵行区国民经济和社会发展报告(2014～2015)

一、2014 年国民经济和社会发展计划执行情况

2014 年，在中共上海市委、市人民政府和中共闵行区委的坚强领导下，在区人大、区政协的监督和支持下，全区认真贯彻党的十八大和十八届二中、三中、四中全会精神，紧紧围绕“全面调结构、深度城市化”发展主线，全力以赴推进稳增长、促改革、调结构、惠民生各项重点工作，完成了区五届人大六次会议确定的目标和任务(见表 1)。

表 1　　2014 年闵行区国民经济和社会发展主要目标完成情况

序号	指 标 名 称	年度目标	全 年 完 成
1	地区生产总值	增长 7.5%左右	增长 7.1%
2	财政总收入	增长 8%左右	增长 9.6%
3	区级财政收入	增长 7%左右	增长 11.2%
4	合同吸收外资	16 亿美元左右	26.23 亿美元
5	实际到位外资	12 亿美元左右	13.46 亿美元
6	新增内资实缴资金	150 亿元左右	—
7	亿元楼总数	总量达 10 幢	总量达 12 幢
8	农业经营规模化综合率	86%左右	86%
9	村级集体经济组织产权制度改革数	完成 10 个村的改革任务	完成 37 个村的改革任务

(续　表)

序号	指　标　名　称	年度目标	全　年　完　成
10	高新技术企业数	总量达 460 家以上	总量达 508 家
11	每百万人发明专利授权量	720 件左右	720 件左右
12	城乡居民家庭人均可支配收入	增长 8%左右	城镇居民家庭人均可支配收入增长 9.8%
			农村居民家庭人均可支配收入增长 10.7%
13	新增就业岗位数	3 万个	33 189 个
	城镇登记失业人数	14 000 人以内	14 000 人以内
14	区属动迁安置房、安置户数	新开工 40 万平方米，安置1 500 户	新开工 50 万平方米，安置 2 168 户
15	开展旧住房综合改造面积	200 万平方米	222 万平方米
16	新学校(幼儿园)开办数	9 所	8 所
17	新增社会养老机构床位数	500 张	705 张
	新增社区居家养老服务人数	1 500 名	2 600 名
18	新增社区社会组织数	20 个	43 个
19	村庄改造户数	1 554 户	1 554 户
20	路网密度	3.30 千米/平方千米左右	3.30 千米/平方千米
21	城区绿化覆盖率	39.9%左右	39.9%
22	单位生产总值综合能耗	进一步下降(下降 2.5%)	下降 2.5%
23	主要污染物排放总量	进一步削减	工业化学需氧量、氨氮、二氧化硫、氮氧化物排放量在上年基础上分别削减 8%、9.2%、39.1%、23.1%
24	生活垃圾分类减量覆盖面	新增 149 个小区、单位	新增 149 个小区、单位

注：关于部分指标完成情况的说明和部分指标的解释见附件 2。

(一) 经济发展总体平稳，结构调整稳中有进

经济运行保持在合理区间。全年完成地区生产总值 1 843.75 亿元，同比增长 7.1%。实现财政总收入 580.22 亿元，同比增长 9.6%，其中区级财政收入 190.33 亿元，同比增长 11.2%。第三产业保持领先增长，增加值占全区地区生产总值的比重预计提高到 45%(见图 1)，比上年提高 3.5 个百分点，对经济增长的贡献率达到 94.7%。消费保持平稳增长，实现社会消费品零售总额 641.42 亿元，同比增长 6.8%。全年完成全社会固定资产投资 466.74 亿元。

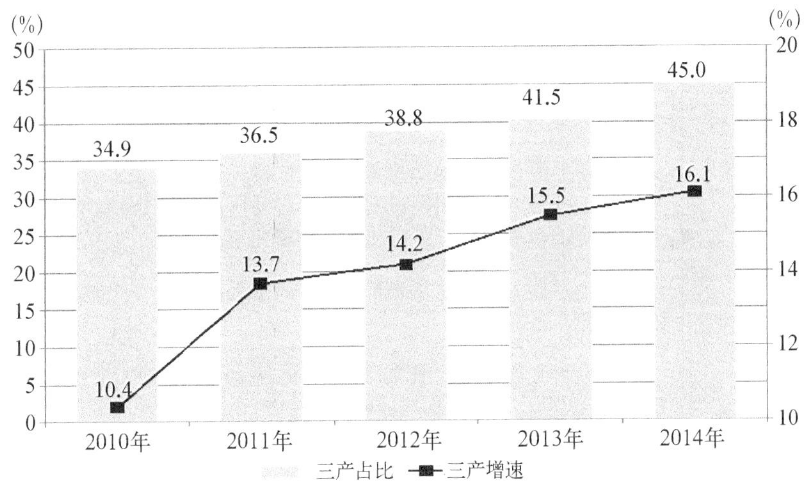

图 1　2010～2014 年闵行区第三产业占比和增速情况

制造业转型升级稳步推进。全年实现工业总产值 3 643.57 亿元。新一代信息技术、高端装备制造、生物医药等七大战略性新兴产业领先增长，实现产值 1 244.9 亿元，占全区规模以上工业总产值的 36.8%，高于全市平均水平 13 个百分点左右。闵行经济技术开发区、紫竹高新技术产业开发区、漕河泾开发区浦江高科技园和莘庄工业区四大园区发展良好，重大项目有序推进(见表 2)，全年实现工业总产值 1 938.98 亿元，占全区规模以上工业总产值的 57.2%。深化市区合作、区区合作、区企合作，与市经信委签署战略合作协议。与漕河泾开发区签订第二轮全面合作协议。与闵行经济技术开发区合作开发西区。与中航商发合力打造国家商用航空发动机产业基地，促成上海电气并购意大利安萨尔多的重型燃气轮机项目落户闵行。

表 2　　产业发展载体及重大项目建设推进情况

产　业	产业发展载体及重大项目进展
先进制造业	紫竹高新技术产业开发区可口可乐(二期)茶饮料浓缩液项目投产运营;中国(上海)网络视听产业基地项目 B 区竣工验收,主楼即将投入运营
	漕河泾开发区浦江高科技园中航工业集团公司航空电子产业基地项目竣工验收;C 地块前期工作有序推进
	莘庄工业区华电燃气热电冷三联供改造项目(一期)试投产;华电通用航空改进型燃气轮机发电成套机组项目竣工;加冷松芝汽车空调股份有限公司新能源汽车空调及控制系统、干线铁路及城市轨道交通车辆空调产业化项目开工建设
	吴泾衣恋服装生产研发基地、颛桥玻玑智能幕墙股份有限公司建筑外围护两能一体化项目开工;颛桥通彩自动化设备有限公司智能专用和新兴显示装备生产研发项目前期工作有序推进
现代服务业	虹桥商务区核心区地块全部开工,虹桥天地项目竣工验收;350 栋楼宇中 114 栋建筑结构封顶;16 个项目启动招商,吸引梅塞尔、罗氏诊断、安博供应链管理、壳牌、基恩士等知名企业落户
	七宝生态商务区宝龙城市广场、世纪出版产业园开工建设;与 SK 集团签订合作备忘录
	莘庄综合交通枢纽上盖项目、轨道交通 10 号线吴中路上盖项目开工建设
	南方商务区办公楼主体和街区商业项目结构封顶,部分项目启动招商;剑川路商务区前期工作有序推进
	七宝万科新宝置业商业项目结构封顶,梅陇新中心 A 街坊项目、马桥安缦酒店继续推进
“四新”经济	形成漕河泾开发区创新创业园、莘闵高新技术暨回国留学人员科技创业园区、国家 863 软件专业孵化器(上海)基地、紫竹大学生/教师创业中心、紫竹数码创意港、起点创业营、沧源科技园等一批“四新”企业集聚的园区和基地
	拥有智能制造、智能电网、智能传感器、3D 打印、卫星导航、生物医药、网络视听、移动互联网、新能源汽车等 20 多个重点领域、近 350 家“四新”企业

现代服务业发展加快。虹桥商务区核心区、七宝生态商务区、莘庄商务区、南方商务区等现代服务业集聚区加快建设(见表 2)。聚焦发展楼宇经济,全区 128 幢重点楼宇总税收、单位面积税收和重点楼宇税收占区域总税收的比重分

别同比增长21.7%、18.6%和11.8%，解放报业大厦、利丰大厦、绿地蓝海等12幢楼宇税收产出超过1亿元。文化创意产业加快培育，21个项目获得市文创资金专项扶持，数量位居全市前列。中国网络剧微电影创意创业中心等项目落户闵行区。

现代都市农业发展水平不断提高。出台加快发展闵行区现代都市农业、推进粮食生产家庭农场发展等政策文件。农业经营规模化综合率达到86%，较上年提高4个百分点。培育发展粮食类家庭农场35家，生产经营面积约6 408亩。新增农民专业合作社6家、农业品牌15个，累计分别达到108家和100个。全区无公害农产品、绿色食品、有机农产品认证比例提高到73.5%。

（二）创新活力不断增强，智慧城市建设持续展开

创新能力持续提升。科技创新主体、创新载体加快培育，企业自主创新能力不断提高（见表3）。张江高新区闵行园加快建设，推进莘庄工业区管委会承接市、区两级相关行政审批权限下放试点。与上海交通大学、华东师范大学、复旦大学、上海中医药大学加强战略合作，推动产学研融合发展。紫竹新兴产业技术研究院总部大楼结构封顶，引进项目6个。国家知识产权示范城区创建深入推进，专利申请量连续11年在全市领先。

创新人才加快集聚。全年引进各类人才775人，中央、市级“千人计划”人才分别达到164名、96名，23人被列入市领军人才计划。开展第九批闵行领军人才选拔，入选51人。

表3　　闵行区科技创新状况

类　别	主　要　进　展
创新主体	新增市科技小巨人企业7家，累计达到39家；新增市、区科技小巨人培育企业分别达到11家和19家，累计达到82家和169家
	全区已落户14家国家级研发机构、25家独立法人的外资研发中心、97家区级研发机构；拥有20家市级工程技术中心、46家市级企业技术中心以及7家国家级、63家上海市创新型企业，涉及纳米技术、生命科技、动物医学、航天航空等多个领域
	87家企业获得2014年上海市“专精特新”中小企业称号

(续 表)

类 别	主 要 进 展
创新创业载体	新增创业苗圃3个,1家市级孵化器升级为国家级,创业苗圃、科技企业孵化器和加速器分别达到13个、15个和3个
	20家高新技术企业入驻闵行区博士后创新实践基地
	18家专业机构被认定为上海市中小企业公共服务机构,1家平台获得国家中小企业公共服务示范平台称号
	新建院士专家企业工作站3个,累计达21个,包括11位两院院士在内的108位专家在工作站为企业提供服务
创新能力	区内企业共申报市级专利新产品8项、引进技术吸收与创新计划专项11项,4家企业申报市级企业技术中心能力建设项目,15家企业申报市级产学研专项
金融服务	区创业投资引导基金累计投资4.48亿元,吸引社会资本30.22亿元;9家企业实现新三板挂牌
	通过市履约保证保险贷款、小巨人信用贷、高新技术企业信用贷、微贷通、硅谷银行"3+1"、股权质押融资等帮助科技企业获得贷款5.1亿元

"智慧闵行"建设全面推进。出台实施进一步推进"智慧闵行"建设的若干意见。新建、改造第四代移动通信(4G)基站1 400座,完成楼宇智能化通信网络升级改造15幢。体验馆"智慧生活"建成启用。优活闵行等微信公众号上线,健康服务、文趣闵行等移动应用平台试运行。学生电子成长档案扩展到16所随迁子女学校、3所高中和1所幼儿园。建成区"电子书包"试验应用平台,开展65所学校"电子书包"试点工作。着力推进基于数字化的教育评价体系和以电子学生证为载体的数字化校园建设。有序推进智慧医疗信息化(二期)项目建设,累计制作发放国家居民健康卡9.7万张。交通信息化(二期)项目建设稳步推进。"智慧社区"覆盖全区约34万用户,27个便民服务频道上线应用,通过各类互联网便民服务平台提供政策、交通等十四大类76项民生服务资讯。

(三) 综合改革全面深化,开放型经济水平不断提高

积极探索复制自贸试验区制度。与虹桥商务区管委会建立联席会议制度,制定实施工作方案,推出强化事中事后监管、促进贸易便利化、加强金融创新等五方面的创新举措。虹桥商务区企业服务中心正式运行,联动市工商、税务、质

监等部门争取市级行政审批权下放，区级相关审批部门入驻，首批告知承诺事项发布，实现商事登记和企业审批“虹桥事虹桥办”。

重点领域改革有序实施。行政管理体制改革稳步推进，经济体制改革不断深化，全国农村改革试验区工作扎实开展（见表4）。

表4　闵行区重点领域改革持续推进

重点领域	改革内容
行政管理体制改革	“大联动”体制机制持续完善，管理（执法）力量下沉试点启动。完成“大联动”信息系统（二期）建设，全年共立案29.7万件，办结率达到99.1%；制定进一步加强村、居民区党组织书记队伍建设，推进“班长工程”的实施意见和6个配套文件
	编制颁布新版行政审批事项目录，取消、调整审批事项254项；开展非行政许可审批事项清理工作；完善“重大项目绿色通道”制度，对列入区年度计划的重大项目优先办理
	全面实行招投标（政府采购）电子化，分包发包纳入平台操作；研究制定公共资源交易市场主体及评标专家不良行为记录披露管理办法，细化落实非招标采购方式管理办法
	出台实施区政府职能转变和机构改革方案；城市养护作业市场化改革稳步推进
经济体制改革	成立投融资管理委员会，建立政府性债务风险管理、融资计划审批、政府综合财务报告试编等制度，规范公共资金和银行账户管理；强化区政府投资建设项目审计监督
	出台实施深化国资国企改革的政策意见，明确国资功能定位，加强企业分类管理，推进法人治理结构优化、资源整合和国有资本市场化投资；莘庄工业经济技术发展有限公司等6家公司率先实施整合重组
	建立区国有（集体）资产公开招租平台；出台区属企业重大事项管理暂行办法和加强企业改制中未置换土地资产管理的若干意见
农村改革	被列入第二批全国农村改革试验区，农村集体经济组织产权制度改革改制率达到69%；出台推进镇级集体经济组织产权制度改革的指导意见和实施方案，清产核资等前期工作加快推进
	强化农村资金、资产、资源“三资”管理，170项集体资产实行公开招租，对78家单位实施社会审计监督，建立实施集体经济组织重大经济行为审核制度

对外开放继续扩大。预计全年合同吸收外资26.23亿美元，实际到位外资

13.46 亿美元，分别完成年度计划的 163.9%和 112.2%。新增内资注册资金 374 亿元，同比增长 16.5%。总投资 1 000 万美元以上的外资项目 46 个，服务业吸收内外资分别占总额的 73.5%和 91.6%。跨国公司地区总部达到 26 家，独立的外资研发机构 25 家。全年实现出口商品总额 185.21 亿美元。

(四) 人民生活继续改善，公共服务体系进一步健全

人民生活水平不断提高。城镇和农村居民家庭人均可支配收入分别为 40 637 元和 27 560 元，比上年增长 9.8%和 10.7%(见图 2)。全力推进创业型城区创建工作，全年新增就业岗位 33 189 个，其中农村富余劳动力和征地人员非农就业岗位 6 457 个，新安置就业困难人员 1 029 人。扶持成功创业 781 人，创业带动就业 2 367 人。稳步提高各类人员保障待遇，农保平均养老金标准由每人每月 770 元调整为 878 元，征地养老人员生活费发放标准由每人每月 1 118 元调整为 1 248 元。新增区属动迁安置房 50 万平方米，完成 2 168 户在外过渡动迁居民的安置任务。新增廉租住房受益家庭 206 户，公共租赁住房实现部分入住，共有产权房申请受理 1 527 户。开展旧住房综合改造 222 万平方米。实施旧小区二次供水改造 74.3 万平方米。

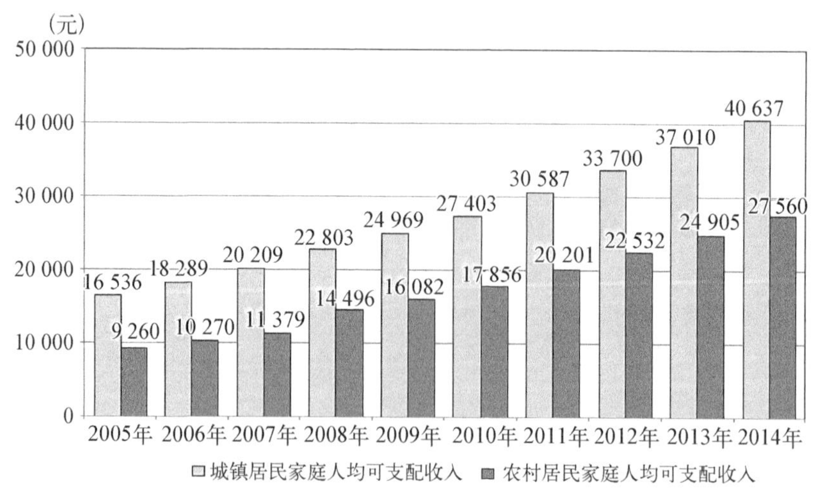

图 2 2005～2014 年闵行区城镇与农村居民收入情况

社会事业蓬勃发展。优质教育资源总量进一步扩大(见表 5)。在全区推广“家门口的好学校”创建机制，完成 9 所“新优质学校”创建工作中期评估。深入

实施中小学课堂教学改进三年行动计划，在社会实践和实验教学等方面取得实效。开办七宝德怀特高中。全面推广全国社区教育示范区成果，推进学前教育、特殊教育新三年行动计划。医药卫生体制机制改革继续推进，以卫生信息化为支撑的公立医院全面预算管理和家庭医生制度进一步深化，被列入社会办医（国家）联系点，启动实施"单独两孩"政策。家庭医生签约143.67万人，户籍人口签约率达到93%。养老服务体系加快建设，被确定为首批全国养老服务业综合改革试点。在莘庄镇、江川路街道启动全市统一老年照护需求评估试点工作。市文明城区创建工作持续推进，建成市、区文明小区606个、文明村99个、文明单位544家。文化体育事业繁荣发展，荣获全国文化先进区称号，在市公共文化服务体系示范区中期督查中列全市第一。"30分钟体育生活圈"建设扎实展开，完成国家第四次国民体质监测工作。一批文体活动和重大赛事成功举办。

表5　闵行区社会事业蓬勃发展

类　别	主　要　进　展
教　育	一品漫城幼儿园、浦江三幼（浦润分园）、上海晶采坊幼儿园分园、君莲幼儿园（春都分园）、鑫都小学、蔷薇小学（分校）、浦航第二中学、七宝德怀特高中等8所新学校（幼儿园）开办；上海外国语大学闵行外国语中学基本竣工；上海市第二中学梅陇校区、浦江镇第六小学结构封顶；上海戏剧学院浦江校区、闵行第三中学改扩建项目有序推进
	紫竹国际教育中心（一期）项目加快建设，美国北卡罗来纳大学教堂山分校、上海交通大学—南加州大学文化创意产业学院、中美高等教育创新中心等项目签约入驻；德威英国国际学校结构封顶
卫　生	复旦大学附属华山医院、复旦大学附属上海市第五人民医院外科综合大楼、复旦大学附属眼耳鼻喉科医院、吴泾医院改扩建（三期）工程等项目有序推进；新增9辆急救车辆，梅陇镇、虹桥镇和古美路街道新增3个急救点投入使用
	新虹桥国际医学中心医技中心、能源中心建设稳步推进
	区中心医院纳入复旦大学附属医院建设范畴，吴泾医院挂牌岳阳中西医结合医院闵行分院
养　老	新建助餐点3个，标准化老年活动室15个；完成30家养老机构消防安全改造
	新东苑持有型养老社区主体工程结构封顶；君莲医养融合敬老院正式运营；浦江镇、马桥镇混合型养老社区项目有序推进；华漕镇、古美路街道社区为老服务中心等8个嵌入式养老服务设施建成

(续　表)

类　别	主　要　进　展
文体设施建设	闵行博物馆即将竣工,海派艺术馆前期工作有序推进
	颛桥社区体育活动中心、交大致远游泳馆、6条百姓健身步道建成启用;6个社区体育活动中心加快建设
	巩固100个市民文化广场改造成果;103所学校体育场地向社会开放,惠及150万人次
群众文体活动	成功举办区第五届艺术节、首届上海浦江沪剧节、社区广场舞大赛,开展各类活动2 000余项,参与市民300多万人次;承办的上海合唱节荣获"上海市重大文化活动晚会类"最佳奖
	在区群艺馆设立闵行区公共文化资源配送中心,配送高雅艺术进社区100场,东方宣教演出130场,开设东方讲坛150场,播放社区数字电影1.27万场;提供东方信息服务179万人次
	举办区第五届运动会、新春乒乓球公开赛、迎春万人健康行等活动;在66所学校、13 600多名学生中开展第三轮小学三年级游泳普及教育
重大体育赛事	成功承办ATP1000网球大师赛、2014年世界青少年乒乓球锦标赛、别克女子高尔夫邀请赛等国际赛事
	1 000余人参加市第十五届运动会,闵行代表团分列金牌榜、总分榜的第四位和第五位;成功承办市运动会田径、曲棍球、棒垒球等5个项目的比赛

(五) 城市功能逐步完善,社会运行平稳有序

城乡基础设施加快建设。配合推进市重大工程,国家会展配套项目涞港路建设、小涞港河道整治工程竣工。中环沪闵路高架WS匝道主体工程基本完工。嘉闵高架南北延伸部分路段通车。虹梅南路高架主线腾地满足施工需要。大芦线航道整治(二期)动迁基本完成。北青公路高架、轨道交通5号线南延伸、8号线(三期)前期工作有序推进,成功争取15号线虹桥段线型走向及元江路站体调整。实施区区对接道路工程3条。大型居住社区内配套项目开工26个,17个外配套项目完成13个。浦江郊野公园单元规划和控制性详细规划获批,首期启动区非居和农户动迁签约率分别达到78%和92%。南方商务区、莘庄商务区等重点地区配套道路建设有序推进,莲花路地铁站连廊开工。6个"城中村"项目列入全市改造试点,其中4个项目改造方案获批。集中城市化地区"城中村"改

造腾地 6 个。农村桥梁改造 20 座。完成 29 个基地腾地工作,动迁居民 1 332 户,企业 291 家。区城投公司 20 亿元债券(二期)成功获批。

社会管理创新不断加强。人口调控工作开局良好,建立利益平衡机制,夯实组织架构,制定考核办法,聚焦产业升级、居住管理等重点工作,完成第一年人口调控目标。探索推进政府购买服务相关目录的编制工作。创新社会组织管理体制,对行业协会商会类等四类社会组织实行直接登记,新增社区社会组织 43 家。完成全区社区事务受理服务中心标准化建设。社区服务站新增下沉受理公共服务事项 24 项。建立分级分责化解信访矛盾等制度,信访总量、积案存量、新增矛盾率和重信重访率均呈下降态势。

城市管理机制逐步完善。启动新一轮城乡总体规划编制及土地利用总体规划修编(见表 6)。开展新增工业用地全生命周期管理研究,制定形成盘活存量工业用地政策意见及三年实施方案,摸底梳理出二次开发地块 69 个。探索负面清单城市管理模式,亚信峰会服务保障任务圆满完成。加大食品安全、建筑施工、危险化学品、消防、交通运输、特种设备等重点领域的安全管控力度,七宝镇成功创建为全国安全社区,莘庄镇、古美路街道成功创建为上海市安全社区。公交优先发展战略扎实推进,新辟 2 条、调整 10 条大型居住社区及商务楼宇配套公交线路,新增配建停车泊位约 1.94 万个。出租车运价调整平稳实施。莘庄等重点地区停车信息化发展有序推进。

表 6　闵行区城市规划和安全监管工作不断加强

类　别	主　要　进　展
规划管理	集中建设区内控制性详细规划基本实现全覆盖,环卫、养老等专项规划基本完成编制;九星地区控制性详细规划局部调整方案落地;颛桥中心村规划方案确定
	“大虹桥”、“大紫竹”、“大浦江”三大功能区战略落地研究,以及闵行滨江区域发展战略、发展定位和产业功能研究基本完成
土地管理	重点推进浦江养老社区、新虹桥国际医学中心、区属动迁安置房等项目土地供应,预计全年出让土地约 1 668 亩
	全年消除违法用地 1 653 亩,国家土地督察涉及的 17 个问题大部分整改到位,基本通过验收;配合国家审计署开展土地出让收支和耕地保护审计

(续 表)

类 别	主 要 进 展
城市公共安全管理	对100个居民小区实施消防安全工程;完成群租整治9 696户;拆除各类违法建筑107万平方米,其中在建违法建筑754起、6.34万平方米
	对51处非法客运多发区开展非法客运集中整治,查处非法客运车辆545辆次
	开展"六打六治"及粉尘防爆、油气管线违章占压、火灾隐患大排查等专项整治,监督检查8.96万家次,整改隐患8.36万起,取缔关闭单位81家,整治管线占压点71处
	建立13个基层食品药品监督管理所,开展食品安全专项整治50余次,检查单位1万多户次;完成食品类企业日常监管3.15万户次,责令整改1 300户次
	重点对黄浦江及支流一线防汛墙进行加高加固,对周浦塘闸外防汛墙实施应急抢险工程;完成15处防汛积水点改造工程和15座下立交积水安全预警工程

(六) 节能减排扎实推进,生态建设取得新进展

节能减排常抓不懈。完成产业结构调整项目50项,组织实施节能技术改造项目40项。实施新能源汽车私人购车补贴政策,完成市下达300辆新能源汽车推广指标。预计全年单位生产总值综合能耗同比下降2.5%。加大污染减排力度,完成中小燃煤锅(窑)炉清洁能源替代(拆除)75台。强化污染减排统计、监测、考核三大体系建设和管理,区级在线监测平台通过市级验收。建成污水收集管网40千米,推进497家未纳管污染源单位的污水管网建设,完成351家。实施200万平方米旧小区雨污水分流改造,农村生活污水收集处理3 228户,全区污水收集处理率达到89%。

生态建设持续推进。第五轮环保三年行动计划各项任务完成。被国家发改委等六部委确定为全国首批生态文明示范区,4个镇成功创建国家生态镇,3个镇通过市级验收。闵行经济技术开发区被环保部等三部门批准为国家生态工业示范园区,莘庄工业区通过市级复核评估。实施俞塘(四期)、春申塘(三期)、芦胜河等8条(段)区级骨干河道整治,完成20条(段)河道疏浚工程。加快推进浦江郊野公园(一期)水环境整治。餐厨废弃物资源化利用和无害化处理项目前期

工作有序推进，闵吴生活垃圾转运码头集装化改造工程开工。完成 149 个居民小区、单位和 13 万户居民的生活垃圾分类减量任务。新建公共绿地 120 万平方米、立体绿化 5 万平方米，外环生态专项莘庄段开工建设。

同时，我们也清醒地看到，当前闵行外部发展环境依然错综复杂，自身发展仍面临不少新情况、新问题、新挑战。一是产业结构调整依旧处于攻坚期。经济发展进入新常态，能稳固支撑产业转型升级的新增长点尚未形成，科技创新对地区经济的支撑带动作用有待进一步发挥，“大虹桥”、“大紫竹”、“大浦江”三大功能区发展尚未形成体制机制合力。从制造业来看，新增建设用地潜力逼近极限，传统产业外迁势头延续，规模化的产业集群亟需打造。从服务业来看，新兴服务业处于培育阶段，楼宇二次招商工作尚不到位，房地产对全区经济的影响仍然较大；二是公共服务供给和民生保障任务繁重。随着大型居住社区建设等带来的人口导入，教育、卫生、文化、养老等基本公共服务保障压力越来越大，城乡不均衡现象仍然存在。“城中村”改造任务十分艰巨。雾霾等大气污染问题依然突出。关系到群众切身利益的就业、社会保障等民生工作需要进一步加强；三是城市安全高效运行和社会治理难度增加。部分重点区域和街镇间的道路交通网络和组织体系需改进完善。生产安全、食品安全等监管仍需加大力度。基层社会治理任务繁重，亟需引导社会各方力量共同参与，建立健全常态长效的工作机制；四是改革步伐需进一步加快。重点领域改革虽取得一定成效，但在对接自贸试验区、国资国企改革等方面仍需加大力度。以上这些问题，都需要我们在今后的工作中着力解决。

二、2015 年国民经济和社会发展的总体要求和主要目标

2015 年是全面深化改革的关键之年，是全面推进依法治国的开局之年，也是全面完成“十二五”规划收官、谋划“十三五”发展的重要一年。从国际来看，全球经济可能略有回升，但总体复苏疲弱态势难有明显改观。从国内看，全国步入经济发展新常态，深化改革开放将释放更多发展活力，但经济下行压力和潜在风险仍不容忽视。从本市来看，贯彻落实一系列国家战略给上海发展带来新动力，但也面临在平稳增长中加快创新转型和结构调整的挑战。从闵行本区来看，面临上海建设具有全球影响力的科技创新中心、虹桥商务区逐渐步入产出期等难

得机遇，但短期内稳增长、调结构、促改革、惠民生的压力依然较大。为此，我们要守住底线，保持定力，抓好发展第一要务，进一步增强责任担当意识、进取有为意识、艰苦奋斗意识，以改革创新破解转型发展难题，以主动作为营造良好发展环境，努力在上海创建具有全球影响力的科技创新中心中发挥应有作用。

2015 年，闵行区经济社会发展工作，要以邓小平理论、"三个代表"重要思想、科学发展观为指导，全面贯彻落实党的十八大和十八届二中、三中、四中全会、中央经济工作会议和十届市委七次全会精神，按照区委五届十三次全会的部署，坚持稳中求进工作总基调，坚持以提高经济发展质量和效益为中心，主动适应经济发展新常态，充分发挥市场配置资源的决定性作用，把改革攻坚、创新驱动贯穿于经济社会发展各个领域、各个环节，完成好"十二五"规划，谋划好"十三五"规划，推动结构调整，加强民生保障，促进和谐稳定，提升城市功能，增强自身建设。

更加注重深化改革。以正确处理好政府与市场的关系为核心，以对接复制自贸试验区制度创新为契机，在落实国家、本市各类改革试点的同时，争取在政府管理创新、国资国企改革、投融资体制改革、财政体制改革、社会管理体制改革和农村改革等关键领域取得新突破，充分激发地区发展活力和转型内生动力。

更加注重创新引领。牢牢抓住上海启动建设具有全球影响力的科技创新中心的机遇，依托紫竹高新技术产业开发区、上海交通大学、华东师范大学、区内各类科研院所和研发机构，加快完善区域科技创新体系，着力提升全社会的原始创新、集成创新和引进消化吸收再创新能力，以大众创业、万众创新形成发展的新动力。

更加注重结构调整。把产业结构调整放在更加突出的位置，继续保持制造业在闵行区产业发展中的基础性地位，注重战略性新兴产业、新兴服务业和"四新"经济的培育发展，推进传统优势产业向中高端迈进，坚持不懈推动经济发展提质增效，努力做到调速不减势、量增质更优。

更加注重改善民生。坚持把保障改善民生作为经济社会发展的出发点和落脚点，把解决群众关心的热点难点问题作为工作的重心。持续加强城市管理和社会治理创新，立足保基本、兜底线、促公平、可持续，完善基本公共服务体系，努力改善生态环境，探索运用更多市场化、社会化力量促进社会民生改善。

按照上述总体要求，在 2015 年主要目标考虑上，要主动适应经济新常态，更加突出市场配置资源的决定性作用、更加突出体现政府的公共服务职责、更加突出全面完成"十二五"规划目标任务。建议2015年闵行区国民经济和社会发展主要目标分为经济发展、改革创新、民生改善、城乡建设、生态文明五大类21项(见表7)。

表7　2015年闵行区国民经济和社会发展主要目标

分类	序号	指标名称	属性	2015年目标
经济发展(5项)	1	地区生产总值	预期性	增长7%左右
	2	财政总收入	预期性	增长7%左右
	3	区级财政收入	预期性	增长8%左右
	4	亿元楼总数	预期性	"保12争15"幢
	5	农业经营规模化综合率	预期性	90%以上
改革创新(4项)	6	村级集体经济组织产权制度改革数	预期性	完成10个以上村的改革任务
	7	新增高新技术企业数	预期性	20家
	8	新增市科技小巨人(培育)企业数	预期性	10家
	9	每万人口发明专利拥有量	预期性	30件左右
民生改善(7项)	10	新增就业岗位数	预期性	3万个
		城镇登记失业人数		完成市下达指标
	11	城乡居民人均可支配收入	预期性	与经济增长保持同步
	12	区属动迁安置房、安置户数	约束性	开工40万平方米、安置在外过渡351户
	13	旧住房综合整治面积	约束性	170万平方米
	14	新开办和迁建中小学、幼儿园数	约束性	13所
	15	国家居民健康卡发放数	约束性	30万张
	16	新增社会养老机构床位数	约束性	700张
		新建社区嵌入式养老服务设施		6个
城乡建设(3项)	17	开展村庄改造数	预期性	2个村
	18	路网密度	约束性	3.39千米/平方千米
	19	城区绿化覆盖率	约束性	40%
生态文明(2项)	20	单位生产总值综合能耗下降率	约束性	进一步下降
	21	主要污染物排放量削减率	约束性	完成市下达目标

——经济发展主要目标。在转方式、调结构和提高质量效益的基础上，全区经济增长7%左右，财政总收入增长7%左右，区级财政收入增长8%左右，亿元楼总数“保12争15”幢，农业经营规模化综合率达到90%以上，产业结构、空间布局将进一步调整优化。

——改革创新主要目标。继续推进具有闵行区特色的重点领域改革，完成10个以上村的集体经济组织产权制度改革。自主创新能力不断提高，新增高新技术企业20家，新增市科技小巨人(培育)企业10家，每万人口发明专利拥有量达到30件左右。

——民生改善主要目标。加大民生保障力度，全区新增就业岗位3万个，城镇登记失业人数完成市下达指标；城乡居民人均可支配收入增速与经济增长保持同步；开工建设区属动迁安置房40万平方米、安置在外过渡动迁居民351户，开展旧住房综合整治170万平方米。新开办和迁建中小学、幼儿园13所；发放国家居民健康卡30万张；新增社会养老机构床位700张，新建6个社区嵌入式养老服务设施。

——城乡建设主要目标。进一步加强和改善城乡基础设施建设，开展2个村的村庄改造，全区路网密度达到3.39千米/平方千米，城区绿化覆盖率达到40%。

——生态文明主要目标。持续推进节能减排，单位生产总值综合能耗进一步下降，化学需氧量、氨氮、二氧化硫、氮氧化物等主要污染物排放量削减率完成市下达目标。

三、2015年完成经济社会发展目标的主要任务和措施

按照2015年闵行区经济社会发展总体要求，建议做好以下七方面19项重点工作：

(一) 加快产业集聚升级，保持经济稳定增长

1. 推动制造业高端化发展

在现有战略性新兴产业基础上进一步细化重点领域，引进新一代信息技术、

高端装备制造、新材料、新能源、生物医药等细分行业中的龙头企业及创新型配套企业，打造更具竞争优势的产业集群。加快传统园区的腾笼换鸟和产业升级，优化布局研发智造、智能制造、服务型制造等高端制造业，支持服装、食品等传统优势产业品牌化、国际化发展。加强区级层面产业布局统筹，梳理并明确各园区主导产业或优势产业，推动园区错位发展。紫竹高新技术产业开发区加快建成中国（上海）网络视听产业基地。莘庄工业区加快东西两翼建设招商，推动研发总部类试点项目落地。漕河泾开发区浦江高科技园依托出口加工区转型升级，推动跨境电子商务、保税仓储物流等新兴产业发展。闵行经济技术开发区西区加快成立开发公司，完成控制性详细规划调整。以产业园区开发公司的国企改革为契机，带动区镇村工业园区转型，探索以“一区多园”模式做大做强莘庄工业区经济发展公司，不断提升工业园区专业化、品牌化运营能力。继续加强与中航商发集团、上海电气集团、华谊集团、地产集团、纺织集团等市属大企业（集团）战略合作，以项目化推动存量用地转型、重点地块开发和全产业链合作。

2. 提升现代服务业发展能级

完善楼宇二次招商机制，确保重点楼宇总税收、单位面积税收、重点楼宇税收占区域总税收比重分别比上年增长 10%。加快重点商务区建设，配合做好虹桥商务区核心区建设和二次招商工作。七宝生态商务区加快世纪出版产业园、宝龙城市广场项目建设。莘庄商务区重点推进西子国际、强劲大厦招商和丰树商业办公项目建设。积极开展南虹桥商务区功能定位和开发机制研究。继续加快南方商务区、剑川路商务区、莘庄综合交通枢纽上盖项目、轨道交通 10 号线吴中路上盖项目建设。优化文化创意产业布局，重点推进数字内容、影视制作、文化演艺、传媒出版等行业集聚发展。深化文化金融合作平台，完善文化创意企业专属金融产品，吸引重点文化企业和项目落户。加快推动莲花生产性服务业功能区、云部落 TMT 产业园等一批生产性服务业功能区特色化发展。实施《闵行区商业商务发展规划（2014～2020 年）》，大力发展现代商业业态，打造标志性商圈，推动消费结构升级。

3. 培育发展“四新”经济

完善“四新”企业发现、引进、跟踪和服务机制，建立“四新”企业数据库，研究制定分类支持政策。推广“基金＋基地＋产业联盟”的发展模式,聚焦互联网经济、智能装备等一批具有闵行特色的代表性领域,探索以政府创业投资引导基金来吸引撬动各类国有和社会资本投入。盘活存量厂房和楼宇资源,积极建设主题性“四新”经济产业园。

4. 完善招商服务体制机制

规范和统筹全区招商服务资源,建立区招商引资和企业服务联席会议。加快区招商服务中心转型,修订完善产业发展政策和考核奖励办法,形成区镇招商服务合力。依托“投资闵行网”建设,建立招商资源、重点企业和重点项目信息库,开展与专业园区、中介机构、功能平台的合作招商。落实“百、千、万”企业服务举措,建立区职能部门为主体,街镇、园区、专业机构共同配合的“四位一体”企业服务模式,完善适应企业全生命周期发展规律的问题反映和解决机制。

(二) 强化科技创新,打造智能高效的智慧闵行

5. 主动对接上海建设具有全球影响力的科技创新中心战略

积极落实全市工作部署,努力争取成为上海建设具有全球影响力科技创新中心的主战场。建立区级层面组织架构,深入开展调研,加强前瞻性布局,尽快明确闵行区承接上海建设全球科技创新中心的核心区域,力争在科技体制机制创新、营造良好营商环境等方面取得积极进展。

6. 着力提升区域科技创新功能

大力推进紫竹新兴产业技术研究院和国家大学科技园建设,搭建产业技术公共服务平台,加快高校创新创业成果溢出和产业化,积极承接国家、市重大科技专项。实施“大孵化器”战略,完善“创业苗圃—专业孵化器—特色加速器—产业基地”无缝衔接的创新创业链。强化企业创新主体地位,修订完善科技扶持政策,支持企业形成以技术、标准、品质、质量、服务为核心的竞争优势。加快产业技术创新战略联盟建设,支持创新型企业与龙头骨干企业、科研机构合作,构建若干个产业创新联盟。健全知识产权等科技专业服务体系。完善区创业投资引导基金运作模式,加强科技金融创新。研究制定加快促进创新型创业人才发展的指导意见,构建多元化的人才引进、发展和服务机制,形成有利于人才集聚、大

众创业、市场主体创新的政策环境和制度环境。

7. 全力推进“智慧闵行”建设

编制新一轮“智慧闵行”行动计划，制定配套实施细则。加快建设第四代移动通信(4G)网络和区域内光纤宽带网络，提升重点产业园区信息通信服务能级，完成15幢楼宇智能化改造。继续推进中小学“云录播课堂教学评价系统”、终身学习云平台、区域卫生信息综合管理平台(二期)以及交通信息化(三期)等项目建设。在重点区域和高风险的食品生产企业内率先推行电子实时监控。加强社会信用体系建设，做好区级平台与市级平台的对接，在工程建设招投标等重点领域率先推进信用信息共享与应用。探索推进智慧城市建设向智慧产业发展延伸。

(三) 深入推进重点领域改革，努力营造良好制度环境

8. 加快复制推广自贸试验区改革事项

聚焦投资管理、事中事后监管、贸易便利化、金融创新和现代服务业开放五大领域，积极争取试点机会，分类有序复制推进各项改革创新，在莘庄海关先行探索复制对外贸易监管制度。

9. 分类推进重点领域改革

推动政府机构改革和职责整合，理顺权责关系，加快形成精干、高效的区政府组织体系。进一步简政放权，继续取消和调整行政审批事项。推进区域评估评审，建设相对集中行政审批权平台。积极推进行政审批标准化、电子化、信息化建设，建立健全监督检查制度。加快推进投资项目审批、工商注册制度便利化、外商投资市场准入、张江高新区审批权限下放等重点专项改革。加强政府购买公共服务平台建设，制定委托社会组织实施的公共服务目录，逐步建立社会组织信用体系。深入推进财政体制改革，建立健全权责发生制政府综合财务报告制度，加强政府性基金、土地资金、重大工程专项资金、一般公共预算等统筹。进一步加强政府资金和债务管理，严控政府性债务规模，探索运用公私合作等新型投融资模式。理顺区镇财权和事权，建立街道财力保障新机制，足额保障街道工作经费支出。以国资改革促进企业发展，优化国资布局结构，进一步推动国企开放性、市场化合资合作，鼓励引导国资国企参与重点地区、产业园区、重大项目开

发建设。加快落实国企整合重组,以管资本为主进一步深化国资监管体系,完善法人治理结构,形成经营效益与社会效益并重的分类考核模式和激励机制。整合各类执法资源,开展城市综合执法体制改革试点,建立城市综合管理体系。进一步深化拓展城市综合管理"大联动",继续推进社会管理(执法)和服务力量下沉到基层,打造村居前端管理、街镇综合管理和区级综合监管三级平台。深入推进农村改革,完成10家以上村级集体经济组织产权制度改革,分类推进20个难点村的改革。稳妥推进镇级集体资产清产核资、产权界定等改革基础性工作。启动第二批全国农村改革试验区工作,围绕农民对集体资产股份的占有、收益、抵押担保、退出、继承权等探索开展试点。做强镇村两级农民长效增收平台,完善农村集体经济综合帮扶机制。强化街镇对村级资金、资产、资源的监管,探索"村财镇管"模式,提升农村集体经济组织"三资"管理水平。明确"大九星"转型改造实施机制和开发模式。

(四) 加快完善民生保障制度,增强公共服务能力

10. 加大民生保障力度

调整完善促进就业政策,大力推进创业带动就业工作,实施新一轮创业三年行动计划,做好就业困难人员、长期失业青年、应届大中专毕业生等重点人群就业服务。加强职业技能培训,鼓励企业设立职业技能培训基地。加强和谐劳动关系建设,保护劳动者合法权益。推进"新农合"与"居民医保"制度并轨,研究制定离土农民提高养老生活待遇办法,有序提高各类人群社会保障水平。做好医疗、教育、住房、司法等专项救助和帮困工作。健全住房保障体系,完成大型居住社区保障房及配套设施建设任务,做好廉租住房和共有产权保障住房的受理、审核等工作,进一步拓宽公共租赁住房房源筹措渠道。开工建设区属动迁安置房40万平方米,启动170万平方米五类旧住房综合整治,实施严重损坏老旧住房处置工作,研究建立"群租"整治长效机制。全面开展全国养老服务业综合改革试点,编制养老服务设施布局专项规划,建立养老服务综合信息平台,出台养老服务业发展扶持政策,形成养老服务业监管办法。持续开展统一老年照护需求评估试点。建立以嵌入式综合养老服务平台为核心的社区居家养老服务体系。

11. 提升公共服务水平

促进教育优质均衡发展，继续打造“家门口的好学校”，加快创建 9 所初中“新优质学校”，开办上海外国语大学闵行外国语中学、上海市第二中学梅陇校区等学校，启动华东师大基础教育园区扩建、星河湾中学、莘庄工业区位育中学、区考试中心等项目，基本完成闵行第三中学改扩建项目。承接市教育综合改革项目，完善教育大数据平台，推进数字化校园建设，健全以电子成长档案为载体的学生综合素质评价体系和教育绩效分配制度。建设数字化学习研究所和国际融合教育研究所。基本建成紫竹国际教育中心（一期），已签约学位项目年底前开始招生。推动闵行—复旦医教研协同型健康服务体系建设，建立大学科医疗联合体和人才培养体系，启动研究院立项工作。深化公立医院改革，开展新一轮社区卫生服务综合改革，建立健全现代医院管理制度和治理机制。完善家庭医生制度，完成 30 个社区家庭医生工作室标准化建设。实施公共卫生服务分级分类管理。新增 14 辆“120”急救车辆。开工建设复旦大学附属上海市第五人民医院新建外科综合大楼，加快复旦大学附属眼耳鼻喉科医院等卫生项目建设，新虹桥国际医学中心医技中心结构封顶，万科儿童医院、泰和诚肿瘤医院力争开工。落实国家、市有关政策，做好计划生育工作。加强社会主义核心价值体系建设，巩固提升上海市文明城区创建成果。优化文化事业布局，加强文化资源整合，强化区镇村（居）三级市民文化活动平台建设，提升公共文化资源配送效率。启动闵行博物馆布展工作，开工建设海派艺术馆。提高市民广场自我服务、自我管理能力。办好第五届“金秋闵行”上海合唱节和第二届上海浦江沪剧节。积极落实国家“全民健身”战略，试点建设区—街镇—居（村）委—楼组四级网络，开展丰富多彩的全民健身活动。启动第四轮小学三年级游泳普及教育培训，加快足、篮、排三大球一条龙布局，推进体教结合。加快“30 分钟体育生活圈”建设，继续建设社区体育活动中心和百姓健身步道，实施 18 个主要公共文化体育场所无障碍设施改造，完善区、镇两级市民体质监测和政策保障体系，探索区属场馆市场化运作。继续做好 ATP1000 网球大师赛、别克女子高尔夫邀请赛等国际赛事服务保障，扩大赛事辐射效应。发展妇女儿童、青年和残疾人事业。

(五) 优化规划布局,推进城乡一体化发展

12. 加快落实功能区发展战略

探索建立有利于"大虹桥"、"大紫竹"、"大浦江"三大功能区发展的体制机制。在"大浦江"、"大虹桥"地区实施北部崛起战略,努力打造上海国际医疗、国际贸易、国际交流和会展配套产业高地。在"大紫竹"地区推进科教兴区战略,推动高端制造业集群集聚,努力打造创新产业集聚、创新创业活跃、创新能力突出的科技创新高地。在"大浦江"地区依托郊野公园和相关文化产业项目,扎实推进城乡一体化发展,打造特色鲜明的演艺产业集聚区和生态文化旅游示范区。黄浦江沿岸发展带加快明确功能定位,深化滨江开发规划编制和开发机制研究,积极争取纳入上海新一轮城市总体规划、列入上海"十三五"期间重点规划研究的开发区域。做好市吴泾办的移交工作,努力推进吴泾工业区转型升级。

13. 完善规划土地管理

开展全区新一轮城乡总体规划编制和土地利用总体规划修编工作。继续推进九星、智慧城、颛桥中心村等重点发展区域控制性详细规划编制。进一步集约节约利用土地,加大存量用地盘活、闲置土地处置以及建设用地减量化力度,控制新增建设用地供应规模,优化土地供应结构,全力保障基础设施、公共服务与生态建设用地。推行土地利用全生命周期管理,加强产业用地准入管理,加快重大产业项目土地出让。编制实施存量工业用地转型规划,有序推进相关区域整体转型,提高土地使用效率。强化耕地保护,严格管理农业设施用地。启动郊野公园宅基地置换和土地整治工作,完成首期启动区非居动迁。坚决遏制新增违法用地,着力解决历史违法用地。

14. 大力推动农村建设发展

积极创建国家级农业示范区,年内再培育 20 家以上粮食生产类家庭农场,完善"产加销一体化"的现代农业体系,全面提升农产品生产标准体系和标准化基地建设水平。启动 2 个"美丽乡村"示范点建设。继续推进基本农田保护区范围内的 2 个村的村庄改造。加快首批纳入全市"城中村"改造试点项目的改造进度,并积极争取更多试点。分类推进其余"城中村"改造或社区化管理。持续推进农村生活污水处理工程。

(六) 加强城市建设与管理,不断提高社会治理水平

15. 加快完善基础设施建设

积极推进市区重大工程,完成嘉闵高架南延伸一段、虹梅南路高架及越江、大芦线航道整治、大芦线西枢纽、轨道交通12号线等工程的建设腾地任务。完成中环沪闵路高架WS匝道综合整治,确保主线工程建成通车。配合开展轨道交通5号线南延伸、8号线(三期)、15号线以及北青公路高架、嘉闵高架南延伸二段、陇西排水系统等工程前期工作,确保按市要求的时间节点开工。全面完成区区通道路建设和大型居住社区外围配套项目建设。积极开展轨道交通延伸到马桥大居和旗忠网球中心规划方案研究,争取轨道交通原规划17号线(莘庄至虹桥枢纽)纳入全市"十三五"期间实施项目。加快七宝生态商务区、新虹桥国际医学中心等重点园区和楼宇的市政配套道路和设施建设,完善街镇之间的道路连通,力争打通一批断头路,拓宽一批重要骨干道路。编制区综合交通规划。优化调整5条大型居住社区公交线路,着力推进公交枢纽站建设,制定"最后一千米"交通接驳优化方案,增加静态交通设施。加快防汛设施建设,对积水严重区域、非达标一线堤防实施改造,持续提高城市防汛保障能力。

16. 创新社会治理机制

贯彻落实本市进一步创新社会治理加强基层建设的意见。有序推进街镇管理体制调整,剥离街道招商引资职能,推动街道工作重心向公共服务和社会治理转移。积极探索强镇扩权。开展浦江镇析出街道方案研究。深化"镇管社区"工作,探索建立基本管理单元,在大型居住社区探索"两委一中心"管理模式。深化社区事务受理服务中心标准化建设,明确社区服务站职责,提升社区服务的有效性。结合居(村)委台账清理和社区事务准入机制建设,加快完善社区管理服务信息平台。加大生活服务、公益事业、慈善互助、专业调处等城乡社区服务类和公益慈善类社会组织培育力度。完善居(村)治理体系,加强以居(村)党组织书记为核心的队伍建设,推动社工人才队伍职业化发展。健全社区共治和居(村)民自治机制,依法做好全区居(村)委会的换届选举工作。继续实施人口调控三年行动计划,严控人口规模,加强与改进人口服务和管理。强化社会治安综合治理,完善社会治安防控体系和"大调解"工作体系,加强专业性、行业性人民调解

组织建设。整合公共法律服务资源,推进区镇(街道)综合法律服务窗口建设。常态化运作社会稳定分级预警评估机制,做好重大事项社会稳定风险评估工作。进一步完善依法治访工作机制,推进"闵行信访"平台建设,逐步实现"阳光信访"。健全社区矫正执法体系,积极开展"无重犯小区"创建活动。加大打击各类违法犯罪力度,不断提升人民群众的安全感和满意度。深入开展国防教育,努力创建新一轮全国"双拥模范城"。

17. 加强城市综合管理

强化落实安监部门综合监管、行业部门专业监管、街镇属地监管和企业主体责任,做好安全宣教、安全社区创建、消防工程建设等基础工作,强化安全生产隐患排查治理,加强标准化建设,全面管控安全生产重点行业领域,严厉打击各类非法违法行为。切实加强对人流密集区和重点区域的公共安全隐患排查和安全管理,保障城市公共安全。进一步贯彻落实"五个最严"要求,健全食品风险监测预警体系和安全追溯体系,强化企业诚信和惩戒体系建设。建成并对外免费开放 13 个食品安全检测室。创建 77 个"诚信市场"。加强应急预案和应急演练,推进区值守应急信息系统应用,提高应急物资装备管理水平和应急处置能力。全面遏制新增违法建筑,逐项整治存量违法建筑,力争年内拆除违法建筑 100 万平方米。启动无序设摊三年整治行动,严管流动设摊。加强市容环境精细化管理,对重点地区、重点路段和重点楼宇周边进行环境整治和景观美化。

(七) 切实加强环境保护,努力打造绿色生态城区

18. 强化节能减排

深入推进结构调整,加快淘汰落后产能,全面落实节能减排重点任务。加强节能技术改造,重点推进高效电机替代和合同能源管理。加强建筑节能,稳步推进既有建筑节能改造和装配式建筑发展,实施 5 万户旧小区电能计量表前供电设施改造。加强交通节能,鼓励企业按需购置新能源车。全面落实中小燃煤锅(窑)炉清洁能源替代,推进重点企业挥发性有机物治理、工业废水排放工艺优化和中水回用,促进主要污染物排放总量进一步下降。加大截污纳管力度,全面完成市下达的直排污染源截污纳管工程和建成区污染源单位全部纳管任务。实施旧小区二次供水改造和雨污水分流改造。加强重点污染源监测,做好污染源分

级管理工作。

19. 加强生态建设

深入推进国家生态文明先行示范区建设，全面实施第六轮环保三年行动计划。针对餐饮污染、工地码头扬尘噪声、工业废气异味等突出问题，加强环境监管执法。积极推进清洁空气行动计划，编制完成清洁水行动计划，抓紧研究清洁土壤行动计划。启动华漕港整治前期工作，加快推进淡水河等河道整治、马桥与浦江河道生态治理以及吴泾地区部分河道水系沟通工程。开工建设餐厨废弃物资源化利用和无害化处置项目。抓紧推进闵吴生活垃圾转运码头集装化改造工程及配套项目建设，巩固提升居民小区和单位的生活垃圾分类减量工作。建成开放闵行文化公园（三期），加快外环生态专项梅陇段、浦江郊野公园（一期）、滨江公园等建设，全力完成 3.8 千米临水慢行系统生态景观工程和 2 600 亩林业建设任务。继续做好立体绿化建设。

同时，2015 年是确保完成“十二五”规划、编制谋划“十三五”规划的关键年。一方面要对照“十二五”规划目标，抓好主要指标和重点任务的收官工作；另一方面要坚持“开门办规划”，在“十三五”规划大讨论的基础上，编制好区“十三五”规划《纲要》、重点区级专项规划和区域规划，谋划闵行区“十三五”发展的美好蓝图。

附件 1:《2015 年闵行区重大项目计划》

附件 2:《部分指标说明》

附件 1

2015 年闵行区重大项目计划

序号	项　目　名　称	年度预期目标
	正式项目合计 44 项	
一	重大产业项目 20 项	
(一)	先进制造业(6 项)	
1	上海华电莘庄工业区燃气热电冷三联供改造项目	基本建成
2	上海加冷松芝汽车空调股份有限公司新能源汽车空调及控制系统、干线铁路及城市轨道交通车辆空调产业化项目	基本建成
3	福伊特驱动技术系统(上海有限公司扩产项目)	在建
4	上海衣恋服装生产研发基地项目	在建
5	上海蜂花产业基地项目	新开工
6	华测检测华东综合检测基地	新开工
(二)	现代服务业(9 项)	
7	虹桥商务区全球商品博览汇项目	在建
8	莘庄综合交通枢纽上盖项目	在建
9	轨道交通十号线吴中路上盖项目	在建
10	莘庄商务区丰树商业办公项目	在建
11	七宝生态商务区世纪出版产业园项目	在建
12	七宝生态商务区宝龙城市广场项目	在建
13	万科新宝置业商业项目	基本建成
14	梅陇新中心 A 街坊项目	在建
15	华漕恺日商业办公项目	新开工
(三)	科技创新项目(5 项)	
16	紫竹新兴产业技术研究院	基本建成
17	中国(上海)网络视听产业基地项目	部分投入使用
18	印孚瑟斯技术上海软件园区项目	基本建成
19	紫竹国际教育中心(一期项目)	基本建成
20	新虹桥国际医学中心医技中心	在建

（续 表）

序号	项 目 名 称	年度预期目标
二	重大基础设施项目 11 项	
（一）	配合市重大项目(7 项)	
21	嘉闵高架南延伸(联明路～莘松路工程)	配合市完成相关工作
22	虹梅南路高架及越江工程	配合市完成相关工作
23	北青公路高架(S26 入城段)	配合市完成相关工作
24	轨道交通 8 号线(三期)工程	配合市完成相关工作
25	轨道交通 5 号线南延伸工程	配合市完成相关工作
26	大芦线航道整治(二期)工程	配合市完成相关工作
27	大治河西枢纽新建二线船闸工程	配合市完成相关工作
（二）	区重大项目(4 项)	
28	昆阳路(东川路～北松公路)	在建
29	陪昆东路(昆阳路～北竹港)	基本建成
30	浦锦南路(丰收河～盐铁塘)	基本建成
31	交通信息化(三期)项目	在建
三	生态文明建设项目 6 项	
32	郊野公园项目	按市工作要求推进
33	滨江公园工程	新开工
34	闵行文化公园西区综合工程	在建
35	闵行文化公园(三期)工程	建成开放
36	闵行区餐厨废弃物资源化利用和无害化处理工程	新开工
37	闵吴生活垃圾运转码头集装化改造工程及配套项目	在建
四	重大社会事业项目 7 项	
38	闵行第三中学改扩建工程	基本建成
39	上海市第二中学梅陇校区	投入使用
40	群益职校新建游泳馆及实训中心	在建
41	复旦大学附属市第五人民医院新建外科综合大楼	新开工
42	复旦大学附属眼耳鼻喉科医院	在建

(续　表)

序号	项　目　名　称	年度预期目标
43	江川敬老院	新开工
44	海派艺术馆	新开工
	预备项目合计 4 项	
45	闵行经济技术开发区西区扩区	
46	颛桥镇中心生态村建设	
47	合川路、春申路、金丰路等一批道路连通工程	
48	龙柏高级中学扩建工程	

注：预备项目是指项目现阶段手续尚未齐全，待齐全后近期准备实施的项目。

附件 2

部分指标说明

一、关于 2014 年部分指标完成情况的说明

1. 2014 年新增内资实缴资金指标因注册资本制度改革，原实缴登记制改为认缴登记制，由公司发起人自主约定认缴出资额、出资方式和出资期限，因此该指标不再统计。2014 年全年新增内资注册资金预计完成 374 亿元。

2. 2014 年新学校（幼儿园）比计划目标少开办 1 所，主要是中国福利会浦江幼儿园因建设进度及会同中国福利会协调办理相关办学手续等原因，推迟开办。

3. 2014 年每百万人发明专利授权量、单位生产总值综合能耗和主要污染物排放总量削减率为初步预计数，根据国家和上海市有关规定，正式数据将由上海市科委、统计局和环保局核定后统一公布。2015 年单位生产总值综合能耗和主要污染物排放总量为初步目标，最终以市下达目标为准。

二、关于部分指标的解释

1. 农业经营规模化综合率：指农业规模经营面积占全区农业生产面积的比例。

2. 路网密度：指全区道路网总长度占全区总面积的比例。

3. 城区绿化覆盖率：指建成区绿化覆盖面积占建成区总面积的比例。其中，建成区绿化覆盖面积是指建成区内一切用于绿化的乔、灌木和多年生草本植物的垂直投影面积（乔木树冠下重叠的灌木和草本植物不再重复计算）。

（供稿：闵行区发展和改革委员会）

宝山区国民经济和社会发展报告（2014～2015）

一、2014 年宝山区国民经济和社会发展主要指标完成情况

2014 年国民经济和社会发展计划指标体系包括改革创新、经济发展、结构调整、功能提升、社会民生五方面共 42 项指标。与 2013 年相比，主要在改革创新、社会民生等方面新增 16 项指标（见图 1）。

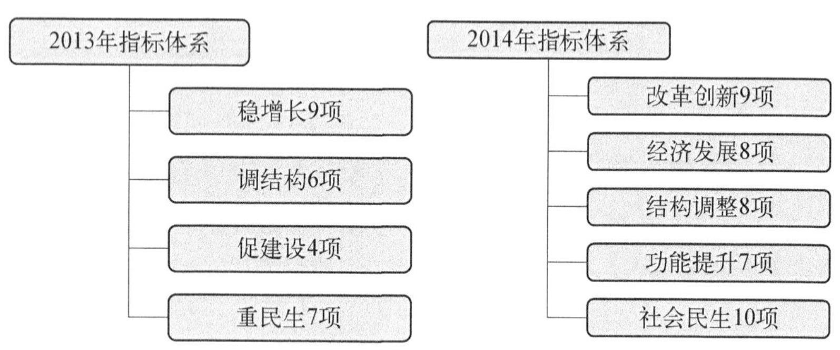

图 1　2013 年指标体系与 2014 年指标体系比较

在区委的坚强领导下，经全区上下共同努力，全年各项指标完成进展总体顺利。一是超额完成全年目标的指标有 23 项，占全部指标的 54.8%；二是完成全年目标的指标有 13 项，占全部指标的 30.9%；三是离全年目标还存在一定差距的指标有 6 项，占全部指标的 14.3%（见图 2）。

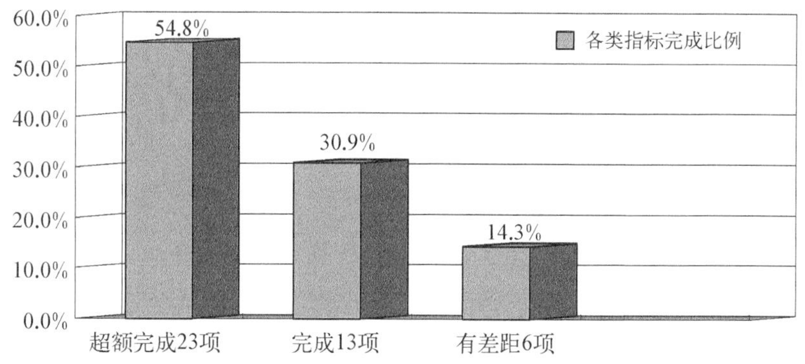

图 2　宝山区 2014 年各类指标总体完成情况

二、2014 年宝山区国民经济和社会发展计划执行情况

（一）关于改革创新

全区坚持以改革统领全局，制定《2014 年宝山区全面深化改革工作实施意见》，加快"三个中心"建设，全面推进国资国企和农村集体资产改革，大力提升科技创新能力。改革创新方面指标共 9 项，通过努力，超额完成或完成全年目标的指标有 7 项，离全年目标还存在一定差距的有 2 项（见表 1）。

表 1　2014 年宝山区改革创新方面指标完成情况

类　别	指　　标	全 年 目 标	全年完成情况
超额完成全年目标的指标 2 项	市高新技术成果转化项目/列入市自主创新类项目	新增 20 项/新增 10 项	新增 33 项/新增 14 项
	高新技术企业/市区企业技术中心	新增 10 家/新增 10 家	新增 22 家/新增 12 家
完成全年目标的指标 5 项	项目审批时间	在法定期限的基础上压缩 2/3	已完成
	社区事务受理	全区通办、全年无休	已完成
	网格化管理	推进全覆盖	建设两级平台、三级网络、开展综合管理

(续 表)

类 别	指 标	全年目标	全年完成情况
完成全年目标的指标5项	理顺委办局所属企业的产权关系/对区属出资企业进行分类监管	80家左右/10家左右	80家/10家
	行政审批事项(企业类)	减少到240项左右	指标已调整(详见草案中的指标说明)
离全年目标还存在一定差距2项	产业扶持专项资金	3亿元左右	2.06亿元
	每万人口发明专利授权数	3.8个	3个

一是以制度创新为着力点,"三个中心"建设推动政府职能率先转变。有效突破体制机制的束缚制约,提高区行政服务和综合管理效能,营造更好更优的发展服务环境,稳步提升区政府服务的软实力(见图3)。

行政服务中心 →

- 梳理并制定2015版区级行政审批权力清单,明确行政审批事项624项(区级实施行政审批597项,市级政府部门委托实施行政审批10项,镇、街道实施行政审批17项),其中495项行政审批事项入驻行政服务中心,占区级行政审批事项的82.9%,比市级要求入驻中心224项超出了271项,实现为企业和法人行政审批"一门式"服务
- 区行政服务中心于8月28日挂牌试运行,27家具有审批职能的部门集中入驻区行政服务中心,实行集中办公、联合办理。10月8日正式运行,情况良好。12月30日,又新增6家具有审批职能的部门入驻区行政服务中心,入驻部门总数达到33家
- 机构设置重组,实现审批层级扁平化。按照"两集中"要求,进一步减少流转环节和审批层级,在职能部门责任主体不变的前提下成立行政许可科,由现行的四级审批模式向两级审批转变,进一步提高审批效率

城市网格化综合管理中心 →

- 调整完善了城市网格化管理体制,综合了网格化管理、"12345"市民服务热线、应急值守、突发公共事件应急处置等平台功能,精细化管理服务水平有效提升
- 显著提升了管理效能,得到市级部门肯定好评。中心自8月28日正式运行以来,网格案件处置及时率为96.7%,结案率为99.9%,综合评价在全市9个郊区县排名前列。"12345"服务热线先行联系率、实际解决率和满意度测评三项指标的综合评价全市排名有显著提升

社区事务受理服务中心 →

- 整合搭建三大平台,各职能部门信息系统的综合平台;"全区通办"数据统一调用、统计、分析平台;档案远程可视化及电子档案存储平台
- 76项社区事务事项实现"全区通办",满足人民群众就近办事需求,在全市率先实现"一门式服务、一头管理、一口受理,全年无休、全区通办"

图3 2014年宝山区"三个中心"建设情况

二是坚持实行"两手抓、两同步",国有资产和农村集体资产改革深入推进(见表2)。

表2　　2014年宝山区国有资产和农村集体资产改革重点工作

新一轮国资国企改革	农村集体资产改革
制度创新深入推进。出台国资改革"1+2"文件: 《关于进一步深化宝山国资改革促进企业发展的意见》; 《关于完善宝山区区级国有、集体企业法人治理结构加强企业领导人员分类管理的若干规定(试行)》; 《关于进一步完善我区企业分类监管的实施意见》等配套文件	农村集体经济组织产权制度改革工作积极推进,全年完成全区32个村级集体组织产权制度改革工作
重点区域开发先行先试。引进上海地产集团、上海实业集团,共同组建上海地产北部投资发展有限公司,创新顾村拓展区开发实施建设主体	农村土地承包经营权确权登记工作顺利完成

三是创新区域发展机制,企业成长环境进一步改善(见图4)。

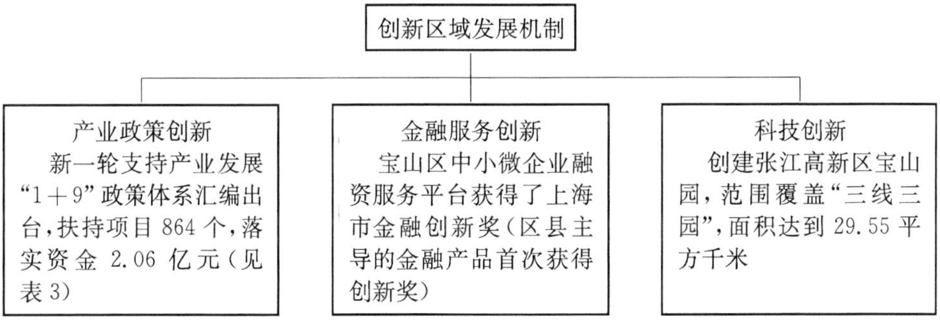

创新区域发展机制

产业政策创新
新一轮支持产业发展"1+9"政策体系汇编出台,扶持项目864个,落实资金2.06亿元(见表3)

金融服务创新
宝山区中小微企业融资服务平台获得了上海市金融创新奖(区县主导的金融产品首次获得创新奖)

科技创新
创建张江高新区宝山园,范围覆盖"三线三园",面积达到29.55平方千米

图4　2014年宝山区创新区域发展机制情况

表3　　2014年宝山区"1+9"资金执行情况

序号	专　项　资　金	通过项目(个)	通过资金(万元)
1	现代服务业发展引导资金	144	2 649.73
2	先进制造业发展专项资金	147	4 216.76
3	科技创新专项资金	439	2 915.1
4	节能减排专项资金	23	903.18
5	金融服务调结构促转型专项资金	23	4 013.37
6	环境保护治理专项资金	12	2 500
7	农业产业化发展专项资金	30	284.96

(续 表)

序号	专 项 资 金	通过项目(个)	通过资金(万元)
8	人才发展专项资金	15	2 700
9	文化创意产业发展专项资金	30	418.59
10	吴淞工业区功能定位及产业发展规划课题项目经费	1	30
总 计		864	20 631.7

(二) 关于经济发展

2014 年,宝山区面临着经济增长速度换档期的压力,但全区上下坚定不移地狠抓"新和增",发展壮大支柱产业并培育发展新兴产业。经济发展方面指标共 8 项,通过努力,超额完成或完成全年目标的指标有 5 项,离全年目标还存在一定差距的有 3 项(见表 4)。

表 4　　2014 年宝山区经济发展方面指标完成情况

类 别	指 标	全 年 目 标	全年完成情况	
超额完成全年目标的指标 5 项	区地方财政收入	与经济保持同步增长	112.67 亿元	增长 10.8%
	上市企业	新增 1～2 家	新增 12 家	
	引进跨国公司企业及地区总部	新增 1～2 家	新增 4 家	
	引进 5 000 万以上大企业户数(不含住宅房地产项目)	150 户左右	376 户	
	吸收合同外资/实到外资	5 亿美元/3 亿美元	5.26 亿美元/3.5 亿美元	
离全年目标还存在一定差距 3 项	增加值	增长 8%左右	964.6 亿元	增长 6%
	全社会固定资产投资	350 亿元左右	337.2 亿元	
	社会消费品零售总额	增长 12%左右	560.8 亿元	增长 8%

一是经济运行处于合理区间,在新常态①下总体保持稳中有进。四大主要

① 新常态:是指当前我国经济发展的阶段性主要特征,具体表现为"中高速、优结构、新动力、多挑战"四个方面,即未来一段时间内,中国经济发展将从高速增长转为中高速增长,从结构不合理转向结构优化,从要素投入驱动转向创新驱动,从隐含风险转向面临多种挑战。

经济指标呈现"一升一稳两微降"，区地方财政收入增收良好，全年完成 112.67 亿元，同比增长 10.8%，高于年初目标 2.8 个百分点。全社会固定资产投资总额全年完成 337.2 亿元，投资规模比 2013 年的 325 亿元略有超出。受工业和交运仓储等行业增速下降影响，增加值全年完成 964.6 亿元，可比增长 6%，低于年度目标 2 个百分点。受企业兼并影响(主要是易迅网)，互联网销售额下滑明显，社会消费品零售总额全年完成 560.8 亿元，同比增长 8%，低于年度目标 4 个百分点。

二是新兴产业加快培育，助推经济取得新发展。修订形成《宝山区产业发展纲要(2014 年版)》和《宝山区重点产业发展目录(2014 年版)》。移动互联网、大数据、云计算等新兴企业引进取得突破，"基金+基地"模式带动产业转型良性发展。企业活力不断增加，新增创业板上市企业 1 家，新三板挂牌企业 2 家，上海股托中心挂牌企业 9 家(其中上海股托中心挂牌企业数量在全市已名列第 3，仅次于浦东新区和嘉定区)(见表 5)。

表 5　2014 年宝山区引进新兴企业和新增上市企业一览

引进的新兴企业	新增的上市企业
● 全国首创 O2O 房产众销平台： 上海好屋网信息技术有限公司 ● 中国最大的母婴垂直数据、大健康移动互联网数据平台： 贝联(上海)信息科技有限公司 ● 全国继"跨境通"之后第二家跨境贸易电子交易平台：西游列国 ● 大数据分析、挖掘和营销： 华院数据技术(上海)有限公司 ● 移动互联网数据分析及营销： 盛康互动传媒(上海)有限公司、玛瑞斯 3D 打印公司、触控游戏、多盟移动广告 ● 金融支付： 上海汇宜通数据服务有限公司 ● 科技创新金融基金： 探针天使基金、汇翩天使基金、正海聚弘基金、重熙影视文化产业基金	● 新迁入的上市企业 1 家： 上海钢联电子商务股份有限公司 ● 新增新三板挂牌企业 2 家： 上海君山表面技术工程股份有限公司； 上海安畅网络股份有限公司 ● 新增上海股托中心挂牌企业 9 家： 上海纬和汽车股份有限公司； 上海千帆科技股份有限公司； 上海兆祥建筑装饰股份有限公司； 上海尚域实业发展股份有限公司； 上海皓京实业股份有限公司； 上海源盛汽车销售服务股份有限公司； 上海万卷印刷股份有限公司； 上海林海生态技术股份有限公司； 皆爱西(上海)节能环保工程股份有限公司

三是招商引资力度不断加大,新增大企业数量呈现节节攀升势头。2014年新增注册资本5 000万元以上企业户数(不含房地产)376户(见表6),增长1.5倍,新增注册资本464.82亿元,大大高于2013年同期水平以及年初目标。成功吸引国家重大科技攻关项目、装备制造业"皇冠上的明珠"——中电联合重型燃气轮机技术公司落户宝山。

表6　2014年新增注册资本5 000万元以上企业户数(不含房地产)

排名	街镇园区	引进户数	排名	街镇园区	引进户数
1	月浦镇	55	9	杨行镇	23
2	高境镇	45	10	吴淞街道	22
3	航运经济区	35	11	淞南镇	19
4	友谊路街道	29	12	大场镇	17
5	城市工业园区	25	13	张庙街道	13
6	罗店镇	25	14	宝山工业园区	12
7	罗泾镇	24	15	庙行镇	9
8	顾村镇	23	合　计		376

(三) 关于结构调整

2014年,宝山区加大"减和压"的工作力度,调整转型落后产业,加快转变经济发展方式。结构调整方面指标共8项,通过努力,超额完成或完成全年目标的指标有7项,离全年目标还存在一定差距的有1项(见表7)。

表7　2014年宝山区结构调整方面指标完成情况

类　别	指　　标	全年目标	全年完成情况
超额完成全年目标的指标5项	第三产业增加值比重	提高1个百分点	提高2个百分点,达到59.3%
	工业园区单位土地产出	提高5%左右	提高6%
	单位增加值综合能耗	下降3%	前三季度下降8.52%
	调整集装箱堆场及"六大行业"企业	力争调整腾出土地1 000亩	腾出土地2 227亩
	拆除违法建筑	20万平方米	35.9万平方米

（续　表）

类　别	指　　标	全年目标	全年完成情况
完成全年目标的指标2项	推进“城中村”地块改造/推行社区综合管理	3个/50个村(居)	3个/50个村(居)
	战略性新兴产业(制造业部分)产值占工业总产值比重	25%左右	25.9%
离全年目标还存在一定差距1项	服务业(不含房地产业)增加值占第三产业增加值比重	90%左右	83.7%

一是聚焦104、195、198区域，①产业结构调整加快推进。全年共完成调整项目73个，涉及土地面积约2 227亩，超出年度调整目标1 000亩的一倍多(见表8)。

表8　　2014年宝山区产业结构调整项目进展情况汇总

序号	调整类型	企业数(家)	占地面积(亩)	占比(%)	职工人数(人)
1	104产业区块能级提升	18	822	36.9	890
	其中：“2+4”工业园区②	18	822	36.9	890
2	集装箱及各类堆场调整	9	496	22.3	371
3	“六大行业”③落后产能关停	31	477	21.4	1 466
4	195区域产业转型升级	10	321	14.4	534
5	198区域低效工业用地减量化和复垦	5	111	5	367
合　计		73	2 227	—	4 518

二是积极应对气候变化，节能减排工作扎实开展。2014年前三季度宝山区单位增加值能耗同比下降8.52%，④下降幅度高于各区县平均水平1.08个百分

① 104、195、198区域：104产业区块能级提升、195区域产业转型升级、198区域低效工业用地减量化和复垦。

② “2+4”工业园区：“2”指城市工业园区、宝山工业园区，“4”是指罗店、顾村、月浦、杨行四个工业园区。

③ 六大行业：粘土砖、印染、“热处理、锻造、铸造、电镀四大工艺”、零星化工、小钢铁、危化。

④ 单位增加值能耗2014年全年数据要在2015年3月由市统计局核定并反馈区县。

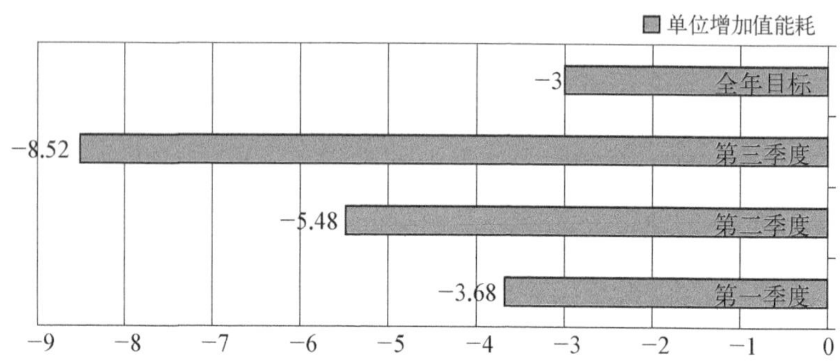

图 5 2014 年前三季度宝山区单位增加值能耗下降情况

点，与上半年相比，降幅速度较为明显，扩大了 3.04 个百分点。预计全年完成下降 8%左右，超额完成下降 3%的全年目标。

三是注重提升能级，存量调整取得实效。完成拆迁基地削减 23 个存量拆迁基地，共 419 户。庙行镇康家村、顾村镇杨邢宅及大场镇联东村这 3 个城中村的初步改造方案基本完成，已上报市旧改办，其中庙行镇康家村和顾村镇杨邢宅的改造方案已通过市建交委评审，大场镇联东村深化后的改造方案待市建管委评审。全年共拆除违法建筑点位 1 346 处，拆违面积 35.9 万平方米，其中拆除在建违法建筑面积 4.4 万平方米，拆除存量违法建筑面积 31.5 万平方米。

(四) 关于功能提升

2014 年，重点聚焦新型城镇化融合发展，形成宝山区加快推进城乡发展一体化的课题调研成果，城乡综合功能和生态环境不断优化，宜居宜业水平得到改善。功能提升方面指标共 7 项，通过努力均已实现全年目标(见表 9)。

表 9　2014 年宝山区功能提升方面指标完成情况

类别	指标	全年目标	全年完成情况
超额完成全年目标的指标 3 项	区域平均降尘量	控制在 8.5 吨/平方千米·月以内	控制在 7 吨/平方千米·月以内
	新建各类绿地	100 公顷	160 公顷
	公交线网密度	达到 1.3 千米/平方千米左右	1.48 千米/平方千米

（续 表）

类 别	指 标	全年目标	全年完成情况
完成全年目标的指标4项	邮轮停靠艘次/接待游客人数/占全市邮轮游客人数比重	220艘次左右/110万人左右/90%左右	215艘次/110万人次/90%
	“123”生态绿化工程	启动建设	已启动建设
	新开工道路建设	32条	32条
	城镇污水纳管率	达89%	89%

一是重点区域开发建设加快推进，滨江功能性项目取得阶段性发展。吴淞口国际邮轮港承载规模继续大幅度增长（见表10），超过新加坡成为亚洲最大邮轮母港。邮轮母港服务功能进一步提升，后续工程前期手续全面启动，零点广场、宝杨路大修等配套项目竣工，滨江大道全面推进，上海长滩观景塔开展国际招标和市民评选，邮轮新城建设和滨江带转型发展广受社会各界关注。

表10　吴淞口国际邮轮港邮轮停靠艘次和接待游客数量

吴淞口国际邮轮港	2012年	2013年	2014年
邮轮停靠艘次	60艘次	127艘次	215艘次
接待游客数量	28万人次	62.6万人次	110万人次

二是加快生态建设项目落地，推动环境绿色宜居。启动“123”生态绿化工程，[①]全年共完成新建绿地160公顷，绿化覆盖率达到42.8%，人均公共绿地面积24.3平方米。系统推进清洁空气行动计划，区域平均降尘量控制在7吨/平方千米·月以内。

三是坚持公交优先，交通出行更为便捷。完成新辟、优化线路22条，其中新辟线路6条、调整优化线路6条、延长首末班时间线路6条、票价改制线路4条。公交线网密度达到1.48千米/平方千米，群众出行“最后一千米”更加方便。

---

① “123”生态绿化工程：1个万：建设万米墙体绿化（主要针对居住区围墙、高架道路桥柱、上下匝道立面、园区厂房、医院、商场、企事业单位等建筑物立面）；2个十：打造十大特色城市公园（如顾村公园的四花景观、炮台湾公园的湿地文化、临江公园的抗战纪念、祇园的佛教文化、行知公园的行知教育、闻道园的徽派文化、钢雕公园的钢雕艺术、祁连公园的休闲体育、智力公园的儿童科普等）和建设十幅大型休憩绿地（主要分布于南大地区、顾村大居、罗店大居及庙行、杨行、月浦、罗泾等地区）；3个百：改建百个市民街心花园、保护百棵百年古树名木和培养百条景观林荫道路。

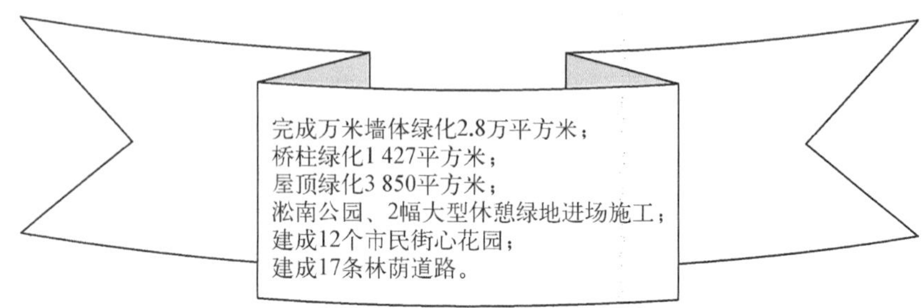

图6 “123”生态绿化工程建设情况

(五) 关于社会民生

2014年，宝山区通过统筹城乡基本公共服务一体化发展，不断提高城乡居民收入水平，推动城乡人民群众生活水平持续提高。社会民生方面指标共10项，通过努力均已实现全年目标(见表11)。

表11　2014年宝山区社会民生方面指标完成情况

类 别	指 标	全年目标	全年完成情况
超额完成全年目标的指标8项	常住人口数量	控制在206万人以内	201.8万人
	帮助成功创业/创业带动就业	600人/4 000人	720人/5 168人
	城镇登记失业人数	控制在3.01万人以内	25 920人
	新增执业医师/医院床位数/家庭医生工作室	120人/100张/50个	120人/100张/100个
	安置房开工建设/竣工	100万平方米/60万平方米	107.6万平方米/62.9万平方米
	安置房供应/安置户数	120万平方米/2 200户左右	120万平方米/2 406户
	老旧小区成套改造	2万平方米	2.8万平方米
	新增养老床位/居家养老服务对象	130张/200名	642张/236名
完成全年目标的指标2项	城乡居民家庭人均可支配收入增幅	高于经济增长幅度	城镇居民家庭人均可支配收入增长9.7%、农村居民家庭人均可支配收入增长10.3%
	公共文化设施面积	新建2万平方米	新建2.01万平方米

一是基本公共服务均等化深入推进，重点领域打造新亮点。“新优质学校”创建项目稳步推进，与高校、外区县优质资源合作办学，以五大区域、教育联建体、教学协作联盟、新建学校联盟和特色组团建设为抓手，打造了一批老百姓家门口的好学校（见表12）。原创大型现代沪剧《挑山女人》荣获“五个一工程”优秀奖等15项国家级大奖，为上海市争得了荣誉；成功创办“陈伯吹国际儿童文学奖”，成为国内首个国际性儿童文学奖项。首次编制完成区养老服务设施布局专项规划，医养护机构养老模式深入推进，新增养老床位和居家养老服务对象超额完成，成功试点老年宜居社区建设。

表12　　2014年宝山区新开办学校

序号	所属街镇	开办校名	班级（班）
1	大场镇	大华新城学校	36
2		青苹果幼儿园分园	15
3	杨行镇	杨行中心校	35
4		和家欣苑幼儿园	24
5	庙行镇	宝山第二中心小学分校	25
6	顾村镇	保利叶都幼儿园	15
7	罗店镇	小主人幼儿园美罗分园	15

二是保障体系进一步完善，生活水平得到新提高。就业保障方面：创业型城区创建工作取得重大进展，带动就业率从创建前的1∶3.52提升到创建后的1∶7.12，大场动漫创业园成功创建为上海市唯一一家第二批全国创业孵化示范基地。分配保障方面：贯彻实施本市城乡居保制度及城乡养老保险制度衔接办法，农村居民基本实现应保尽保，参保覆盖率99.7%。住房保障方面：安居工程创造新模式，罗店大居作为2014年区委、区政府的一号民生工程，按照“建设、配套、管理三位一体”的要求，做到了建设规范有序、配套同步推进、运行无缝衔接，在全市大型居住社区建设中走出了一条新路，得到市委、市政府高度认可。

三是人口服务和管理加强改进，综合调控凸显新成效。在全市率先启动了“群租”行政执法工作，开出上海市第一张针对房屋分割出租转租人罚款10万元的最大金额罚单，极大地震慑了群租违法行为，为全市群租整治工作进行了大胆而有益的尝试。

总体而言,2014 年,宝山区改革创新的动力持续增强,经济继续保持平稳发展态势,各项社会事业不断取得新进展,政府投资计划资金执行率高达 95.2%(见表 13)。

表 13　　2014 年宝山区政府投资项目计划执行情况　　(单位:万元)

序号	分　　类	2014 年年初计划安排	2014 年执行情况	计划执行率
1	罗店大居	140 749	93 349	66.3%
2	南大综合整治	133 138	178 574	134.1%
3	滨江带项目	18 882	15 405	81.6%
4	老镇旧区	22 013	22 902	104.0%
5	教育项目	12 600	16 328	129.6%
6	卫生文化体育	20 791	27 269	131.2%
7	其他社会事业	9 593	7 582	79.0%
8	绿化项目	9 723	8 469	87.1%
9	水务项目	25 982	23 016	88.6%
10	重大市政工程	69 627	34 676	49.8%
11	“微循环”道路	0	7 209	100.0%
12	排堵保畅“八项措施”	11 054	11 054	100.0%
13	市政设施	10 017	10 590	105.7%
14	公路设施	15 591	14 443	92.6%
15	生态专项工程	80 000	80 000	100.0%
16	还本付息	26 740	26 740	100.0%
合　计		606 500	577 606	95.2%

这份来之不易的成绩,是区委统揽全局、正确领导的结果,是区人大依法监督、区政协民主监督的结果,是全区人民团结一致、奋力拼搏的结果。在充分肯定成绩的同时,我们也清醒地看到,在稳中有进的同时,经济社会发展中面临着一些挑战:

一是结构调整任务依然艰巨,工业增速持续回落,批发零售、房地产等传统服务业增速放缓,“四新”①等新兴产业短期内难以弥补传统产业下滑形成的缺

① “四新”经济:新技术、新产业、新业态、新商业模式。

口;二是传统产业转型升级的方法路径仍需进一步创新,推进建设用地减量化、工业园区"二次开发"、主动淘汰落后产能等工作在实践中还需加强探索和攻坚;三是民生改善任务依然繁重,受经济增速放缓等影响,城乡居民收入保持较快增长的难度增大;四是公共服务均等化尚存在不少差距,突破瓶颈的难度增加,城乡一体化发展水平和质量有待提高;五是确保完成"十二五"医院床位建设目标还需合力推进;六是确保城市安全、拆除违法建筑等领域的任务仍然繁重。对此,需要我们以更大的智慧和勇气积极应对,深化改革,有针对性地加以突破和解决。

三、2015 年宝山区国民经济和社会发展主要目标、任务和措施

2015 年是全面贯彻党的十八大、十八届三中及四中全会关于全面深化改革和依法治国精神的重要一年,是全面完成"十二五"规划目标任务、谋划编制"十三五"规划的关键一年。从全国来看,经济发展进入新常态,国家重点实施"一带一路"①、长江经济带等战略将带来新的发展机遇和空间。从上海来看,深化自贸试验区建设、全面启动全球科技创新中心建设将为上海创新驱动发展和经济转型升级注入新动力。从宝山区来看,积极对接国家、上海战略,以都市功能优化区的新定位新高度,必将提升区域发展环境和生活品质,带来新的发展机遇。因此我们要牢固树立底线思维,主动适应经济发展新常态,抢抓机遇,牢牢把握发展主动权。

2015 年,宝山区经济社会发展工作要按照十八大、十八届三中、四中全会、中央经济工作会议精神,根据市委、市政府和区委统一部署,从宝山区实际出发,大力弘扬自贸区理念,主动改、大胆闯;进一步转变政府职能、坚持依法行政;持之以恒调整结构,攻坚克难改革创新;统筹推进稳增长、促改革、调结构、惠民生、防风险各项工作,努力完成"十二五"规划目标任务,为"十三五"发展奠定良好基础。根据上述总体要求,科学确定经济社会发展主要指标,预计全年完成增加值可比增长

---

① "一带一路"是指丝绸之路经济带和 21 世纪海上丝绸之路的简称。

7%左右、区地方财政收入增长8%、全社会固定资产投资完成350亿元、社会消费品零售总额增长6%、城乡居民家庭人均可支配收入增幅高于经济增速、城镇登记失业人数控制在2.93万人以内和政府投资计划安排58.88亿元(见表14)等。

表14　2015年宝山区政府投资计划汇总　(单位：万元)

序号	分　类	2015年计划安排	备　注
1	罗店大居	62 282	主要为罗店大型居住社区内配套项目,包括市政配套、公建配套和水务配套及前期动迁费用
2	南大综合整治	259 370	主要为南大地区综合整治项目,包括绿化、道路、敬老院、医院、水务等项目
3	滨江带项目	10 577	主要为滨江带项目
4	生态专项工程	64 593	2015年主要开展前期动迁及顾村公园二期等项目
5	老镇旧区	9 934	主要为老镇旧区及住宅配套(S20以外)项目,包括综合整治、旧区改造、廉租房、公租房、配套道路项目
6	教育项目	13 796	主要为教育项目
7	卫生文化体育	23 534	主要为卫生、文化、体育等社会事业项目
8	其他社会事业	12 655	主要为公安、行政服务中心、农业、信息等社会事业项目
9	绿化项目	7 766	主要安排绿化项目
10	水务项目	22 969	主要安排水利项目
11	重大市政工程	43 037	主要安排市政道路及动迁资金
12	"微循环"道路	21 998	主要安排道路微循环和镇镇对接项目
13	市政设施	11 760	主要安排市政项目
14	公路设施	17 845	主要安排公路及农村公路项目
15	2015年度还本付息	6 676	其中还本4 000万元,付息2 676万元
合　计		588 792	区级投资数

(一) 坚持规划引领,高质量编好"十三五"发展规划

2015年是"十二五"规划实施的收官之年,也是"十三五"规划编制之年,全

区上下要坚持发展，主动作为，确保完成“十二五”目标任务，同时创新编制方法，高质量编制好“十三五”规划，为“十三五”发展奠定良好基础。

确保完成“十二五”规划目标。紧紧围绕“十二五”规划发展纲要中的指标体系和重点工作，对已经完成目标任务的指标要进一步巩固和提升；对预期能完成目标任务的指标要继续稳步推进；对预期完成目标任务有困难的指标要进一步创新工作思路和方式方法，狠下功夫，努力实现规划目标。

创新新一轮战略规划编制方法。积极对接上海市三大战略规划，①深入研究和编制宝山区两大战略规划：《“十三五”经济社会总体规划(2016～2020年)》(见图7)和《新一轮区域总体规划修编(2015～2040年)》，以规划引领营造创新环境，真正实现创新驱动发展。

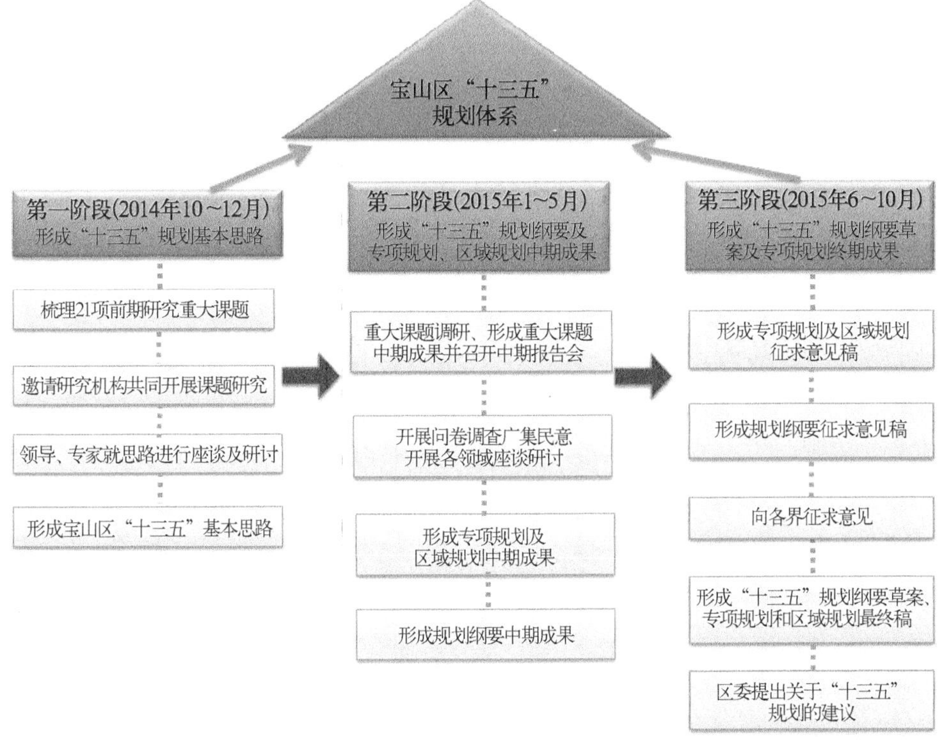

图7　宝山区“十三五”规划编制流程

① 三大战略规划，即《上海市“十三五”规划(2016～2020)》、《上海市城市总规修编(2016～2040)》、《上海市发展战略规划(2020～2050)》。

(二) 坚持依法行政,深入推进改革创新

2015 年是全面深化改革的关键之年,是全面推进依法治国的开局之年。按照中央和上海的决策部署,宝山区制定《2015 年宝山区改革工作实施意见》,牢牢把握重点领域和关键环节,坚定稳妥地推进各项改革。

深化审批制度改革。按照"两高、两少、两尊重"①要求,在 2014 年公布的权力清单基础上,2015 年重点要探索"告知承诺"、"格式审批"、"网上审批"等模式。积极探索监管模式,建立事中事后监管制度,实行动态监管、综合监管、自律监管和分类监管体系。对政府部门行政职权进行全面清理,按行政审批、行政处罚、行政强制等类型,分类、分步向社会进行公布。严格执行行政服务中心建设"三个地方标准",努力打造全市"服务功能最全、服务质量最优、服务效率最高"的行政服务中心之一,提高行政效能和服务水平。推进"审批事项减量化、行政审批流程化、服务场所集约化、机构设置专业化、管理规范标准化",切实精简行政审批事项和审批时间,提高行政服务效率。

精简机构充实基层。全面梳理职责交叉、职责分散事项,理顺部门职责体系,梳理政府工作部门、限额外机构、挂牌机构、合署办公机构现状,优化组织结构、规范机构设置。根据宝山区行政、事业编制配置情况,开展机关"瘦身"和基层"强身"相结合,区级机关人员编制精简 5%～10%充实到基层。强化事业单位规范管理,科学合理核定教育、科技、文化、卫生等面向社会提供公益服务的事业单位编制。

深化执法体制改革。明确区行政执法主体名录、执法事项及执法依据等,开展依法行政各项制度梳理,推进基层行政执法机构力量整合,推行工商、质监、食药监、价格监督检查"四合一",组建区市场监督管理局等机构,提高执法和服务水平。建立健全信用体系,加强以市场主体标准化监管平台为代表的事中事后监管。

提高科技创新能力。充分发挥张江自主创新宝山园的国家级园区平台效应,形成以企业为主体、政企市和产学研分工协作衔接配套的创新体系。加快推进复旦高新技术产业园和产业技术研究院建设,提高创新资源的配置能力和产

① "两高、两少、两尊重":"高度透明、高效服务,少审批、少收费,尊重市场规律、尊重群众创造"。

业的转化能力。加强创新环节和创投孵化模式间的衔接,构建创新要素集聚、资源配置高效、转化路径清晰的创新机制。率先在上海建立科技"大数据交易中心"平台和财政对民营研发机构的政策支持平台。鼓励企业加大研发力度,新增10家高新技术企业和10项列入市自主创新类项目,每万人口专利申请量力争在30件以上。

(三) 坚持结构调整,持续推动经济发展提质增效

2015年,在注重稳增长、防风险的同时,坚持把结构调整作为转型发展的主攻方向,一头抓大力发展现代服务业、战略性新兴产业和"四新"经济,一头抓加快传统产业改造升级和落实产能淘汰,推动全区经济在平稳增长中提质增效。

继续营造良好产业发展氛围。一是产业规划方面,围绕"633"产业①发展格局和"一带三线五园"②的产业布局,进一步修编产业布局规划与产业目录,着力从城市结构、人口调控、社会管理等方面研究产业转型政策梳理和对策研究,推进宝山区产城融合的建设与发展;二是产业扶持政策方面,继续安排3亿元专项资金扶持产业发展,优化年度资金预算,进一步完善项目储备库,增效专项资金使用的有效性,完善"1+9"专项资金的准入评估和绩效评估指南,对2014年扶持项目的街镇园区配套情况进行督查跟踪,对2012～2013年获得扶持资金的项目进行绩效评估;三是创新投融资方面,积极探索和实践PPP模式,在园区建设上,深化探索实践"基金+基地+实训基地+创新联盟"新模式,把创新基地、创新基金、创新联盟落到实处。

打造"四新"经济新亮点。依托中国产业互联网创新实践区、全国工业电子商务示范区、国家高技术产业示范基地、国家级火炬计划软件产业基地、国家文化产业示范基地以及上海市机器人产业基地、上海市移动互联网产业基地和4个市级信息服务业基地等平台,抢抓"四新"经济发展先机,加快推进产业升级发展,加快提升104、195区域的集聚辐射功能,推动社会发展和城市转型(见表15)。

---

① "633"产业:重点培育发展6大产业(信息服务业、战略性新兴产业、现代商贸业、邮轮及旅游业、专业服务业、文化创意产业)、转型提升3种行业(传统物流业、传统钢贸业、传统加工业)、调整淘汰3类企业(集装箱堆场等低效企业、零星化工等污染企业、危化等影响城市安全隐患企业)。

② "一带三线五园":"一带"是滨江发展带;"三线"是轨道交通1、3、7号线;"五园"是宝山工业园区、城市工业园区、上海机器人产业园(月杨工业园)、吴淞工业园、南大现代产业园。

表 15　　2015 年宝山区产业转型升级发展和新产业的重要工作举措

	重要工作举措
抓产业发展先机	● 抓住消费互联网向产业互联网升级契机,依托宝山工业基础,依托全国第一个中国产业互联网创新实践区的品牌号召力,加快出台产业互联网扶持政策,打造产业互联网企业发展环境,率先在全国形成产业互联网的发展高地
抓重点产业培育	● 信息服务业：聚焦 1、3、7 号线,重点打造 20 个创新园 ● 文化创意产业：重点聚焦设计创意、动漫衍生、移动互联网等产业领域,加快推进 7 号线文化科技旅游产业带建设及 3 个市级文化产业园区建设,积极争取引进一批优秀企业与项目入驻宝山 ● 现代商贸业：推进宝乐汇等项目建成开业和龙湖北城天街、杨行水产路城市综合体、双庆路城市综合体等项目建设 ● 邮轮旅游业：拓展邮轮产业链,加强与携程、中船集团、招商局集团等企业的战略合作,加快打造邮轮总部基地。重点聚焦上海旅游资源交易中心和上海邮轮旅游信息中心等平台类项目、上海玻璃博物馆和半岛 1919 等国家 4A 级旅游景区创建类项目;淞沪抗战主题公园和吴淞口影视基地等资源类项目 ● 新材料、智能装备：加快推进中电重型燃气轮机、宝钢新材料研发中心、复旦微电子北斗导航、一冷开利等一批优质项目
抓产业载体建设	● 一带三线：对一带三线现有载体的企业加强服务,重点引进支持创新型企业(如产业成长性、商业模式、资本关注度、知识产权拥有量、市场占有情况等方面的动态),加快一带三线功能提升配套完善。在全市率先建设智慧园区全覆盖工程 ● 三园：宝山工业园区：深化与金桥集团合作,推进"北郊未来产业园"和"碧云北郊社区"建设。争创国家新型工业化产业示范基地—智能装备基地。城市工业园区：大力推进总部经济、产品设计、高科技研发服务等生产性服务业功能区建设,打造二、三产业融合发展的综合园区。机器人产业园：推动"宝集智谷"机器人商务项目建设。加快发那科三期、鑫燕隆汽车焊接流水线和上海克来机电自动化工程有限公司等一批重点项目建设 ● 存量载体转型：对现有载体成功转型的案例进行梳理,积极推动中外运仓库等一带三线其他存量载体的转型

提升土地节约集约利用水平。坚持"五量调控",①以"三线"②管控为抓手,以"负增长"、"减量化"③为目标,完成 50 公顷土地减量化目标,其中工业用地 38 公顷。工业园区单位土地产出达到 60 亿元/平方千米以上。以落后产能关停为

① 五量调控：总量锁定、增量递减、存量优化、流量增效、质量提高。
② 三线：指永久性基本农田、城市开发边界、生态保护红线。
③ "负增长"是指规划建设用地规模实现负增长;"减量化"是指集中建设区外建设用地减量化。

重点，加快推进198区域土地整理复垦和工业用地减量化，全年计划产业结构转型调整土地1 500亩，为新兴产业发展提供新空间。

（四）坚持优化功能，切实提升城市生活品质

2015年，宝山区将更加注重优化区域生态环境，畅通城市交通运行，不断推进重点区块建设，加快统筹城乡发展一体化。

不断优化生态环境。深入实施“123生态绿化工程”，新建各类绿地100公顷，绿化覆盖率达43%，实施第六轮环保三年行动计划，推进清洁空气行动计划六大领域治理措施，主要污染物排放削减率完成市下达目标，环境空气质量优良率达90%以上，区域平均降尘量控制在7.5吨/平方千米·月以内。推进交通节能减排，扶植新能源和清洁能源汽车推广和使用，启动淞宝地区公共机构新能源车充电系统。加大骨干河道整治力度，完成荻泾五期、六期等项目建设，启动新川沙河环境整治工程，骨干河道整治率达到78%。

畅通城市交通运行。着力构建“大交通、中运量、微循环”三级路网体系，提高交通通行能力。大交通：配合推进G1501越江隧道、长江西路隧道等市级重大工程建设，完成轨道交通15号线和18号线所涉6个站点的前期征收工作；中运量：完善区域自足的交通体系，开展中运量轨道交通前期研究；微循环：大力实施“四个一批”，①畅通道路微循环系统。推进8条微循环道路建设，确保4条建成，4条开工建设。加快推进公共交通体系建设，公交线网密度进一步提高，达到1.5千米/平方千米，新投放5 000辆公共自行车和新建200个服务网点。

加快智慧城市建设。智慧生活方面：家庭平均接入带宽达到25兆，实现公共场所无线局域网全覆盖。推进宝山工业园区创建市级智慧园区，大场镇乾溪社区等创建市级智慧社区，顾村镇星星村创建市级智慧村庄。推广市民百事通信息服务平台，营造普惠化智慧生活。智慧政府方面：继续完善区行政服务中心信息平台，区、街(镇)一体的城市网格化综合管理信息平台。推动区域数字公共平台建设，加快医疗、档案数字化建设。

---

① “四个一批”是指改造一批微循环道路，调整优化一批公交线路，建设一批公共自行车网点，落实一批交通管理措施。

强化重点区块的带动作用。以重点区块为突破口，积极探索“指挥部＋公司”、“管委会＋公司”、“领导小组＋公司”的模式，加快吴淞工业区、南大地区和滨江地区的建设速度(见表16)。

表16　2015年宝山区重点区块的重要工作举措

重点区块	重要工作举措
吴淞工业区	机制方面：做实吴淞工业区领导小组办公室，职责分明、人员到岗。同时，组建吴淞产业新城开发公司，确定开发主体与开发方式。规划方面：在完成概念规划和结构规划的基础上，启动控详规划和专项规划的编制工作。项目方面：深化与宝钢集团、招商局集团、华谊集团等国有大企业合作，推进宝华宝项目、招商局地块、节能环保园、吴淞科技园等项目建设，加快条件成熟地块率先转型
南大地区	机制方面：健全南大地区开发机制，组建开发公司。规划方面：高起点开展南大地区产城融合规划国际招投标。征收方面：基本完成各类土地房屋征收补偿，完成国有地块征收签约90%以上，集体企业和农民征收实现腾地90%。项目方面：全面启动70万平方米动迁安置房建设，建成10万平方米。加强生态环境建设，启动南大二期、三期河道整治工程，推进土壤修复工作
滨江地区	配套方面：加快推进吴淞口国际邮轮港码头续建工程，启动宝杨路崇明码头功能调整。推进宝杨路圈围地块项目建设，加快邮轮港核心区建设。项目方面：全面推进上港十四区域内市政配套项目建设，加快推进宝杨路南侧宝钢地块、宝杨路258地块的收储

进一步转变农村生产生活方式。围绕“358、650”发展目标，加快统筹城乡发展一体化。土地、资产方面，建立集体土地台账制度，全面梳理集体建设用地使用情况，研究制定宝山区耕地保护办法。大力推进农村集体经济组织产权制度改革，对65个行政村中符合条件的村做到应改尽改，基本完成农村集体经济组织产权制度改革。农业方面，加快推进农田基础设施建设，不断提升农业生产现代化水平。农村方面，完善美丽乡村建设政策支持体系，继续推进370户农村村庄改造及其长效管理，改善农村环境面貌。农民方面，大力促进非农就业，完善支持规模化经营政策措施，推进粮食生产家庭农场试点工作，探索发展1～2户家庭农场，促进农民增收。

(五) 坚持民生保障，不断增进人民福祉

围绕百姓生活质量，进一步完善民生保障体系，完善发展成果共享机制，提

高百姓生活幸福指数。

促进更高质量就业建设人力强区。进一步完善促进就业体系，完成城镇登记失业人数控制在2.93万人以内，确保成功创建为首批上海市创业型城区。以“人才强区”为目标，突出“人才政策、人才服务、人才建设”三大重点，完善人才发展体系。

加快发展社会事业。统筹推进教育、文化、卫生、体育专项工作，努力实现基本公共服务均等化、优质化发展（见表17），确保财政性教育投入占地方财政支出比重达15%，新增执业医师、医院床位数、家庭医生工作室分别为100人、100张和20个，推进“一村一居一舞台”工程建设，新建27个村居社区文化舞台。

表17　　2015年宝山区社会事业重点任务

	重　点　工　作	重　点　项　目
教育	● 创新育人模式，整体构建“3126”学校德育建设体系 ● 提升基础教育均衡发展水平，深入推进区“新优质学校”、“有品质幼儿园”、“特色高中”建设，积极创建“国家特殊教育改革实验区”，优化区域基础教育发展格局	● 大力开展科技、体育、艺术等组团式项目发展模式和项目学校运行机制创新 ● 加快宝山区青少年创新教育与实践中心等项目建设
文化	● 加快公共文化服务品质提升 ● 推进历史文化保护传承创新 ● 完善文化产业创新发展政策保障	● 启动宝山文化艺术中心前期研究工作 ● 《挑山女人》争创“国家舞台艺术精品工程”；扩大陈伯吹的文化品牌影响力，打造中国儿童文学国际交流高地 ● 举办第九届上海宝山国际民间艺术节和2015上海市民文化节宝山区专场系列活动
卫生	● 深入推进公立医院改革；继续整合4个联合体的优质医疗资源，优化社区专家门诊管理 ● 制定并实施第五轮建设健康城区三年行动计划 ● 明确我区社区卫生项目目录，加大乡村社区医生定向培养招录工作力度，提升基层医疗卫生服务水平	● 重点落实3个在建项目，即区中西医结合医院、一钢医院以及罗店医院改扩建工程；2个新增项目，即长江路社区卫生服务中心大修和友谊社区卫生服务中心改扩建工程；推动2个难点项目，即区精神卫生中心和大场三中心迁建工作
体育	● 完善公共体育服务体系，推动群众体育、竞技体育、体育产业协调健康发展	● 推进2个街镇级体育活动中心、2条百姓健身步道建设 ● 完成通河全民健身活动中心大修项目，集中更新健身苑点

建立完善可持续社会保障体系。完善城乡统筹、公平的社会保障体系，逐步扩大保障覆盖面。健全养老服务体系，新增养老床位728张，新增居家养老服务对象100名，扩大医养结合试点范围，推广老年宜居社区建设成果，推进社区居家养老服务平台实事项目。[①] 完善社会救助体系，落实托底保障，重点关注因病支出型贫困家庭的生活救助，开展为2 600户发放助残实物帮困卡项目。住房保障体系进一步完善，安置房(区属)开工60万平方米、竣工65万平方米，安置在外过渡居农民2 000户，完成160万平方米二次供水设施改造(见表18)。

表18　　2015年宝山区老镇旧区改造、大居建设的重点任务

重点领域	重点任务
老镇旧区改造	● 推进泗塘一村北块等成套改造和八棉二纺居民签约，力争竣工8幢房屋。加快吴淞西块90号、91号地块改造。罗店古镇推进风貌保护和基础设施建设，宝山寺祇园计划启动金塔项目建设。推进大场老镇动迁，加快开工建设 ● 庙行康家村争取完成规划调整，2015年启动动迁工作。顾村杨邢宅在争取完成规划调整的同时，2015年继续推进动迁工作。大场联东村争取完成改造方案评审及规划调整
大居建设	● 深入推进大型居住社区"三位一体"工作，深化产业规划研究，启动商业开发。完善顾村大居管理，启动拓展区开发建设工作。推进祁连、庙行等基地配套建设 ● 重点抓好罗店大居、祁连基地等市属保障房建设和验收交付，确保罗店大居第二批1.4万户居民平稳入住

(六) 坚持长效管理，确保社会平安和谐

2015年，宝山区要全面落实2014年市委一号课题"创新社会治理、加强基层建设"调研成果"1+6"文件精神，充分发挥法治引领和保障作用，进一步夯实社会基层基础，把街道和居村的工作重心真正转到服务和管理上来，坚持抓质量、保安全，不断提升人民群众安全感和幸福感。

创新社会治理体系。一是街道体制改革全部完成。确立以街道党工委为领导的一整套区域化党建体制，取消街道招商职能，工作经费由区财政足额保障；

---

① 银龄居家宝：为10万老人提供居家养老一线通服务。

二是深化“镇管社区”治理结构，搭建基层社会治理共治平台，推进社会组织培育，引导多元主体共同商议社区事务，推进50个村(居)社区综合管理建设。完成2015年居(村)换届选举，积极争创“上海市平安示范社区”；三是推进立体化治安防控体系建设，聚焦群众反映强烈的违法建筑、“群租”、黑车等突出问题，提高快速响应、联动处置能力和水平。

加强人口综合调控。合理疏导无就业人口，调控无序流动人口，逐步形成来沪人员从流入到流出的长效管理态势，2015年年底常住人口控制在206万以内。

健全长效监督和管理。2015年城市网格化管理基本建成与相关单位管理信息系统互通互联的区、街镇(园区)两级城市网格化综合管理信息系统以及区、街镇(园区)和村(居)三级城市网格化综合管理监督指挥体系，重点督办影响市民安全隐患、应急事件的处置情况。安全生产、食品药品、质量等长效监督和管理机制进一步完善，公众安全感指数80以上(见表19)。

表19　　2015年宝山区长效监督和管理重点工作

重点领域	重点工作
安全生产监管	● 强化监管意识：全面贯彻落实关于进一步加强安全生产工作的50条意见，牢牢守住安全生产红线和安全生产事故防控底线 ● 突出重点工作：加强对高危行业、重大危险源等安全监管
食品药品监管	● 建立健全机制：推进跨部门食品安全联动协作机制建设，开展食品安全示范街镇创建工作，全面提升辖区食品安全管理水平 ● 重点专项工作：采用错时监管、飞行检查与专项整治相结合方式，强化对食品、药品高风险领域的监管；加大食品药品技术检测力度，提高检测针对性，突出风险防控
质量监督	● 分类监管机制：按风险等级修订重点企业和设备的监管目录，实现重点特种设备使用单位监管的全覆盖 ● 重点专项工作：研究设立区长质量奖，推动“宝山产品”向“宝山品牌”转变，力争全区名牌产品总数达到50个

(供稿：宝山区发展和改革委员会)

嘉定区国民经济和社会发展报告(2014～2015)

一、2014 年嘉定区国民经济和社会发展计划的执行情况

2014 年，在市委、市政府和区委的坚强领导下，在区人大、区政协的监督支持下，全区上下深入贯彻落实党的十八大和十八届三中、四中全会精神，紧紧围绕建设现代化新型城市的总体目标，积极应对复杂严峻的外部形势和不断变化的内部环境，以稳增长、促改革、调结构、惠民生为重点，坚持“产业转型发展、城市品质发展、社会和谐发展”，全力推进国民经济和社会发展各项工作任务，区域发展总体平稳健康有序，全面完成区五届人大五次会议确定的主要目标和任务(见表 1)。

表 1　　2014 年嘉定区国民经济和社会发展主要目标完成情况

指 标 名 称	单位	年度目标		全年完成	
		绝对值	增长(%)	绝对值	增长(%)
1. 增加值	亿元	1 530	5.5 左右	1 630.2	8.6
＃增加值(属地)	亿元	1 130	8 左右	1 133.3	7.1
2. 农业总产值	亿元	10		12	
3. 第三产业增加值比重(属地)	%	进一步提高		39.2	
4. 规模以上工业总产值	亿元	4 775	2 左右	5 082.7	7.1
＃规模以上工业总产值(属地)	亿元	3 075	5 左右	3 119.9	4.4

(续　表)

<table>
<tr><th rowspan="2">指标名称</th><th rowspan="2">单位</th><th colspan="2">年度目标</th><th colspan="2">全年完成</th></tr>
<tr><th>绝对值</th><th>增长(%)</th><th>绝对值</th><th>增长(%)</th></tr>
<tr><td>5. 社会消费品零售总额</td><td>亿元</td><td>690</td><td>20</td><td>714.1</td><td>26.5</td></tr>
<tr><td>6. 外贸出口额</td><td>亿美元</td><td>90</td><td>持平</td><td colspan="2">100(预计)</td></tr>
<tr><td>7. 地方财政收入</td><td>亿元</td><td>157</td><td>8</td><td>167.8</td><td>15.4</td></tr>
<tr><td>8. 固定资产投资</td><td>亿元</td><td colspan="2">320 以上</td><td colspan="2">485.1</td></tr>
<tr><td>9. 研发投入相当于增加值比重</td><td>%</td><td colspan="2">>3.3</td><td colspan="2">>3.3</td></tr>
<tr><td>10. 环保投入相当于增加值比重</td><td>%</td><td colspan="2">>3</td><td colspan="2">3.68</td></tr>
<tr><td>11. 单位增加值综合能耗下降率</td><td>%</td><td colspan="2" rowspan="2">完成市下达目标</td><td colspan="2" rowspan="2">完成市下达目标</td></tr>
<tr><td>12. 主要污染物排放量削减</td><td>吨</td></tr>
<tr><td>13. 城镇登记失业人数</td><td>人</td><td colspan="2">控制在市下达指标内</td><td colspan="2">控制在市下达指标内</td></tr>
<tr><td>14. 城镇居民家庭人均可支配收入</td><td>元</td><td colspan="2" rowspan="2">与经济增长同步</td><td>40 042</td><td>10.2</td></tr>
<tr><td>15. 农村居民家庭人均可支配收入</td><td>元</td><td>23 831</td><td>11.0</td></tr>
</table>

(一) 以质量效益为重点,转型发展成效逐步显现

经济发展凸显实力。2014 年以来,全区经济运行总体保持平稳,区域综合实力稳中有进。全年实现增加值 1 630.2 亿元,可比增长 8.6%,其中属地 1 133.3 亿元,可比增长 7.1%,分别完成年度计划的 106.5%和 100.3%;实现规模以上工业总产值 5 082.7 亿元,同比增长 7.1%,其中属地 3 119.9 亿元,同比增长4.4%,分别完成年度计划的 106.4%和 101.5%;实现地方财政收入 167.8 亿元,同比增长 15.4%,完成年度计划的 106.9%;社会消费品零售总额完成714.1 亿元,同比增长 26.5%,固定资产投资完成 485.1 亿元,外贸出口额预计完成 100 亿美元,均实现年度计划目标。

产业转型凸显质量。"千百十亿"产业能级提升工程深入实施。以安亭和嘉定工业区为主的市级园区贡献度进一步扩大,分别实现产值 1 131.3 亿元和 826.8 亿元,同比增长 8%和 6.4%。汽车产业保持稳定发展,汽车制造业完成产值 3 645.6 亿元(其中汽车零部件产值 1 682.8 亿元),同比增长 10%。企业

能级持续提升,1家属地企业产值突破百亿,产值50亿元以上企业10家,产值10亿元以上企业65家,亿元以上企业产值占属地比重89.2%。特色服务业规模有效扩张,预计文化与信息产业实现营业收入1 050亿元,同比增长30%,新兴业态快速成长,网上商店零售额实现379亿元,同比增长25.8%。金融服务实体经济能力增强,全区股权投资和管理类企业1 477家,管理资金规模近千亿元。总部经济取得突破,德尔福派克成为区第一家全球性总部企业,跨国公司地区总部及各类研发、销售中心43家。

表2　　2014年嘉定区产业转型发展有关成效

重点领域	推进情况
政府引导基金	● 嘉定创投成为业内知名的政府引导基金,管理基金规模63.3亿元 ● 市集成电路信息产业并购基金落户嘉定
产业项目推进	● 斯凯孚嘉定园开园,天合汽车亚太研发中心、迅达电梯厂一期、皮尔博格有色零部件二期等建成投产,雷博司电气二期、开米科技等启动建设 ● 京东"亚洲一号"一期现代化物流中心投入运营 ● 金融谷一期基本建成,汽车金融港揭牌,上海金融创新研究院成立
上市挂牌情况	● 主板上市企业9家(新增1家北特科技) ● 新三板挂牌企业17家(新增12家) ● 股权交易托管中心挂牌E板企业83家(新增61家)
新兴金融发展	● 小贷公司13家(新增1家) ● 全区商业保理企业6家(新增4家) ● 全区融资租赁公司14家(新增13家)

结构调整凸显效益。节能减排持续加强,预计可提前完成"十二五"单位增加值能耗下降18%的总目标;区属规模以上工业万元产值能耗0.049吨标煤,同比下降5.9%;减排工业化学需氧量73.4吨、氨氮9.7吨、二氧化硫229.7吨、氮氧化物50.2吨。完成劣势企业调整203家,腾出土地1 630.1亩。清洁能源替代工作加快推进,改造和关停锅炉214台、窑炉18台。企业效益稳步改善,1～11月区属规上工业企业实现利润229.0亿元,同比增长14.7%,产值利润率8.1%。园区二次开发全面推进,制定《区产业园区转型升级三年行动计划》,因地制宜推进22个条件相对成熟的区域转型。集建区外低效建设用地减量化工作启动,已完成及正在实施的减量化地块总面积279公顷。

表 3　　2014 年嘉定区园区二次开发有关情况

重点领域	推 进 情 况
政策完善	● 104 区块(市级工业园区)以升级为导向,195 区域(集建区内现状工业用地)以转型为导向,198 区域(集建区外现状工业用地)以工业用地减量化为导向 ● 设立园区二次开发区级专项基金(先期 5 000 万元)
企业调整	● 集建区内调整企业 107 家,腾出土地 1 042.5 亩 ● 集建区外关停劣势企业 96 家,腾出土地 587.6 亩
研发总部试点	● 安亭博泽汽车、南翔英峻机械、嘉康地块等加快改造
重点园区改造	● 嘉定镇现厂创意园、马陆嘉源海艺术中心等项目主体完工,安亭大众园区、南翔游戏产业园、工业区南门高科技园等 8 个园区加快推进

科技创新凸显能力。预计全年战略性新兴产业实现产值 555 亿元,增长 8.5%。张江嘉定园完成第三次拓区,面积增加至 50.07 平方千米,20 个重点项目获市级扶持 5 000 多万元。企业自主创新能力进一步增强,新认定国家高新技术企业 70 家、市科技小巨人(培育)企业 28 家、市知识产权优势企业 3 家,11 项国家科技型中小企业技术创新基金项目立项获批。企业技术中心体系建设持续推进,各级企业技术中心(含工程技术研究中心)185 家。1～11 月专利申请量 5 001 件,专利授权量 3 457 件。"大孵化器"战略加快实施,全区科技企业孵化器 10 家,在孵企业 600 多家。

表 4　　2014 年嘉定区科技创新能力有关情况

重点领域	推 进 情 况
企业自主创新能力	● 企业技术中心国家级 4 家、市级 60 家、区级 107 家 ● 市级工程技术研究中心 14 家 ● "小 i 机器人智能云服务平台"获"2014 工博会金奖"
产业化项目推进	● 联影医疗完成整体搬迁并投产,物联网中心二期基本建成,微技术工业研究院启用,声学所东海站等项目开工建设 ● 新能源汽车及关键零部件基地 6 个项目竣工,新开工项目 8 个
产学研合作	● 嘉定科博会成功举办,新增产学研合作对接项目 138 项 ● 科研院所 48 个研发平台向区内企业开放 ● 成立新能源电池研究联盟、物联网技术产业联合研究室等产学研平台

(续　表)

重点领域	推 进 情 况
创新和优秀人才	● 集聚中央“千人计划”人才 54 名,上海“千人计划”人才 35 名,上海领军人才 7 名;引进高层次创新创业和急需紧缺人才 410 人 ● 成立名师工作室 18 家,博士后创新实践基地入驻企业工作站 17 家

(二) 以先行先试为突破,改革创新力度不断加大

政府职能转变加快推进。简政放权深入推进,制定《关于区政府职能转变和机构改革的实施意见》,编制《区行政审批目录(2014 年版)》,取消调整审批事项 163 项,推动第一批 9 项审批事项和服务项目下沉至社区。审批流程不断优化,外商投资企业由“核准制”改为“备案制”,登记注册资本由“实缴制”改为“认缴制”,积极推行“先照后证”。制定《区对接自贸区、深化改革工作方案》,跨境电子商务贸易试点获批。按照地方政府债务管理新要求,开展存量债务清理分类,南翔污水厂一期工程成为上海首个获财政部批准的 PPP 模式试点项目。制定《区深化国资改革实施意见》和《区国企改革优化整合方案》,将区管企业分为竞争类、功能类和公共服务类,明确分类监管模式。

公共服务领域深入改革。教育改革路径进一步明晰,成立区教育改革发展规划领导小组和教育咨询委员会,制定《关于深化教育综合改革与品质教育的意见(2014～2020 年)》,形成区域教育综合改革整体框架。医疗体制改革工作稳步推进,“123”公立医院改革思路基本确立,在全市率先启动以电子病历为核心的医院信息系统标准化建设,社区卫生服务综合改革进一步深化。

表 5　　2014 年嘉定区公立医院改革有关情况

重点领域	推 进 情 况
公立医院改革思路	● “1”是明确一个目标,通过改革提升管理,达到百姓受益、医院发展的目标 ● “2”是夯实两个基础,即卫生信息化建设和全面预算管理 ● “3”是转变三个机制,即监管评价机制、收入分配机制和分级诊疗机制
改革试点与示范	● 确定区中心医院、安亭医院、安亭镇黄渡社区卫生服务中心和马陆镇社区卫生服务中心为公立医院改革示范样板单位 ● 对全区 20 家公立医院实行全面预算管理

农村改革基础不断夯实。撤制村组稳步推进，撤销 2 个村和 78 个村民组，完成 1 个村和 80 个村民组的集体资产处置，涉及资产 3.5 亿元。制定《区集体经济组织产权制度改革三年行动计划》，完成 12 个村集体经济组织产权制度改革，在马陆镇、嘉定镇街道开展镇级农村集体经济组织资产的清产核资试点，基本完成农村宅基地和承包土地确权登记梳理。深化农业经营模式改革，制定《关于粮食生产家庭农场的实施意见》，鼓励引导本地农民从事粮食生产家庭农场经营，发展家庭农场 53 家。

(三) 以宜业宜居为目标，城市品质功能继续提升

产城融合步伐进一步加快。新城核心区活力不断增强，企业总部集聚商务区首个项目开工建设，保利大剧院顺利完成首演季，工人文化宫交付使用，台北风情街、西云楼等商业项目加快推进，中福会幼儿园等功能性项目有序建设，交通信息发布系统等智慧城市试点项目稳步推进，产城融合效应逐步显现。老城保护和改造同步实施，西门历史文化风貌区规划进展有序，商旅文集聚态势初步形成。安亭地区电动汽车国际示范区稳步推进，新能源汽车分时租赁加快推广，东方肝胆外科医院和国家肝癌中心基本建成，城市服务功能集聚提升；南翔地区华润五彩城开业，商业商务布局进一步完善，总部楼宇和平台经济加速发展；江桥地区对接大虹桥定位，北虹桥金融产业园、亿达软件园等特色园区加快培育，区域形象和功能持续转变。

城乡规划改造进一步加快。城镇布局持续优化，新一轮城市总体规划修编启动，完成江桥、外冈、南翔郊野单元规划，北部 4 个新市镇规划加快编制，在全市率先启动编制《村庄布点规划(2014～2040 年)》。农村环境持续改善，完成华亭、徐行、安亭 3 062 户农户村庄改造项目，关闭不规范养殖场 200 家，整治田间窝棚 2.1 万平方米，新增新农村商业网点 31 个。"美丽乡村"持续推进，开展徐行镇曹王村、华亭镇北新村美丽乡村规划试点。

城市基础设施建设进一步加快。立体交通体系更加优化，嘉闵高架北段等对外连接的主干路加快建设，新城核心区、大型居住社区等区域内部的次干路有序推进。公共交通网络更显便利，新辟、调整公交线路 18 条。市政配套功能更有保障，陈行原水支线等一批上下水工程加快推进，配合做好"淮南—南京—上

海”特高压工程前期工作，建成投运 110 千伏变电站 3 座。生态环境体系更趋改善，新建各类绿地 39.3 公顷，绿化覆盖率 38.4%，人均公共绿地 16.6 平方米。扩大生活垃圾分类试点范围，在 97 个居住区和 54 个集贸市场推行生活垃圾分类减量。实施第五轮环保三年行动计划，推进水环境综合治理，完成 21 个积水点改造工程，新增污水纳管 16.9 千米，整治河道 82.7 千米。

表 6　　2014 年嘉定区综合配套完善有关情况

项目名称	主　要　功　能	推 进 情 况
嘉闵高架北段	与虹桥商务区直接联通，增加全区对外快速通道	● 北一段(主线高架)建成通车 ● 北二段启动建设
沪翔高速(S6)	外环西延伸，疏解货流运输功能	● 建成通车
沪嘉快速路改造	作为嘉定新城和市区主要联系通道，改造提升通行能力	● 完成改造提升
陈行原水支线	从陈行水库引入原水，改善北部和新城地区供水及水质问题	● 建设工程量完成过半
S5 两侧景观绿带改造	改善生态环境和城市形象，建立生态隔离屏障	● 全面完成
再生能源利用中心	1 500 吨/日生活垃圾处理能力，解决城市生活垃圾出路	● 完成环评工可审批和勘察设计招标等前期工作

(四) 以群众需求为优先，服务保障水平有力提升

公共服务实现梯度化配置。教育发展趋于均衡，“教育品质提升工程”全面推进，实施学校改进计划，探索区域“新优质学校”办学联盟和合作办学模式，成立区教育安全管理中心。公共卫生服务能力进一步提升，基本建成区卫生综合管理、区域医疗服务监管等信息化平台，完成联影—嘉定区域影像中心建设，助理全科医生规范化培训模式逐步完善。坚持人口优生优育，规范办理“单独两孩”再生育 540 例。成功创建上海市公共文化服务体系示范区，开展“百姓”系列等群众性文化活动 1.7 万余场，参与人数 195 万人次。体育事业健康发展，在全市率先启动第四次全国国民体质监测工作，“30 分钟体育生活圈”全面建设，公共体育设施开放率保持 100%，体育馆(新馆)主体工程完工。

民生保障得到持续性提升。实施积极的就业政策，就业形势基本稳定。城镇登记失业人数 5 321 人，在控制指标范围内；新增就业岗位 34 965 个，转移农村富余劳动力 8 333 人，分别完成年度计划的 134.5%和 104.2%；安置就业困难人员和"零就业家庭"成员 342 人，实现 100%安置。社会保障和收入水平进一步提升，城保覆盖面持续扩大，征地养老人员养老金最低标准提高到每人每月 1 425 元，提高土地流转费补贴，退休农民养老金收入每人每月 1 100 元，城镇和农村居民家庭人均可支配收入分别增长 10.2%和 11%。住房保障体系不断完善，区属动迁安置房新开工面积 68.9 万平方米，竣工 43.2 万平方米，新增租金配租廉租家庭 101 户，新增公共租赁住房 704 套。编制完成《养老设施布局专项规划（2014～2020 年）》，大力推进养老实事项目，在全市率先实施城乡低保一体化救助。

表 7　　2014 年嘉定区养老实事工程有关情况

重点领域	推进情况
养老设施	● 完成区第一社会福利院一期主体工程 ● 新建老年人日间服务中心 1 家、老年人助餐点 3 家，标准化老年活动室 17 家；完成全部养老机构消防设施达标改造 ● 全年新增养老床位 448 张
养老服务	● 为 1.18 万名老人提供各类居家养老服务；"老伙伴"计划覆盖面持续扩大，1 200 名志愿者服务高龄独居老人 6 000 名、43 万人次 ● 启动菊园新区"智慧养老"试点

社会管理加快全覆盖延伸。大联勤模式进一步深化创新，建立区、镇两级联勤和城市网格化中心和村居综治联勤工作站，形成覆盖全区的 417 个责任网格，联勤处置率和网格化平台结案率分别为 99.7%和 99.9%。建立人口规模综合调控和管理服务工作机制，在全市率先制定《居住证业务操作规范实施细则》和《规范农村住房出租管理指导意见》，严格落实"两个合法稳定"认定标准，积极推进"以房管人"创新试点，全区人口规模呈现"双下降"态势。村居管理不断加强，围绕群租、违法建筑等重点领域开展农村地区 22 个和城市居民区 16 个专项整治，拆除违法建筑 80.5 万平方米，完成群租整治 2 500 户。社区事务受理服务中心全部实现一口受理、全年无休，建立村居社会管理信息系统，完成 60 个居委

“一站式”服务点建设。深入开展平安创建活动，生产、交通、消防、食品药品和产品安全保障进一步强化，未发生重特大安全事故和重大群体性事件，社会基本面保持平稳。

在2014年计划的执行过程中，嘉定区经济社会发展也出现了一些新情况和新问题：一是在经济新常态下，对兼顾稳增长和坚持创新驱动、转型发展提出了更高的要求；二是在改革大环境下，随着法治体系完善、财税改革深化，政府调控经济、主导建设的手段受到更多限制；三是在资源硬约束下，土地、生态、人口等承载能力接近红线；四是在发展不均衡下，如何缩小城乡差距任重道远。对于这些新问题、新情况，必须在今后主动应对、长远谋划，用创新的思维、改革的手段和法治的理念加以解决。

二、2015年嘉定区国民经济和社会发展的预期目标

2015年是全面深化改革的关键之年和全面推进依法治国的开局之年，也是“十二五”规划的收官之年和“十三五”规划的谋划之年。2015年主要预期目标的确定，必须立足当前、着眼长远，牢牢把握“稳中求进”的总基调和一系列政策法规的精神，紧紧抓住上海打造具有全球影响力科技创新中心的机遇，以建设有综合竞争力的现代化新型城市为主线，坚持“产业转型发展、城市品质发展、社会和谐发展”，主动适应经济发展新常态，主动适应创新转型新要求，主动适应深化改革新局面，主动适应城市发展新路径，主动适应社会治理新秩序，保持全区经济运行健康稳定、社会发展和谐稳定，为“十三五”发展奠定扎实基础。2015年嘉定区国民经济和社会发展的主要目标如表8所示。

表8　　2015年嘉定区经济和社会发展的主要预期目标

指标名称	单位	2015年主要预期目标	
		绝对值	增长(%)
1. 增加值	亿元	1 730	7.5左右
#增加值(属地)	亿元	1 200	6左右
2. 农业总产值	亿元	10	

（续 表）

指 标 名 称	单位	2015 年主要预期目标	
		绝对值	增长(%)
3. 第三产业增加值比重	%	进一步提高	
4. 规模以上工业总产值	亿元	5 400	6 左右
#规模以上工业总产值(属地)	亿元	3 200	3 左右
5. 社会消费品零售总额	亿元	775	12
6. 外贸出口额	亿美元	90	
7. 地方财政收入	亿元	184	10
8. 固定资产投资	亿元	300 以上	
9. 研发投入相当于增加值比重	%	>3.3	
10. 环保投入相当于增加值比重	%	>3	
11. 单位增加值综合能耗下降率	%	完成市下达目标	
12. 主要污染物排放量削减	吨		
13. 城镇登记失业人数	人	控制在市下达指标以内	
14. 城乡居民家庭人均可支配收入增长	%	与经济增长保持同步	

对预期目标具体说明如下：

1. 立足稳增长，在保持经济新常态中实现发展引领

更加关注转型发展中质量效益的持续提升，以增强企业、产业链、园区和区域四个核心竞争力为重点，保持经济运行适度较快、平稳增长，同时考虑与“十二五”规划和全市预期目标相衔接。建议目标为：全区增加值比上年增长 7.5%左右，其中属地增加值比上年增长 6%左右，第三产业增加值比重进一步提高；地方财政收入比上年增长 10%；规模以上工业总产值比上年增长 6%左右，属地规模以上工业产值比上年增长 3%左右；社会消费品零售总额比上年增长 12%；农业总产值和外贸出口额与往年基本持平。

2. 立足促转型，在推进创新驱动发展战略中实现动力转换

主动融入上海建设具有全球影响力的科技创新中心，围绕科技嘉定的目标，坚持自主创新、协同创新和体系创新，系统部署和推进着眼于自主创新产业化的嘉定科技城建设，打通科技孵化、科技服务、科技成果转化的共生链，使发展动力

逐步转到创新驱动上来。建议目标为：研发投入相当于增加值比重保持在3.3%以上，战略性新兴产业产值比上年增长10%左右，高新技术企业达到550家，科技成果转化和产业化项目120个。

3. 立足强功能，在加快城乡一体化发展中实现品质提升

加快建设具有相对独立和完善功能的现代化新型城市，进一步优化空间和功能布局，着力推进基础设施、公共服务、生态环境等重点项目建设，提升综合性节点功能，增强嘉定在长江经济支撑带中的综合竞争力。建议目标为：全社会固定资产投资300亿元以上，其中房地产投资180亿元以上，基础设施和社会事业投资50亿元以上；单位增加值能耗下降率和主要污染物排放量削减完成市下达目标，空气质量优良率进一步提升。

4. 立足惠民生，在坚持以人为本中实现成果共享

按照社会政策要托底的要求，主动追踪人口动向、主动追踪社会动向、主动追踪市场动向，优化社会事业布局、延伸公共服务网络、提升社会保障水平、创新社会治理机制，使社会发展保持和谐稳定。建议目标为：城镇登记失业人数控制在市下达指标以内，全年新增就业岗位2.6万个；公共财政民生支出快于经济增长，城乡居民收入与经济增长保持同步；新增养老床位740张；动迁安置房新开工30万平方米，竣工100万平方米。

三、2015年嘉定区国民经济和社会发展的主要任务

2015年应注重承上启下，要在总结"十二五"成效与问题的基础上，谋划好"十三五"发展，推动经济社会、城镇建设、生态环境等"多规合一"，形成"一张蓝图"。主要任务包括：

(一) 注重产业提质增效，主动适应经济新常态

1. 提升存量资源利用效率

加快推动园区二次开发，鼓励园区通过引入专业团队、行业品牌、多元开发等方式，形成试点、示范和突破。加大存量调整力度，按照"198减量"目标，强化劣势企业倒逼机制，推进集建区外现状建设用地1.5个平方千米的减量化工作；

按照“195 转型”要求，稳步开展研发总部类项目试点和重点园区改造。完善中小企业服务体系，加大存量楼宇招商力度，加强工业用地全生命周期管理。

2. 加快制造业转型升级

深入实施“千百十亿”产业能级提升工程，力争百亿级、十亿级企业有新突破。巩固汽车产业发展优势，结合上海大众转型升级，深入推动汽车全产业链建设。加大优质项目引进力度，加快培育以联影医疗为龙头的高性能医疗设备产业链，推动以迅达电梯等为代表的高端制造业形成有竞争力的产业集群。加快已供地项目开工、建设和投产，鼓励传统制造业通过技术改造提升能级，全年工业投资 60 亿元以上。

3. 推动特色服务业形成品牌和集聚优势

围绕新产业、新业态、新技术和新模式等“四新”经济，依托互联网等平台经济，加快培育成长性新兴企业，放大电子商务、文化创意等产业集群效应。围绕上市企业总部集聚商务区等重点园区和总部经济、研发设计等重点产业，推动特色服务业实现集聚式发展。围绕嘉定“金融硅谷”建设，推动多层次资本市场建设，为企业、科研单位、高校、金融机构、投资机构搭建多方合作平台。

(二) 优化创新资源布局，加快科技产业化步伐

1. 以科技孵化为基础

依托现有的科研院所和技术人才资源，加大科技研发投入和扶持力度，支持重点领域实施科技攻关，积极承接国家重大创新专项。深入推进大孵化器建设，提升各孵化器的综合服务和技术保障能力，建设一批具有特色的专业孵化器群，集聚一批综合性创新创业孵化园区。加快集聚各类优秀孵化平台和专业机构，建设中小企业孵化服务互动平台。

2. 以科技服务为核心

围绕技术转移、科技金融等科技服务重点领域，发挥企业的创新主体作用，深入推进企业技术中心体系建设，加大高新技术企业培育力度。实施《嘉定科技城科技创新三年行动计划》，继续优化张江嘉定园管理机制，推动服务机制、金融支撑和城市功能相配套，为科技型企业成长提供良好的创新环境。优化人才服务保障政策体系，完善校企合作、柔性引才机制，加快形成“大众创业、万众创新”

的新局面。

3. 以科技成果转化为目标

以打造自主创新产业化引领区为目标，健全区域协同创新机制，加快自主创新产业化步伐。聚焦集成电路和互联网、汽车智能化和新能源汽车、高性能医疗设备以及智能制造等领域，开展重大创新工程建设和重大科研成果产业化，加快形成产业集群。推进科研成果推介与创新联盟建设，加强对接与公共服务平台共享。放大科博会、科博网平台效应，为产学研项目提供交流与对接平台。

(三) 提升城市功能品质，推动城乡一体化发展

1. 优化城市内涵功能

聚焦新城核心区综合功能，加快商业配套建设，加强产业培育和优质企业落户，同步完善基础设施和生态环境，加快推进新城国际学校等功能性项目，提升公共服务运营水平和智慧城市管理能力。进一步理顺老城改造体制机制，稳步实施州桥姜家秦家花园地块、西门历史文化风貌保护区房屋征收，推动老城文化休闲功能有新的改善。安亭地区围绕汽车城核心区，加快国际化社区打造，围绕大众和同济板块，加快研发科技港招商和同济科技园建设，围绕东方肝胆医院，加快形成医疗服务和配套功能。南翔、江桥地区立足北虹桥商务区，进一步优化功能定位，加快发展商贸服务、商业办公等重点产业。

2. 完善城市综合配套

积极推动重要骨干道路建设，加快推进大居外配套道路建设。启用公交嘉定北站及平城路公交枢纽，新辟区域内公交线路3条，优化调整一批重点区域公交线网。稳步推进再生能源利用中心建设，加快推动陈行原水支线、南翔污水厂等上下水工程建设。实施道路沿线绿带景观提升，加快城区公共绿地、老公园改造。开展清洁空气行动、水污染防治等专项计划，深入推进河道综合整治，完成建成区所有污染源截污纳管，城镇污水处理率达到85%。

3. 加快城乡统筹发展

结合土地减量、宅基地置换、郊野单元规划及增减挂钩专项规划的编制，推进新市镇规划和功能落地。稳步落实全区村庄布点规划，力争曹王村、北新村“美丽乡村”试点有实质性推进，深入实施新一轮经济欠发达村扶持和村庄改造，

提高集体经济活力，优化农村生态环境。提高农业现代化水平，加快推进高水平粮田、设施菜田和区域特色农产品建设，积极推广家庭农场，全面关闭不规范养猪场。

（四）加强民生服务保障，促进管理向治理转变

1. 增强社会保障能力

加强对重点群体的就业服务，关注长期失业青年和大学生就业，促进就业困难群体实现充分就业。加大社会保障力度，推动企业从业、灵活就业等人员纳入城保参保渠道，为低收入困难家庭成员提供专项救助。做好区第一社会福利院开业工作，开展“智慧养老”社区试点，推进老年活动室、老年人日间中心等设施建设。落实住房保障要求，开展廉租住房实物配租申请供应，做好实物配租房、公共租赁住房房源筹措。

2. 推进公共服务多层次发展

推进教育领域综合改革，组织普通高中特色发展区域推进项目，优化高品质教育资源布局，深入探索区域学区化、集团化办学模式。全面推进公立医院改革，探索新的绩效收入分配机制，完善药品供应保障机制，深化公立医院全面预算管理，启动首批社区卫生服务综合改革试点。争创国家公共文化服务体系示范区，完成公共图书馆体系建设，积极引入社会力量参与文化建设。全面推进群众体育活动开展和体育设施建设，加快推动体育馆（新馆）投入运营。

3. 不断提升社会治理水平

加强人口综合调控和管理服务，严格执行“两个合法稳定”标准，深入落实加强房屋土地管理、创新公共服务政策等举措，加大违法用地和违章建筑整治力度。强化村居社会管理，深化村居社会管理考评，开展农村住房租赁管理试点，依法开展村居委会换届选举，提高基层组织自治和社会共治能力。推动社会组织健康发展，培育和扶持一批制度健全、公信力好的社会组织参与治理。深化城市综合治理，推动联勤和网格化管理工作向多领域延伸。加强平安城区建设，推进治安、生产、交通、消防和食品安全等领域隐患排查和专项整治，深化全国文明城区创建，力争双拥模范城“八连冠”。

(五) 落实全面深化改革,坚持以法治统领全局

1. 加快建设法治政府

推进政府职能转变和机构改革方案落实,实施市场监督管理体制改革和部分区政府组成部门调整。深化行政审批制度改革,建立目录管理制度,加强审批标准化建设,主动对接自贸区,率先落实可复制可推广政策。落实《预算法》要求,加强政府债务、财政支出和全口径预算管理,主动转变政府债务管理方式,鼓励社会资本共同参与建设。全面实施依法行政,完善政府信息公开制度,健全行政权力监督体系。

2. 稳步推进农村改革

加快推进镇级集体资产清理界定工作,探索建立产权明晰、经营高效、管理民主、监督到位的镇级集体资产管理体制和运行机制。加快农村集体经济组织产权制度改革,通过成立社区股份合作社、社区经济合作社等方式,探索开展村基层管理组织与集体经济组织分离试点,到2017年全面完成村级集体经济组织产权制度改革。

3. 深化国资国企改革

在"上海国资二十条"精神的指导下,落实《区深化国资改革实施意见》,加快国资功能优化和布局结构调整。以市场化、专业化和集约化为导向,推动国资在文化旅游、金融服务、支持农村地区发展等领域,实现资源整合和企业重组。完善法人治理体系,深化区属企业分类监管,构建国资监管新机制。推进混合所有制经济发展,加快投资主体多元化和经营机制市场化,探索国有企业与社会资本开展多途径合作。

四、2015年嘉定区政府重点投资项目的建设计划

2015年,政府投资项目建设计划的安排应当根据《区政府投资项目管理办法》,在继续保持适度投资规模的同时,更加注重投资的规范性、科学性和有效性,强化重点项目对全区国民经济和社会发展的引领、支撑和带动作用。主要考虑三方面因素:一是按照建设现代化新型城市的要求,加快提升城市配套和综

合功能；二是坚持以人为本和持续改善民生，不断优化公共服务资源配置；三是结合财政预算改革和债务管理体制调整，积极发挥政府投资引导和市场主体作用。重点投资项目分为：

（一）全力配合推进市级重大工程建设

聚焦重大工程和关键节点，全力配合推进沪通铁路、嘉闵高架北二段、沪宜公路改建、泰和水厂扩建、瑞金医院肿瘤（质子）中心等项目建设，做好轨道交通14号线、11号线陈翔路站以及跨铁路、跨高速立交节点等项目的前期工作。

（二）加快完善基础设施和生态环境配套

聚焦城市功能和区域重点，基本建成陈行原水支线、外环生态专项等项目，持续推进白银路公共地下车库及道路改建、华江路等区区对接道路、沪翔高速和嘉闵高架绿色廊道、墅沟引水河道综合整治、集约化供水工程、截污纳管改造、北区污水厂扩建等工程建设，保障再生能源利用中心、南翔污水厂及污泥处理等项目顺利开工，做好城北路、安亭水厂扩建、嘉北郊野公园（一期）等前期工作。

（三）重点保障公共服务和社会民生项目

聚焦共建共享和民生保障，基本完成中福会幼儿园、成佳学校、枫树林动迁安置房等民生保障项目，持续推进江桥B1－02地块动迁安置基地、福临佳苑公租房等项目建设，推动陈翔路完全中学、汽车城核心区B地块小学、第一社会福利院（二期）、旧住房综合改造等项目开工建设，加快推进中心医院（二期）、江桥医院新建、安亭医院迁建、档案馆新馆等项目的前期工作。

在全面推进政府投资项目建设的基础上，发挥好市场配置资源的决定性作用，积极推动迅达总部及制造中心、阿里巴巴物联网技术中心等产业项目建设，不断增强区域产业核心竞争力。

（供稿：嘉定区发展和改革委员会）

金山区国民经济和社会发展报告(2014～2015)

一、2014 年金山区国民经济和社会发展计划执行情况

2014 年，在市委、市政府和区委的坚强领导下，在区人大、区政协的监督支持下，全区上下深入学习贯彻落实党的十八届三中、四中全会，十届市委五次全会和四届区委七次全会精神，牢牢把握稳中求进的总基调，全面贯彻落实抓改革、稳增长、促转型、提质效、重民生各项政策措施，扎实有效地推进各项重点工作。全区经济运行继续保持了平稳发展态势，经济发展质量、结构和效益不断改善，改革创新活力不断显现，民生社会事业持续发展，较好地完成了五届人大五次会议确定的目标任务，主要指标完成情况见表 1。

表 1　　2014 年金山区国民经济和社会发展计划主要目标完成情况

指　标　名　称	单位	2014 年预期目标	2014 年完成	同比增幅%
地区生产总值	亿元	—	726.5	3.4
其中属地地区生产总值	亿元	增长 9%	570	8.5
区级地方财政收入	亿元	增长 9%	56.6	12.2
规模以上工业企业产值	亿元	—	1 872.1	−7.6
其中属地规模以上工业企业产值	亿元	增长 7%	964.9	3.3
全社会固定资产投资	亿元	190	191.1	2.5

（续 表）

指 标 名 称	单位	2014年预期目标	2014年完成	同比增幅%
其中工业性投资	亿元	100	102.7	−11.2
社会消费品零售总额	亿元	增长12%	364.6	12.1
外资到位资金	亿美元	2.35	2.7	3.3
新增就业岗位	个	20 000	20 892	—
城镇登记失业人数	人	市下达指标	5 298	—
城镇居民家庭人均可支配收入	元	增长10%以上	36 433	10.1
农村居民家庭人均可支配收入	元	增长10%以上	19 436	11.1
全社会研发经费支出相当于地区生产总值比例	%	进一步提高	待公布	—
环保投入相当于地区生产总值比例	%	3%以上	3.99	—
万元生产总值综合能耗率	%	进一步下降	待公布	—
主要污染物（化学需氧量、二氧化硫、氨氮化物、氮氧化物）排放量削减	吨	市下达指标	待公布	—

注：1. 城镇和农村居民家庭人均可支配收入均未扣除价格因素；
2. 根据规定，全社会研发经费支出相当于地区生产总值比例、万元生产总值综合能耗率和主要污染物排放量削减完成情况待市核定后统一公布。

（一）经济增长稳中有进，发展质量不断提高

经济保持平稳增长。全年实现地区生产总值726.5亿元，同比增长3.4%（属地570亿元，增长8.5%）。三次产业比重为2.4∶58.4∶39.2，三产比重较去年同期提高1.3个百分点。财政总收入完成276.7亿元，增长10.1%，其中区级地方财政收入56.6亿元，增长12.2%。财政总收入增幅快于地区生产总值增幅、区级地方财政收入增幅快于财政总收入增幅，经济运行质量不断提升。

“三驾马车”拉动作用持续。固定资产投资保持稳定，全年全社会固定资产投资完成191.1亿元，同比增长2.5%，其中工业性投资102.7亿元，房地产投资60.5亿元，基础设施投资27.9亿元。消费水平持续提高，全年社会消费品零售总额完成364.6亿元，增长12.1%。对外贸易稳中有升，全区进出口总额完成92.1亿美元，增长5.3%，其中进口总额46.6亿元，增长1.6%，出口总额

45.5亿元,增长 9.6%。

招商引资结构不断优化。全区内外资签约项目共计 134 个,计划投资总额约 92.6 亿元。三产项目引进力度加大,全年新批外资三产项目 79 个,其中投资总额 1 000 万美元以上的三产外资项目 4 个。外资企业增资情况良好,全年增资项目 50 个,安朗杰、竹本油脂、金井特线和英威达等企业实现增资。服务型经济税收实现较快增长,全年完成 75.8 亿元,同比增长 17.3%。

(二) 产业集聚效应显现,新兴产业发展势头良好

工业经济结构效益进一步提升。第三次全国经济普查显示,全区二、三产业活动单位不断增长,总量迅速扩大,全部单位数达 2.4 万个,比第二次经济普查增长 11.8%。全区重点产业集群产值完成 780.5 亿元,同比增长 5.2%。重点产业园区产值实现较快增长,金山工业区、金山第二工业区属地规上产值分别增长 12.5%、10.4%,远高于全区平均水平。"四新"经济初具雏形,新型显示、工业机器人、新能源汽车等 14 个领域的引领性产业项目逐步成形。加大技术改造力度,全区备案(核准)的技术改造项目 39 个,总投资 12.9 亿元,组织申报各类市级以上专项 119 个。品牌经济效应逐步显现,全区拥有中国驰名商标 4 件,"中华老字号"4 件,上海市著名商标 47 件,上海名牌产品 60 项。加快淘汰落后产能,全年共淘汰落后产能 81 项(其中列入市产业结构调整重点项目 14 项),腾出土地 764 亩,年削减能耗 3.8 万吨标煤、化学需氧量排放量 192 吨、二氧化硫排放量 296 吨、氮氧化物排放量 96 吨。

第三产业继续保持领先增长。实现三产增加值 223.4 亿元,同比增长 12.2%。大力发展平台经济,上海化工品交易市场线上开户企业 510 家,交易品种 709 个;新跃物流积极推广中小企业"物流汇"服务平台;杭州湾北岸电子商务产业园正式开园,已落户 30 余家电子商务企业;金石湾功能区着力推进危化品贸易产业实地型企业招商,累计入驻企业 212 户。金山新城中央商业商务区、枫泾特色镇商业中心、百联金山商业中心均已被列入全市地区级商业中心。金山购物节影响力继续扩大,销售增幅继续保持两位数增长。休闲旅游业平稳增长,成功举办金山旅游节、金山啤酒节、海鲜文化节等节庆活动,进一步扩大"金周末"旅游品牌影响力,全年实现旅游综合收入 38 亿元,增长 11%,接待游客 685

万人次，增长12%。

农业现代化稳步推进。全年粮食总产量达到21.2万吨，超额完成17万吨粮食生产任务。绿叶菜类上市量22.9万吨，超额完成农产品最低保有量任务。连续两年获得上海市水稻高产创建评比一等奖，并首次获得上海市麦子高产创建评比一等奖。加大品牌农业整合力度，施泉葡萄在全国评比中获得金奖。积极与兄弟区县合作对接，推广金山特色农产品，通过举办金山蟠桃节、黄桃节、羊肉节等扩大金山农产品知名度。不断加强农产品质量安全监管，全区共有185家无公害获证企业，18家绿色食品获证单位，农产品“三品一标”认证率达97.4%，继续位居全市第一。金山蟠桃和枫泾猪获得地理标志，施泉葡萄和红马饲料2件商标被新认定为上海市著名商标，“金山小皇冠”西瓜、“鑫品美”草莓建立了统一二维码溯源。新型农业经营主体不断完善(见表2)。

表2　金山区新型农业经营主体进展情况

主要领域	进展情况
家庭农场	家庭农场发展到548家，其中粮食型和粮经型479家、经作型69家
农民专业合作社	全区工商注册登记的合作社962家，引导成立了13家合作联社
农业龙头企业	全区新增市级龙头企业3家，区级龙头企业1家，区级以上农业产业化龙头企业达到29家

节能降耗形势好于去年。全年规模以上工业企业能耗总量为115.5万吨标煤，控制在年度总量目标内，万元产值能耗率0.12吨标准煤/万元，下降0.13%。加快推进节能技术改造项目，完成市重点节能技术改造项目4个，年节能5.8万吨标煤。实施清洁能源替代，落实燃煤锅炉、窑炉清洁能源替代260台，合计容量480蒸吨。① 启动22家企业开展清洁生产审核。完成光伏分布式发电装机容量15兆瓦，年发电1 500万度，节约标煤4 500吨，全区累计可实现光伏装机容量40兆瓦。

(三) 重大工程项目稳步推进，城镇面貌不断改善

重大工程实事项目稳步推进。全区53个(新开、结转)重大工程实事项目

① 蒸吨指锅炉的供热水平，为锅炉每小时所产生的蒸汽量，一般用T/h来表示。

中,27 个项目已竣工,20 个项目已进入实施阶段,项目开工率为 89%,好于去年同期水平,项目竣工率为 100%(按年初计划竣工数计算)。年初确定的区防汛除险修复工程、天然气转换工程和保障性安置房建设项目等 12 个实事项目全面完成。重大工程中,区教师进修学院迁建工程、兴塔地区供水管网改造工程、朱泾水质净化厂二期工程、枫泾污水处理厂二期工程和中侨学院等 15 个项目已竣工,亭林大居一期安置基地、金山万达广场、上海颐和苑养老服务中心等 20 个项目正在建设中。

重点区域建设取得新进展。进一步推进滨海项目建设。车客渡码头地块和金山卫站地块规划方案、游艇泊位方案已基本确定,正抓紧开展前期土地出让准备工作;水上飞机项目已经签订合作意向书,目前正在优化机场选址工作。枫泾特色镇建设有序推进,交通枢纽工程、金山区中西医结合医院病房大楼、新镇区农贸市场等项目已相继开工;新动迁安置基地等项目正加紧推进,特色镇形象逐步显现。郊野单元规划编制正式启动,金山卫、廊下、金山工业区郊野单元规划获批,廊下郊野公园纳入全市第一批郊野公园建设范围。着力推进智慧城市建设,成功推荐金山卫镇八字村获批为智慧村庄试点,成功推荐金山第二工业区获批为智慧园区试点;新增农村地区光网覆盖 11 375 户,累计完成 134 716 户数字高清电视升级改造,新建、升级改造 4G 基站 586 个。加快新农村建设,完成3 090 户村庄改造任务,廊下镇中华村被推荐为全市第一批美丽乡村试点村。

生态文明建设成效显现。第五轮环保三年行动计划的 46 个项目已完成 33 项,基本完成 11 项,开工或启动 2 项,开工或启动率为 100%。强化风险源防控,监察企业 3 842 户次。重点提升化工行业废气有机物特征因子监测和近岸海域海水监测能力。建立水务环保联合执法机制,加强对全区 105 家重点排水户的监管。完善空气质量信息发布平台,涵盖全区 4 个空气自动站和 6 项污染物(二氧化硫、二氧化氮、PM10、PM2.5、臭氧、一氧化碳)的监测信息。深入推进上海化工区限制带环境综合整治,限制带内搬迁居民已签约 1 272 户,签约率达 96%。进一步深化金山卫化工集中区域环境整治,与平湖市共同建立环境信息互通机制。在全市率先试点环境保护第三方技术服务,提升第二工业区环境保护管理能级和监管覆盖面,并将在全区范围推广。完成 11 个自然村、2 089 户农村生活污水的收集处理工程。启动新一轮不规范畜禽养殖专项整治工作，全年取缔非法养殖点 150 个。加强对餐厨垃圾和废弃食用油脂的日常监管，全区共回收处置地沟油（含水量）856.9 吨；稳步推进生活垃圾分类工作，共有 28 227 户家庭参与垃圾分类处置。有序推进重大绿化工程建设，全区共完成各类绿化建设 19.8 公顷，其中公共绿地 3.8 公顷。

城市运行总体平稳有序。继续加强工贸企业安全生产标准化建设，全区共创建工贸标准化达标企业 295 家，其中规模以上 133 家（二级 4 家，三级 129 家），规模以下（含小企业）162 家，共创建危化标准化达标企业 25 家（二级 4 家，三级 21 家）。开展危险化学品行业集中整治，全年共发现隐患数 12 099 起，其中整改数 10 795 起，责令停产、停业、停止建设 122 家。集中开展油气输送管线和粉尘防爆专项整治工作。加大安全生产第三方技术服务推广力度。完善危险化学品行业诚信体系建设，全年公布四批共 21 家“黑名单”单位，发放“警示单”企业 104 家。加大安全生产培训力度，已完成全员培训 33 809 人，培训企业负责人 1 328 人，安全管理人员 1 436 人。制定并落实《金山区特种设备安全专管员管理暂行规定》，开展特种设备安全年活动。开展肉与肉制品专项整治、农村食品市场专项整治等食品药品专项整治 80 项，查处各类违法案件 682 件，全区食品药品行业形势稳定向好。推行企业信用信息公示制度改革，全区共 68 877 家企业进行年度报告并公示，申报率为 54.3%。甲乙类传染病发病率为 119.4/10 万，同比下降 0.4%，下发《金山区农贸市场涉禽场所人员症状监测、健康指导工作方案（试行）》。

（四）改革创新取得新的突破，发展动力不断增强

专项改革有序推进。积极落实新型工业化改革各事项，2014 年在市政府的支持下，在原有的 8 个方面改革事项之外，新增“完善产业金融服务体系，拓展中小企业融资服务”改革事项。围绕 9 个方面 31 项重点工作，着力推进重大项目引进、产业结构调整、低效工业用地减量化等方面改革试点。优化完善化工产业管理体制。加强区域内化工产业统筹管理，组建新的金山第二工业区。主动对接上海自贸区，推进落实已经出台的五大领域 16 个方面 52 条改革事项，并结合金山实际情况，重点在企业诚信体系建设、第三方技术服务参与市场监管、国资

监管创新、税收服务创新、金融创新等五个领域加大自主创新和改革力度。积极申报国家新型城镇化综合试点。

继续加大重点领域改革力度。全面深化行政审批、国资国企、财税、医药卫生、农村等各领域改革,在健全体制机制方面不断取得新进展(见表3)。

表3　　金山区重点领域改革推进情况

主要领域	主　要　进　展
行政审批	● 全年共取消和调整行政审批事项433项 ● 推进"行政审批专用章"、"一审一核"、"首席代表"等改革措施
国资国企	● 完成粮油总公司与上海良友集团、玩具进出口公司与中国检验认证集团的资本化股权合作 ● 建立以出资人监管权利清单制度为核心的"1+1+11"国资改革制度 ● 金山资本集团完成组建;市场公司启动股份制改造 ● 完成区级机关下属122户企业脱钩工作
财税体制	● 加强政府性债务管理,做好存量债务清理甄别,建立多元化的偿债机制,积极推广政府与社会资本合作模式(PPP模式) ● 落实国家各项税收减免政策,全年共减税26亿元
医药卫生	● 初步建立以信息化为基础的公立医院政府投入、监管、综合评价运行新机制 ● 建立了以金山医院、中心医院为龙头的,区内所有公立医疗机构参与的医疗联合体,试点综合医院与社区卫生服务中心建立联合病房,推进医师多点执业和医学检验检查结果互认,成立区医学科研协作中心 ● 在全市率先探索村卫生室纳入医保联网结算,已有25家村卫生室纳入试点 ● 开发药品供应链管理信息平台,实现社区卫生服务中心药品的供应商管理库存、收支分离和第三方集中支付
农村改革	● 全面完成土地承包经营权登记工作 ● 积极探索以农民土地经营权入股为流转形式的土地股份合作社 ● 全面完成9个镇1个工业区镇级集体经济组织清产核资工作 ● 农村综合帮扶工作全面启动,12家帮扶单位累计到位帮扶捐赠资金1.8亿元

金融服务继续支持实体经济发展。市场化运作引导基金,发起设立了秉鸿嘉豪基金、德丰杰龙升创投基金、思徽基金和上海盛图创业投资管理有限公司;与以色列英飞尼迪集团合作,设立"中以国际高新产业孵化与加速基地",完成2个项目的入园孵化。加强对小额贷款公司、融资性担保公司的监管,合理布局资

源，防范系统风险，全区 6 家小贷公司注册资本总计 8.7 亿元，已累计为 3 700 余户中小企业提供了超过 160 亿元的小额贷款。继续促进现有各类企业融资服务平台发挥服务作用，扩大“助保金贷款”品牌对全区中小企业的覆盖面。全区已有 18 家公司在新三板或上海股交中心挂牌。

自主创新能力不断增强。全区高新技术企业总数增至 249 家，126 家规模以上属地高新技术企业产值完成 322.5 亿元，同比增长 6.6%，高于全区规模以上工业企业产值增幅。11 家企业被认定为上海市科技小巨人(培育)企业。7 个项目获得国家创新基金立项，获国家资金 482 万元；89 个项目获得市创新资金立项，获市级资金 1 250 万元。组织和辉光电和沃迪两家重点企业申报市级科技专项资金，共获资助资金 2 260 万元。截至 11 月底，全区专利申请总数 2 324 件，其中发明专利申请量 849 件；专利授权总数 1 407 件，其中发明专利授权 188 件。商标培育工作取得新成效，共 19 件商标被新认定或延续认定为上海市著名商标，2 件商标新获评为中国驰名商标，数量均创历史最高纪录。筹建完成金山区第三家和第四家院士专家工作站。

联合发展取得新进展。深化与上海石化、上海化工区的联合发展力度，加快推进以上海化学工业区为核心的杭州湾北岸化工园区联动发展。与上海石化、上海化学工业区签订了新一轮联合发展《合作备忘录》，合作取得实质性突破。由上海化工区控股、金山第二工业区参股的上海化工区金山联合发展公司成立并投入运作，由上海石化增资参股上海精石联实业发展公司的方案已上报至中石化总部。积极推进综合保税区工作，协调解决相关问题，力争早日启动会签。积极推进张江高科技园区金山园纳入国家自主创新示范区范围。与临港集团、漕河泾开发区组建合作开发公司。与中青旅置业北京有限公司签订项目合作框架协议，完善提升枫泾旅游区商业业态布局，增强旅游对外吸引力。引进虹开发、闵开发等优质主体，提升镇级工业园区的开发能级。深化与易贸集团的合作，以金石湾化工生产性服务业功能区为重点，推进大宗化工品交易市场建设。

(五) 社会事业全面发展，人民生活水平稳步提高

着力保持就业态势稳定。坚持以创业带动就业，全年新增就业岗位 20 892

个，净增就业岗位 5 400 个，均超额完成年度指标；城镇登记失业 5 298 人，控制在市政府下达的指标 6 790 人以内，各项就业工作取得新进展(见表 4)。

表 4　金山区稳定和扩大就业取得新进展

主要领域	主　要　进　展
创业型城区创建	● 全区已累计 1 338 家创业组织成功创业，带动就业 12 164 人 ● 金石湾、云服务现代物流、精细化工火炬创新园、杭州湾北岸电子商务园、金山嘴渔村海洋文化创意园等 5 个创业园区成功创建市级创业孵化示范基地 ● 落实创业扶持政策，全年为 53 户创业组织推荐开业贷款担保 1 931 万元，为 974 户(次)创业组织办理各项政策补贴 1 903.8 万元
就业援助	● 全年认定就业困难人员 648 人，帮扶成功就业 594 人；其中，认定“双特”人员 175 人，帮助成功就业 169 人 ● 全年发放就业困难一次性补贴 727.6 万元；积极宣传落实“双特”政策，发放“双特”补贴 50.4 万元
职业技能培训	● 组织职业技能等级培训 9 213 人、组织农民工技能提升培训 6 170 人，均超额完成年度目标任务 ● 发挥中小微企业培训公共服务平台作用，共服务 2 299 人 ● 开设校企合作项目 4 个，组织 217 人参加培训

社会保障制度不断完善。积极推进城乡居民参加养老保险，提高城乡居民养老水平，全区城乡居保参保 8 万人，其中享受城乡居保养老待遇 5.4 万人，原新农保人均月养老金、原老年农民补贴、原城居保人均月养老金分别提升至 639 元、565 元和 607 元。妥善处理历史遗留问题，完成金山铁路支线、沪杭高铁配套工程 241 名失地人员纳保工作。完善城镇医保服务网络，全区参加城镇居民医保 7.4 万人，互助帮困计划 853 人，镇保门急诊统筹 2.1 万人。继续做好困难群体社会救助工作，实施生活救助 11.5 万人次共计 5 225 万元，实施医疗救助 4.9 万人次共计 1 227 万元。108 户农村低保低收入户完成危旧房改造。新增养老床位 358 张，新(改)建社区老年人助餐服务点 3 个、日间服务中心 4 个和标准化老年活动室 21 个，为 9 100 名老年人提供社区居家养老服务，为 5 400 名高龄老人提供家庭互助服务。

保障房建设加快推进。“四位一体”住房保障体系不断完善(见表 5)。

表 5　　金山区住房保障体系不断完善

主要领域	主　要　进　展
廉租住房	新增廉租住房租金配租家庭 48 户，累计在册享受家庭 235 户，已发放租金补贴 128.6 万元
公共租赁房	金山卫公寓项目一期项目已基本建成并投入使用，可新增房源 1 376 套
共有产权房	全面完成前三批次共有产权保障房申请家庭签约工作，已交房入住
动迁安置房	完成 18 万平方米的动迁安置房竣工任务。朱泾棚户简屋改造拆迁工作基本完成。亭林大居南部住宅项目已结构封顶，北部住宅项目已开工建设

社会管理水平稳步提高。进一步规范“12345”市民服务热线管理工作，优化网格化管理处置机制，提升城市管理综合能力。网格化综合管理中心共受理案件 68 105 件，结案 61 166 件，结案率达 89.8%。“12345”市民服务热线共受理工单 6 489 件，其中区级热线平台受理工单 4 578 件，按时办结率 99.8%。完善朱泾镇“镇管社区”工作，依托社区联动指挥中心、社区生活服务中心、编制社区生活服务手册等载体，延伸服务内涵，完善提升社区服务水平。加大社会顽症治理力度，对全区住宅小区开展“地毯式”排查，并对其中 10 个社区（居委会）的 212 户“群租”户开展整治；开展非法客运专项整治 125 次，查处涉嫌非法客运车辆 224 辆；全区共消除无照经营 344 户，疏导办照 1 562 户；加大依法拆除违法建筑的力度，全年拆除违法建筑 16.6 万平方米。加强实有人口管理，全面推进金山区房屋编码管理工作，加强对来沪人员排摸、登记、核查等管理工作。

各项社会事业全面发展。坚持以人为本、加大投入、深化改革，大力推进人才服务、教育、卫生、文化体育等社会事业发展，实现社会事业全面进步（见表 6）。

表 6　　金山区各项社会事业全面发展

主要领域	主　要　进　展
人　才	● 完成“十二五”中期人才工作绩效评估，加强高层次人才服务专窗建设，积极推进海外人才金山行活动后续工作，帮助 1 个项目落户金山 ● 加强优秀人才队伍建设，全区入选享受国务院特殊津贴 1 人，市首席技师千人计划 6 人，获评市杰出技术能手 1 人，市技术能手 2 人

(续　表)

主要领域	主　要　进　展
教　育	● 开展学区化集团化办学试点,通过教师交流、统一教研、统一培训等途径,实现教育资源共享、学校文化共建、教育教学互助 ● 启动第二轮城乡学校组团发展,从初中推广至小学幼儿园,确定 18 所学校(9 组)为第二轮组团发展学校 ● 石化工业学校与上海应用技术大学合作招收首届“3＋4”中本贯通学生,推进与二工大区校合作,共建二工大高等职业技术学院 ● 终身教育发展成效显著,5 个街镇申报创建上海市社区教育示范街镇 ● 加强青少年综合素质培育,积极推进学校少年宫建设,召开上海市学校少年宫建设现场推进会,此做法被市文明办肯定为“金山模式”
卫　生	● 成功创建全国基层中医药工作先进单位 ● 启动实施计划生育特殊家庭的养老、医疗、就业、收养、再生育等全方位扶助 ● 实施重大公共卫生服务项目,其中“社区居民大肠癌筛查”项目筛查 31 329 人,“60 岁以上老年人接种肺炎”22 596 人次 ● 金山工业区社区卫生服务中心被评为全国最满意的社区卫生服务中心(全市仅 3 家),亭林医院挂牌成立江苏大学教学医院
科　普	● 金山嘴渔村和金山桨园获批成为市级科普教育基地,张堰镇被评为上海市科普示范街镇 ● 通过“科普惠农”示范基地建设,优选品种和改良技术进一步推广
文化体育	● 全年共开展群众文化活动项目 1 089 个,惠及群众达到了 180 万人次;公共文化配送资源重点向村居倾斜;共有 35 个项目申报文创扶持资金,其中 7 个获得市级文创扶持资金 884 万元 ● 积极推进 30 分钟体育生活圈建设,完成 1 个社区公共运动场、1 个百姓健身房、4 条百姓健身步道、16 个健身苑点和 2 个农民健身工程 ● 组织参加十五届市运会,并取得历史最好成绩

2014 年全区经济社会发展所取得的成绩来之不易,这些成绩的取得是区委总揽全局、坚强领导的结果,是区人大监督指导、区政协支持帮助的结果,也是全区上下务实开拓、扎实工作、努力奋斗的结果。同时,在充分肯定成绩、坚定发展信心的同时,我们也应该清醒地认识到,全区经济发展依然面临一些不足和薄弱环节:新常态下,土地、资金、环境资源约束日益趋紧,保持经济平稳较快增长的压力在加大;“四新”经济尚处在培育期,新的经济增长点不足,经济增长的动力不强;财政收入基础还较薄弱,调结构、促发展、惠民生等刚性支出任务依然繁重;城市运行安全和社会管理的压力在不断加大。这些问题需要我们在今后的

工作中积极采取措施，认真加以解决。

二、2015 年金山区经济社会发展的总体要求和主要目标

2015 年是全面深化改革的关键之年，是全面推进依法治国的开局之年，也是全面完成“十二五”规划的收官之年。世界经济增速可能略有回升，但总体复苏疲弱态势难有明显改观。我国进入经济发展新常态，但下行压力依然较大，结构调整阵痛显现。对金山区来说，既存在经济增速换挡、转型升级爬坡过坎、社会矛盾交织凸显等压力，也面临获取新型工业化、新型城镇化改革释放的红利，以及承接自贸试验区、全球科技创新中心建设带来辐射效应的难得机遇。我们要更加主动地融入国家、长三角地区和全市发展战略，坚定信心、抢抓机遇，攻坚克难、奋勇争先，全力开创经济社会发展新局面。

面对机遇与挑战并存的发展形势，2015 年工作的总体思路是：全面贯彻落实党的十八大和十八届历次全会及中央经济工作会议精神，按照十届市委七次全会以及四届区委九次全会的决策部署，把握稳中求进工作总基调，坚持以提高经济发展质量和效益为中心，主动适应经济发展新常态，保持经济运行在合理区间，继续推进新型工业化、信息化、城镇化、农业现代化同步发展，加大城乡一体化、社会治理精细化推进力度，努力实现“十二五”规划目标，高质量谋划好“十三五”发展，为加快“三个金山”建设作出更大贡献。

按照上述要求，综合分析国际国内、全市和全区经济发展环境，统筹考虑需要和可能，提出 2015 年经济社会发展的主要预期目标(见表 7)。

表 7　　2015 年金山区国民经济和社会发展计划主要预期目标

序号	指　标　名　称	预　期　目　标
1	地区生产总值	增长 8%左右
2	规模以上工业企业产值	增长 3%左右
3	区级地方财政收入	增长 9%左右
4	全社会固定资产投资	195 亿元
5	其中工业性投资	93 亿元
6	外资到位资金	2.2 亿美元

(续　表)

序号	指　标　名　称	预期目标
7	社会消费品零售总额	增长12%左右
8	新增就业岗位	2万个
9	城镇登记失业人数	控制在市政府下达指标以内
10	城乡居民家庭人均年可支配收入	增速高于地区生产总值增幅
11	有研发投入企业的产值占全区规模以上企业产值的比重	进一步提高
12	环保投入相当于地区生产总值比例	3%左右
13	万元生产总值综合能耗率	进一步下降
14	主要污染物(化学需氧量、二氧化硫、氨氮化物、氮氧化物)排放量削减	进一步削减

注：1. 地区生产总值、规模以上工业企业产值、全社会固定资产投资统计口径均为属地口径；
2. 区级地方财政收入按2014年同口径计算。

——经济继续保持稳中求进。地区生产总值增长8%左右，区级地方财政收入增长9%左右，规模以上工业企业产值增长3%左右，工业性投资93亿元。主要考虑：一是经济增长保持在合理区间，努力完成“十二五”目标任务，为顺利开启“十三五”打下坚实基础，继续增强全区广大干部群众加快发展、转型发展的信心，并且在全市各区县中继续保持追赶式的增长势头；二是当前全区转型发展的任务依然艰巨，调整经济结构与保持经济增长的矛盾依然突出，各种资源约束日趋紧张，经济发展还面临不少困难和挑战，实现这一目标仍需付出艰苦努力；三是继续提升工业经济质量效益，充分发挥新型工业化改革的引领作用，通过土地减量化为工业的发展释放空间，通过金融、科技、人才的引进提升工业经济发展质量效益，通过产业布局优化调整充分发挥集聚效应。

——新型城镇化建设加快推进。全社会固定资产投资195亿元。主要考虑：以国家新型城镇化综合试点为抓手，建立农业转移人口市民化成本分担机制、建立多元化可持续的城镇化投融资机制、推进强镇扩权改革、完善农村宅基地制度。围绕金山新城、枫泾特色镇、中部生态绿核三个重点区域建设，以一批民生性、基础性、功能性项目为依托，提升固定资产投资水平，推动产城融合发展，优化区域环境质量，提升城市功能和品质，改善全区人民生产生活条件。

——民生社会事业全面发展。新增就业岗位2万个，城镇登记失业人数控制在市政府下达的指标以内，城乡居民家庭人均可支配收入增速高于地区生产总值增幅，保障房建设进一步推进，教育、医疗、文化、体育等社会事业改革和发展协调推进。主要考虑：要努力推动实现更高质量的就业，办好人民满意的教育，改善居住环境，千方百计增加城乡居民收入，统筹推进城乡社会保障体系建设，继续关注弱势群体利益，提高人民健康水平，加强和创新社会管理，妥善处理各种社会矛盾，努力使科学发展的成果充分惠及广大人民群众。

——生态文明建设取得明显成效。环保投入相当于地区生产总值比例达到3%左右，万元生产总值综合能耗率进一步下降，主要污染物（化学需氧量、二氧化硫、氨氮化物、氮氧化物）排放量进一步削减。主要考虑：建设生态文明，关系金山人民的福祉。面对化工产业较为集中、资源环境约束趋紧的严峻形势，必须树立保护环境、节约资源的生态文明理念，将生态文明建设放在更加突出的位置。编制第六轮环保三年行动计划，开展新一轮金山卫化工集中区域环境深化整治，开展农村河道综合整治，提升环境监测能力，强化环保执法力度，切实维护人民群众利益，打造和谐生态宜居的优美环境。

三、2015年金山区经济社会发展的主要任务和措施

（一）努力保持经济稳定增长，推动产业转型升级

围绕新能源、新材料、生物医药、海洋工程装备等高新技术产业化重点领域，以重大项目推进为抓手，加快推进全区的高新技术产业化发展。通过政策资金支持，引导传统制造业企业实现技术改造。加快推进工业园区转型升级，积极推进集建区外“减量化”工作，引导企业向工业园区集中集聚。

对接上海推进“四新”经济的36个重点方向，做好金山区“四新”经济14个重点领域的培育工作，加大对市级政策的承接力度，营造有利于“四新”经济发展的环境氛围。加强区级招商平台建设，强化资源和信息整合，加大统筹协调力度，强化对大数据、信息、生物、新材料、新能源等领域的前瞻性研究。积极稳妥推进经济小区发展，优化发展环境和服务质量，促进优质注册企业实业实地化，

不断提升小区发展能级。

继续聚焦重点生产性服务业功能区建设，加快引进和发展与全区产业体系相关的生产性服务业，如现代物流、工业咨询、化工产品研发、检测、交易等产业。以金山工业区杭州湾北岸电子商务产业园为载体，引导和培育信息服务业发展。以金山新城和枫泾特色镇建设为载体，运用好电子商务平台，办好金山购物节，打造金山新城中央商业商务区等地标商圈，提升区域商业能级。继续塑造“闲是金山”旅游品牌，推动“金周末”系列旅游产品开发。

深化与两大化工基地新一轮联合发展，推进上海精细化工产业园开展国家创新型产业集群试点。继续加强与临港集团、漕河泾开发区等企业集团和品牌园区的合作发展，加快推动漕河泾综合保税区金山功能区、张江高新区金山园等园区申报和建设。

强化安全、环保、能耗、土地、用水量、排污等指标的约束作用，严格市场准入标准，严格落实淘汰落后产能的奖惩机制。大力推进低效工业企业和落后产能淘汰力度，实现工业区块外危化企业调整淘汰。严格实施项目能评和环评制度，大力发展循环经济，确保全区综合能源消费量控制在185万吨标准煤左右，万元生产总值综合能耗率同比下降3.5%。

（二）继续深化重点领域改革，增强经济发展内生动力

稳步推进新型工业化改革，加快编制2015年重点工作计划，在市发展改革委指导下，启动阶段性评估，全面总结改革试点工作进展，并根据国家及本市新的发展要求和新型工业化发展导向，进一步研究谋划新一轮改革事项和相应的支持政策。围绕产业集聚、结构调整、环境保护、重大基础设施项目建设、人才政策创新和职业教育发展等方面，持续推进落实各项改革试点任务。完善科技创新体系，探索推进以企业为主导的产学研协同创新机制。提升工业园区能级，推进金山工业区创建国家新型工业化产业示范基地、枫泾镇申报上海市乡镇(工业区)转型试点园区。健全能源消费、碳排放控制、主要污染物排放的总量控制与分解落实制度，探索实施能源消耗和排污权有偿使用制度。

启动并加快推进国家新型城镇化综合试点工作。围绕建立农业转移人口市民化成本分担机制、建立多元化可持续的城镇化投融资机制、改革完善农村宅基

地制度、强镇扩权改革及综合推进体制机制改革创新等五个方面，进一步完善试点方案，确保既符合国家试点要求，又体现上海特色和金山特点。

继续推动国资改革监管和国企改革，明确区属国企发展方向和举措，整合资源聚焦主业，提升核心竞争力；进一步落实与中检集团、上海良友集团等大企业的战略合作；积极推进落实与上海产权交易所、金浦产业投资基金公司等合作项目落地。

贯彻依法治国基本方略，深化政府改革。以建设法治政府和服务型政府为目标，全力加强政府自身建设。推行权力清单制度，将全区政府各部门的行政权力清单向社会公布，着力构建职责定位清晰合理、履职程序便捷高效的部门职责体系。深化行政审批改革，探索建立行政审批批后监管制度，逐步形成审批依法规范、监管到位有力的行政审批批管分离体制。

(三) 围绕科技创新中心建设，激发区域创新活力

制定《金山智慧城市建设三年行动计划(2014～2016)》，以信息技术应用促产业提质，并在完善信息基础设施、公共服务、城市管理等方面开展积极探索和应用，推进金山智慧城市建设。通过建立工业项目的科技创新能力评价体系，引导技术更先进、发展潜力更大的项目落户金山，不断加快区域产业能级提升；整合市区两级科技金融资源、要素，尝试搭建政府引导，银行、担保、风投与券商共同参与的区级科技金融平台；开展创新创业大赛，在全区范围内吸引初创企业、中小企业参赛，探索用市场化手段来甄选优质项目。

继续在张江高新区金山园等园区开展孵化器建设。筹建生物医药产业基金，引导社会资本进入研究成果产业化的生物医药企业，试点建设生物医药孵化器并纳入上海市科技孵化器。注重发明专利的申请、授权，进一步提高“每万人口发明专利拥有量”，促进高质量知识产权创造和应用。整合相关科研院所、高校及企业资源，搭建服务企业协同创新的产学研用服务联盟。继续深入推进“院士专家服务中心”建设。积极推荐区级工程技术研究中心加入上海市研发服务平台。

(四) 不断完善现代农业体系，建设美丽乡村

确保粮食和蔬菜种植面积稳定，完成市下达的农产品最低保有量任务。提

升农业装备技术水平,继续推进各镇烘干设施建设。扩大优质农产品基地种植面积,促进品牌整合,积极发展农产品加工业、休闲农业和乡村旅游,不断拓展农业的经济功能、生态功能和文化功能。探索金山优质农产品电子商务,有效地把市场与各个品牌农产品生产基地连接起来,使金山农产品更快地流向市场。加快建设一批符合环保、规划和产业导向要求、有长期稳定收益的造血帮扶项目,研究制定金山区"造血"机制项目收入分配实施方案。

继续推动粮食生产家庭农场的发展,做好家庭农场培训、管理、考核工作,提高家庭农场经营者素质。深化农业农村改革,力争年内全面完成村级集体经济组织产权制度改革,并积极探索镇级农村集体经济组织产权制度改革。

继续加大美丽乡村建设力度,在基本农田保护地区村庄改造的同时,形成2～3个市级美丽乡村示范村,6个左右的区级美丽乡村示范村。建立符合金山区农村特点的美丽乡村长效管理机制,加强中小河道长效管理,全面启动市、区管河道市场化养护工作,探索镇、村管河道项目化或承包制养护,完成160万立方米的河道轮疏计划,促进农村人居环境的持续改善。

(五) 加强生态建设,打造和谐宜居环境

完善环境应急管理体系,构建政府主导、部门协调、分级负责、属地管理为主,全社会共同参与的环境应急管理机制。深化街镇(工业区)政府属地管理责任,完善各区、镇、村环保"三级"风险源分类管理体系。加强市、区和区、镇联动,以专项检查为抓手,依法从严从快惩处各类环境违法行为。探索在重点地区引入环境污染第三方治理模式试点。加大投入力度,提升环境监测能力硬件水平,进一步提升突发事件应急监测能力。编制实施第六轮环保三年行动计划,进一步强化生态环境保护基础能力和管理制度体系建设,完善源头控制和污染治理机制,开展水环境保护、大气环境保护等专项治理工作。

加强对绿化养护作业质量的监督管理,健全完善第三方实施养护过程和养护结果监督机制。做好公共绿地、林荫道建设和老公园改造工作,进一步推进立体绿化建设。深化生活垃圾分类,拓展生活垃圾分类减量实施范围,争取实现全区覆盖,确保源头减量取得实效。

(六) 深入推进重点区域发展，提升城市服务功能

金山新城要加快推进龙泉港西侧圈围、水上活动区等工程建设。推进海岸地区城市设计国际方案征集工作。加快完善游艇泊位规划方案和配套工程项目建设方案，争取相关项目及早落地。抓紧完成金山水上飞机临时机场项目选址报告书编制工作，争取市级层面的支持，推进水上飞机项目落地。按照轻重缓急、有序推进的原则，力争年内完成城市沙滩综合整治工作。

枫泾特色镇要加快促进传统产业优化升级。围绕汽车及汽车零部件产业、新能源产业等战略性新兴产业，依托张江高科技园区、漕河泾开发区、临港等品牌平台，开展合作招商，着力引入一批科技含量高、产品附加值高、发展潜力大的高新技术产业和战略性新兴产业龙头项目。以新沪上八景"枫泾寻画"古镇旅游为核心，推进南镇和"吴越界河"重点景区保护开发建设，着力开发农业旅游、工业旅游、文化旅游等新型旅游业态，着重推进黄酒博物馆、中华老字号一条街等项目建设。

以廊下郊野公园建设为契机，加速中部生态绿核建设，按照廊下镇郊野单元规划，对集建区外"四高一低"(高资源、高污染、高耗能、高危险、低效益)工矿企业和"三高"(高速、高铁和高压线)地区零星宅基地和城镇集体建设用地进行减量化，打造集现代农业科技、科普教育、文化体验、旅游休闲于一体的"假日农场"型郊野公园。

(七) 创新社会管理机制，推进平安金山建设

以人口调控为抓手，把"两个合法稳定"作为政策基石，推动人口合理均衡分布、有序流动，落实金山区常住人口控制目标。加大对非法客运、城中村、违法建筑、群租、灰色就业、无证无照经营等情况的整治处置力度。聚焦食品药品、危险化学品等重点领域，狠抓安全隐患排查和整治，夯实城市运行安全基础。拓展、深化网格化管理，科学设置网格和理清网格职能，做实街镇网格化综合管理中心，完善网格化运行机制，增强工作合力。

动员社会力量参与社区共治，加强社区工作者职业体系的建设，完善人民调解、行政调解、诉讼调解相互衔接的大调解体系。充分发挥劳动争议、物业纠纷等

专业调解中心作用;善于发挥区人民调解协会等社会力量参与化解社会矛盾的作用,最大限度增加社会和谐因素。加强村居自治,理顺村居治理组织体系,完成第11次村居委会换届选举工作,提高村居自治水平,落实好村居台账精简工作。

推广朱泾镇“镇管社区”模式中的社区信息网络建设、社会治理联动、电子走访群众等成功经验,构建多层次的综合服务体系。深化街道体制改革,完善街道职能,突出街道公共服务、公共管理、公共安全的基本职责,取消街道招商引资职能,建立街道财力保障新机制。

(八) 提高就业服务水平,完善社会保障体系

做好创业型城区创建迎评工作,力争创建成功。进一步鼓励创业带动就业,实施促进青年大学生创业引领计划。做好公共就业服务,缓解企业用工结构性矛盾。做好以高校毕业生为重点的青年就业工作,继续实施帮助失业青年就业“起航”计划。继续落实“双特”政策,做好涉农、涉老等特殊行业特定人群就业服务。进一步完善地方教育附加专项资金补贴企业政策。开展“双证融通”试点工作,为企业技能劳动者提供培训服务。继续开展被征地人员、农村富余劳动力和失业人员等“三类人员”就业前培训。

推进城乡居民养老保险参保工作,引导符合条件的城乡居民积极参保,及时做好城乡居保养老金调整工作。规范征地纳保操作程序,切实维护被征地人员切身利益。加快推进村卫生室纳保工作,逐步将条件成熟的村卫生室纳入医保定点。着力健全现代社会救助制度体系。不断完善社会养老服务体系。新增养老床位 1 606 张,建成区第二社会福利院,新建社区老年人日间服务中心、助餐服务点各 6 个,完成 5 家养老机构内设医疗机构任务,完成经济困难的 80 周岁高龄老人纳入幸福 90 津贴范围。

不断健全和完善由廉租住房、共有产权住房(经济适用住房)、公共租赁住房和旧改安置房构建的“四位一体”保障性住房供应体系。分层次、多渠道逐步解决城镇中低收入家庭的住房困难问题。

(九) 大力发展各项社会事业,不断优化公共服务

积极落实上海市高考改革方案,改革教学组织形式,推进高中学生综合素质

评价。总结推广学区化集团化办学经验,形成学区化集团化办学资源共享机制。总结小学整体改革经验,提高教学效能。提升学前教育保教质量,创新符合幼儿发展规律的教养模式。拓展中高、中本贯通渠道,深化中外合作和校企合作办学,努力构建现代职业教育体系。实施终身教育能力提升计划,丰富市民学习载体。加快金山教育公共服务平台建设,提高教育信息化应用水平。加快推进重点教育工程项目建设。

推进公立医院改革,完善医务人员绩效考核和内部分配机制。推进本市公立医疗机构临床主治医师到基层医疗机构定期工作,将"上海专家在金山"项目长期化、制度化。推广药品供应链管理信息平台,完成"公立医院改革信息化建设"项目。实施计划生育特殊家庭扶助,探索构建综合帮扶制度。实施公共卫生分级分类服务管理,继续实施本市"社区居民大肠癌筛查"等重大公共卫生服务项目。启动新一轮健康城区建设三年行动计划(2015～2017 年)。完善社区卫生服务站、村卫生室功能,强化社区卫生服务中心"六位一体"作用,完善家庭医生服务内涵,提高基本医疗服务能力。继续加强现有市级重点专科建设,鼓励支持区级重点学科申报创建上海市重点学科(专科)。

加强公共文化基础设施建设,确保区文化馆新馆、图书馆新馆、博物馆新馆等顺利建成并高质量开放运营。确保规划展示馆布展装修工程和金山卫历史文化公园改扩建工程按时完成。搭建好区、镇两级公共文化资源配送网络信息平台,优化公共文化资源配送机制。加强学生体质健康工程。继续推进 30 分钟体育生活圈建设,完善社区公共运动场等设施。

(十) 科学编制"十三五"规划,提高规划的引领性

凝聚各方力量,广开言路、广纳民智,秉持开门办规划理念,动员全区各部门广泛参与"十三五"规划编制工作。要深刻分析把握世情、国情、市情和区情的深刻变化,进一步聚焦重大问题、重点区域,站在新的发展阶段上思考金山未来的发展。要深入研究通过改革的办法破解金山经济社会发展中的难题,通过创新驱动实现产业转型升级、通过加大统筹力度促进城乡区域协调发展、通过扩大对内对外开放争创竞争新优势、通过绿色循环低碳发展提升生态文明建设水平、通过创新社会建设和社会治理促进人的全面发展。做好顶层设计,科学编制相关

规划，进一步强化规划的统筹引领作用，加快发展空间和功能布局的战略优化。

四、2015 年金山区重大工程和实事项目计划

(一) 2015 年重大工程和实事项目投资计划编制原则

为更有效地发挥重大工程和实事项目对经济社会发展的引领和支撑作用，积极推动全区固定资产投资稳中求进，增强经济发展内生动力，提高民生保障水平，促进城市功能完善和形态提升，2015 年重大工程和实事项目投资计划编制工作遵循以下原则：

1. 注重城乡统筹与区域统筹

在市政公建配套设施、功能型和基础性重点项目建设等方面，全力支持金山新城、枫泾特色镇的发展，加快金山新城金山工商联大厦(暂定名)商业项目、城市沙滩西侧水上活动区项目、同凯中学新建项目、复旦大学附属金山医院迁建二期等项目建设，充分发挥重点区域的辐射及带动作用。

2. 加快推进民生和社会事业建设项目

把保障和改善民生放在更加突出的位置，加快推进养老服务、教育、卫生等领域民生项目建设，继续推进保障房三年行动计划动迁安置房项目。

3. 加快推进基本公共服务体系建设

科学合理引导公共资源合理配置，促进基本公共服务均等化，切实履行公共服务职责。进一步完善基本社会服务、公共文化等领域的体系建设。

4. 加快农村基础设施建设

把改善农村环境作为做好“三农”工作、加快城乡一体化步伐的重要抓手，更好地落实道路、桥梁、村庄改造、市级土地综合整治等农村基础设施建设。

5. 注重项目可操作性

根据准入条件，严格筛选投资项目。列入 2015 年投资计划实施类项目需在 2014 年年底前基本完成可报批和动拆迁等工作，并能够按节点落实土地、资金及公建配套等保障条件。注重利用社会及中央、市级的资金，充分平衡好区、镇两级财政的预算安排，认真执行加强政府债务管理的相关要求，做到既尽力而为

又量力而行。

(二) 2015 年重大工程和实事项目投资计划安排情况

2015 年重大工程和实事项目共安排项目 54 项，总投资 207.8 亿元，当年度计划投资 91.7 亿元，其中市财力 15.3 亿元，区财政 8.8 亿元，镇财力 2.6 亿元，其他资金 65 亿元。

1. 实事项目投资计划安排情况

2015 年实事项目共 12 项，预计总投资 11.6 亿元，当年度计划投资 6.6 亿元，其中市财力 2.2 亿元，区财政 1.4 亿元，镇财力 0.9 亿元，其他资金 2.1 亿元。项目涉及养老床位建设、保障性住房、房屋安全隐患处置、关爱老人、农村交通基础设施、农村应急广播与医保联网结算等民生领域。

2. 重大工程(新开、结转)项目投资计划安排情况

2015 年重大工程项目共 42 项(其中新开 25 项，结转 17 项)，总投资 196.2 亿元，当年度计划投资 85.1 亿元，其中市财力 13.1 亿元，区财政 7.4 亿元，镇财力 1.7 亿元，其他资金 62.9 亿元。项目涉及重点发展区域、重点基础设施建设、重点社会民生项目以及重点产业配套建设等领域。

(供稿：金山区发展和改革委员会)

青浦区国民经济和社会发展报告(2014～2015)

一、2014 年青浦区国民经济和社会发展计划执行情况

2014 年，在市委、市政府和区委的坚强领导下，全区上下认真贯彻落实党的十八大，十八届三中、四中全会精神以及市第十次、区第四次党代会要求，牢牢把握稳中求进的工作总基调，坚持创新驱动发展、经济转型升级，围绕“建设生态宜居现代化新青浦”的奋斗目标和“取得四个新突破、形成四个新体系”的具体目标，以改革统领全局，努力克服严峻复杂外部环境冲击和自身结构调整影响的双重挑战，凝心聚力、攻坚克难，统筹推进稳增长、促改革、调结构、惠民生、防风险，经济社会继续保持平稳健康发展，较好地完成了区四届人大四次会议确定的目标和任务(见表 1)。

表 1　　2014 年青浦区国民经济和社会发展主要目标完成情况

序号	指标名称	年初预期目标	全年完成		
			完成数	增幅(%)	完成情况(%)
1	全区一般公共收入(亿元)	增长 10%左右	308.4	13.4	103.1
2	＃区级一般公共收入(亿元)	增长 10%左右	104.1	17.4	106.7
3	规模以上工业总产值(亿元)	与上年基本持平	1 579.7	3.5	103.5
4	社会消费品零售总额(亿元)	增长 14%左右	474.4	14.0	100
5	全社会固定资产投资(亿元)	330	409.3	13.9	124.0

（续 表）

序号	指标名称	年初预期目标	全年完成		
			完成数	增幅(%)	完成情况(%)
6	合同外资(亿美元)	6	5.0	—	83.7
7	实到外资(亿美元)	4.5	5.2	—	115.8
8	单位生产总值能耗(吨标准煤/万元)	下降2.5%左右	待公布		预计完成
9	主要污染物排放量削减率(二氧化硫、化学需氧量、氨氮、氮氧化物等)	完成市下达目标	待公布		预计完成
10	新增就业岗位(个)	20 000	25 182	—	125.9
11	城镇登记失业人数(人)	6 300人以内	4 334	—	完成
12	预计城镇居民人均可支配收入(元)	与全市经济增长基本同步	37 550	9.5	完成
13	预计农村居民人均可支配收入(元)	与全市经济增长基本同步	20 050	10.6	完成

注：1. 表中全区一般公共收入和区级一般公共收入不包括基金收入。其中全区一般公共收入即指原全口径财政收入，区级一般公共收入即指原区级地方财政收入。

2. “单位生产总值能耗”完成情况待市核定后统一公布。2014年前三季度青浦区单位生产总值能耗0.29吨标准煤/万元，同比下降7.84%，预计能够完成全年目标。

3. “主要污染物排放量削减率”指标根据市要求，以“主要污染物排放量控制”指标下达，2014年青浦区目标为“二氧化硫削减7%，化学需氧量、氮氧化物、氨氮三个指标控制在2010年基数内，分别为1 032.7、129.3、832.1吨”。从2014年完成情况来看，青浦区二氧化硫预计削减量为386.9吨，削减13.1%(最终削减量以环保部最终核查核算结果为准)；化学需氧量、氨氮、氮氧化物均控制在2010年基数范围内。

(一) 经济实力和发展质量双提升

1. 经济实力不断增强

预计完成地区生产总值827.4亿元，比上年增长7.2%。全区一般公共收入和区级一般公共收入分别突破300亿元和100亿元大关，达到308.4亿元和104.1亿元，分别增长13.4%和17.4%，其中区级一般公共收入增速位列全市第二，总量位居全市第九。投资、消费、出口“三驾马车”均实现快速增长。固定资产投资首次突破400亿元大关，达到409.3亿元，增长13.9%；全社会消费品零售总额完成474.4亿元，增长14%；1～11月，完成进出口总额122.1亿美元，增长 11.1%,其中出口 69 亿美元,增长 11%,进口 53.2 亿美元,增长 11.2%。全年实现合同外资 5 亿美元、实到外资 5.2 亿美元;引进内资实体型项目 125 个,注册资金 38.6 亿元,比上年增长 28.6%。

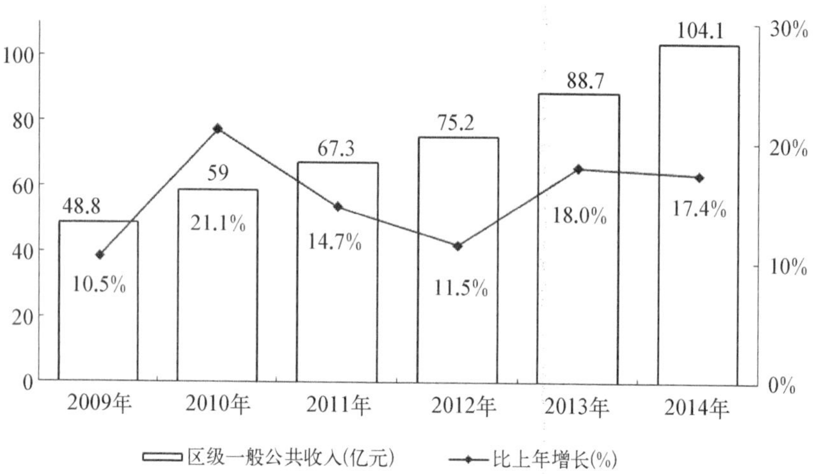

图 1 2009～2014 年青浦区区级一般公共收入(区级地方财政收入)完成情况

2. 产业能级稳步提升

预计完成第三产业增加值 375.6 亿元,比上年增长 12.5%,占地区生产总值比重 45.4%,占比较上年末提高 2.2 个百分点,对全区经济增长的贡献率达 75.2%。现代服务业发展势头良好,会展服务业扬帆起航,成功举办国际汽车商品交易会和时尚生活消费展;富绅商业中心、吾悦广场相继开业,卓越中心、元祖梦世界、万达茂等一批功能性商业项目加快推进;"全国快递行业转型发展示范区"建设有序推进,快递行业预计实现业务收入增长 63%,占全国、全市比重分别为10.6% 和 59.4%;赵巷商业商务区加快发展,与漕河泾开发区签订合作协议,拟建立漕河泾开发区赵巷园。先进制造业能级不断提升,全区实现规模以上工业总产值 1 579.7 亿元,增长 3.5%;"一园三区"集聚效应继续增强,实现规模工业产值 921.3 亿元,占全区规模工业产值的比重为 58.3%,占比较上年末提高 1.2 个百分点,高于同期全区规模工业产值平均增速 2.2 个百分点。战略性新兴产业比重持续提升,1～11 月,规模工业产值增长3.8%,占全区规模工业产值的比重为28.1%,占比较去年同期提高 0.8 个百分点。现代农业标准化、规模化水平提升,创建完成 10 个区级农业标准化生产基地和 3 个市级农业标准化生产基地,发展家庭农场 378 个。

表 2　　青浦区“7+7”主导产业发展情况

类别	产业领域	发展情况(重点企业)
现代服务业	现代商贸	● 重点商圈增长明显,全年赵巷商业商务区和意邦建材中心的社会消费品零售总额分别增长 17.8%和 43.3% ● 富绅商业中心、吾悦广场相继开业,崧泽财富广场、卓越中心、宝龙、万达茂等商业综合体建设持续推进 ● 赵巷商业商务区米格天地成功引进外高桥进口商品直销中心,并于 12 月 25 日顺利开业
	会展商务	● 国家会展中心全面竣工,A、B 馆已正式启用,成功举办国际汽车商品交易会和时尚生活消费展,两次展览累计接待约 32 万人次
	休闲旅游	● 预计实现旅游收入 52 亿元,增长 10.7%;旅游接待人次 750 万,增长 6.4% ● 上海国际帆船港建设项目和青西郊野公园建设项目入选“2014 全国优选旅游项目名录”
	文化创意	● 6 家企业被评为 2014 年区级文化创意企业,1 家园区被评为 2014 年区级文化(创意)产业园区;上海御窑艺术品公司、上海康渊公司等 6 家企业获得市文创资金扶持
	现代物流	● 以“四通一达”和顺丰、德邦、佳吉等为代表的现代物流业集聚发展,1~11 月已集聚了 30 家限额以上物流快递企业 ● 快递行业迅速发展,1~11 月,完成业务量 2.7 亿件,增长 41.2%,占全市、全国比重分别为 23.2%和 2.2%;实现业务收入 192.2 亿元,增长 63%,占全市、全国比重分别为 59.4%和 10.6% ● 举办“上海市快递总部会议暨青浦区‘全国快递行业转型发展示范区’建设推进会议”,出台《青浦区关于促进快递业健康发展的若干意见》
	软件信息	● 软件信息业全年实现销售额 167.2 亿元,实现税收 6.6 亿元 ● 推动长三角北斗导航示范应用和产业化,中国北斗产业技术创新西虹桥基地被评为上海智慧园区试点单位,引进企业累计达 33 家;截至 12 月末,北斗导航示范应用项目已部署 20 035 套北斗位置服务终端设备

(续 表)

<table>
<tr><th>类别</th><th colspan="2">产业领域</th><th>发展情况(重点企业)</th></tr>
<tr><td>现代服务业</td><td colspan="2">创新金融</td><td>● 截至 11 月末,22 家驻青银行存款和贷款余额分别达到 1 175 亿元和 703 亿元,分别比上年末增长 5%和 4.9%
● 4 家小额贷款公司全年累计贷款总额 25.5 亿元;贷款余额 6.7 亿元,贷款户数 342 户,其中"三农"贷款余额 4.3 亿元,户数 286 户
● 成功引进上海徐汇融资担保、联合融资担保及再担保等 3 家全国资背景、信用评级均在 A+以上的优质融资性担保公司作为服务本区中小企业合作单位;全年共为我区 23 家企业提供融资担保,担保余额达 8 740 万元
● 推动区企业进入全国中小企业股份转让系统(新三板)和代办股份转让系统和开展股权托管交易;全年新增 7 家企业在全国中小企业股份转让系统(新三板)成功挂牌,16 家企业在上海股交中心成功挂牌(累计 17 家)
● 青浦区荣获"2013 年度上海市反假币工作先进集体"称号</td></tr>
<tr><td rowspan="7">先进制造业</td><td rowspan="3">"三新"</td><td>新材料</td><td>● 1～11 月,规模以上企业 82 户,产值 171.3 亿元,增长 2.2%,重点企业包括金发科技、普利特复合材料、白鹤华新丽华、英威达、亚士漆、罗门哈斯化工等</td></tr>
<tr><td>高端装备</td><td>● 1～11 月,规模以上企业 57 户,产值 86.3 亿元,增长 2.8%,重点企业包括普惠发动机、熊猫机械、斯伦贝谢油田设备、登福机械、邦飞利传动、科大重工、创力矿山设备等</td></tr>
<tr><td>生物医药</td><td>● 1～11 月,规模以上企业 27 户,产值 33.1 亿元,增长 10.8%,重点企业包括绿谷生命、宝龙药业、协和氨基酸、远跃制药机械、信谊万象药业等</td></tr>
<tr><td rowspan="3">"三优"</td><td>电子信息</td><td>● 1～11 月,规模以上企业 50 家,产值 136.3 亿元,增长 10.8%,重点企业包括星科金朋、鼎讯电子、广电北陆微电子、宏茂微电子等</td></tr>
<tr><td>精密机电</td><td>● 1～11 月,规模以上企业 226 家,产值 430.1 亿元,增长 4.5%,重点企业包括杜尔涂装系统工程、日立电梯、特吕茨施勒纺织机械等</td></tr>
<tr><td>印刷传媒</td><td>● 1～11 月,规模以上企业 20 家,产值 35 亿元,增长 2.1%;重点企业包括海德堡、当纳利、中华商务联合印刷等</td></tr>
<tr><td>"一品牌"</td><td>品牌快速消费品</td><td>● 1～11 月,规模以上企业 9 家,产值 102.9 亿元,下降 5.3%;重点企业包括尤妮佳、妮维雅、郑明明、元祖、上好佳、好丽友等</td></tr>
</table>

3. 转型发展成效显著

积极推进工业区转型升级、产业结构调整两个三年行动计划,全年共调整项目427个、土地面积4 828亩;其中华新镇作为市工业区转型升级试点,全面关停80家石材企业,拆除40台砂拉锯设备。新修订产业项目评审准入办法,全面提高投资、产出、税收等准入标准;出台产业项目闭环管理工作方案,加强产业项目事前、事中、事后全过程管理,推进招商引资与土地收储出让联动,加快推进项目落地。继续推进土地集约节约利用,按照"总量控制、增量递减、存量盘活、流量增效、质量提升"的要求,全面实施工业用地全生命周期管理;积极推进土地减量化工作,完成减量化135公顷;节能减排和低碳建设推进有力,全年完成185台燃煤(重油)锅炉、51台工业窑炉清洁能源替代,12个项目获区循环经济专项资金支持,组织开展上海市低碳社区创建。

(二) 改革创新与发展环境齐并进

1. 重点领域改革积极推进

主动接轨自贸区,积极推动可复制推广改革事项,青浦区已复制推广10项,正在推进22项,特别是出口加工区首创了"航空发动机零部件再利用"监管制度,被自贸区借鉴并建立了全球维修产业监管制度。提升行政审批效能,取消和调整行政审批事项分别达到36项和224项;7家单位开展行政权力清单制度试点。推进工商注册便利化,自3月1日实施注册登记制度改革以来,企业注册数量明显增长,截至2014年年底,新登记企业户数比上年末增长21.6%,新增认缴注册资本增长45.1%。做好承接上级审批权下放工作,完善事中事后监管机制,张江青浦园、西虹桥两家行政服务分中心正式运行;11个街镇社区事务受理服务中心完成标准化建设,并全部通过市级5A认证。深入推进国资国企改革,完成委办局管办企业第一阶段16家改革工作,已启动第二阶段25家改革工作;推进国企人事制度改革,研究制定区属企业劳动用工"三定"方案,进一步加强人力资源管理;成立"一园三区"联合董事会,加强三个园区之间的统筹协调,提升整体发展水平。完善"代建制"制度设计和配套政策,组建不同模式的代建公司,出台代建项目资金拨付、代建单位绩效考核两项管理办法及代建合同(范本)。稳步推动公用事业改革,深化公交改革,第一批8条"村村通"线路、28辆公交车经营权收归青浦巴士公交所有,委托京申大众公司经营;严格履行水价调整程序,顺利完成新一轮综合水价调整。

2. 企业发展环境持续优化

大力推动科技创新，优化科技服务环境，凸显企业自主创新主体地位，加快科技成果向产品转化速度，提升知识产权综合运用能力，完善“科技＋金融”及“创业苗圃＋孵化器＋加速器”服务模式。积极推进金融服务创新，健全多层次资本市场，中小企业直接融资积极性不断提高，全年新增7家企业在全国中小企业股份转让系统(新三板)挂牌，16家企业在上海股交中心挂牌，青发集团新三板目前已取得同意挂牌的函(代码831711，择日挂牌)。引进3家优质融资性担保公司，成立2家商业保理公司。加强中小企业服务能力建设，出台中小企业服务体系绩效考核管理办法，建成“1＋17＋X”中小企业服务中心网络，在全市率先实现区内服务网络全覆盖。全面落实人才发展三年行动计划及人才开发激励配套办法。

表3　青浦区2014年科技创新工作情况

类　别	进　展　情　况
创新能力	● 1～11月，全区专利申请量3 092件，其中申请发明专利766件、实用新型专利1 730件、外观设计专利596件；专利授权量2 172件，占申请量的70.2% ● 1个项目被列为2014年度国家第一批科技型中小企业创新基金项目；44项列入市创新资金项目(第一批)；新认定市高新技术成果转化项目39项 ● 全年新增市科技小巨人企业1家、科技小巨人培育企业11家；申报市高新技术企业55家，新增市级高新技术企业48家 ● 昭和高分子、伯曼机械制造被批准为我区2014年技术创新示范企业，新朋联众汽车、创力普昱、德拉根印刷、大生牌业4家企业被批准为青浦区2014年技术创新示范争创企业
创新环境	● 深入实施知识产权战略，出台2014年知识产权战略实施推进计划 ● 推进“创业苗圃＋孵化器＋加速器”科技孵化服务模式，完善孵化服务对企业各个发展阶段全覆盖；鼓励社会资本建立民营孵化器 ● 积极落实“3＋X”科技信贷融资服务体系，通过微贷通贷款、履约保证贷款、企业信用贷款三种差异化信贷产品分别服务于初创企业、成长企业、小巨人企业，全年服务企业100多家，获授信资金6.5亿元

(三) 城乡建设和生态环境同跨越

1. “一城两翼”规划建设加快推进

启动全区新一轮总体规划和“十三五”规划编制工作，完成“十三五”规划基本思路研究。推进新城控制性详细规划全覆盖，13个控规单元中的11个获市政府批准；积极推进"一园三区"控规修编，有序推进华新镇、白鹤镇新市镇总体规划，其中华新镇总体规划已进入市级层面审批程序，白鹤镇总体规划已完成规划公示。轨道交通17号线主体工程全面开工，徐盈路站和新城4个站点周边地块已基本完成土地出让，地下配套工程、桥梁改建工程等配套项目正按计划实施。"决战西虹桥"实现"三年出形象"目标，国家会展中心全面竣工，其中A、B馆已投入使用并成功试运营，两次展览累计接待约32万人次；全年完成税收9.3亿元，比上年增长234%；整合腹地资源，盘活土地存量，已签约72.2公顷，收储42.3公顷，腾地61.2公顷，出让4.3公顷。淀山湖地区入选国家主体功能区建设试点示范，并上报试点方案；出台淀山湖地区中长期发展规划任务分工方案、指标分解方案并加快落实；青西郊野单元（郊野公园）规划获批，青西郊野公园完成一期（11.35平方千米）土地整治可行性研究报告、核心区（4.6平方千米）实施方案编制。新型城镇建设稳步推进，重固镇和西岑社区试点率先启动。盈港客运站建成投入使用，新开辟和调整优化公交线路57条，新增停车泊位22 260个，静态交通、地下空间、应急避难场所建设管理持续加强。商榻段天然气主干管工程完工，金泽水源湖及上海西南五区原水连通工程开工建设，会展配套道路、大居配套道路等一批重大、重点基础设施项目有序推进。

表4　　青浦区重点基础设施项目推进情况

类　别	进　展　情　况
轨交17号线	● 山周公路～嘉松中路站高架段土建工程于2014年9月开工；赵巷站、嘉松中路站已于11月开工，其余站点于12月开工
重大道路工程	● 国家会展中心配套道路：会卓路、盈港路三期、诸光路一期、崧泽大道于2014年内竣工。诸光路二期、三期，盈港路六期有序推进。华徐公路、蟠龙路、天山西路处于工可阶段 ● 大型居住社区外围配套道路：嘉松公路全线、纬一路一期已完工。纬一路二期，佘北公路，徐乐路，山周公路，盈港路四期、五期有序推进
信息化建设项目	● 完成全区信息基础设施专业规划（4G网络规划）和信息基础设施景观艺术化研究 ● 截至11月底，城市光网覆盖用户36.3万户，数字整转用户为13万户

2. 美丽乡村建设初见成效

出台"三农"工作三年行动计划、2014年"三农"工作实施方案、美丽乡村建设实施意见,为农村发展增添新活力。全面开展农村土地承包经营权确权登记,46家村级集体经济组织产权制度改革试点全部完成。推进各街镇郊野单元规划编制,华新、白鹤、重固、夏阳4个街镇完成编制工作,金泽、练塘2个镇基本完成,其他街镇完成中期成果。全面启动7个美丽乡村区级试点,20个镇级试点村环境整治、土地流转等工作全面开展。徐泾、盈浦3个村(居)纳入全市重点推进的城中村改造试点。全年完成村庄改造5 159户、农村公路新(改)建54.4千米、桥梁改造211座、撤渡建桥2座、低收入户危旧房改造47户。

3. 生态环境质量持续改善

以国家生态区创建为抓手,不断提升生态环境建设水平。全面完成第五轮环保三年行动计划,努力推进新一轮太湖流域水环境综合治理建设任务。加快污水治理步伐,完成城镇污水处理厂污泥干化工程、朱家角和商榻2个污水处理厂的二期扩建工程、白鹤及西虹桥等地区污水收集管网完善工程,完成供水旧管网改造210千米,截污纳管攻坚战72%污染源实现纳管,46条重点河道整治任务完成过半。加强空气污染治理,出台清洁空气三年行动计划、空气重污染应急工作方案;全年降尘量4.7吨/平方千米·月,持续保持在优良水平。大力开展生态堤防建设,建成生态堤防200千米、新增公益林1 002亩;新增各类绿地48.2公顷、林地1 355公顷,城区绿化覆盖率和全区森林覆盖率(陆域)分别达到32.6%、14.1%。

表5　　青浦区2014年生态建设主要情况及成效

类　别	发　展　情　况
国家生态区创建	● 国家生态区建设确定的33项任务全面实施,95项工程进展良好,已开工启动88项,完成78项 ● 推进生态镇创建,朱家角镇、练塘镇已获环保部命名;赵巷镇、徐泾镇已向环保部备案,重固镇通过市级考核验收;金泽镇获“上海市生态镇”命名 ● 生态城区、低碳商务区、生态旅游区、生态工业园区、生态农业园区、青西郊野公园生态化建设、水生态文明试点区等其他系列创建工作有序推进 ● 大力开展生态细胞工程建设,截至2014年年底,全区累计创建完成83个生态村、425所绿色学校、180户绿色家庭、16家绿色旅游饭店、26个绿色社区、6个环境教育基地和27个安静小区
第五轮环保三年行动计划	● 42个市级项目和13个区级项目累计完成投资20.8亿元

(四) 社会民生和综合管理“互促进”

1. 社会事业发展全面推进

社会事业三年行动计划 61 个项目中 45 个已正式启动，中山医院青浦分院二期扩建等 9 个项目已竣工，复旦附中青浦学校等 15 个项目正在建设和推进，区综合福利院、夏阳街道社区卫生服务中心等 21 个项目正在办理前期手续。积极推进区域教育现代化建设，顺利通过了国家义务教育基本均衡发展督导认定，加强“新课堂实验”的实践与研究，推动学业质量绿色指标监测系统建设，深化体教、医教结合工作。全面推进公立医院改革，开展公立医院改革卫生信息化项目建设，完成药品采购统一平台工程，有效运行社区卫生服务经费区级统筹，不断完善家庭医生制服务模式，新农合投保率达到99.85%。稳妥有序实施“单独两孩”政策。切实加强爱国卫生和健康城区建设工作。通过国家文化部“全国文化先进区”复评；上海崧泽遗址博物馆开馆运行，淀山湖旅游购物节、文化艺术节和市民读书节、市民大课堂、市民大舞台等活动蓬勃开展，启动实施第一次全国可移动文物普查工作。完善全民健身服务体系，继续推进百姓健身工程，有序推进学校体育场地向社会开放，成功举办上海世界华人龙舟邀请赛、全国乒乓球超级联赛、全国重点学校射箭锦标赛等重大赛事。妇女儿童、民族宗教、港澳台侨、对口支援、双拥共建、民防和国防动员等各项工作深入推进。

表 6　　青浦区 2014 年教育、卫生、文化、体育等社会事业发展情况

类　别	发　展　情　况
教　育	● 顺利通过教育部全国义务教育发展基本均衡区督导认定；被列为首批“国家级农村职业教育和成人教育示范县”创建单位 ● 沈巷幼儿园迁建、蒸淀幼儿园异地改扩建、小蒸幼儿园扩建、颜安小学(东部)校舍抗震加固 4 个项目竣工交付；复旦附中青浦学校、御澜湾九年一贯制学校、新建华新中学等重大项目加快推进
卫　生	● 建立综合评价指标体系，完成 4 家二级以上医疗机构综合评价 ● 完成区域临床检验中心和医学影像诊断中心的试运行 ● 中山医院青浦分院扩建项目投入使用，远大健康城一期的前期工作全面完成，完成重固镇社区卫生服务中心搬迁 ● 加强中医科研能力建设，入围“上海市卫生和计划生育委员会中医药科研基金 2014～2015 年度课题”1 项

(续　表)

类　别	发　展　情　况
文　化	● 通过国家文化部"全国文化先进区"复评;通过上海市公共文化服务示范项目"'清阅朴读'青浦全民阅读推广项目"中期评估;朱家角镇、白鹤镇、练塘镇被评为2014～2016年度"上海民间文化艺术之乡" ● 成功举办第二届上海青浦市民文化节和第十一届上海青浦淀山湖文化艺术节,全年组织开展"二节"文化活动1 108项、2 663场次 ● 各街镇社区积极开展文化活动,如:重固"泉文化"系列、白鹤"沪剧文化"系列、夏阳"广场文化"系列、朱家角民俗系列以及华新快乐村民秀等 ● 公共文化资源向街镇配送演出、展览、讲座、电影等2 507场次,配送文艺指导员下基层辅导5 265人次
体　育	● 市体育局公布的2013年全市全民健身300发展指数中,我区综合指数达到268分,高于全市250分的平均数,在全市17个区县中位列第4 ● 在上海市第十五届运动会上获得35金、35.5银、42铜 ● 新建白鹤百姓健身房、5条百姓健身步道

2. 民生保障力度不断加强

全年新增就业岗位25 182个,完成年目标的125.9%;帮助成功创业454人,完成年目标的100.9%;城镇登记失业人数为4 334人,控制在市政府下达指标6 300人之内。继续做好就业困难人员和零就业家庭托底扶持工作,落实"西劳外输"、低收入农户就业补贴等政策。统筹调整提高各类人群养老金水平,推动新农保和城居保合并工作。社会救助和福利事业扎实推进,全年实施常规救助17.9万人次,残疾人保障和助残服务继续加强。完成养老设施布局专项控详规划编制,明确了近远期建设目标;全面启动北斗老年人位置服务信息化平台,全年新增23家老年人日间照料服务中心、新(改)建22家标准化老年活动室。征收补偿安置三年行动计划顺利完成,规划的29个安置基地竣工交付17个,累计安置过渡户5 628户,119个存量基地完成112个。公共租赁住房、廉租住房并轨工作全面展开,启动新一批经济适用住房申请受理,旧住房综合整治和成套改造受益家庭1 966户。

3. 综合管理水平持续提高

成立了全面加强人口调控和管理服务领导小组,综合运用产业结构调整、公共服务政策、公共安全整治、社会综合治理等手段,推进人口总量、结构和布局调整优化，2014 年年末，全区实有人口 1 207 139 人，比上年年末减少 16 277 人、下降 1.3%；其中来沪人员 712 751 人，比上年年末减少 21 759 人、下降 3%；实有人口平均登记率达到 91.2%。加强社区居委会规范化建设，基本实现对各类居住区居民的全员管理和无缝隙管理。完善“以奖代拨”考核制度，增设人口综合调控考核内容。环境综合整治继续深化，再次顺利通过了国家卫生区复审工作，建立西虹桥地区社会管理服务中心，开展“迎会展 200 天综合整治”，北青公路沿线环境治理取得明显成效，全区拆除各类违法建筑 96.7 万平方米。公共安全、防灾减灾和应急管理不断强化，加强消防、生产、交通、食品药品和产品质量的安全管理；制定新一轮平安创建实施意见，顺利完成亚信峰会安保维稳任务。加强信访和调解工作，有序推进诉访分离和诉调对接。切实维护市场价格秩序，主副食品、生活必需品市场供应和价格监测检查等工作不断加强。

（五）实事工程项目全面完成

区四届人大四次会议确定的 2014 年度 10 件实事工程项目全面完成（见表 7）。

表 7 **2014 年青浦区实事工程项目完成情况**

序号	项目名称	项目内容及目标工程量	完成情况
1	美丽乡村试点建设	启动不少于 5 个村。村庄改造 1 238 户；生态公益林建设 400 亩；农村生活污水治理 787 户；中小河道轮疏 16 条；生态河道治理 16 条；小型农田水利建设 6 780 亩；低洼圩区新建泵闸 1 座、水闸 1 座，翻建泵闸 3 座、泵站 2 座，新建泵站 1 座（部分水利项目由于季节性因素，预计在 2015 年第一季度完成）	已启动 2014 年度区级试点村 7 个。村庄改造完成 1 238 户，生态公益林完成 400 亩，水利项目 2015 年汛前完成
2	中西部地区供水旧管网改造工程（一期）	约 200 千米	完成
3	农村桥梁建设	改造农村桥梁 122 座	完成
		撤渡建桥 2 座	完成
4	静态交通建设	在城区建设 3 个停车场，增加泊位 145 个	完成

(续　表)

序号	项目名称	项目内容及目标工程量	完成情况
5	动迁安置工程	区属动迁安置房计划竣工约48.45万平方米,计划交付安置约1 900户	完成
6	旧住房改造	农村低收入户危旧房改造,其中:翻建14户,修缮33户	完成
		旧住房综合改造约10万平方米	完成
7	公立医院改革三年行动计划信息化项目(一期)	建设区卫生综合管理信息平台、区域共享的影像诊断中心信息系统等项目	完成
8	养老、助老设施建设	新建老年人日间照料中心23家;无障碍进老年人家庭200户左右	完成
9	促进就业工程	青年职业见习500人;职工培训(中高层次)4 000人;帮助成功创业450人	完成
10	百姓健身工程	新建百姓健身房1个、健身步道1 660米	完成

过去的一年,面对严峻复杂的外部环境和人口资源环境紧约束,全区经济社会继续保持了平稳健康发展,成绩来之不易。这些成绩的取得,是区委统揽全局、正确领导的结果,是区人大监督指导、区政协支持帮助的结果,也是各镇、街道、各部门、各区级公司攻坚克难、奋力拼搏的结果。同时,我们也清醒地认识到,现阶段青浦区经济社会发展还面临着一些困难和问题,主要表现为:经济下行压力仍然较大,土地刚性约束更加严格,产业结构调整任务繁重,"四新"经济对转型发展的支撑带动作用有待进一步发挥;现代社会治理体系不够完善,人口综合调控、城市管理压力依然较大,公共服务能力和社会事业内涵式发展有待进一步提升。对此,我们将积极采取有力措施,认真予以应对和解决。

二、2015年青浦区国民经济和社会发展主要预期目标和任务

2015年是全面贯彻落实党的十八大和十八届三中、四中全会精神的重要一

年，是“十二五”规划收官以及“十三五”规划编制之年，也是确保实现本届政府目标任务的关键一年。总体来说，2015 年外部环境依然严峻复杂，青浦区稳增长、促改革、调结构、惠民生、防风险任务仍然艰巨，同时也面临创新转型诸多有利条件和积极因素，经济社会将继续保持平稳健康发展。面对经济发展的新常态、新情况，我们将认真落实十届市委七次全会和四届区委八次全会部署，牢牢把握稳中求进的工作总基调，在转型发展、改革创新、城乡建设、社会民生、生态创建等方面持续发力，推动青浦区经济社会发展提质增效。围绕政府工作报告提出的各项目标任务，兼顾区发展实际，建议 2015 年全区国民经济和社会发展的主要预期目标如下(见表 8)：

表 8　　2015 年青浦区国民经济和社会发展主要预期目标

序号	指　标　名　称	预 期 目 标
1	全区一般公共收入预算	增长 10%左右
2	区级一般公共收入预算	增长 10%左右
3	规模以上工业总产值	与上年基本持平
4	社会消费品零售总额	增长 9%左右
5	全社会固定资产投资	330 亿元左右
6	合同外资	5 亿美元左右
7	实到外资	3.5 亿美元左右
8	土地减量化	130 公顷
9	单位生产总值能耗	进一步下降(1%左右)
10	主要污染物排放量削减率(二氧化硫、化学需氧量、氨氮、氮氧化物)	完成市下达目标
11	新增就业岗位	20 000 个
12	城镇登记失业人数	5 500 人以内
13	城乡居民可支配收入	增长与经济发展保持基本同步

注：1. 表中的全区一般公共收入预算和区级一般公共收入预算不包括基金收入。其中全区一般公共收入预算即指原全口径财政收入，区级一般公共收入预算即指原区级地方财政收入。

2. 根据国家规定从 2013 年起，改变以往城镇、农村居民收入分别统计的方法制度，实行城乡居民收入消费调查一体化改革，建立以可支配收入指标为核心、城乡可比的一体化居民收入支出指标体系，设置和调查包括全体城乡居民的可支配收入指标。青浦区将于 2015 年起完全按照国家新方法制度要求，进行城乡居民收入统计，设置“城乡居民可支配收入”指标。

(一) 关于经济转型发展的预期目标和任务

围绕稳增长、调结构,着力推进产业能级提升、培育新的经济增长点、加大招商引资力度。2015 年,预计实现全区一般公共收入预算增长 10%左右,区级一般公共收入预算增长 10%左右;规模以上工业总产值与上年基本持平;社会消费品零售总额增长 9%左右;引进合同外资 5 亿美元左右,实到外资 3.5 亿美元左右;完成产业结构调整项目 350 项;完成土地减量化 130 公顷。围绕上述目标,着力抓好三方面工作:

一是大力推动产业能级提升。切实推动制造业提质增效。全面实施工业区转型升级三年行动计划,实施工业园区"合纵连横"发展策略,进一步发挥"一园三区"的支撑作用。继续实施产业结构调整三年行动计划,推进 104 区块产业升级、195 区域整体转型、198 区域减量化;重点聚焦低效工业用地和"三高一低"重点企业,进一步加大产业转型的力度。加快现代服务业发展。进一步提升新城、赵巷商业商务区等重点商圈能级,加快漕河泾开发区赵巷园建设,积极推进万达茂、豪车会等载体建设;依托国家会展中心,促进会商旅文一体化,提升现代物流、软件信息、创新金融等生产服务能级,推动"七朵金花"加快发展。提高土地综合使用效率,实现土地减量化 130 公顷,积极盘活存量土地资源,助推产业结构优化。

二是努力培育经济增长点。深入把握"四新"经济发展特点和趋势,确立发展导向,采取鼓励、培育、引进、扶持等多种手段共同推进"四新"经济发展;加强"四新"经济招商,积极对接引进国内外"四新"经济企业和团队,打造"四新"经济孵化集聚区。大力推动中国北斗产业技术创新基地建设和北斗导航产业发展,抢占行业制高点。促进会展产业发展,积极完善相关配套政策和设施,进一步发挥会展产业对周边区域及上下游的辐射带动作用。规范设立和运作上海青浦发展创业投资引导基金,发挥财政资金的杠杆放大效应,引导社会资本投向"四新"经济领域,促进优质创业资本、项目、技术和人才向青浦集聚。充分把握产业发展规律性、趋势性特征和空间集聚与载体诉求,探索产业清单管理模式。

三是强化招商引资工作。聚焦重点区域,加大"一城两翼"、一园三区、轨交 17 号线沿线站点及其关联地块等重点区域招商推介力度。深化落实产业项目闭环管理制度，加强事前、事中、事后全过程管理；强化土地源头招商、投资服务和合同管理。创新招商模式方法，扩大招商信息渠道，开展平台招商、合作招商、委托招商等新模式，切实提升项目引进质量和效益。加强楼宇招商，利用楼宇经济综合信息管理平台实行信息化动态管理，鼓励产业楼宇与经济小区合作，支持产业楼宇围绕主导产业创建特色产业园区。贯彻国务院清理规范税收等优惠政策决策部署，认真落实国家统一制定的税收等优惠政策，聚焦主导产业和重点企业，大力培育新兴产业，积极支持小微企业加快发展。

（二）关于改革创新的预期目标和任务

围绕促改革、激活力，主动借鉴自贸区经验，深入推进国资国企、投融资、财税、价格等重点领域改革工作。实施“创新驱动发展”战略，强化科技、金融、人才领域创新，助推经济转型升级。围绕上述目标，着力抓好三方面工作：

一是加快接轨自贸区。准确把握自贸区改革理念，在事中事后监管、投资管理、贸易便利化、扩大开放等具备复制推广条件的领域聚焦重点、主动跟进，立足于可复制、可操作、见成效，积极探索不同形式和途径的复制推广。加大自主创新和改革力度，结合青浦区实际，探索接轨自贸区的“自选动作”，找准突破方向和突破重点，积极先行先试。建立区级层面的统筹推进工作机制，加强与市级部门的对接沟通，充分调动和发挥企业、社会组织等市场主体作用，形成整体协同推进的良好格局。

二是深化重点领域改革。深化行政审批制度改革，最大限度减少行政审批和收费，全面梳理行政审批事项，公开行政审批事项目录，全面推行政府权力清单制度。深化国资国企和投融资体制改革，继续采用分类指导的方式，完成第二阶段委办局管办企业改革工作；在落实区属企业劳动用工“三定”方案基础上，对薪酬方案进行分析与评估，规范劳动用工机制，加强人力资源管理，满足人才发展需求。大力创新融资方式，积极探索政府与社会资本合作（PPP）模式。深化财税价格改革。深入推进“营改增”工作，进一步发挥试点效应；全面实施新预算法，加强政府全口径预算管理，改进部门预算项目支出管理；盘活财政存量资金，提高资金使用绩效。进一步减少政府定价项目，放开竞争性环节价格，将政府定价的商品和服务限定在重要公用事业和公益性服务，健全科学合理的价格调控体系和公开透明的价格监管制度。深化社会领域改革，有序推进高考改革，贯彻落实上海市教育综合改革方案；深入推进医药卫生体制改革，积极推进公立医院改革，全面完成各项工作任务；积极推进养老体制改革，根据养老需求和模式的转变，大力推进养老服务设施建设。

三是增强区域创新活力。大力推动科技创新，深化以企业为主体、市场为导向、产学研相结合的技术创新体系，引导各类创新要素集中集聚，着力突破一批核心技术；进一步优化创新环境，提高知识产权的创造、运用、保护和管理能力；继续实施知识产权激励战略，丰富创新创业服务体系内涵。进一步推进质量强区工作，完善质量考核机制。积极探索金融创新，深化政银企合作平台，进一步丰富多种形式的座谈交流会；有序推进和规范管理小贷公司发展，加强对引进优质融资性担保公司的指导，推动股权投资类和股权管理企业发展，不断完善新三板和股权托管政策，拓宽中小企业融资渠道。加大人才培养力度，贯彻实施人才发展三年行动计划，改善人才发展环境，增强青浦区对高层次人才的吸引力；继续做好领军人才、拔尖人才(学术带头人)和首席技师的管理服务。

(二) 关于城乡建设的预期目标和任务

围绕提功能、见成效，抓好城乡统筹发展，推进“一城两翼”战略布局，强化功能板块联动效应。高质量编制好“十三五”规划纲要，继续推进新一轮区域总体规划编制，做好“三线划示”工作；发挥好重点区域、重点项目的带动作用，全社会固定资产投资达到330亿元左右；深化新农村建设，启动不少于5个区级美丽乡村示范村建设，家庭农村和集体农场分别完成400个和25个，农产品“三品”认证率达到70%。围绕上述目标，着力抓好三方面工作：

一是大力推进新型城镇化。全力推进轨交17号线地铁上盖及城市综合体项目的开发建设。开展青浦新城产城融合核心示范区城市设计方案征集，着力提升新城城市空间品质；加快万达茂、宝龙、崧泽华城生活汇等商业商务项目建设，不断增强新城城市服务功能。西虹桥2015年实现“初见成效”，国家会展中心全面迎展，加快推出一批重点商业和总部地块，完成土地出让31公顷。加快重固镇和西岑社区新型城镇试点建设，探索将相关经验向全区推广。全面推进淀山湖主体功能区建设试点示范，根据国家审定的方案实质性启动和推进试点工作。进一步强化西虹桥、新城辐射带动作用，在“十三五”规划、区域总体规划编制中，深化研究各功能板块联动发展，鼓励引导形成互补互动的经济关系。适时开展金泽和练塘等新市镇总体规划编制工作，加快推进“一园三区”控详规划修编、蟠龙古镇等重点地区控详规划。

二是不断增强农村地区发展活力。积极落实“三农”工作三年行动计划，认真制定2015年“三农”工作实施方案，细化分解各项目标任务。围绕农产品供给保持稳定、地产农产品质量安全可控、农业经营管理水平显著提升、农业物质装备水平先进，全面推进国家现代农业示范区创建工作，示范区监测评价指标年内争取达到全市中等水平。完成8 700公顷水稻、9.5万吨粮食生产任务，建设粮食烘干中心1个、综合性农机服务组织5个。加强农业新型经营主体培育力度，发展家庭农场400个、集体农场25个。进一步完善土地承包经营权流转机制，完成全区土地确权登记和颁证工作。在2014年工作基础上扎实推进农村改革，继续做好农民增收工作，完成8个镇级集体资产清产核资任务，完成100个村级集体产权制度改革。深入开展美丽乡村建设，启动不少于5个区级美丽乡村示范村建设，每个街镇建设1～2个美丽乡村达标村，探索各具特色的美丽乡村发展模式，“接二连三”大力发展休闲农业、观光农业、体验农业。围绕群众高度关注的道路、桥梁等突出问题，不断完善农村基础设施建设，全区实施村庄改造5 000户，农村低收入户危旧房改造48户，农村桥梁改造188座，农村公路新(改)建159千米，农村生活污水处理5 406户。加强建设标准控制，继续推动3个城中村改造试点工作。

三是加快重点项目和设施建设。全面推进轨交17号线建设，同步推进配套道路，实现6个高架站结构封顶、西虹桥2个车站主体工程土建基本完成、4个地下车站完成60%、盾构力争完成40%。建成2条国家会展中心配套道路、3条大居外围配套道路、1条区区对接道路；新开工天山西路改扩建、G50南辅道等道路；加强与市对接，细化318国道城区段辅道建设规划方案，做好崧泽高架西延伸道路工程前期工作。全面推动“公交城区”创建，完善大居公交接驳，开展盈港客运站搬迁后公交线路优化工作。推进供水设施、防汛工程建设，配合市加快金泽水源湖建设，启动居民住宅二次供水设施一期改造，实施200千米中西部地区旧管网改造工程(二期)；加快46千米西部流域泄洪通道建设、8千米淀山湖防洪大堤等骨干河湖综合整治,配合市做好大控制排涝泵站(闸)建设。深化城乡信息化应用,开展智慧社区、园区试点,优化无线局域网 WLAN 在城区及街道、镇区的覆盖布局,推进村民信息化服务点建设并开展农村信息化宣传培训 8 000 人次。

(四) 关于社会民生的预期目标和任务

围绕保民生、提品质,全面推进实施社会事业三年行动计划,不断完善基本公共服务体系,着力提高社会治理能力和法治化水平,进一步满足人民群众对优质公共服务的需求。2015 年,新增就业岗位 2 万个,帮助成功创业 450 人,城镇登记失业人数控制在 5 500 人以内;城乡居民可支配收入增长与经济发展保持基本同步;中高层次职业技能培训人数完成 4 000 人,其中高级及以上完成 600 人;新农保的续缴率和扩覆率分别达到 75%和 98%;严格控制人口总量,进一步改善人口结构、优化人口布局。围绕上述目标,着力抓好三方面工作:

一是全面加快社会事业发展。深化教育综合改革,继续推进“绿色指标”体系评估和“新课堂实验”建设,积极应对高考改革实施方案,不断提升教育内涵发展品质,复旦附中青浦学校、华新中学等竣工并投入使用。全面完成公立医院改革三年行动计划,强化医疗联合体互动,完善双向转诊、梯度转诊机制,夯实家庭医生服务内涵,提升基层中医药服务能力,促进公立与民营医疗技术人才等资源共享,深化流动人口计生服务管理;加快推进远大健康城、中山医院青浦分院血透中心、夏阳街道社区卫生服务中心等项目建设,积极筹建妇幼保健院,启动实施新一轮健康城区三年行动计划。进一步健全和完善各级文化网点布局,加快推进盈浦街道、金泽镇文化中心项目,全面完成有线电视数字化整体转换工程,深入开展市民文化节、淀山湖文化艺术节及一批区级、街镇级特色文化活动,鼓励和引导社会力量参与公共文化服务。推进体育健身运营市场化、举办主体多元化、投资渠道多元化,加强公共体育设施建设,加快推进区体育文化中心项目,完善全民健身服务体系,做好公共体育场所公益开放服务。进一步促进妇女儿童全面发展,扎实做好民族宗教、港澳台侨、合作交流、对口支援、双拥共建、民防和国防动员等工作。

二是继续完善民生保障体系。继续实施和完善积极的就业政策,研究制定新一轮落实创业带动就业扶持政策,全面实施鼓励企业吸纳本地农村富余劳动力等促进就业的新政策,继续做好高校毕业生、长期失业青年、就业困难人员、零就业家庭、退伍军人、残疾人等重点群体的就业工作。加大城乡居保扩覆力度,促进新农保和城居保合并后的平稳运行,适时调整各类养老保障和补贴标准,继续做好征地镇保各项工作。以城乡低保、重残无业、因病支出型贫困家庭生活救助为重点,加强临时救助、综合帮扶,积极推进残疾人"三阳"机构规范化建设,促进慈善事业健康发展。健全养老服务体系,全年开工建设 1 913 张养老床位、新建 11 家老年人日间照料中心。进一步深化住房保障,认真做好廉租住房和公共租赁住房并轨工作,深入实施居住小区综合整治,加强闲置动迁安置房源资源整合,探索实施新型房屋代理经营租赁模式。加快大型居住社区配套建设,完善镇管社区的大型居住社区管理运作模式,探索研究建立社区共治平台。积极推进街镇社区事务受理服务中心村级代理室建设试点,每个街镇建成 1～2 个村级代理室。合理确定和做实基本管理单元,逐步完善撤制镇的社区事务受理、医疗卫生、文化活动、助老助残等服务功能。

三是有效强化综合治理能力。全面推进人口调控和管理服务,持续加强"两个合法稳定"和"三个实有"管理,重点把握好产业结构调整、公共服务政策、人口认定、综合治理、公共安全等方面,抓好就业、就学、居住"三个源头",不断优化人口结构、控制人口规模。全面推进社区居委会规范化建设,探索社区公共事务共商共治机制,不断完善"以奖代拨"绩效管理办法,做好 2015 年全区村(居)委会换届选举。深入实施"五位一体"物业管理模式,重点加强对动迁安置小区的物业管理。推进法治社会建设,深化社会矛盾纠纷预防化解机制,继续推动诉访分离,建立调解、仲裁、行政裁决、行政复议、诉讼等有机衔接和相互协调的多元化纠纷机制。继续完善立体化社会治安防控体系,不断提升整体治安防控水平和反恐冲突能力。完善城市管理综合执法体制机制,推进管理机构实体运作,推进管理力量全面下沉,组建城市网格化管理街镇二级平台,继续加强对西虹桥等重点区域市容环境综合整治,继续加大违法建筑拆除整治力度,积极做好生活垃圾分类减量工作。健全综合防灾减灾救灾体系,加大生产、消防、交通、食品药品、产品质量、建筑工地和特种设备等安全监管力度,加强防汛防台、地下空间、垃圾处理、供水供电供气等管理能力建设,深化拓展城市应急处置管理机制。做好市场价格监测和监督检查,切实维护市场价格稳定。

(五) 关于生态建设的预期目标和任务

围绕创生态、优环境,深入推进国家生态区建设,2015 年推动新一轮太湖流域水环境综合治理 11 个建设项目,全面启动第六轮环保三年行动计划,单位生产总值能耗下降 1%左右,完成 46 台燃煤(重油)锅炉、11 台工业窑炉清洁能源替代任务,主要污染物排放量削减率完成市下达目标,陆域森林覆盖率达 15%以上,生活垃圾无害化处理率达 100%。围绕上述目标,着力抓好三方面工作:

一是深入推进生态创建工作。深化国家生态区建设,全面落实 32 项指标,加快推进 95 项建设工程,确保年内全部完成。加快推进生态系列建设,完成金泽镇国家生态创建,加快推进华新、白鹤、夏阳、盈浦、香花的国家生态镇(街道)创建;以东方绿舟为载体,建成国家生态旅游示范区;积极推进西虹桥商务区能源中心建设;继续推进生态村创建,扩大绿色社区、绿色家庭、绿色学校和绿色旅游饭店等生态工程覆盖面。继续做好青西郊野公园一期核心区建设,积极推进相关配套服务设施建设;全面启动第六轮环保三年行动计划,开工启动率达到 50%。

二是加快推进环境治理。全面完成截污纳管攻坚战目标任务,建成徐泾污水处理厂一期升级改造、白鹤污水处理厂二期扩建等项目,大力推进生态堤防建设。启动实施清洁水行动计划,继续推进最严格水资源管理制度和全国水生态文明试点建设,着力构建水资源配置管理新模式;编制完成土壤和地下水污染防治行动计划实施方案。推行环境污染第三方治理新模式,确立“谁污染、谁付费、第三方治理”新思路,探索借助市场力量进一步规范污水处理厂运行管理。贯彻落实绿色建筑发展三年行动计划,确保所有新建民用建筑按照绿色建筑标准进行设计、建设。加强绿化环境建设,推进和落实绿化重点建设工程,实现陆域森林覆盖率达 15%以上。

三是加强资源有效综合利用。全力推进节能减排,加大节能降耗力度,大力发展循环经济。严格实施清洁空气行动计划,继续推进清洁能源替代,全面完成清洁能源替代三年行动计划，完成 46 台燃煤（重油）锅炉、11 台工业窑炉清洁能源替代任务。提高清洁能源使用范围，完成重固天然气门站二期、老城区燃气户内管及表具改造二期工程，启动城北、庆丰、桂花园等小区燃气户内管及表具三期工程。支持企业实施节能技术改造，加强重点用能企业管理。大力推动新能源和可再生能源推广工作。

（六）关于 2015 年实事工程项目计划

2015 年，计划安排与人民群众生活密切相关的实事工程项目 8 个，总投资约 10.3 亿元（见表 9）。

表 9　　2015 年青浦区实事工程项目预安排计划

序号	项目名称	责任单位	项目内容及目标工程量	投资（万元）
1	美丽乡村试点建设	区农委、区水务局	继续推进 2014 年度 7 个区级试点，2015 年度区级试点启动不少于 5 个（村庄改造 3 000 户；生态公益林建设 860 亩；农村生活污水治理 1 500 户；生态河道治理 20 条 18 千米；小型农田水利建设 2 000 亩。部分水利项目由于季节性因素，预计在 2016 年一季度完成）	15 982
2	中西部地区供水旧管网改造工程（二期）	区水务局	改造约 200 千米	27 000
3	农村桥梁建设	区建交委	改造农村桥梁 120 座	6 942
		区交运局	撤渡 2 座	
4	居住小区综合整治	区建交委	农村低收入户危旧房改造 48 户，其中：翻建 28 户，修缮 20 户	380
		区房管局	旧住房综合改造约 6.5 万平方米	9 128
		区水务局	二次供水设施改造 50 万平方米	2 000
		青浦供电公司	光明工程改造 16 645 户	3 338

(续　表)

序号	项目名称	责任单位	项目内容及目标工程量	投资(万元)
5	养老、助老设施建设	区民政局	新建老年人日间照料中心 11 家	880
			新建 8 家、改建 14 家老年活动室	460
			开工建设养老床位 1 913 张	31 565
6	改善公共交通	区交运局	开展城区高峰时段相关线路的班次加密 8 条	
			试点“村村通”公交线路优化 4 条,试点开展“村村通”公交线路定时服务 10 条	
			实施“村村通”公交提升工程(夏阳街道郁金路、朱家角薛间村“村村通”道路改建,5 座公交港湾式站台,150 座公交候车亭,150 根公交立杆式站牌)	2 355
7	百姓健身工程	区体育局	新建百姓健身步道约 2 910 米。新建门球场 3 片;新建篮球场 2 片	500
8	截污纳管攻坚战	区水务局	实现建成区直排污染源全纳管,年内完成 700 个污染源治理	2 500
小　计				103 029

(供稿：青浦区发展和改革委员会)

松江区国民经济和社会发展报告(2014～2015)

一、2014年松江区国民经济和社会发展计划执行情况

2014年是全面实施“十二五”规划的关键一年，是全面深化改革的第一年，也是推动松江区转型发展的重要一年，在市委、市政府和区委的领导下，全区上下以改革创新统领经济社会发展，经济总体上保持了平稳向上的发展态势，社会安定有序。

2014年，全区主要经济指标(除合同外资外)均保持了一定幅度的增长，年初主要预期目标基本完成(详见附表1)。

回顾一年来的工作，全区国民经济和社会发展主要呈现出以下六个方面的特点：

(一) 经济结构有所调整，转型发展有新进展

1. 经济总体运行平稳

从2014年以来的经济走势看，各月份全区增加值累计增速呈现出小幅平稳运行的趋势，经济已成功走出低谷，总体呈现出平稳向上的良好发展态势(见图1)。

经济结构更趋优化。第二产业实现增加值561.63亿元，增长4.7%，其中工业实现增加值525.34亿元，增长4.5%；第三产业实现增加值399.10亿元，增长6.8%，三产增速高于二产2.1个百分点。第三产业增加值比重同比提高

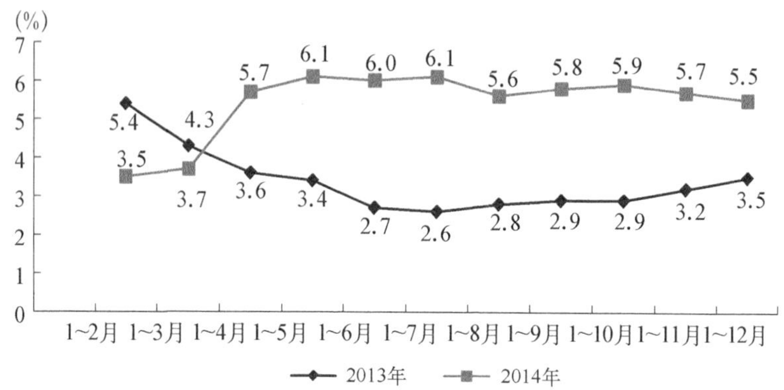

图 1 2013～2014 年松江区增加值增速

1.5 个百分点，历年来首次连续 12 个月维持在 40%以上。

财政收入保持平稳增长。全区实现财政总收入 328.76 亿元，比上年增长 8.6%，其中，地方财政收入 111.74 亿元，增长 8%，总体来看比较平稳。全区实现税收收入 316.61 亿元，比上年增长 8.9%，其中：房地产业税收 69.41 亿元，比上年下降 0.5%；工业税收 158.88 亿元，批发零售业税收 40.56 亿元，分别比上年增长 12.4%和 7%。

2. 产业转型积极推进

产业园区载体建设取得新进展。松江区经济技术开发区转型发展初见成效。上海自贸区制度创新在松江出口加工区复制推广，海关的 14 项制度、出入境检验检疫的 4 项制度等在松江试点实施。物联网产业基地、裘比影视媒体城等重点 3.0 版园区项目落户；阿里巴巴天猫国际电商平台正式签约落户出口加工区。漕河泾松江园发展成效显著，入驻企业近 300 家，全年实现销售收入超 90 亿元，税收达 6.75 亿元，园区被认定为“国家高技术产业基地——上海 3D 打印产业中心”。工业园区二次开发加快推进。车墩镇和永丰街道市级区块调整完成项目验收；永丰街道与上实城开、佘山镇与漕河泾的合作启动；漕河泾与中山街道、新桥和九亭镇的拓展合作稳步推进。“四新”经济成长快，工业机器人、3D 打印和智能电网等 30 个重点领域已集聚 100 多家“四新”企业。电子商务发展迅猛，石湖荡“松江电子商务产业集聚区”和方松街道“松江电子商务园”正式挂牌，永丰电子商务集聚区载体建设继续推进。

城市服务经济发展势头良好。商业旅游业保持向好发展趋势，全区实现社会商品销售总额 1 381.07 亿元，比上年增长 10%，实现社会消费品零售总额 469.52 亿元，比上年增长 10.1%。扎实做好佘山国家旅游度假区创建国家 5A 级景区、全国知名品牌示范区各项工作。实现游客接待总人数 1 389.51 万人次，比上年增长 21.9%；实现旅游总收入 74.8 亿元，比上年增长 8.7%。万达广场建成开业，新理想商业中心等社区型商圈建设稳步推进。文化创意产业成长迅速，预计仓城影视文化产业园实现税收超过 6 亿元，电视剧版权交易中心正式签约落地；"叁零 · SHANGHAI"文化产业园实现税收 0.66 亿元。生产性服务业保持了较快增长势头，全区生产性服务业功能区实现营业收入 113.32 亿元，同比增长 26.4%。

自主创新能力进一步增强。全区专利申请量、授权量稳居全市第三。漕河泾松江园、洞泾工业分区成功创建市知识产权示范、试点园区，11 家企业成为市专利工作试点示范企业。开元地中海被认定为国家级知识产权保护规范化培育市场。全年获得国家、市级创新基金项目立项 103 项；新认定 10 家科技小巨人企业，科技小巨人企业达 74 家；高新技术企业达 409 家。

服务企业发展上新台阶。建立市研发公共服务平台漕河泾松江园区服务站。园区获批为 2014 年上海市知识产权示范园区，并被批准为第一批张江国家自主创新示范区知识产权服务平台、科技融资服务平台建设试点。推进产学研合作，组织机械制造、智能电网等行业的 29 家企业对接高校资源。加强对成长型骨干型企业的服务，制定《关于加强重点骨干企业和成长型企业服务和培育工作的若干意见》。做好重点企业融资服务。生工生物在香港主板实现曲线上市，重点推进飞科电器、来伊份首次公开发行股票工作，加快斐讯通信上市，全年共有 5 家企业在新三板和股交中心挂牌。研究金融扶持中小微企业相关政策，进一步加大中小微企业小额贷款及融资担保力度。

（二）各领域改革取得成效，开放交流稳步开展

国资国企改革加速开展。推进经济技术开发区管理体制改革，完善开发区公司法人治理结构，强化集团公司的园区开发经营管理功能，西部区域社会管理属地化正式实施。启动水务、建设交通系统 18 家企业政企分离工作。

农村集体经济改革深入实施。规范管理,制定出台了《松江区农村集体资产管理暂行办法》。推进村社分账,全区 107 家村级合作社开设账户并独立核算。基本完成农村土地承包经营权确权登记,7 个镇纳入本次登记范围,涉及 67 个村、34 003 户、确权确利面积 11.47 万亩。

行政审批制度改革继续深化。取消行政审批事项 21 项,调整行政审批事项 115 项。大力推进行政审批标准化建设,编制完成 396 项行政审批事项的办事指南、业务手册和 29 个审批部门的 60 本监管手册。制定松江区行政审批批后监督检查管理实施细则,加强行政审批事中、事后监管。稳步推进行政审批智能化建设,完成智能化平台一期建设验收,区行政服务网上办事大厅项目(智能化平台二期)建设启动。

财政管理体制改革加快实施。强化财政预算管理,完善部门项目预算的分类和论证。加大预算公开力度,实现区级部门预决算和“三公”经费预决算全面公开。推进国库集中收付制度改革,社区卫生服务中心全面实施国库单一账户管理。扩大区对街镇一般性财政转移支付规模,完善教育、卫生经费区级统筹办法。试编权责发生制政府综合财务报告,全面建立区级行政事业单位内部控制制度。

食品药品监管体制改革稳步推进。下沉监管重心,建立 16 个街镇食品药品监督管理所,按照“六个统一”的标准,实施规范化管理。推进街镇食安办实体化建设。健全基层网络,在 285 个村(居)委会成立食品药品安全工作站。

公立医院改革继续推进。制定实施公立医疗机构绩效考核管理和标准化工作量核算管理办法。完善医疗服务监管与综合评价机制,建立 98 个医疗服务监管指标,形成事前有目标、事中有监管、事后有评价的公立医院管理体系。完善卫生综合管理平台建设,加强对医疗机构的内部运行、医疗服务、药品采购供应等实时监管。

开放交流不断深化。外贸结构有所优化,预计加工贸易额比上年下降 1.3%,一般贸易额占比上升 1.1 个百分点。民营经济发展较快,新增民营企业 13 541 户,比上年增长 35.6%,实现税收 134.42 亿元,比上年增长 5%。积极推动合作交流。继续对口支援西藏定日县和云南马关县、丘北县。组织企业参加株洲市在松投资推介会、西双版纳州上海招商引资推介会等。

(三) 区域建设和管理不断提升，城镇功能配套进一步完善

1. 各项规划工作有序推进

完成“十二五”规划中期评估，启动“十三五”规划前期研究。做好新一轮城市总体规划编制工作，推进《佘山新市镇总体规划》的编制并启动《东北部四镇结构规划》编制。推进三线划定工作，优先划定永久基本农田保护红线和生态保护红线，合理确定城市开发边界。郊野单元规划工作有序推进，全年共有 13 个镇(街道、园区)编制郊野单元规划，已有 4 个镇完成编制。

2. 城镇基础设施不断完善

全年安排 20 项重点工程项目，开工 19 项，按照节点目标有序推进(详见附表 2)。道路建设有序推进。广富林路西延伸段一期、叶新公路改扩建等工程竣工，大居外围配套项目佘北公路等工程顺利推进。启动浦南地区天然气主管网建设。

公共交通加快发展。现代有轨电车 T1、T2 示范线启动建设。城区 15 处港湾式公交站基本完工，390 座公交候车亭竣工。9 号线佘山站停车场整治工程完工，新增机动车位 211 处、非机动车位 1 600 处。22 号线(暨金山支线)车墩站及春申站公交枢纽站、小昆山镇翔昆公交枢纽站、9 号线泗泾北公交枢纽站进展顺利。全年共新辟公交线路 13 条(包括两条松江旅游双层观光巴士线路)，调整 7 条线路，新购公交车 54 辆，其中新能源车 33 辆。

信息化应用建设进一步加快。智慧社区、园区试点工作深入推进，完成岳阳街道“三维 GIS 管理系统”、泖港镇“智慧农村、幸福泖港”等市级“智慧社区”试点项目建设，经济技术开发区被认定为第一批市试点智慧园区。区域信息化基础设施和应用扎实推进，新建移动通信基站 205 个，基本实现新城区域 4G 网络全覆盖。加快城市智慧化步伐，佘山度假区等重点区域信号优化和重点场所 WLAN 覆盖顺利推进。视频图像监控系统等项目建设有序推进。各街镇社保卡补换网点实现全覆盖。

3. 城镇面貌不断更新

新城建设有序推进。新城国际生态商务区整体框架雏形初现，累计出让商办和住宅用地 17 幅和 4 幅，土地面积 875 亩。商务区核心项目万达广场总面积

达31万平方米,周边月星家居、富悦酒店等15个项目均已开工,总施工面积近150万平方米。东明大酒店、绿庭广场建设进展顺利。广富林文化遗址公园一期工程基本完工,建成全国最大湖底车库。

旧城改造稳步实施。全年危旧房解困签约1 602户,签约面积7万余平方米;岳阳、永丰、中山三个街道的旧改地块获市级认定,基本实现全覆盖。"城中村"试点改造4幅地块实施方案通过市级评审,改造面积由124亩扩大到874亩,已全部启动。加紧建设危旧房解困基地2 700多套房源,回购房源1 250套,满足旧城改造房源需求。健全防灾减灾救灾体系,建成中山中路休闲绿地应急避难场所。推进城区积水点和道路下立交排水设施改造。

土地节约集约利用项目加快推进。198区块零星工业土地减量化土地69.5公顷。新浜镇市级土地整治项目有序推进,年初建设用地减量意向签约514亩,实际完成减量611亩。佘山镇建设用地增减挂钩项目全部完成。松江郊野公园建设发展有限公司成立,完成一期土地整治项目可研及方案。稳步推进小昆山镇全国小城镇综合改革试点,积极稳妥推进农民动(搬)迁安置工作,安置房一期23万平方米已竣工验收,完成土地复垦整理84.13公顷。全年有效整治违法违规用地112宗,涉及土地面积62.96公顷。

4. 生态文明建设成效显著

环境治理成效明显。清拆整治取得突破性进展,完成清拆整治污染企业247家。严厉打击不法排污企业,开展电镀行业、水源地、河道黑臭等10个专项整治。规范工业垃圾中转站建设,制定统一设计标准和标志标识。推广油烟在线监测,万达广场、大学城等餐饮集中区域共签订设备安装协议241套。实现第五轮环保三年行动计划目标,启动第六轮环保三年行动计划编制。

生活垃圾分类和处置工作继续深化。围绕申报创建全国生活垃圾分类减量示范城区,新推开垃圾分类居住小区139个、11个街镇基本实现小区分类全覆盖。完成市"绿色账户"干湿分类激励机制试点指标,覆盖10.2万多户。建成使用佘山、九亭、叶榭等镇的湿垃圾处置设施。探索试行废品分类回收市场化运作管理模式。天马生活垃圾末端处置综合利用中心建设有序推进,吉貌垃圾填埋场完成封堆及生态修复。

加强供排水设施建设。全面实现供水集约化,完成车墩水厂4万立方米/日深度处理改造和闵行自来水厂向叶榭地区的馈水工程建设，关闭所有镇级自来水厂。积极推进全区供水旧管网改造工程，完成供水旧管网改造 50 千米。推进企事业单位、房产小区截污纳管，实施污水纳管 575 户、污水收集管网 19 千米。加强污水处理设施建设，开工建设西部污水处理厂二期扩建和一期改造工程等项目，推进东部污水处理厂三期扩建及一、二期改造工程。加大河道综合治理力度，全面完成长相泾、大涨泾景观河道整治工程等项目。

节能减排工作有力推进。实现单位增加值能耗可比下降 7%以上，超额完成年度目标。完成劣势企业调整 201 家，减少能源消耗折合 2.7 万吨标准煤；替代或关停燃煤(重油)锅炉 140 台，推进 25.06 千米天然气市政管网配套工程建设。加强节能评估审查，公布 345 家综合能耗 1 000 吨标准煤以上重点用能单位名单。大力推进分布式光伏发电项目，全市首座太阳能光伏充电站在方松街道社区文化活动中心投入使用。

(四) 社会治理进一步加强，公共服务能力有效提升

社会治理工作成效显著。"四位一体"的社会治理创新体系初步构建。全区已划分网格 1 362 个，配置网格长、辅助人员等网格化工作力量 1.47 万名，实现全面覆盖、无缝衔接。加强社区服务与治理。促进社区公益服务类社会组织发展，全区持证社工数已达 1 149 人，万人社会组织拥有率达到 8.85，居全市前列。社区治理格局不断创新。全面推进社区居委会规范化建设，42%的社区居委会完成社区服务站建设。新桥镇、泗泾镇探索"镇管社区"及"大型居住社区"治理新模式。

人口规模控制措施有力。拆除各类违法建筑 44.2 万平方米，其中：新增 6.12 万平方米，存量 38.08 万平方米，完成年度计划的 316.38%。群租整治力度加大，全区共整治 6 253 户，拆除隔间约 1.7 万间，清退 3.14 万人。查处非法客运车辆 581 辆，整治无证汽修 211 户。继续推进"城中村"改造。落实以积分制为主体的居住证制度，提供梯度化公共服务。严格执行义务教育阶段学校入学标准，一年级、预初年级新生入学人数压缩 6 788 人。

教育事业有新发展。推进学校资源和基础设施建设，完成东华附校、新闵小学、新闵幼儿园、九亭第四小学等项目建设。主动对接高考改革，引导各高中学

校以加强教师课程能力为抓手,聚焦教学模式变革,全力推进教师专业发展和特色高中建设,推动高中教学转型。

公共文化服务体系进一步完善。开展了第四届百姓明星评选等群众文化活动,报名参赛选手近1万人次,参与活动市民4.5万人次。推进"万千百"文化配送工作,受益群众138万多人次。完成区文化馆新馆、区图书馆分馆和新松江剧场的选址,推进董其昌书画艺术博物馆项目前期工作。加大文物修缮利用力度,完成钱以同宅、胡瑞麟宅修缮。

卫生计生事业有新成效。深化家庭医生制服务,户籍人口家庭医生签约率达76.27%。完善康复、老年护理医疗服务链,推进乐都医院转型为二级康复医院。加强卫生应急体系建设,完善卫生应急、120指挥系统与区联动指挥中心信息系统的互联互通。加强健康城区建设,推进第四轮健康城区三年行动计划。做好"单独两孩"政策实施工作,全年共依法审批单独两孩986例。加大计划生育服务与管理力度,为全区365户失独家庭提供家庭关爱服务,流动人口计划生育管理进一步加强。

体育事业蓬勃开展。完成第六次全国体育场地普查及第四次国民体质监测工作。体育基础设施建设稳步推进,社区体育健身设施进一步完善。第十五届市运会共获得64.5金、46.5银、48.5铜,列金牌全市第十二位。全民健身活动火热开展,举办佘山元旦登高、端午龙舟赛等一系列品牌赛事。各类重大赛事顺利举办,2 014高尔夫"世锦赛——汇丰冠军赛"等一些重大赛事圆满收官。

其他社会事业稳步推进。改善社会组织发展环境,推进四大类社会组织直接登记。圆满完成全国第三次经济普查工作任务。普法、科普、气象、残疾人、妇女儿童、信访、民族、宗教、档案、史志、对台、外事、侨务等工作水平进一步提升。全年安排20项实事项目,已完成19项(详见附表3)。

(五) 民生保障不断完善,人民生活有新提高

1. 促进各类人员充分就业

推进居家青年、离校未就业高校毕业生、退伍军人、就业困难人员、农村转移劳动力等群体就业,鼓励自主创业。举办大型公益性招聘会16场次,进场人数4.2万人,参与企业1 123家,招聘人数2.9万人。完成青年职业见习779人,开

展职业技能培训 36 915 人，其中高技能人才培训 6 832 人，外来农民工培训 7 071 人。城镇居民家庭人均可支配收入 39 510 元，同比增长 10.1%。

2. 稳步提高保障水平

提高养老保障水平，农保养老金每人每月增加 100 元，征地养老生活费每人每月增加 130 元。全区领取农保养老金人数 31 734 人，人均月发放标准 702 元；领取征地养老生活费人数为 36 612 人（其中区级为 10 578 人，镇级为 26 034 人），每人每月标准为 1 224 元。完成 2014 年居民医疗保险收缴费工作，全区参保人数约 112 万人（其中城保 87.1 万人，镇保 6.5 万人，居保 18.2 万人）。

3. 保障性住房建设不断完善

保障性住房建设全面展开，动迁安置房开工 6 742 套，竣工 6 966 套，可供应 3 878 套，均超额完成市、区两级指标。公共租赁房项目开工 2 个，765 套房屋均已达到开工标准，超额完成区 550 套目标任务。为 394 户家庭发放廉租住房租金补贴 185.99 万元，154 户家庭获得实物配租。共有产权保障住房（经济适用房）正式启动 2014 年度申请受理工作。旧住房综合整治和危旧房修缮工作稳步推进。大型居住社区保障房基地建设步伐加快。

4. 社会救助、老年事业发展全力推进

不断完善综合救助体系，实施各类救助 22.48 万人次，发放救助资金 1.1 亿元。积极推进“幸福家园”城乡互助综合型养老服务模式。围绕“9073”养老服务格局，建设一批“幸福养老院”。新增养老床位 666 张，全区养老床位达到老年人口的 3.5%。完善社区养老服务网络，推进街镇级综合为老服务中心为老年人提供助餐、文体活动、就医、日间照料等服务。规范养老服务业发展。

5. 其他民生事业有序开展

积极搭建民生价格信息服务网络平台，“松江民生 e 价通”投入运行；完成水价调整、区域出租车运价结构调整。食品药品监督管理进一步加强，开展了 14 项专项检查，推进“药品零售远程动态监管系统”应用。完成 7 家标准化菜市场的二次改造和 1 家菜市场的新建，15 家三星级以上菜市场开通农药残留检测。

(六) “三农”工作有新成效，发展水平进一步提升

现代农业发展有新进展。第一产业实现增加值 8.73 亿元，可比增长0.6%。

提高和完善家庭农场发展。截至2014年秋播,全区家庭农场发展至1 240户,经营面积15.28万亩,占全区粮食播种面积的90.9%,其中机农一体405户,占32.6%,种养结合73户,全区机农一体和种养结合家庭农场的总比例达到38.5%。

农村环境有新改善。推进美丽乡村农村生态环境建设。加强农田林网建设,重点推进浦南四镇的农田林网建设,累计植树4万株。继续推行"三三轮作制"、秸秆全量还田、种养结合养猪粪尿还田、蔬菜生产废弃物循环利用、减肥减药等生态循环措施,促进农业生产过程生态化。完成农村生活污水治理设施改造2 417户。

农民收入有新来源。深化农村集体资产规范管理,推进工业区及相关街镇农民属地化入社,确保原农村居民人人有股份。镇级经济联合社全部落实分红。新桥、泗泾、洞泾、中山4家镇联合社和九亭、泗泾21家村合作社已累计分红2.51亿元。农村居民家庭人均可支配收入21 736元,同比增长10.8%。

2014年,松江区委、区政府带领全区人民牢固树立和落实科学发展观,努力克服复杂的外部环境带来的不利影响,坚持调整经济结构,努力转变发展方式,稳步推进各项改革,确保了经济社会的稳定有序发展。同时,松江区的经济社会发展还面临一些瓶颈和问题:经济增长存在下行压力,科技创新动力不足,结构优化、提质增效有待进一步加强;深化改革举措还有欠缺,市场活力激发不够,条块壁垒、机制不畅有待进一步突破;科学发展任务日趋繁重,环境承载能力接近上限,城乡统筹、生态保护有待进一步深化;群众利益诉求日趋多元,基层治理瓶颈凸显,资源配置、公共服务有待进一步完善。这些都需要我们在今后的工作中认真加以研究和解决。

二、2015年松江区国民经济和社会发展预期目标及主要工作

2015年是全面深化改革的关键之年,是全面推进依法治国的开局之年,是"十二五"规划的收官之年,也是"十三五"发展蓝图的谋划之年。松江区国民经济和社会发展的指导思想是:坚决贯彻党的十八届三中、四中全会和中央经济

工作会议精神，认真落实十届市委七次全会、四届区委七次全会的部署，坚持稳中求进工作总基调，主动适应经济发展新常态，把改革创新贯穿于经济社会发展各个领域各个环节，向结构调整要动力，向科技创新要活力，向民生改善要潜力，坚定信心，振奋精神，努力完成“十二五”规划目标任务，谋划好“十三五”期间发展，以更大的勇气和担当，实现松江区经济发展、社会和谐、人民幸福。

根据2015年经济社会发展指导思想，以及区“十二五”规划纲要目标要求，结合松江区发展面临的内外部形势，建议2015年区经济社会发展主要预期指标如下：

——地区生产总值增长6%。

——工业总产值3 850亿元。

——固定资产投资280亿元。

——社会商品销售总额增长8%。

——出口产品总额350亿美元。

——合同外资5亿美元，实际到位资金4亿美元。

——财政总收入增长8%，地方财政收入增长7%。

——万元生产总值综合能耗进一步下降。

——新增就业岗位2.2万个，城镇登记失业人数控制在市政府下达的指标以内。

——城乡居民家庭人均可支配收入增幅高于经济增长。

——年末常住人口控制在180万以内。

围绕2015年经济社会发展指导思想和预期目标，要努力做好以下六个方面的工作。

（一）继续深化改革、扩大开放，有效激发发展动力和活力

加强转型发展相关政策研究和储备。开展“十二五”规划实施情况评估，推进“十三五”规划及各专项规划编制工作，编制“十三五”规划纲要草案。聚焦松江区经济社会转型发展中的热点和难点问题，开展前瞻性研究。认真研究如何充分挖掘发展空间（资源）的政策；加强街镇、园区经济转型发展考核方式的研究；对如何推广区域经济转型发展中的亮点开展研究；深入研究如何提升政府对

市场的监管和活力激活能力;加强对国际生态商务区产业发展定位的研究。继续推进小昆山小城镇试点改革。

深入实施国资国企改革。加快推进《关于进一步深化松江国资改革促进企业发展的意见》中涉及的3个方面13项改革事项。继续推进国资国企政企分离、产权变更,进一步调整国资布局。完善国资监管体制,梳理汇编国资现行监管制度,并根据改革进程,逐步出台相关配套政策。

推进农村产权制度改革。进一步规范管理,落实区级办法和镇级细则,坚持三会制度,真正体现农民所有、农民做主、农民得益。对镇级集体企业实施分类管理,整合资产经营型企业,统一合并在镇资产经营管理公司。

加快行政审批制度改革。全面推进行政审批标准化建设,公布区政府各行政执法部门及单位权力清单。加快区行政服务中心网上政务大厅项目(智能化平台二期)建设,推进行政审批智能化。深化建设工程项目行政审批流程再优化。稳步推进审批权相对集中。建立健全行政审批监督检查制度,细化落实行政审批批后监管制度。按照市统一部署,优化部门职责体系,调整市场监管体制,组建区市场监督管理局。借鉴上海自贸区制度创新和先行先试政策经验,探索负面清单管理模式,加大行政审批改革试点力度。

深化财政管理体制改革。进一步规范预算编制,强化预算管理。继续深化国库集中收付制度改革,扩大公务卡消费规模。研究制定“十三五”期间区与街镇财政分配体制,提高区、镇两级财力与支出责任的匹配度。进一步扩大转移支付规模,提高一般性转移支付比例。加强对区级预算单位内控制度执行情况的跟踪和监督,建立健全镇级预算单位内控制度体系。加强政府债务管理,有序推进政府债券置换存量债务工作。

推进医疗卫生体制改革。继续加强医疗、医保、医药联动,形成改革合力。完善政府投入补偿、绩效管理和收入分配制度,提高医疗机构和医务人员积极性。进一步完善分工协作和社区医院联动机制,为建立分级诊疗制度打好基础。继续加强老年护理、医疗康复体系建设。

继续提升开放交流水平。完善项目落地评估机制,做好重点发展区域的招商引资工作。积极搭建招商资源信息平台,完善项目招商网络。进一步拓展民营经济发展空间,激发民营经济活力。预计新增民营企业1万户,完成民营经济税收 140 亿元。继续做好云南马关、丘北两县和西藏定日县的对口支援工作。

(二)优化结构、提升能级,加快产业转型发展步伐

加大产业结构调整力度。进一步利用好存量工业土地。加大闲置工业用地和标准厂房的盘活利用力度;加强存量工业用地管理,引导工业用地有序流转;稳妥推进历史违法用地的释放;大力推动集中建设区外零星工业用地减量化。加快工业园区二次开发步伐。创新二次开发理念和模式,完善配套政策,充分调动区级国资、镇级集体经济组织等各类专业开发主体参与老工业区二次开发的积极性,大力发展战略性新兴产业、先进制造业和生产性服务业。

加快产业园区载体建设。进一步加快重点园区建设。聚焦出口加工区跨境电商和保税展示交易功能,推动出口加工区向综合保税区转型;推进漕河泾松江园南部综合体、大学生创新创业孵化基地等的开发建设;加快西部园区检验检测专业基地的规划,形成检测认证产业集聚区;建设一批 3.0 版产业园区,探索试点推广复制漕河泾松江园相关政策。出台加快电子商务产业发展的扶持政策,大力支持方松、永丰、石湖荡、中山等街镇电子商务集聚区的建设。

加速"四新"经济等产业的发展。建立完善"四新"企业和创新团队数据库,设立"四新"产业专项资金和企业绿色通道,引导企业组建产业创新联盟。进一步加快文化创意产业和电子商务产业的发展壮大。加速生产性服务业发展,鼓励跨国企业在松江设立研发中心或总部机构。加快现代商旅服务业发展。继续推进国际生态商务区、佘山度假区、天马现代服务业集聚区和广富林项目建设,打造松江新城城市经济带。进一步推进永航商业中心、绿庭商务广场等项目建设。继续保持房地产业的有序稳步发展。

强化企业服务体系建设。加强对重点骨干企业的服务,进一步聚焦重点企业和成长型企业。加大对机器人、3D 打印、电子商务、互联网等产业的服务力度,促进产业集聚发展。做好对中小企业的融资服务。关注龙韵广告、华铭智能等 7 家已报会企业,天逸电器等 9 家企业完成股改。加大对小贷公司及担保公司的监管与考核力度,积极发挥政府财政在支持企业中的引导作用,进一步整合银行等金融机构资源,加大对小微企业的融资支持力度。进一步优化产业政策体系,鼓励企业加大技术改造研发力度。

(三) 完善城镇功能配套,有效提升城镇发展水平

2015年安排重点工程项目24项(详见附表4)。完善城镇道路交通等基础设施配套。推进沪昆高速松江段抬升、沪昆铁路松江城区段南移等重大工程建设。加快松江现代有轨电车T1、T2线建设,启动T3、T4线前期工作。加快推进一批重点工程建设。全面完成松蒸公路拓宽(玉树路—辰塔路)等道路建设,启动嘉闵高架南延伸工程动迁工作。继续推进铁路金山支线站点、小昆山公交枢纽等一批区、镇级公共交通基础设施建设。启动南部新城基础设施建设。加快推进旧管网改造和浦南天然气主管网建设,改造老旧铸铁管36.9千米。

推进信息基础设施建设。围绕智慧城市,加强信息基础设施建设和管理,提高智慧应用水平。重点推进3G\\4G基站建设,深化岳阳、泖港智慧社区试点工作,加强地下通信管线集约化建设,完成街镇级电子政务网络升级改造工作。开展信息基础设施调查摸底,完善信息基础设施管理平台。推动工业与信息化深度融合,着力推进经济技术开发区、漕河泾智慧园区建设。启动智慧城市建设情况评估和新一轮三年行动计划编制。

(四) 加大生态保护力度,营造良好城乡环境

继续推进节能减排。研究制定松江区2015年节能减排工作实施意见,明确区2015年节能减排重点工作。完成120台燃煤(重油)锅炉清洁能源替代。调整劣势企业80家,减少能源消耗折合1.5万吨标准煤。加快发展天然气、太阳能等可再生能源。计划更新270辆公交车,其中162辆为新能源公交车。进一步推进建筑节能。

深入推进污染源头治理。继续加快污染企业清拆整治。加快推进松南郊野公园一期建设。开展生活垃圾分类减量工作,确保完成减量25%的市级指标,力争分类小区全覆盖,“绿色账户”增加到15万户;加大企事业单位垃圾分类工作推进力度。逐步推进废品回收体系建设,加快垃圾末端处置设施建设。推进工业垃圾规范化处置,探索建筑工地扬尘污染在线监控,加强环境空气质量预警预报,开展危险废物收集试点工作。

加快推进水环境治理。完成佘山21丘大型居住社区污水外配套、黄浦江二级水源保护区污水管网建设。启动16万吨/日新车墩水厂、新车墩水厂外配套输水管网工程，推进斜塘清洁水源联通管输水支线建设，完成佘山21丘大型居住社区等供水外配套工程，继续推进街镇小口径供水管网改造。全面完成建成区截污纳管攻坚战目标任务。加快推进污水处理设施建设，完成西部污水处理厂二期扩建和一期改造等工程建设。继续推进河道综合整治。

(五) 创新社会治理、完善公共服务和民生保障，确保社会安定有序

1. 健全社会治理体系

完善"四位一体"社会治理体系制度框架，提升社会治理水平。打造标准化、规范化、信息化、联动化的网格化管理服务网络，形成"高效权威、集约合成、平战结合、实体运作"的联动指挥体系，构建一体化、合成化、多元化、立体化的综合处置队伍，建立全面覆盖、动态跟踪、联通共享的社会治理综合信息系统。积极探索社会组织和专业社会工作者参与社会治理的途径和方式，推动社会形成多元治理格局。深化社区治理格局，继续探索"镇管社区"新模式，进一步提高村(居)委会自治能力。

加大人口调控措施力度。严格控制人口规模，力争到2015年年末常住人口控制在180万以内。进一步落实以积分制为主体的居住证制度。继续推进拆违工作，完成拆除存量违法建筑15万平方米的目标。开展五类"特定区域"周边环境整治，加大群租整治力度。进一步加大旧城改造和"城中村"改造力度。加大对重点交通行业非法客运及无证汽修的整治力度。

2. 健全社会事业发展

以人为本，推进17项实事项目建设，继续提高公共服务水平(详见附表5)。

坚持推进招生政策改革，服务区域人口调控。整合教育资源，促进教育优质均衡。聚焦内涵发展，提升整体办学品质。革新教育理念，丰富教育品牌特色。深化信息化应用，推进教育现代化发展。

围绕公民科学素质培养，推进"三服务一加强"工作，提升科技和经济社会的融合度。积极推进科技兴农项目和科普惠农兴村示范基地建设；创建科普示范居(村)委会、科技教育特色学校(园)，全面提升全民科学素质。做好上海市第

30届青少年创新大赛松江区主办场各项工作。

完善公共文化设施网络,启动建设区文化馆新馆、区图书馆分馆和新松江剧场。深入实施"万千百"文化惠民工程。开展公共文化试点创建,繁荣群众文化活动。加强文物保护利用,完成大通桥、陈子龙墓、李塔等文物的修缮工程。规范文化市场秩序,引导文化产业发展。

以30分钟体育生活圈建设为抓手,努力构建全民健身公共服务体系。加强体育设施建设,建立松江区市民体质监测中心,举办好区第五届运动会,继续组织举办好佘山元旦登高等一系列品牌赛事。以加强体育后备人才培养为重点,不断提高区域竞技体育水平。以成立区体育管理服务中心为契机,把握体育产业发展新机遇。

继续推进区中心医院和九亭医院改扩建和社区卫生服务中心内涵建设,鼓励社会力量办医。加强传染病防治工作,提高公共卫生服务保障能力。坚持计划生育基本国策,继续稳妥实施单独两孩政策,实施流动人口社会融合项目,推进国家卫生计生委试点。

3. 加强就业、保障等民生事业

完善就业培训政策,推动实现更高质量就业。继续推进城镇居民医保、城乡居民养老保险的参保工作。做好区城乡居民养老保险待遇、征地养老人员生活费待遇等的调整;建立可持续的老年农民退养补助金增长机制。创新监管方式方法,构建和谐劳动关系。进一步抓好住房保障各项工作。继续推进房屋修缮管理工作。进一步完善养老服务体系建设,加快建设松江第二社会福利院、泗泾敬老院,积极推动老年人日间照料中心等为老服务设施的全覆盖。继续完善社会综合救助体系。

4. 推进其他民生事业

进一步提高食品药品监管的有效性和规范性。通过日常监管、专项整治、行刑衔接严格执法监督,加大违法行为打击力度。不断加强基层监管队伍及网络建设,完善区、街镇综合协调机制,提升食品药品应急管理综合能力。继续密切关注市场物价变化,推进价格公共服务,维护市场物价平稳运行,进一步完善标准化菜场建设。做好民族、宗教、档案、对台、外事、侨务等各项工作。

(六) 加大“三农”工作力度，提升农村发展内涵

巩固农业发展成果。进一步稳定、完善、提高家庭农场发展。稳定以家庭自耕为主、规模在100～150亩、机农一体、种养结合的基本模式；稳定家庭农场的生产补贴、考核奖励、土地流转等基本政策。完善准入考核机制，延长机农一体、种养结合的优秀家庭农场的经营期限；规范机农互助点设置标准。提高机农一体比例、家庭农场经营者素质和服务水平。

美化农村人居环境。继续推进农田林网化建设，推进农业生产废弃物循环利用，做好农宅减量化试点和小集镇建设规划。加强农村水环境整治，推进20千米中小河道生态治理，完成2 186户农村生活污水处理设施建设。

促进农民增收。积极落实农民集体经济分红，让农民切实感受到改革成果。制定落实新型职业农民扶持政策，促进农民持续增收。农村居民家庭人均可支配收入进一步增长。

附表1

2014年松江区主要经济指标计划完成情况

指标名称	年初预测		全年完成		
	指标值	比上年增长(%)	完成值	增长(%)	完成计划(%)
全区生产总值(亿元) 第一产业 第二产业 其中：工业 第三产业	955 8.8 555 520 391.2	4.0 — 2.0 2.0 7.2	969.46 8.73 561.63 525.34 399.1	5.5(可比) 0.6 4.7 4.5 6.8	101.5 99.2 101.2 101.0 102.0
工业总产值(亿元)	3 800	—	3 819.01	0.4	100.5
固定资产投资(亿元)	280	—	314.81	9.0	112.4
社会商品销售总额(亿元)	1 380	10.0	1 381.07	10.0	100.1
财政总收入(亿元) 其中：地方财政收入(亿元)	— —	7.0 7.0	328.76 111.74	8.6 8.0	超过 超过
出口产品总额(亿美元)	343	—	365(预计)	2.0	106.4
合同外资(亿美元)	4	—	4.61	−42.0	115.3
实际到位资金(亿美元)	3	—	4.3(预计)	23.9	143.3

附表 2

2014 年松江区重点工程进展情况

序号	项目名称	建设规模与内容	形象进度
1	中心医院改扩建项目	一期总建筑面积 45 310 平方米，新建综合楼、病房楼。二期总建筑面积 28 655 平方米，新建 8 层和 5 层病房楼各一幢，建筑面积 20 656 平方米，地下车库 7 149 平方米，其他 850 平方米	一期已完成，二期已正式开工
2	九亭医院改扩建项目	新建门诊楼、医技楼等总面积 3.3万平方米	已开工
3	体育中心站综合改造	体育中心地下车库地下二层，共 36 456 平方米，机动车位共计 642 辆，非机动车 1 054 辆。翻建松江体育用房及有关设施工程，具体内容包括：体育局用房，共 19 层，约 3 万平方米；体育场西看台三层约 8 600 平方米，将原看台拆除后改建	主楼 7～18 层室内粉刷基本完成；西看台辅楼 1～3 层室内粉刷基本完成；西看台屋面钢结构安装完成，准备油漆施工；主楼屋面找坡完成，西看台屋面找坡完成；室内消防、上水管道安装基本完成；楼层内电缆桥架安装基本完成
4	佘山公共体育中心配套地下停车场项目	位于佘山度假区林荫新路西侧，地上用地面积 49 670.4 平方米，地下用地面积 71 730.6 平方米。建筑面积 55 714.24 平方米，其中地下建筑面积为 53 507 平方米，地上建筑面积为 2 207.24 平方米	已竣工
5	松江第二社会福利院	项目占地面积 16 708 平方米，总建筑面积 31 300 平方米，其中地上建筑面积为 25 000 平方米，包括老人福利院用房建筑面积 21 150 平方米，儿童福利院用房建筑面积 3 850 平方米；地下建筑面积为 6 300 平方米。老人福利院床位 560 张，儿童福利院床位 100 张	已动工

(续 表)

序号	项目名称	建设规模与内容	形象进度
6	教育建设工程	新桥新闵小学、幼儿园及接送广场小学,40班,幼儿园15班,占地面积约4.694 37公顷,总建筑面积23 817平方米	已竣工
		九亭第四小学,30班,占地面积2.569 2公顷,建筑面积12 600平方米	已竣工
		新桥新闵初级中学36班,占地面积3.212 0公顷,建筑面积约18 295平方米	规划方案审批阶段
		弘翔小学、初级中学,70班,占地面积6.257 6公顷,建筑面积37 962平方米	已竣工
		新城思贤幼儿园,15班,占地面积约0.667 4公顷,建筑面积约6 000平方米	已竣工
		新城文诚幼儿园,12班,占地面积约0.557 2公顷,建筑面积约6 000平方米	已竣工
		新浜小学扩建:在原小学基础上扩建45班九年一贯制学校,学校占地面积4.299 02公顷,新建建筑面积约18 427平方米,改建3 873平方米	已开工
7	松汇西路1号动迁安置配套商品房项目	用地面积:41 355.8平方米;总建筑面积:79 911平方米	已开工
8	广富林文化展示区	总面积41 000平方米	文化交流中心已建成,文化展示馆实施布展完成,遗址公园北广场建成开放

（续 表）

序号	项目名称	建设规模与内容	形象进度
9	大型居住社区	泗泾南拓展大型居住社区 15－05 地块总建筑面积 114 887.49 平方米	主体已竣工，正在实施小区整体配套
		泗泾南拓展大型居住社区 13－04 地块总建筑面积 58 973.36 平方米	主体已竣工，正在实施小区整体配套
		泗泾南拓展大型居住社区 16－04 地块总建筑面积 123 934.54 平方米	主体已竣工，正在实施小区整体配套
		泗泾南拓展大型居住社区 17－01 地块总建筑面积 167 177 平方米	主体已竣工，正在实施小区整体配套
		泗泾南拓展大型居住社区 20－01 地块总建筑面积 181 241 平方米	主体已竣工，正在实施小区整体配套
10	大型居住社区配套道路	沪松公路拓宽（泗陈公路—涞亭路）全长 4.84 千米，六快二慢	（涞亭—九泾）雨水管道累计完成 2 200 米，完成排水工程量的 18%。（泗陈—九泾）完成雨水管道 50%，局部路基开始整修
		刘五公路（古楼路—花辰公路）4.084 千米，四快二慢	已竣工通车
		千新公路 2.9 千米，六快二慢	东侧水稳完成 100%，年底摊铺沥青，桥梁整体完成 50%。全线年底翻交
11	辰塔公路黄浦江大桥接线工程（塔闵路—叶新公路）	全长 3.424 千米，六快二慢	南段：累计完成雨水管道 100%，道路工程石灰土 90%，北段：雨水管道完成 90%，石灰土完成后 60%，桥梁完成 50%
12	北松公路改建（联络路—新车公路）	5.148 千米，六快二慢	年底按计划与主体跨江大桥同步竣工

(续 表)

序号	项目名称	建设规模与内容	形象进度
13	变电站工程	110(35)KV银泽、文诚、蒋凤、李塔、松蒸、光星、谷阳、新泗泾等变电站建设	南勤、刘五、庙三、薛家浜、雅多、榭东、角曹已投运
14	新车墩水厂工程	新建16万立方米/d净水厂设施及配套管线;新建生产性建筑面积约12 000平方米,新建辅助建筑面积约为2 000平方米,新建污水管合计约4.5千米	《工可》已批复
15	时尚谷(中国纺织服装品牌创业园)	园区总体规划拟占地2 000亩,建成后预计可吸引500余家优秀品牌企业,千余家产业链上下游合作企业的设计研发中心、营销中心、企业总部以及6万余名行业精英入驻园区。中国纺织品牌创业园首期75亩,地上、地下总面积14万平方米;规划建设14栋时尚品牌总部及6万平方米地标建筑"时尚艺术中心"	完成基桩,基坑挖土完成60%
16	佘山环球企业中心	35万平方米办公、商业、酒店、会所等	已开工
17	上海斐讯数据通信技术有限公司	主要产品包括网路交换机、路由器、智能手机、平板电脑等。计划新建生产用仓库、厂房、食堂等,合计建筑面积约335 800平方米	已开工
18	上海漕河泾开发区松江高新产业园发展有限公司科技绿洲项目	建造生产用房及配套设施251 878平方米,其中地上面积178 878平方米,地下面积73 000平方米	地上结构完成99.6%,多层二结构工程完成98.5%,多层外立面门窗及外立面保温完成99%,其他专业分包完成85%

（续 表）

序号	项 目 名 称	建设规模与内容	形 象 进 度
19	上海世茂新体验洲际酒店及世茂新体验中心	上海世茂新体验洲际酒店，建筑面积5.5万平方米；世茂新体验中心，建筑面积为28.5万平方米	深坑酒店：边坡支护正在施工，完成约35%。多功能商业及服务设施：爱丁堡小镇东区外立面全部施工完成，西区外立面全部施工完成，机电施工已完成。园林工程已完成。娱乐商业中心桩基工程已完成，土方开挖完成，地下结构施工完成，地下二结构完成，上部结构完成
20	松江国际生态商务区富悦大酒店	总用地面积36 410平方米，建造商办、餐饮旅馆业用房174 719.21平方米	完成总体开发量70%

附表 3

2014 年松江区实事项目完成情况

序号	项　目　名　称	形　象　进　度
1	劳动保障工程	新增就业岗位 26 148 个,城镇失业登记控制在 7 018 个,帮助成功创业 504 个
2	安全社区创建和安全知识培训	全年创建市级安全社区 1 家,完成从业人员安全生产知识培训 21 157 人
3	流动人口卫生和计划生育基本公共服务均等化试点工作	全年累计服务来松人员 30 多万人次;为 1.5 万人次流动育龄妇女开展免费避孕节育检查服务
4	国家免费孕前优生健康检查项目	全年共为 1 526 对计划怀孕家庭提供了免费孕前优生健康检查
5	涉及民生价格信息专项发布	民生价格信息服务平台“松江民生 e 价通”已开通运行,对全区具代表性的超市、菜场、医院进行价格监测、公布
6	社区科技防范建设	对城乡老公房楼道安装摄录一体机,对技防设备陈旧的居民区实行技防改造,项目已竣工并安装完毕
7	居家养老服务	全年完成为 8 598 名老人提供居家养老服务;为名高龄老人累计提供健康探访服务 192 491 人次,开展社区活动 53 216 人次
8	街镇老年服务设施建设	全年完成新建标准化老年活动室 12 家已全部完成;改造标准化老年活动室 21 家;新建老年人日间服务中心 2 家;新建社区老年人助餐点 4 家
9	旧住房综合整治	全年综合整治 20 万平方米旧住房
10	危旧房修缮	全年修缮 1 万平方米危旧房
11	生活垃圾减量分类试点工作	已完成 139 个居住小区、273 个机关企事业单位垃圾分类,完成 131 个居住小区,102 161 户绿色账户的开展工作
12	松江区妇女儿童发展中心	完成改建业务用房 1 200 平方米

（续 表）

序号	项 目 名 称	形 象 进 度
13	居委会综合文化活动室基本设施配置	全年为符合条件的20家居委会配置文化设施，每家配置价值10万元的文化设备
14	松江区下一代广播电视网建设及数字化整体转换	完成NGB网络改造完成9.6万户；数字电视整转完成有效户数9.24万户
15	“万、千、百”公共文化配送	全年配送图书3.4万册，电影7 000场，文艺演出800场
16	乡村公路危桥改造项目	全年改造农村桥梁共28座
17	经济薄弱村道路改造项目	全年完成215条，共计106.738千米
18	公共交通建设工程	全年完成15个公交港湾式车站，390座候车亭安装完毕，新辟调整公交线路20条
19	社区体育健身设施工程	完成百姓健身步道、健身点、健身苑、运动场、健身苑(点)更新及维修，百姓健身房、百姓游泳池未全部完成
20	幼儿园食堂质量视频监控系统建设	已完成

附表 4

2015 年松江区重点工程

分类	序号	项目名称	建设规模与内容	总投资（万元）
社会事业	1	中心医院改扩建	新建业务用房 39 030 平方米，新增床位 327 张，医院开放床位 1 035 张	38 141.38
	2	九亭医院改扩建	新建门急诊楼 19 950 平方米、医技综合楼 11 200 平方米，改造原住院病房楼，新增床位 240 张	28 664.41
	3	松汇西路一号地块动迁安置房	建筑面积 79 462 平方米，其中住宅 58 298 平方米，共 22 幢，783 套	50 789.11
	4	松江第二社会福利院	项目规划占地面积 16 708 平方米，总建筑面积 31 300 平方米，其中地上建筑面积为 25 000 平方米，包括老人福利院用房建筑面积 21 150 平方米，儿童福利院用房建筑面积 3 850 平方米；地下建筑面积为 6 300 平方米。老人福利院床位 560 张，儿童福利院 100 张	18 788
	5	教育建设工程	新浜小学扩建新浜学校，在原新浜小学基础上扩建 45 班九年一贯制学校，学校占地面积 4.299 02 公顷，新建建筑面积约 18 427 平方米，改建 3 873 平方米	11 879
			新建松江区茸惠小学，新建 30 班小学，用地面积 28 096.3 平方米，新建建筑总面积 14 172.22 平方米	8 309.72
			新建松江区茸惠幼儿园，新建 30 班小学，用地面积 7 200 平方米，新建建筑总面积 5 690.25 平方米	3 736.22
			新建泗泾方泗学校，新建 35 班九年一贯制学校，用地面积 3.36 公顷，新建建筑总面积 18 200 平方米，总投资约 11 362 万元	11 362
	6	区文化馆新馆、区图书馆分馆和新松江剧场建设工程	建设区文化馆新馆、区图书馆分馆和新松江剧场	35 000

（续　表）

分类	序号	项目名称	建设规模与内容	总投资（万元）
基础设施	7	变电站工程	110(35)KV康电、银泽、港德、湖滨、薛家浜等变电站建设	123 800
	8	新车墩水厂工程	新建16万立方米/d净水厂设施及配套管线；新建生产性建筑面积约12 000平方米，新建辅助建筑面积约为2 000平方米，新建污水管合计约4.5千米	49 265
	9	松江体育中心地下停车库	体育中心地下停车库地下二层。共36 456平方米，机动车位566辆	40 431
	10	上海市天马生活垃圾末端处置综合利用中心	日处理生活垃圾2 000吨，建设4×500吨炉排型垃圾焚烧炉，配置2台18兆瓦汽轮机组及2台20兆瓦发电机组	210 000
	11	松江区现代有轨电车示范线工程	T1、T2两条线路组成，总长约30.941米，共设42座车站。两线共设一段一场，即辰塔路车辆段和新桥停车场	385 000
	12	云间路旧城改造项目	总用地面积为50.1亩。新建文化商业用房125 740.5平方米，一期约90 000平方米于2014年9月正式开工建设，预计2016年9月竣工	100 000
	13	沪松公路拓建	二级公路，全长9.36千米，红线45米，含道路、桥梁、附属工程	141 000
	14	三新路（广富林路—辰花公路）工程	南起广富林路，北至辰花公路，全长1 774.57米，红线32米，桥梁4座	23 900
	15	荣乐路（辰塔路—松卫公路）大修工程	道路断面改造，预留有轨电车车道；桥头接坡，相应的排水线翻排以及附属工程	34 553
	16	辰塔公路黄浦江大桥接线工程	北接辰塔路，南至叶新公路，长3.424千米，红线40米，含道路、桥梁、排水、附属工程	27 654
	17	浦南三镇燃气排管工程	新建主干市政中压燃气管道，钢管D529－9千米、D325－39千米，总投资16 500万元	16 500
	18	燃气灰口铸铁管改造工程	道路燃气老旧铸铁管改造共涉及4个街道和5个镇，总共42个路段，合计改造的千米数为50.8千米，总投资为20 500万元	20 500

(续　表)

分类	序号	项目名称	建设规模与内容	总投资（万元）
经济建设	19	上海斐讯数据通信技术有限公司	新建生产用房和辅助用房合计总建筑面积335 800平方米	350 000
	20	松江国际生态商务区富悦大酒店	总用地面积36 410平方米，总建筑面积174 719平方米	80 000
	21	上海世茂新体验洲际酒店及世茂新体验中心	上海世茂新体验洲际酒店，建筑面积5.5万平方米；世茂新体验中心，建筑面积为28.5万平方米	181 431
	22	物联网核心技术产业基地一期	新建展示中心、培训中心、检测中心、意联公司办公楼等共计6万平方米	24 000
	23	袭比影视媒体城DHIVE一期	新建制片人工作室、影视后期制作公司、孵化器、综合服务大楼等共计13万平方米	55 000
	24	漕河泾南部产业综合体项目	总建筑面积约37万平方米	280 000
		合　计		2 349 703.8

附表 5

2015 年松江区实事项目

序号	项目名称	建设规模与内容	总投资(万元)
1	生活垃圾减量分类试点工作	新增垃圾分类居住小区 46 个,企事业单位 250 家,开展绿色账户试点小区 132 个,新建松江区垃圾分类宣传教育中心	1 990
2	居家养老服务	为 8 500 名老人提供居家养老服务;由 1 000 名低龄老年志愿者为 5 000 名高龄独居老人提供家庭互助服务	2 478
3	推进街镇老年服务设施建设	新建标准化老年活动室 11 家,改造标准化老年活动室 25 家;新建老年人日间服务中心 4 家,老年人助餐服务点 8 家	1 069
4	光明工程	全区 5.3 万户老旧公房的表前线、表箱部分改造	8 925.24
5	社区体育健身设施工程	百姓健身房 1 个,百姓健身步道 3 条	210
6	流动人口卫生和计划生育基本公共服务均等化工作	加强流动孕产妇和儿童保健,累计服务 30 万人次;为 1.5 万人次流动育龄妇女开展免费避孕节育检查服务	200
7	免费孕前优生健康检查项目	优生优育知识的宣传倡导;为 1 300 对计划怀孕家庭提供免费孕前优生健康检查	160
8	危旧房全项目修缮	5 000 平方米,对直管公房、二级以下旧里实施大修	300
9	旧住房综合整治	65 万平方米,完善旧小区配套	3 900
10	公共交通建设工程	新建、改建港湾式车站 6 座和候车亭 230 座,新辟调整线路 10 条	1 330
11	学校食堂食品质量视频系统(三期)	全区职校、国有民办学校等食堂安全改造,含设施设备、视频监控、人员培训、检查整改等内容	200
12	大叶、叶新公路路灯安装工程	大叶公路:奉贤区交界至车亭公路交叉口,长 4 千米;叶新公路:车亭公路交叉口至新浜 G60 出入口,长 24 千米。预计安装 800 盏路灯	3 000

(续 表)

序号	项目名称	建设规模与内容	总投资(万元)
13	劳动保障工程	新增就业岗位22 000个,城镇登记失业控制在7 350人,帮助成功创业500人	300
14	从业人员安全生产知识培训	全年培训2万人	60
15	“万、千、百”公共文化配送	配送公益性的图书、电影、文艺演出	300
16	居委会综合文化活动室建设	完成10家居委会综合文化活动室的文化设施配置	100
17	社区科技防范建设	对技防设备陈旧的居民区实行技防改造	350
	合 计		24 872.24

(供稿：松江区发展和改革委员会)

奉贤区国民经济和社会发展报告(2014～2015)

一、2014年奉贤区国民经济和社会发展计划执行情况

2014年是奉贤区全面深化改革、实施“十二五”规划、推进经济转型升级的关键之年。全区人民在市委、市政府和区委的领导下，全面贯彻党的十八届三中、四中全会和十届市委五次、六次全会精神，牢牢把握稳中求进的工作总基调，围绕创新驱动发展、经济转型升级，凝心聚力、攻坚克难，全区经济社会保持平稳健康发展，创新转型效应进一步显现，完成了区四届人大五次会议确定的目标和任务。

表1　　2014年奉贤区国民经济和社会发展计划主要目标完成情况

指标名称	年初目标	全年完成	
		绝对值	增幅(%)
三次产业增加值(亿元)*	695	668.4	3.3
区级财政收入(亿元)	72.6	72.9	10.4
规模以上工业企业总产值(亿元)	1 700	1 585.4	—1.0
农业总产值(亿元)	47	46.2	持平
合同外资(亿美元)	4.8	6.1	—
外资到位资金(亿美元)	3.5	3.5	—
内资到位资金(亿元)	95	113.8	—
社会消费品零售总额(亿元)	420	421	12.0
全社会固定资产投资(亿元)	290	290.9	—

(续 表)

指 标 名 称	年初目标	全年完成	
		绝对值	增幅(%)
工业固定资产投资(亿元)	110	113.6	—
单位增加值综合能耗下降率(%)	3.5	3.5%以上	—
城镇登记失业率(%)	4.5以内	4.0以内	—
农村居民家庭人均可支配收入(元)	20 500	20 611	10.8
每十万人口专利授权数(件)	295	209	—
环境空气质量优良率(%)	保持郊区领先水平	97.3	—
公共交通分担率(%)	17.5	17.5	—
百兆家庭宽带接入能力覆盖率(%)	进一步提高	100	—
各类保障性住房新增供应(万平方米)	按市下达计划任务执行	顺利完成市下达计划任务行	
新增廉租房收益家庭(户)	对符合条件住房困难家庭应保尽保	实现应保尽保	
实有人口增长率(%)	2%以内	−0.58	—

* 三次产业增加值增幅为可比增长速度，其余指标为同比增长速度。

(一) 经济发展稳中有进、稳中提质

经济增长总体平稳。积极应对复杂严峻的外部形势，全区经济增速在合理区间波动。全年全区实现三次产业增加值668.4亿元，可比增长3.3%，完成年度计划的96.2%。财政收入实现两位数增长，财政总收入达到234.2亿元，同比增长11.8%，其中：区级财政收入72.9亿元，同比增长10.4%，完成年度计划的100.4%。消费继续引领增长，社会消费品零售总额达到421亿元，增长12%，完成年度计划的100.2%。投资保持稳步推进，全社会固定资产投资达到290.9亿元，完成年度计划的100.3%。

招商引资质量进一步提高。深入实施“一体两翼”战略，着力引进申能集团、保利协鑫等一批著名企业。全年全区预计完成合同外资6.1亿美元，完成年度

计划的127.1%;外资到位资金3.5亿美元,完成年度计划的100%;内资到位资金(未审计数)113.8亿元,完成年度计划的119.8%。商贸型招商实现跨越发展,预计新增商贸型企业3.4万家,同比增长100%,新增注册数在全市排名第一位,注册型企业完成税收总收入86亿元,同比增长15%。

先进制造业发展基础继续夯实。严格执行“三个五”标准,推行土地弹性出让机制。大力推进重点产业项目建设,全年全区累计实现新开工项目69个,竣工项目87个,投产项目101个,实现工业投资113.6亿元,完成年度计划的103.3%。加快培育“四新”经济,提升产业能级。全年全区完成规模以上工业总产值1 585.4亿元,下降1%,完成年度计划的93.3%。

现代服务业发展势头良好。积极推进漕河泾科技绿洲奉贤园区、中小企业总部商务区、上海金融产业服务基地等重点载体平台建设,南郊石油升级为“上海石油化工交易中心”,上海文交所体育文化产权交易中心落户奉贤。成功举办菜花节、梅花节等各类节庆活动,“海、农”特色旅游业稳步发展,实现营业收入30.98亿元,同比增长4%。全区第三产业增加值占三次产业增加值比重达到37.9%,比去年同期提高2个百分点。

自主创新能力进一步增强。加大区校联动力度,与上海交通大学签署全面合作战略框架协议,华东理工大学“生物制造产业研究院”落户奉贤。强化企业技术创新主体地位,获得市级科技小巨人企业称号9家,获得市级以上科技资助项目184余项,资助资金超过3 000万元。积极推进张江高新区奉贤园建设,全力推进“千人计划”创业园建设,54个千人计划项目实现落户。加快推进智慧城市建设,百兆家庭宽带接入能力达到100%。积极探索运用多元资金推动产业发展,成功推进6家企业在“新三板”挂牌,近40家企业在上海股交中心挂牌。

产业结构调整力度持续加大。严格落实“批项目、控能耗、核总量”双控制度,单位增加值综合能耗下降率预计达到3.5%以上。加强存量土地二次开发,着力推动江海园区、星火开发区重点区域整体转型,启动实施产业结构调整三年行动计划,腾出土地2 987亩,完成年度计划的115%。继续加大对“三高一低”企业淘汰力度,全年全区共淘汰劣势企业55家。顺利推进超日太阳能重组工作。

(二) 城镇建设和管理水平不断提高

南桥新城建设稳步推进。南桥新城被列为国家绿色生态示范城区。启动新城核心区规划修编和城市设计,加快浦南运河和金汇港新城段沿岸概念策划设计,开展“上海之鱼”区域功能定位与功能项目策划。切实推进功能性项目开发建设,苏宁生活广场、宝龙城市广场等商业综合体项目加快建设,区老年大学建设方案基本确认,党校、第二福利院、新城规划展示馆等的选址工作初步完成。“上海之鱼”一期护岸及附属工程完工,二期工程进展顺利。中企联合大厦裙楼成功实现竣工并交付使用。大居纳入新城一体化开发、建设、管理。

城镇基础设施建设取得新进展。轨道交通 5 号线奉贤段全面开工,坚持公共交通引导开发(TOD)的理念,全力推进轨交站点的综合开发。虹梅南路越江隧道即将实现全面贯通。快速公交 BRT 项目贤浦路段完成工可批复,南奉公路段完成立项批复。奉浦大道东段道路工程完工,新林公路延伸工程基本建成。远东路北延伸段(航南公路至新建东路)桥梁及路基施工有序推进,菜场路北延伸段(运河北路至浦南运河)开始施工。

生态宜居环境加快塑造。全力推进全国文明城区和国家环境保护模范城区创模工作。制定实施加强绿化建设和管理的实施意见及三年(2014～2016 年)行动计划。加快推进生活垃圾末端处置中心建设,推进生活垃圾“小分类”工作。努力提高用水质量,完成区自来水公司回购,一水厂新建工程完成规划方案,二、三水厂深度处理工程加快推进。顺利完成第五轮环保三年(2012～2014 年)行动计划,环境空气质量优良率(API 指数)达到 97.3%,保持郊区领先水平。

城市管理和社会治理不断深化。努力突破土地房屋征收瓶颈,制定三年行动计划,完成 1 960 户农户、248 户企业的征收,实现净地 69 幅。大力推进违法建筑整治,共拆除违法建筑 61 万多平方米,位居全市区县前列。建立城市管理联合执法新机制。强化食品药品监管。深入开展重点领域安全专项整治,确保城市运行安全和生产安全。创新社区管理,加大投入,完成 8 家社区事务受理服务中心和 15 家社区居委会标准化建设,不断提升撤制镇社区管理水平。强化人口服务管理,推进来奉人员积分管理,引导来奉人员有序导入,截至 2014 年年底,全区实有人口 115.54 万人,同比下降 0.58%,近 5 年来首次实现负增长。

(三) 农业和农村发展基础继续巩固

新农村建设扎实推进。做大做强“百村公司”，2014 年每贫困村将从公司获得 30 万元收益。完善村民建房管理办法。在四团镇率先开展“三线”周边农民宅基地置换试点。大力实施区社会主义新农村建设三年(2013～2015)行动计划，完成经济薄弱村危桥改造 79 座和村级道路改造 106 千米，完成村庄改造 957 户和农村生活污水处理 4 300 户。开展镇村环境突出问题整治，完成整治点位 2 045 个。巩固不规范畜禽养殖整治成果，推进生猪养殖减量提质行动，生猪减量 10 万多头。

现代都市农业健康发展。引导农村承包地规范有序流转，促进农业规模经营，全年全区实现 15.1 万亩农村土地承包经营权规范流转。推进农业经营主体多元化，组建粮食生产家庭农场 168 家，大力培育职业农民，推进农民合作社规范化建设。加快农业结构调整，稳定发展粮食生产，整合优化水产养殖，有序调控蔬菜生产，规范控制畜禽生产，农业经济保持健康发展，全年全区完成农业总产值 46.2 亿元，完成年度计划的 98.3%。

(四) 以改善民生为重点的社会建设进一步加强

民生投入和城乡居民收入较快增长。继续加强对民生保障的投入，全年全区教育、医疗卫生、社会保障就业、农林水事务等财政支出分别增长 11.1%、28.7%、15.2%、8.5%。城乡居民收入稳步增加，全区城镇居民家庭人均可支配收入预计达到 36 444 元，同比增长 10.1%。农村居民家庭人均可支配收入预计达到 20 611 元，同比增长 10.8%，完成年度计划的 100.5%。

就业和社会保障工作不断加强。健全完善政府促进就业工作机制，全年全区新增就业岗位 31 354 个，城镇登记失业人数 5 080 人，比市下达指标控制数少 1 210 人。扶持创业成功组织 508 家，完成职业技能培训 22 256 人。继续完善社会保障制度，完成新农保、城居保并轨工作。优化养老服务设施规划布局，新增养老床位 423 张，新增居家养老服务对象 300 名，创建社区老年人日托站 5 家，不断提升为老服务水平。积极构建租售并举的“四位一体”住房保障体系，推进 12.85 万平方米市属动迁安置房建设，开工建设 64.2 万平方米、5 944 套区属动迁安置房。启动157套公共租赁住房的装修工作,启动1.54万平方米直管公房旧住房修缮工程。

社会事业发展继续加快。坚持教育优先发展,积极引进优质教育资源。稳步推进中小学校舍安全工程,格致中学奉贤校区等一批学校开始招生。关注教育公平,规范发展来奉从业人员子女学校、民办学校。加强未成年人思想道德教育。努力构建现代职业教育体系和终身教育体系。进一步优化卫生资源配置,完成区中医医院、区妇保所、区血站整体搬迁。继续提升社区卫生综合服务能力。稳妥实施"单独两孩"政策。大力弘扬社会主义核心价值观,进一步深化"贤文化"内涵,开展好家风好家训活动。促进群众体育和竞技体育协调发展,积极推进30分钟体育生活圈建设。

2014年以来,奉贤区经济社会发展所取得的成绩来之不易。这些成绩的取得,是市委、市政府和区委统揽全局、坚强领导的结果,是区人大和区政协关心、监督和支持的结果,是全区人民坚定信心、奋力拼搏、乘势而上的结果。在看到成绩的同时,也应清醒地认识到,全区经济社会发展还面临一些困难和问题:一是经济持续快速增长难度较大,奉贤经济运行已和全国一样呈现"新常态"特征,在宏观经济形势复杂严峻、区主动调结构任务繁重以及重点项目产出不及预期的形势下,三次产业增加值、规模以上工业企业产值增速逐步放缓;二是推动转型的合力还不够,服务业发展仍然滞后,自主创新能力不强,产业用地利用效益偏低,存量土地二次开发和淘汰落后产能工作难度加大;三是城市管理和社会治理亟需加强和创新,新型城市化和城乡一体化发展任务还很繁重,拆违等环境整治工作阻力较大,城乡二元结构依然存在;四是社会民生领域仍存在一些亟需解决的问题,财政收支矛盾比较突出,资金平衡压力大。这些问题都需要我们在今后的工作中积极采取措施,认真加以解决。

二、2015年奉贤区国民经济和社会发展主要目标和任务

2015年是奉贤区"十二五"规划收官以及"十三五"规划编制之年,也是全面推进创新驱动发展、经济转型升级的攻坚突破年,做好经济社会发展工作意义重大。总体来说,2015年外部环境依然复杂严峻,不稳定不确定因素较多。从国

际来看，世界经济仍处在国际金融危机后的深度调整期，2015 年世界经济增速可能会略有回升，但总体复苏疲弱态势难有明显改观，国际金融市场波动加大，国际大宗商品价格波动，地缘政治等非经济因素影响加大。从国内来看，全国经济保持合理增长，但受“三期叠加”影响，将在新常态下承压运行，产能过剩、房地产、金融等潜在风险可能显现，稳增长、防风险压力较大。我们要切实增强忧患意识和紧迫感，充分估计困难和挑战，扎实做好各方面工作。

2015 年，奉贤区经济社会发展的总体思路：全面贯彻落实党的十八大，十八届三中、四中全会，以及中央经济工作会议和十届市委七次全会精神，以邓小平理论、“三个代表”重要思想、科学发展观为指导，深入贯彻习近平总书记系列重要讲话精神，牢牢把握稳中求进的工作总基调，以提高经济增长质量和效益为中心，利用好上海加快建设“四个中心”、建设“自贸试验区”、建设具有全球影响力的科技创新中心等重大战略机遇，主动适应经济发展新常态，保持经济运行在合理区间，更加注重转方式调结构，更加注重改革创新，更加注重新城建设，更加注重民生保障，更加注重生态文明建设，更加注重风险防控，促进经济平稳健康发展和社会和谐稳定。

在安排 2015 年经济社会发展主要目标时，兼顾需要与可能，兼顾年度计划与“十二五”规划指标衔接，突出安排经济平稳增长、结构调整和质量效益、生态文明建设、新型城市化和城乡统筹、社会事业和民生协调发展等五类指标。建议 2015 年奉贤区国民经济和社会发展计划的主要预期目标如下（见表 2）：

表 2　　2015 年奉贤区国民经济和社会发展计划主要目标

序号	指标名称	单　位	目标值	增幅（%）
1	三次产业增加值*	亿　元	710	7 左右
2	区级财政收入	亿　元	78.7	8
3	全社会固定资产投资	亿　元	290	—
4	工业固定资产投资	亿　元	95	—
5	社会消费品零售总额	亿　元	470	12
6	合同外资	亿美元	5	—
7	外资到位资金	亿美元	3	

(续 表)

序号	指标名称	单 位	目标值	增幅(%)
8	内资到位资金	亿 元	80	—
9	规模以上工业企业产值	亿 元	1 650	5 左右
10	第三产业增加值占三次产业增加值比重	%	38 左右	—
11	每十万人口专利授权数	件	230	—
12	单位增加值综合能耗下降率	%	进一步下降	
13	环境空气质量优良率	%	保持郊区领先水平	
14	公共交通分担率	%	18 左右	—
15	农业总产值	亿 元	46	持平
16	农村居民家庭人均可支配收入	元	22 770	10.5
17	各类保障性住房新增供应	万平方米	按市下达计划任务推进各类保障性住房开工建设	
18	新增廉租房受益家庭	户	对符合条件的住房困难申请家庭应保尽保	
19	实有人口增长率*	%	维持负增长 零增长	
20	城镇登记失业率	%	4.5 以内	—

* 三次产业增加值增幅为可比增长速度，其余指标为同比增长速度。

(一) 关于经济平稳增长的预期目标和任务

全区三次产业增加值预计达到 710 亿元左右，可比增长 7%左右。主要基于以下考虑：一是从与全市发展速度相衔接来看，上海 2014 年经济增长目标倾向于 7%左右；二是从工业产值、投资、消费等主要指标增速预测来看，实现这一预期目标是有可能的；三是从稳中提速、自我加压、提振信心角度来看，提出 7%左右的经济增长目标，有利于体现稳增长的决心，有利于稳定社会预期，有利于扩大城乡就业、增加居民收入。

地方财政收入预计达到 78.7 亿元，同比增长 8%。主要基于以下考虑：一是大力实施商贸型招商三年倍增计划，为地方财政收入较快增长提供了坚强支撑；二是在经济新常态下，房地产市场存在较大不确定性，实体经济尤其是中小企业经营困难明显增加，地方财政收入增长仍存在较多困难。

全社会固定资产投资预计达到 290 亿元。主要基于以下考虑：一是从工业投资看，在工业土地指标递减的情况下，预计能完成 95 亿元；二是从房地产投资看，通过加大对前几年已完成土地出让项目推进力度，预计能完成 125 亿元；三是从基础设施和社会事业投资看，BRT 快速公交等重大工程开工建设，预计能完成 50 亿元（含轨道交通 5 号线等市级工程）；四是从批发零售业、餐饮业、信息软件等其他第三产业投资看，预计能完成投资额 20 亿元。

社会消费品零售总额预计达到 470 亿元，同比增长 12%。主要基于以下考虑：一是伴随着奉贤区城镇化发展步伐加快，城乡居民收入持续稳定增长等，消费结构快速升级的势头仍在持续；二是餐饮行业消费进一步萎缩，电子商务对传统商业冲击进一步凸显，2015 年奉贤区社会消费品零售总额难以加快增长，预计增速与 2014 年持平。

合同外资预计达到 5 亿美元，外资到位资金预计达到 3 亿美元，内资到位资金预计达到 80 亿元。主要基于以下考虑：奉贤区工业用地指标递减，且新增工业用地出让年限缩至 20 年，增加了招商引资难度，预计有所下降。

（二）关于结构调整和质量效益的预期目标和任务

规模以上工业企业总产值预计达到 1 650 亿元以上，同比增长 5%左右。主要基于以下考虑：一是 2014 年底拟纳规企业 82 家，预计新增产值 33 亿元；二是从对产值前 100 名重点企业预测摸底来看，预计能够实现正增长，扭转了 2014 年重点企业同比负增长的不利形势；三是重点企业战略重组增加产值 40 亿元以上。

第三产业增加值占三次产业增加值比重预计达到 38%左右。主要基于以下考虑：发展第三产业是进一步提升城市功能的客观要求，加大经济结构调整和产业转型力度，努力形成以生产性服务业为主导，生活性服务业为配套的现代服务业发展格局。

每 10 万人口专利授权数预计达到 230 件。主要基于以下考虑：一是引导全区贯彻落实“科技是第一生产力，人才是第一资源”战略；二是随着人才和区校联动工作加强，千人计划创业园、张江高新区奉贤园区等创新载体加快建设，区创新环境不断改善。

(三) 关于生态文明建设的预期目标和任务

单位增加值综合能耗比 2014 年进一步下降；环境空气质量优良率保持市郊领先。主要基于以下考虑：践行低碳发展理念，落实节能减排、环境保护举措，力争全年“关停并转”76 家企业、完成工业用地调整 2 400 亩，努力提升生态文明建设水平。

(四) 关于新型城市化和统筹城乡的预期目标和任务

公共交通分担率预计达到 18%左右，比 2014 年提高 0.5 个百分点。主要基于以下考虑：按照“两先行、两同步”的要求，践行“低碳、生态、智慧、宜居”发展理念，不断提升城市公共交通服务功能。

农业总产值预计达到 46 亿元，与 2014 年基本持平。主要基于以下考虑：一是继续完善各项强农惠农政策，不断提高农业集约化、专业化、组织化、社会化程度，农业综合竞争力和农产品附加值进一步提高；二是加大清理农村落后生产方式，如整治不规范畜禽养殖、推进生猪养殖减量提质行动等，将从短期制约农业总产值的增长。

农村居民家庭人均可支配收入预计达到 22 770 元，同比增长 10.5%左右。主要基于以下考虑：经济平稳发展、社会保障水平逐步提高、基本公共服务均等化投入增加、农村综合帮扶工作进一步加强，都为农村居民收入持续较快增长提供了有利条件。

(五) 关于社会事业和民生协调发展的预期目标和任务

全区实有人口控制在 116 万人以内，维持负增长。主要基于以下考虑：一是进一步引导全区深入贯彻落实《加强人口有序引导和规范服务管理三年行动方案》文件精神，加大人口调控工作力度；二是随着产业调控、居住调控、就业调控等措施进一步落实，人口增长态势将得到进一步的有效控制。

按市下达计划任务推进各类保障性住房开工建设；对符合条件的廉租住房

申请家庭应保尽保;城镇登记失业率控制在4.5%以内。主要基于以下考虑:一是把以保障和改善民生为重点的社会建设作为转型发展的出发点和落脚点,切实加大民生工作力度;二是实施更加积极的就业政策,新增就业岗位3万个,成功扶持创业组织500家,完成职业技能培训1万名,城镇失业人数控制在市下达任务6 290人以内;三是加快完善"四位一体"住房保障体系。

(六) 关于2015年重点项目建设计划

为充分发挥重点项目对经济社会发展的推动和支撑作用,大力推进以下两大类项目:

一是政府类投资项目,2015年度政府投资正式项目安排共计181个,总投资133.2亿元,当年计划安排投资54.1亿元。着力推进轨道交通5号线奉贤段、虹梅南路金海路越江通道、快速公交BRT项目等工程加快建设,完成航塘公路(浦东区界—大叶公路)、新林公路(金海公路—浦星公路)等工程建设。着力推进生活垃圾末端处置中心、第一水厂、南桥新城及大型居住社区外围配套污水总管等工程建设,完成奉贤第二、三水产深度处理等工程建设。着力推进老年大学、区皮防所、区牙防所等工程建设,完成区档案馆、金水苑初中等工程建设。

二是产业类投资项目,加快推进漕河泾科技绿洲南桥产业园区、千人计划创业园、金融产业基地宝能通信产业园、中小企业总部商务区等载体平台建设。着力推进宝龙城市广场、南上海悦都·文体MALL、宜家分拨二期等一批服务业项目建设。着力推进云拓电子、庄信万丰等一批工业项目开工建设。顺利推进华电二期、和黄药业、苏宁电器等一批工业项目竣工。

(供稿:奉贤区发展和改革委员会)

崇明县国民经济和社会发展报告(2014~2015)

一、2014年崇明县国民经济和社会发展计划执行情况

2014年，在市委、市政府统一部署和县委、县政府的坚强领导下，全县上下紧紧围绕崇明生态岛建设总目标，坚持创新驱动发展、经济转型升级，积极化解发展中诸多困难形势和不利因素，振奋精神，真抓实干，全力推进经济社会发展各项工作，促进社会治理不断完善，促进人民生活水平进一步提高，基本完成县第十五届人大五次会议确定的目标和任务（见表1）。

表1　2014年崇明县国民经济和社会发展计划主要指标完成情况

序号	指标名称	全年目标	全年完成	
			完成数	增幅
1	全县增加值	增长7%左右	272.2亿元	7.9%
2	第三产业增加值	增长15%左右	120.4亿元	14.8%
3	县级财政收入	增长7%以上	45.9亿元	13.3%
4	全社会固定资产投资总额	达到150亿元左右	135.3亿元	0.2%
5	社会消费品零售总额	增长15%左右	86.7亿元	15.1%
6	环保投入占全县增加值比重	4%以上	5%	—
7	万元增加值综合能耗	下降1%左右	下降1%左右	—

(续 表)

序号	指 标 名 称	全年目标	全年完成	
			完成数	增 幅
8	工业化学需氧量(COD)、氨氮(NH_3-N)、二氧化硫(SO_2)、氮氧化物(NO_x)等主要污染物排放总量	控制在市下达的目标内	控制在市下达的目标内	—
9	农村居民家庭人均可支配收入	增长10%以上	14 911元	11.1%
10	新增就业	9 000人	9 388人	—

注:"全社会固定资产投资总额"这一指标没有完全达到预期目标的主要原因在于:一是受制于动迁拔点难、市级部门审批程序长等因素,项目前期工作耗时长;二是一些社会投资项目计划难以落实。从实际完成的135.3亿投资情况来看,2014年投资规模仍处于历年的高位水平。

(一) 加强规划引领,稳步推进现代化生态岛建设

进一步提高研究和创新能力。主动谋求发展,全面启动崇明县"十三五"规划编制工作;针对经济社会发展中的重点领域和薄弱环节,深入开展"推进'美丽乡村、生态崇明'建设"、"崇明对接自贸区建设"、"加强本县来沪人员服务管理"、"完善重点地区、重点领域人才政策"等多领域研究;结合全市课题,探索开展崇明"创新社会治理加强基层建设"、"推进本市城乡发展一体化"等研究。加强组织领导,成立县"十三五"规划工作领导小组、县人口调控和管理服务推进工作领导小组、县美丽乡村建设领导小组等。

进一步完善三岛规划。按照上海新一轮总体规划编制要求,开展县级新一轮总体规划编制,第二阶段评估深化工作正在展开。开展陈家镇实验生态社区等控制性详细规划编制及局部调整规划7项。开展县养老设施布局规划等专项规划6项。围绕美丽乡村创建,完成17个村庄规划编制。

(二) 加快推进产业结构调整,保持经济平稳健康发展

扎实推进生态型产业体系建设。全县增加值达到270亿元以上,第三产业增速领先于经济总量增长,县级财政收入实现两位数增长。加强产业基础配套建设,推进产业结构调整,稳步构筑与生态岛建设相得益彰的产业体系(见图1)。

高效生态农业继续发展，农产品产销一体化水平进一步提升

- 优化农业结构，完成市下达相关生产供应任务。实现全年粮食总产25万吨，绿叶菜上市量20.2万吨，生猪出栏29万头，水产品总产量6万吨等生产供应任务
- 农产品产销一体化体系逐步形成。销售形式从单一的批发市场拓展至超市、卖场、标准化菜场、电子商务、团购。农产品物流配送堡镇分中心建成运营。在上海市区新增农产品营销网点203家，各类营销网点累计达510家。崇明农产品在市区销售额达9.1亿元，品牌农产品占主要农产品销售额达45%以上。地产农产品安全监管平台投入使用
- 深入推进国家现代农业示范区建设。崇明农民余粮储存设施修建、长江水系中华绒螯蟹优质亲本培育基地建设、崇明县纯香农产品配送中心改扩建正在推进
- 推进农业生产基础设施建设。继续推进设施菜田建设，建成市、县级蔬菜标准园7个，规模种羊核心育种场和多个二级扩繁场建设前期工作正在展开
- 推进区域特色农产品生产基地建设。完成崇明庙镇鲜切花生产基地建设二期、崇林优质果品生产基地一期等8个项目建设

工业布局继续巩固，积极促进园区能级提升

- 推进长兴海洋装备产业基地建设。着力推进崇明国家船舶出口基地建设，协调开展中船长兴二期、振华重工长兴基地及中海工业长兴基地建设。长兴海洋装备产业园区长舸路、兴冠路基本竣工，公共货运码头及滩涂圈围工程竣工验收，公共租赁住房二期项目沿街商铺主体工程完成。招商引资稳步提升，兴中船舶、超诚科技等9家项目实现投产，界宏彩印、方舟实业等4家项目正在建设，中国船级社上海分社崇明检验处落户。推进中船重工704所等项目建设。上海长兴海洋科技港项目主体结构封顶
- 推进崇明工业园区建设。完成嵊山支路新建工程，基本完成嵊山路改扩建工程、瀛岛路新建工程西段、瀛翠路新建工程、滨洪南路新建工程。镜渊湖景观改造工程一期基本完成，二期完成可行性报告评审。景博厨具、群力汽配等10个项目完成土地摘牌等手续。中小企业创业园(一期)完成项目设计、工可等报批工作。总部经济园启动合作开发，园区11个地块基本完成立项、土地评估和价格研判申报等工作
- 推进上海富盛经济开发区建设。新梅路雨水泵站新建工程正式运行。灏迪汽车视觉安全系统研发和生产项目进入试生产，国缆智能厂房完成结构封顶任务，熊猫线缆项目完成前期工作。创智产业园启动建设

服务业发展能级提升，着力做大做强旅游业

- 稳步推进生态休闲旅游业发展。东滩科旅一体化项目总体规划方案编制完成，区域内道路基本建成，访客中心、科普教育基地等项目开工建设。东平国家森林公园二期改造工程基本完成，房车营地项目建成。西沙·明珠湖地区旅游核心区道路专项规划编制完成，推进道路、桥梁、水系等基础配套项目建设，房车营地对外营业。结合美丽乡村建设，打造崇明特色"一镇一品"乡村旅游发展模式。全年接待游客486.7万人次，实现旅游直接收入7亿元
- 持续推进现代商贸业发展。重点地区、旅游景区商业配套设施不断完善。长兴横沙渔港试运营。百联崇明新城综合体项目地下结构全部完成，主体结构即将封顶
- 有序推进上海智慧岛数据产业园建设。富创路、创智路等道路及人才公寓开工建设。总部大楼等项目开工建设，上海设计数据中心项目完成土地招拍挂，商业地块完成土地评估。招商引资工作着力推进
- 培育发展中高端养老产业。开工建设上实东滩长者社区一期CCRC养老项目，陈家镇中信养老基地项目进入供地前期准备阶段

图1　崇明县2014年生态型产业体系主要建设情况和成效

(三) 着力推进城乡建设,加快构筑城乡发展新格局

有序推进重大基础设施建设。推进供水集约化建设,东风西沙水库建成试运营,崇明原水输水系统一期工程外管网敷设完成并通水验收,城桥水厂、陈家镇水厂实现原水切换,堡镇水厂、崇西水厂建设继续推进。推进供气供电项目建设,上海市天然气主干网崇明岛管道工程有序推进,城桥镇天然气调压站完成推虾港路管道铺设,陈家镇天然气调压站正在土建施工,上海申能崇明燃气电厂启动设备调试。推进道路交通建设,蟠龙公路全线投入使用,工农路、石岛路建设稳步推进,开通长兴直达南门公交线路,完成西门汽车站改造,新建公交候车亭80座、规范完善站杆站牌200对,长横对江渡码头改扩建工程获市级部门预可报告批复,新能源车应用示范工程前期工作正在展开。

深入推进重点地区建设。按照"高起点规划、高水平建设、高标准推进"的原则,着力推进长兴、陈家镇、城桥新城三个重点地区建设(见表2)。

表2　崇明县2014年重点地区主要建设情况与成效

地　区	主要建设情况与成效
长兴地区	● 潘圆公路绿化景观工程建设稳步推进 ● 继续实施长兴岛水系整治一期工程,其中北环河工程开工建设 ● 中船长兴二期工程动迁工作继续推进 ● 横沙渔港试运营,长兴郊野公园一期启动建设
陈家镇	● 东滩大道全线贯通,北陈公路南段Ⅰ标建成通车,裕鸿路二期、北沿公路一期建设有序推进,环二路一期等道路基本完工,安通路三期、环一路一期、环二路二期等一批道路正在进行桥梁和下水道施工,G40陈海公路匝道拓宽工程启动,陈家镇综合交通枢纽工程前期工作正在展开 ● 配套商品房项目稳步推进,其中配套商品房6～8期基本建成并成功申报为国家绿色建筑示范工程,9～13期实施结构封顶,14～18期开工建设,19～22期前期工作正在展开 ● 金茂凯悦度假酒店正式对外营业,能源管理中心基本建成,郊野绿地一期工程建设正在推进,上海崇明体育训练基地、览海华山医疗中心、郊野公园组团等项目前期工作正在展开
城桥新城	● 新城东区乔松路、海天路等一批道路开工建设,宝岛路西侧绿化带景观工程基本完工 ● 6号、8号地块配套商品房土建工程全部完成,10号、41号地块配套商品房前期工作正在展开 ● 文化科技中心二期(县档案馆)、县生态环境监测实验基地基本建成,县委党校项目建议书获批复,绿地18号地块二期和31-4号地块项目正在实施 ● 城桥新城滨江地块概念性设计方案编制完成

稳步推进乡镇、农村地区建设。全力推进综合帮扶，重点打造上海智慧岛数据产业园孵化器、上海富盛经济开发区创智产业园等5个项目。编制完成8个乡镇郊野单元规划，启动实施三星镇郊野单元试点。启动美丽乡村建设，首批18个县级示范村创建工作基本完成。农村、农业基础设施明显改善，完成502千米农村道路建设、155座农村危桥改造、737个农村低电压台区电网升级改造和631户农村低收入户危旧房改造，一批农村生活污水处理工程、农田水利设施更新改造项目扎实推进。

(四) 全力推进生态环境建设，持续提升环境承载能力

积极申报和创建国家生态文明先行示范区，《崇明国家生态文明先行示范区建设实施方案》获国家相关部委批复，成为全国首批示范地区之一。联合国环境规划署发布《上海崇明生态岛国际评估报告》，充分肯定生态岛建设阶段性成果。崇明生态岛建设第二轮三年(2013～2015年)行动计划加快实施，生态环境持续优化(见表3)。

表3　　崇明县2014年生态建设主要情况与成效

主要领域	主要建设情况与成效
节能减排	● 淘汰落后产能项目14个，降耗折合标准煤3 710吨 ● 继续推进企业清洁生产审核，5家企业通过市评估，3家企业通过预评估，新开展清洁生产审核企业13家 ● 完成8家企业固定资产投资项目节能评估审查 ● 完成120台燃煤(重油)锅炉和窑炉清洁能源替代 ● 加强建筑节能，继续推进可再生能源建筑应用示范县建设，落实示范项目16个，9个示范项目竣工；对19个建筑单体实施节能改造 ● 完成长兴第二发电厂节能技术升级 ● 在农村地区推广太阳能热水器4 315台
绿色能源	● 完成绿色能源示范县中期评估 ● 青草沙风电场并网发电，北堡风电场一期、前卫风电场二期(扩建)开工建设，东旺沙风电场前期工作正在展开 ● 10余户个人分布式光伏用户、2家企业光伏项目并网发电 ● 壮禾生物质成型燃料项目启动建设并完成建设方案调整，华电能源综合利用项目建设方案调整正在展开

（续 表）

主要领域	主要建设情况与成效
废弃物治理与综合利用	● 崇明固体废弃物处置综合利用中心开工建设 ● 对135个农村中小型养猪场实施综合治理 ● 秸秆机械化还田31.2万亩次 ● 推进"百万家庭低碳行，垃圾分类要先行"生活垃圾分类减量项目，推进900家企事业单位、131个居住区（含农村行政村）、13家菜场、31所学校、45家机关和3座公园的生活垃圾分类工作
水环境保护与治理	● 新河港北闸获得市级部门项目建议书批复 ● 鸿雁河（Y1）、通瀛河、候家镇河（佘山岛路—海天路）等河道综合整治工程和港沿镇合兴村生态河道治理工程前期工作正在展开 ● 完成青草沙、东风西沙水源地二级保护区环境整治实施方案及管网建设设计方案 ● 推进新海镇域污水处理一期工程建设，陈家镇、城桥两个污水厂污泥无害化处理工程前期工作正在展开
林地与绿地建设	● 完成一批公益林建设项目前期工作 ● 完成市下达的0.6公顷立体绿化建设要求 ● 出台《本县加强大树保护和管理若干规定（试行）》

（五）全面推进社会建设，切实加强城乡管理能力

扎实推进科技事业发展。国家可持续发展实验区建设主要任务基本完成。科技支撑崇明生态岛建设专项工作有序展开。加大服务科技企业力度，新增高新技术企业23家，新增小巨人培育企业4家，有47家科技企业享受政府科技创新政策，张江高新技术产业开发区崇明园稳步推进。推广电子政务协同办公平台应用。推进陈家镇、城桥新城等区域新建道路信息基础设施集约化建设。瀛东村智慧社区建设稳步推进，绿港村、仙桥村申报首批上海智慧村庄试点村。完成21家市级（国家级）科普教育基地年检。崇明生态科技馆开馆启用。

着力推进教育事业发展。继续实施委托管理、集团式办学等项目，开展第二轮双联工程评估总结。上海工程技术管理学校创建国家级中等职业教育改革发展示范校工作通过市级评估验收。完成县级"新优质学校"创建单位中期评估。平安小学建成投用。裕安社区初中、上海市工程技术管理学校长兴校区、上海一师附小附属江帆小学和上海南京西路幼儿园附属新城幼儿园建设稳步推进。启动建设上海市东滩思南路幼儿园、上海市实验学校附属东滩学校。长兴镇凤西

路幼儿园前期工作正在展开。

稳步推进文化体育事业发展。积极推进文化下乡活动。依托县文化馆新馆、图书馆新馆、美术馆开展各类文化活动。崇明学宫瀛洲书院等古建筑复建工程正在实施。陈家镇自行车绿道示范段完成23千米建设。新建百姓灯光篮球场8片。成功举办2014年环崇明岛女子国际公路自行车赛和国际自行车联盟女子公路世界杯赛等赛事，环岛赛首次走出上海、走进江苏。

有序推进医疗卫生事业。县级公立医院改革全面推进。深化区域医疗联合体试点工作。新华医院崇明分院新一轮三级医院建设继续推进。县第二人民医院开展二级乙等医院复评审工作。启动县第三人民医院迁建。江南造船职工医院前期工作有序展开。国家慢性非传染性疾病综合防控示范区和全国基层中医药工作先进单位创建通过评审。完成卫生信息化二期工程，并推进三期工程建设。

不断提升人民生活保障水平。加快推进就业、医疗、养老、住房等保障能力建设(见表4)，确保人民生活水平进一步提高。

表4　　崇明县2014年就业、养老等领域主要建设情况与成效

主要领域	主要建设情况与成效
就业、培训	● 全年新增就业9 388人，职业技能培训10 060人次，完成17 000人次农民工安全生产培训，扶持成功创业219人，创业带动就业1 199人 ● 城镇登记失业人数控制在市下达指标内 ● 组织开展20场次各类招聘专项活动 ● 贯彻落实"双特"政策，开展"万人就业项目"调整转制后跟踪指导
医疗、生活保障	● 提高农村医疗保障水平，新型农村合作医疗人均筹资水平由2013年的1 550元提高到1 780元 ● 为1 396名残疾人补贴提供个性化辅助器具适配服务 ● 完成农村贫困残疾人家庭无障碍改造129户、残疾人家庭危旧房改造150户 ● 为834对计划怀孕夫妇提供免费孕前优生健康检查
养老体系建设	● 城镇居民社会养老保险和新型农村社会养老保险合并实施，城乡居民社会养老保险基础养老金标准统一提高为每人每月540元 ● 为7 500名高龄老人提供家庭互助服务，新增400名社区居家养老服务对象，新建1个社区老年人助餐点 ● 新增养老床位450张 ● 县级敬老院招投标工作正在展开 ● 开展15个乡镇居家养老服务社会化建设 ● 为120户低保老人家庭进行适老改造

（续 表）

主要领域	主要建设情况与成效
住房保障	● 完成18户共有产权住房申请家庭签约 ● 廉租住房继续做到应保尽保，新增廉租住房受益家庭22户 ● 陈家镇公共租赁住房440套基本建成，智慧岛产业园公共租赁住房、横沙乡公共租赁住房一期等项目开工建设 ● 完成旧住房综合改造4 008户，农村低收入户危旧房改造631户

切实增强社会治理能力。全面开展人口调控和服务管理工作。深入推进城乡综合管理大联动工作。推进平安崇明建设，市、县、乡镇平安建设实事项目有序推进。加强安全和救灾设施建设，新建农村地区图像监控点700个，崇明岛防汛物资基地完成框架和桩基建设，堡镇应急避难点正在办理施工许可证，城桥消防站、三星消防站迁建工程正在编制工程可行性报告。

2014年全县取得的成绩来之不易，展示了生态岛建设的生命力。这是县委带领全县上下积极推进生态岛建设，开拓创新、锐意进取的成果，也是全县上下齐心协力、砥砺奋进的成果。我们要在今后的实践中继续坚持多年来行之有效的思路和做法，也要继续深化，完善提升。在肯定成绩的同时，我们也清醒地认识到，当前还面临着不少困难和问题，例如，对国内外经济发展形势和当前资源环境约束、人口调控、规划用地政策、融资管理和债务管理新要求等还需深化理解、统一认识。这些困难，有些是历史积累的，有些是经济社会发展过程中新出现的。我们必须高度重视，适应并把握好当前经济发展新常态，坚持发展、主动作为，切实加以改进和解决。

二、2015年崇明县国民经济和社会发展主要预期目标和任务

2015年是实施县“十二五”规划的收官之年，也是谋划县“十三五”规划的重要一年，又是推动第二轮生态岛建设的最后一年。从国际来看，世界多极化、经济全球化仍是大趋势，世界经济整体低速增长将持续，各主要经济体将呈现分化和调整状态。从国内来看，我国经济社会发展基本面长期趋好，正步入中高速、优结构、新动力、多挑战的新常态。从上海来看，上海将谋取转型与突破，在改革

创新中承担重任,在区域一体化中发挥核心作用。2015 年,全县要围绕市委市政府对崇明生态岛建设的战略部署和要求,主动适应当前经济发展新常态,坚持稳中求进和改革创新,加强思想观念更新,促进经济质量效益提高,强化基层社会治理和城乡发展一体化,增强基本民生保障,推动经济社会持续健康发展,努力提高生态岛建设的动力和活力。

确定 2015 年预期目标,既要贯彻中央、全市经济工作总基调,又要遵循经济发展规律,还要对接县"十二五"规划要求。2015 年,崇明县国民经济和社会发展的主要预期目标建议如下(见表 5):

表 5　2015 年崇明县国民经济和社会发展主要预期目标

序号	指 标 名 称	建 议 目 标
1	全县增加值	增长 7%左右
2	第三产业增加值	增长 14%左右
3	县级财政收入	增长 8%左右
4	全社会固定资产投资总额	达到 135 亿元左右
5	社会消费品零售总额	增长 12%左右
6	环保投入占全县增加值比重	4%以上
7	万元增加值综合能耗	下降 1%左右
8	工业化学需氧量(COD)、氨氮(NH_3-N)、二氧化硫(SO_2)、氮氧化物(NOx)等主要污染物排放总量	控制在市下达的目标内
9	农村居民家庭人均可支配收入	增长 10%以上
10	新增就业	9 000 人

(一) 继续推进产业结构调整,持续构筑生态型产业体系

全力推进高效生态农业发展。深入推进国家现代农业示范区建设。继续调优种养业结构,完成市下达的粮食、蔬菜、畜牧、水产等生产供应任务。实施高水平设施粮田建设项目,建设粮食仓库 2 座。继续推进一批设施菜田建设项目。以生态农业公司为龙头,进一步完善农产品物流配送堡镇分中心功能,大力推进社会化物流服务平台建设。巩固和规范市区销售网点,在市区的营销网点总数

稳定在500家左右。发挥崇明绿色食品产销联合会等行业组织作用。加强农产品产销信息平台建设,完善农产品质量追溯平台。

持续推进先进制造业发展。以崇明国家船舶出口基地建设为契机,推进海洋装备产业稳步发展。推进园区分类建设和发展,加快项目落地投产,努力提升园区发展能级(见表6)。

表6　崇明县2015年园区主要建设安排

主要园区	主要建设安排
长兴海洋装备产业园区	● 推进长涛路(兴甘路—兴冠路)、长凯路(兴冠路—兴甘路)建设,推进农建圩河(跃进河—合作路)新建工程建设,实施横二河(兴冠路—兴甘路)河道整治 ● 完成上海长兴海洋科技港项目一期工程建设 ● 积极开展与中国(上海)自由贸易试验区、张江高新技术开发区等园区及上海船舶工业行业协会等对接联系,进一步加快招商引资步伐
崇明工业园区	● 推进龙宝路、龙定路、瀛江路建设 ● 启动建设总部经济园入驻项目 ● 加强服务,开工建设中小企业创业园,力争景博厨具、群力汽配等10个落户企业开工建设
上海富盛经济开发区	● 完成滨江路(新申路—新薇路)、新薇路转河桥建设 ● 加快创智产业园建设 ● 加强服务,完成伊洁环保、熊猫线缆、申风医疗和马腾厂等厂房建设,开工建设熊猫线缆项目

积极培育现代服务业。围绕生态休闲旅游业、信息数据等产业门类,加大培育力度,逐步构建现代服务业体系。大力发展生态休闲旅游业,加强旅游基础配套设施和功能性项目建设,继续推进东滩科旅一体化项目,加快游客中心、科普教育基地等项目建设;完善森林公园地区旅游发展规划,着力将森林公园地区建设成为集休闲度假、康体养生、科普教育等功能于一体的旅游集聚区,加快东平草堂精品酒店、绿岛四季苑等项目建设;启动西沙·明珠湖地区基础配套设施新建工程;举办自行车嘉年华、森林旅游节等品牌节庆活动。充分挖掘并有效整合特色旅游资源,加大旅游与农业、文化、体育等领域融合发展力度,积极培育和引进旅游新产品。推进上海智慧岛数据产业园建设,建成

浦帆路(东滩大道—层海路)、瀛湖路(场雪路—浦帆路)、富创路等道路,开工建设朱雀河,推进总部大楼建设,积极引进项目落户。培育发展中高端养老产业,协调推进上实东滩长者社区一期 CCRC 养老项目建设,继续实施陈家镇中信养老基地项目前期工作。

(二) 加快推进重点地区建设,有序促进城乡发展一体化

全面推进重点地区建设。长兴地区建成潘圆公路一批绿化景观工程,继续推进长兴岛水系整治一期工程等项目建设,横沙渔港正式开港运营,推进长兴郊野公园建设。陈家镇地区裕鸿路二期、北沿公路一期建成通车,开工建设新六路、辐五路等一批道路,推进鸿雁河二期新建工程、瀛湖等河道湖泊建设;配套商品房 9～13 期实现完工,14～18 期完成主体结构,19、20 期开工建设;继续推进能源管理中心、郊野绿地一期工程建设,推进上海崇明体育训练基地等项目,积极开展览海华山医疗中心等项目前期工作。城桥新城开工建设崇明大道(宝岛路—淡云路)新建工程、团城公路(江帆路—宝岛路)改造工程,推进侯家镇河(佘山岛路—海天路)疏拓工程;启用县生态环境监测实验基地,建成文化科技中心二期(县档案馆)及其配套工程,基本建成百联崇明商业广场,启动建设县委党校新建工程;建成六号和八号地块配套商品房,启动四十一号地块配套商品房建设;加快开展滨江地块开发建设前期工作。

深入推进乡镇、农村地区建设。扎实推进农村综合帮扶,加快上海智慧岛数据产业园孵化器、上海富盛经济开发区智创产业园等帮扶项目落地和建设。推进美丽乡村建设,完成 36 个村美丽乡村创建,力争创建 5 个美丽乡村市级示范村。在三星镇郊野单元规划实施的基础上,全面推进其他乡镇郊野单元规划实施。加强农村基础设施建设,建设农村道路 350 千米。改善农村生产生活环境,完成 300 户农村低收入户危旧房改造、500 个农村低电压台区电网升级改造,继续推进一批小型农田水利工程和农村生活污水处理工程。

(三) 全力推进基础设施建设,进一步提升生态建设水平

推进能源资源设施建设。推进供水集约化,实施东风西沙水库物理围栏及电子周界系统等配套工程,建成堡镇水厂、崇西水厂,基本建成城桥水厂管网二

期工程。推进供气供电项目建设，建成崇明天然气主干网支线工程及如东—海门—崇明岛输气管道崇明段工程；加快推进上海申能崇明燃气电厂设备调试工作和220千伏出线工程，力争年内投运。

不断提升交通承载能力。进一步完善全县公路网络，推进G40陈海公路匝道拓宽工程建设，继续推进工农路、石岛路、瀛东路（中滨路—瀛东村村口）等道路建设，开工建设长横对江渡码头改扩建工程。继续开展陈家镇综合交通枢纽工程前期工作。新建公交候车亭50座、站杆站牌100对。

大力促进节能减排。继续实施重点行业企业结构优化调整，淘汰落后产能项目5个。着力推进重点能耗企业节能技术改造，全面完成燃煤（重油）锅炉和窑炉清洁能源替代工作，继续开展高能耗、高污染企业清洁生产审核。推进建筑、交通运输和公共机构等重点领域节能工作，加大绿色建筑和装配式建筑的推进力度，大力推行合同能源管理。

加强环境整治与绿化建设。加强水系建设，完成青草沙水库、东风西沙水库二级保护区污水纳管和东平、新海两镇污染源截污纳管工作，基本完成陈家镇、城桥两个污水处理厂污泥无害化处理工程建设，继续实施新海镇域污水处理一期工程，开工建设新河港北闸、东平镇域污水处理一期工程，完成老滧港等河道综合整治，轮疏中小河道1 255千米。推进林业建设，建设一批公益林，推进林业三防体系建设。

加强能源高效利用与废弃物综合利用。力争通过绿色能源示范县创建考核验收。建成北堡风电场一期、前卫风电场二期（扩建），开展北堡风电场二期、前卫风电场四期、东旺沙风电场、北沿风电场项目前期工作。继续推进分布式光伏发电项目。建成华电能源综合利用项目，继续推进壮禾生物质成型燃料项目。建成崇明固体废弃物处置综合利用中心。

（四）全面推进社会事业发展和社会治理，切实保障和改善民生

促进科技事业发展。做好国家可持续发展实验区建设迎评准备工作，努力通过国家科技部等部委考核验收。继续推进科技支撑崇明生态岛建设专项工作。加强科技服务，提高园区企业自主创新能力。推进张江高新技术产业开发区崇明园建设。启动智慧岛数据产业园科技企业孵化器、张江高新区崇明园公

共服务平台与网络平台项目。继续推进智慧社区、智慧村庄建设。

推进教育事业发展。继续实行委托管理、集团式办学、双联工程等项目。建成裕安社区小学并投入使用,加快上海市东滩思南路幼儿园、上海市实验学校附属东滩学校、上海一师附小附属江帆小学和上海南京西路幼儿园附属新城幼儿园等一批学校建设,继续推进裕安社区初中、上海市工程技术管理学校长兴校区建设。扶持新村乡等 9 所老年学校开展标准化建设项目。实施一批学校校舍更新加固工程。

加快文化体育事业发展。继续推进文化下乡活动。提升完善文化馆新馆、图书馆新馆、美术馆功能。完成崇明学宫瀛洲书院复建工程,开展学宫西轴线布展。新建 40 个健身苑点等一批公共体育设施。组织举办 2015 年环崇明岛女子国际公路自行车赛和国际自行车联盟女子公路世界杯赛等赛事。开展好各类群众性体育活动,促进群众体育与竞技体育全面发展。

优化医疗卫生服务体系。深化公立医院改革,继续推进区域医疗联合体试点工作。加强医疗设施建设,深入推进新华医院崇明分院新一轮三级医院建设,加快推进县第三人民医院迁建,促进县第三人民医院康复功能转型,继续推进江南造船职工医院前期工作,启动陈家镇第二社区卫生服务中心新建工程,完成 16 家社区卫生服务中心无障碍电梯安装工程。推进一站式医疗救助建设,实现实时医疗救助。新型农村合作医疗人均筹资水平提高到1 800 元。

提高人民生活保障水平。不断促进就业和加强职业培训,新增就业 9 000 人,职业培训 5 000 人次,完成农民工生产安全培训 1.7 万人。提高为老服务水平,建成县级敬老院,完成市下达的新增养老床位、新建社区居家养老服务设施建设等实事项目。继续提高城乡居民社会养老保险基础养老金标准。完善住房保障体系,建成横沙乡公共租赁住房一期项目,继续推进智慧岛产业园公共租赁住房建设,开工建设堡镇公共租赁住房,实施旧住房综合改造 500 户。

推进社会治理工作。加强人口调控和管理服务、城乡综合管理大联动、居住小区综合治理等工作整合,强化社会治安防控体系建设,提高社会治理创新能力。加强安全和救灾设施建设,在崇明县每个居民小区开展至少 1 次消防疏散演练,新建农村地区图像监控点 700 个,启动城桥消防站、三星消防站迁建。

三、2015 年崇明县实事项目和重点工程计划

以项目为抓手，更加关注民生、关注保障、关注产业发展，着力推动全县经济社会全面、协调、可持续发展，2015 年全县安排实事项目 5 项计 18 个单项，重点工程 7 项计 22 个单项，安排计划如下（见表 7）：

表 7　　2015 年崇明县实事项目和重点工程安排计划

序号	实事项目		序号	重点工程	
1	加强就业扶持	新增就业 9 000 人	1	加强医疗养老设施建设	推进县第三人民医院迁建工程
2		开展职业培训 5 000 人次	2		启动陈家镇第二社区卫生服务中心新建工程
3	加强农村基础设施建设	完成美丽乡村建设 36 个	3		建成县级敬老院
4		建设农村道路 350 千米	4	加强供水、供气基础设施建设	建成堡镇水厂
5		完成 1 255 千米中小河道轮疏	5		建成崇西水厂
6		新建公交候车亭 50 座	6		建成如东—海门—崇明岛输气管道崇明段
7		新建 40 个健身苑点	7	加强教育设施建设	推进上海市东滩思南路幼儿园新建工程
8		完成 500 个农村低电压台区电网升级改造工程	8		推进上海市实验学校附属东滩学校新建工程
9	加强安全和救灾设施建设	在本县每个居民小区开展至少 1 次消防疏散演练	9	加强水系建设	推进候家镇河（佘山岛路—海天路）疏拓工程
10		新建农村地区图像监控点 700 个	10		推进鸿雁河二期新建工程
11		完成农民工安全培训 1.7万人	11		推进农建圩河（跃进河—合作路）新建工程

(续　表)

<table>
<tr><th>序号</th><th colspan="2">实事项目</th><th>序号</th><th colspan="2">重点工程</th></tr>
<tr><td>12</td><td rowspan="3">完善养老服务体系</td><td>新建1个社区老年人助餐点</td><td>12</td><td>推进废物处置设施建设</td><td>建成崇明固体废弃物处置综合利用中心工程</td></tr>
<tr><td>13</td><td>扶持新村乡等9所老年学校开展标准化建设</td><td>13</td><td rowspan="3">改善道路基础设施条件</td><td>推进G40陈海公路匝道拓宽工程</td></tr>
<tr><td>14</td><td>提高城乡居民社会养老保险基础养老金标准</td><td>14</td><td>建设长横对江渡码头改扩建工程</td></tr>
<tr><td rowspan="2">15</td><td rowspan="8">关注特殊群体需求</td><td rowspan="2">为150名脑卒中患者提供康复干预</td><td>15</td><td>启动西沙·明珠湖地区基础配套设施新建工程</td></tr>
<tr><td>16</td><td rowspan="7">推进重点地区功能性项目建设</td><td>推进长兴郊野公园建设</td></tr>
<tr><td rowspan="2">16</td><td rowspan="2">为700对符合条件的计划怀孕夫妇免费提供孕前优生健康检查服务</td><td>17</td><td>推进智慧岛产业园总部大楼建设</td></tr>
<tr><td>18</td><td>推进上海崇明体育训练基地新建工程</td></tr>
<tr><td rowspan="2">17</td><td rowspan="2">完成300户农村低收入户危旧房改造</td><td>19</td><td>建设团城公路(江帆路—宝岛路)改造工程</td></tr>
<tr><td>20</td><td>启动崇明大道(宝岛路—淡云路)新建工程</td></tr>
<tr><td rowspan="2">18</td><td rowspan="2">完成16家社区卫生服务中心无障碍电梯安装工程</td><td>21</td><td>推进富盛开发区创智产业园建设</td></tr>
<tr><td>22</td><td>建设崇明工业园区中小企业创业园</td></tr>
</table>

注：待市实事项目确定后，再将市实事项目中延伸至崇明县的项目增列到本计划中。

(供稿：崇明县发展和改革委员会)

附录：2014 年主要相关政策

上海市农业保险大灾(巨灾)风险分散机制暂行办法

沪府办〔2014〕50 号

上海市人民政府办公厅关于转发市农委等四部门制定的《上海市农业保险大灾(巨灾)风险分散机制暂行办法》的通知

各区、县人民政府，市政府有关委、办、局：

市农委、市财政局、市金融办、上海保监局制定的《上海市农业保险大灾(巨灾)风险分散机制暂行办法》已经市政府同意，现转发给你们，请认真按照执行。《上海市人民政府办公厅关于转发市农委等四部门制定的〈上海市农业保险特大灾害补偿试行方案〉的通知》(沪府办〔2006〕1 号)同时废止。

上海市人民政府办公厅

2014 年 5 月 30 日

上海市农业保险大灾(巨灾)风险分散机制暂行办法

第一条　为落实国务院发布的《农业保险条例》有关精神，进一步完善本市政策性农业保险制度，逐步建立财政支持的农业保险大灾风险分散机制，多层次分散本市农业大灾(巨灾)风险，促进农业保险持续健康发展，特制定本暂行办法。

第二条　本暂行办法适用于在上海地区经营享受市级财政保费补贴的种植业类、养殖业类、种源类及涉农财产类等有关政策性农业保险业务(以下简称“政策性农业保险业务”)的农业保险机构。

第三条　本暂行办法所称农业保险大灾风险，是指由于遭受台风、特大暴雨、重大病虫害(疫病)等不可抗拒灾害，造成某一公历年度政策性农业保险业务赔付率超过 90％的情况。一旦出现赔付率超过 150％的情况，视为农业保险巨灾风险。

第四条　本市农业保险大灾(巨灾)风险分散机制运行遵循以下原则：

(一) 政府扶持，市场运作。农业保险大灾风险分散机制由财政扶持，通过市场运作，转移分散农业大灾风险。农业保险机构根据每年实际情况，适时调整购买再保险的赔付率区间。

（二）多层分散，持续经营。逐步构建由农民和农业生产经营组织、农业保险机构、再保险公司、政府各方参与、风险共担、多层分散的农业保险风险防控体系，以增强抵御农业大灾（巨灾）风险的能力，保障农业保险事业持续发展。

（三）加强领导，统一协调。由市农委、市财政局、市金融办、上海保监局及农业保险机构等组成专门的工作小组，负责推进各项农业保险大灾（巨灾）风险分散工作。各相关部门按照市政府的部署和要求形成合力，及时处置农业保险大灾风险补偿事宜。

第五条　农业保险机构应按照《财政部关于印发〈农业保险大灾风险准备金管理办法〉的通知》（财金〔2013〕129 号）的规定，每年从农业保险保费收入和超额承保利润中，分别按照一定比例，计提大灾准备金，逐年滚存，专户管理，独立核算。

第六条　鼓励和支持农业保险机构通过购买再保险方式，分散风险。在公历年度内政策性农业保险业务赔付率在 90%以下的损失部分，由农业保险机构自行承担。赔付率在 90%～150%的损失部分，由农业保险机构通过购买相关再保险的方式，分散风险。赔付率超过 150%以上的损失部分，由农业保险机构使用对应区间的再保险赔款摊回部分和农业保险大灾（巨灾）风险准备金承担。如仍不能弥补其损失，差额部分由市、区县财政通过一事一议方式，予以安排解决。

第七条　市级财政对农业保险机构购买有关政策性农业保险业务赔付率在 90%～150%损失部分的再保险，给予保费补贴。年度补贴标准为上年度农业保险机构购买相关再保险保费支出的 60%，最高不超过 800 万元。再保险保费补贴，由市农委安排列入部门预算。

本暂行办法所称赔付率＝（已决赔款＋已发生已报告赔案的估损金额）/已赚保费×100%

第八条　农业保险机构应当按照本暂行办法规定，于每年 4 月 30 日前向市农委提交上年度政策性农业保险业务再保险保费补贴申请报告。

第九条　申请政策性农业保险业务再保险保费补贴的农业保险机构需提供以下资料：

（一）本单位上年度本市农业保险业务开展情况；

（二）本单位上年度本市政策性农业保险业务赔付情况；

（三）本单位上年度本市有关政策性农业保险业务再保险合同购买情况；

（四）本单位当年度本市农业保险工作计划；

（五）本单位当年度本市有关政策性农业保险业务再保险购买方案；

（六）其他相关资料。

第十条　当农业保险机构公历年度政策性农业保险业务赔付率超过 150% 以上，且出现使用对应区间再保险赔款摊回赔款和农业保险大灾风险准备金不足以支付赔款时，农业保险机构可向市农委申请农业保险巨灾风险补偿资金。由市农委会同市财政局制定补偿方案并上报市政府审批同意后，拨付补偿资金。

第十一条　农业保险机构申请农业保险巨灾风险补偿资金时，除需提交本暂行办法第九条所列资料外，还需提交本单位上年度本市有关政策性农业保险业务再保险赔款摊回情况以及农业保险大灾风险准备金提取和使用情况。

第十二条　发生农业保险大灾（巨灾）风险后，农业保险机构应及时对农业大灾（巨灾）风险造成的灾害情况、损失程度及赔付情况进行汇总。农业保险机构应在大灾（巨灾）风险发生后 2 个月内，将有关汇总情况报告报送市农委、市财政局、市金融办和上海保监局。

第十三条　本暂行办法涉及的政策性农业保险的再保险统计标准按照中国保险监督管理委员会再保险统计有关规定执行。农业保险机构应根据本暂行办法规定，结合年度再保险方案，及时准确向市农委等有关部门提供再保险相关数据和材料。

第十四条　本暂行办法由市农委、市财政局负责解释。

第十五条　本暂行办法自 2014 年 1 月 1 日起施行，有效期至 2015 年 12 月 31 日。

上海市农业委员会
上海市财政局
上海市金融服务办公室
中国保险监督管理委员会上海监管局
2014 年 5 月 5 日

关于本市推进美丽乡村建设工作意见

沪府办〔2014〕17 号

上海市人民政府办公厅转发市农委、市财政局关于本市推进美丽乡村建设工作意见的通知

有关区、县人民政府，市政府有关委、办、局：

市农委、市财政局《关于本市推进美丽乡村建设工作的意见》已经市政府同意，现转发给你们，请认真按照执行。

上海市人民政府办公厅

2014 年 3 月 14 日

关于本市推进美丽乡村建设工作的意见

为贯彻全国改善农村人居环境工作会议和上海市农村工作会议精神，现就本市推进美丽乡村建设工作提出如下意见：

一、指导思想

深入贯彻落实党的十八大和十八届二中、三中全会精神，围绕建设美丽中国、生态文明的总体要求，坚持生产方式决定生活方式的原则，按照“规划先行、分步实施，因地制宜、分类指导，整合资源、聚焦政策，以民为本、体现特色”的思路，大力推进本市美丽乡村建设工作，切实保障村民基本生产生活条件，优化农村人居环境，弘扬农村优秀传统文化，促进农村全面健康可持续发展，努力在城乡统筹和新农村建设方面走在全国前列。

二、工作目标

以农村村庄改造作为本市美丽乡村建设的重要载体，聚焦规划保留的基本农田保护地区，加大推进力度，加快推进速度，计划到 2020 年：一是在已完成基本农田保护地区的约 32 万户农户村庄改造的基础上，进一步完成其余农户的改造。二是从 2014 年起，依据美丽乡村建设导则，每年评选 15 个左右的宜居、宜

业、宜游的美丽乡村示范村，累计形成100个左右的美丽乡村示范村，引领和带动全市美丽乡村建设。三是不断扩大美丽乡村建设成果，促进农村人居环境的持续改善和村民素质的整体提升。

三、主要任务

（一）加快推进农村村庄改造

全面实施村内基础设施建设、村庄环境综合整治、村公共服务设施建设三大类工程。

1. 建设农村基础设施。完善农村道路系统，硬化村主路，合理改造村支路，整修村内危桥，保障村民出行安全。推进农村信息基础设施建设，因地制宜开展农村生活污水处理项目建设，按需建设公共厕所、垃圾箱房等农村环卫设施，安装村内照明装置。有条件的地区开展供水管网改造、燃气管网安装等。

2. 整治村庄综合环境。疏浚治理河道水系，改善村庄水环境。开展宅前屋后环境整治，拆除各类违章建筑，规范农户家庭养殖，适当美化农宅墙体。集中收集处理生活垃圾，开展庭院经济、林果、苗木等多种形式的村庄绿化，营造整洁文明的居住氛围。

3. 搞好公共服务设施配套。整理农村公共场地，完善“三室一站一店”和小型村民活动场所、健身场地、休闲绿地、公共停车场等服务设施，方便村民生活。

（二）开展美丽乡村示范村建设

以村庄改造为基础，以“美在生态、富在产业、根在文化”为主线，深化美丽乡村建设内涵，不断提升农村生态品质，促进农村产业发展，挖掘乡村文化元素。

1. 提升农村生态品质。进一步完善优化农村生态布局，创新农村造林机制，打造农村生态景观。深入开展农村生活垃圾、生活污水、畜禽粪便的源头治理，加大农业生态环境保护力度，积极发展生态农业、循环农业。

2. 促进农村产业发展。加快转变农业发展方式，发展家庭农场、村民合作社，促进农业规模化、专业化、集约化发展。做优做强农业旅游，出精品、出亮点、成规模，提升乡村旅游品质。优化区域产业布局，增强农村集体经济实力，带动村民收入增长。

3. 挖掘乡村文化内涵。深入挖掘、修复，传承和弘扬优秀的本土非物质文化遗产，展示浓郁乡土风情，体现上海江南水乡特色。开展形式多样的科技普及、思想教育、文体活动，提高村民群众的整体素养，培育新型社区文化。

（三）建立美丽乡村长效管理机制

围绕村容整洁、设施完好，管理有序、运行正常的目标，按照“政府扶持、村级为主”的原则，建立符合本市农村特点，常态化、规范化的美丽乡村长效管理机制。

1. 建立长效管理制度。建立覆盖村内路桥设施、污水处理设施、环卫设施、公共场所等各项设施、设备以及河道水系、村容环境、村庄绿化等的长效管理制度。按照不同类型、不同性质的管护对象，分类确定责任主体、实施主体，落实管护资金，建立奖惩制度。

2. 落实村庄管理工作。充实完善现有的村庄保洁、保绿、保养、联防等基层管理队伍，制定长效管理标准，综合运用检查、考核、奖励等方式，加强对管护队伍的管理。各项管护定区域、定人员、定职责，确保不留死角。制定村规民约，引导广大村民共同维护村容环境。

四、具体措施

（一）强化工作推进机制。建立由市农委、市发展改革委、市商务委、市民政局、市财政局、市建设管理委、市经济信息化委、市规划国土资源局、市环保局、市水务局、市文广影视局、市卫生计生委、市体育局、市旅游局、市绿化市容局、市住房保障房屋管理局等部门参加的美丽乡村建设工作领导小组，其办公室设在市农委。各涉农区县实行“一把手”负责制，建立领导协调机构，明确牵头部门和相关部门的责任，狠抓工作落实，并把美丽乡村建设工作情况纳入党政班子政绩考核，建立奖惩机制，促进干部履职。同时，由领导小组对每年评选的美丽乡村示范村给予表彰鼓励。

（二）加快村庄规划编制。以规划为引领，坚持“一张蓝图绘到底”。进一步优化本市城乡规划体系，完善镇域规划，明确村庄布局。在此基础上，有序推进村庄规划编制工作，对村庄生态、生产和生活进行科学合理的整体布局，确保规划落地实施，进一步发挥规划对农村的形态调整和发展引导功能。抓紧制定美丽乡村建设年度实施计划。各有关部门要整合力量、聚焦政策、分步实施、有序推进。

（三）加大资金投入力度。一是加大财政投入力度。围绕到2020年全面完成全市基本农田保护区村庄改造工作目标，按照美丽乡村建设规划、年度实施计划和户均财政奖补标准，编制年度预算，市和区县财政加大投入力度。坚持量力而行、尽力而为，认真实施年度工作计划，安排年度财政资金。二是落实长效管理资金。安排必要的专项资金，为实现长效管理提供重要保障，并科学核定日常村庄管理维护支出标准。建立由区县财政补助，村集体、村民共同参与的管护经费分担机制。三是加大资源整合力度。在村庄规划和项目计划明确的前提下，市各条线专项资金按照“渠道不改、用途不变、统筹安排、集中投入、各负其责、形成合力”的原则，在区县平台统一聚焦整合。

（四）建立社会参与机制。结合本市农村综合帮扶工作，完善城乡结对帮扶机制，动员社会各方和有经济实力的企事业单位支持美丽乡村建设。探索市场化的建设资金投入机制，鼓励社会资本参与农家乐、生态旅游等项目开发。搭建融资平台，为村民提供农家乐、旅游服务等创业支持，引导村民共同经营美丽乡村。

（五）充分发挥村民主体作用。尊重广大村民的自主权，充分听取村民对美丽乡村建设工作的意见建议，引导村民参与建设项目的决策与管理。进一步完善村务公开制度，主动接受村民监督和评议。积极引导村民参与项目建设，发动村民开展环境整治，共同建设美好家园。

上海市农业委员会

上海市财政局

2014 年 2 月 26 日

关于本市农村综合帮扶专项资金支持项目收益分配的指导意见

沪农委〔2014〕314 号

为进一步贯彻落实《关于上海市加强农村综合帮扶工作的若干意见》(沪委发〔2013〕8 号)、《上海市市级农村综合帮扶专项资金实施办法》(沪府办发〔2013〕54 号)等文件精神,结合本市集体经济组织收益分配工作实际,现就本市农村综合帮扶资金支持建设的项目所形成收益的分配,提出如下指导意见:

一、总体要求

进一步促进本市经济相对薄弱地区经济社会发展,加快构建长期稳定收益的"造血"机制,建立适应农村改革发展要求的公开、公正、公平的收益分配制度,提高经济相对薄弱村(以下简称"薄弱村")农民特别是低收入农户的生活水平。

二、适用范围

由本市农村综合帮扶资金支持建设的农村综合帮扶项目,其所形成的净收益的分配管理适用于本指导意见。

三、基本原则

1. 收益分配要以项目有长期稳定收益为前提。要在确保农村综合帮扶项目有长期稳定收益的前提下,方可进行收益分配,严禁举债分配。

2. 收益分配要与集体经济组织产权制度改革紧密结合。农村综合帮扶项目涉及的村要及时开展集体经济组织产权制度改革,完成改革工作后方可按相关规定进行收益分配。

3. 收益分配要有利于实现农民直接增收。通过办好农村综合帮扶项目,切实增加薄弱村农民特别是低收入农户的财产性收入。

四、分配政策

本市市级农村综合帮扶资金支持建设的农村综合帮扶项目,其所形成的净收益归薄弱村集体经济组织所有。

净收益不超过 20%部分,可统筹用于本村公共服务事业,不得用于村干部报酬支出。

净收益不低于 80%部分，主要用于提高薄弱村农民特别是低收入农户的生活水平。收益分配对象侧重于两个方面：一是按年度分配给集体经济组织成员。可由薄弱村集体经济组织结合产权制度改革收益分配工作，对其社员（成员、股东）进行分配。二是薄弱村集体经济组织可根据每年度低收入农户的实际情况，统筹兼顾，合理安排，确保低收入农户增加收入。

农村综合帮扶项目涉及的村，在完成集体经济组织产权制度改革后，应将综合帮扶专项资金支持项目收益具体分配政策列入新型农村集体经济组织章程，予以明确，并按相关规定经民主讨论同意后方可实施。收益分配工作要坚持民主公开，自觉接受全体社员（成员、股东）的监督。

各相关区县要结合实际，制定收益分配标准和具体操作办法，并报上海市农业委员会备案。

2014 年 8 月 18 日

上海市城乡居民大病保险试行办法

沪发改医改〔2014〕2 号

各区、县人民政府，市政府相关委、办、局：

为进一步完善本市城乡居民医疗保障制度，有效提高重特大疾病保障水平，减轻大病患者医疗费用负担，根据国家发展改革委、原卫生部、财政部、人力资源社会保障部、民政部、保监会等六部门《关于开展城乡居民大病保险工作的指导意见》(发改社会〔2012〕2605 号)和《上海市"十二五"期间(2013～2015 年)深化医药卫生体制改革实施方案》(沪府发〔2013〕49 号)等文件要求，我们制定了《上海市城乡居民大病保险试行办法》，经市政府批准同意，现予以印发，请认真按照执行。

特此通知。

上海市发展和改革委员会
上海市人力资源和社会保障局
上海市卫生和计划生育委员会
上海市财政局
上海市民政局
中国保险监督管理委员会上海监管局
2014 年 6 月 27 日

上海市城乡居民大病保险试行办法

第一条　为进一步完善本市城乡居民医疗保障制度，有效提高重特大疾病保障水平，减轻大病患者医疗费用负担，依据《关于开展城乡居民大病保险工作的指导意见》(发改社会〔2012〕2605 号)和《上海市"十二五"期间(2013～2015 年)深化医药卫生体制改革实施方案》(沪府发〔2013〕49 号)等文件精神，制定本办法。

第二条　参加本市城镇居民基本医疗保险（以下简称“居民医保”）和新型农村合作医疗（以下简称“新农合”）的人员适用本办法。

第三条　城乡居民大病保险资金实行全市统筹，资金分别从居民医保基金和新农合基金中按照规定标准划拨筹集，筹资标准暂定为当年居民医保基金和新农合基金筹资总额的3%左右。

每年的具体筹资金额，由市人力资源社会保障局（市医保办）、市卫生计生委、市财政局会上海保监局等有关部门，根据本市城乡居民基本医保基金筹资情况、基本医疗保险报销水平、大病保险补偿需求及大病保险基金运行等情况测算确定，报市政府批准实施。

第四条　城乡居民大病保险从个人负担较重的四类疾病起步，具体为重症尿毒症透析治疗、肾移植抗排异治疗、恶性肿瘤治疗（化学治疗、内分泌特异治疗、放射治疗、同位素治疗、介入治疗、中医治疗）、部分精神病病种治疗（精神分裂症、中重度抑郁症、躁狂症、强迫症、精神发育迟缓伴发精神障碍、癫痫伴发精神障碍、偏执性精神病）。

第五条　城乡居民罹患上述大病后，在基本医疗保险定点医疗机构发生的、符合本市基本医疗保险报销范围的费用，在基本医疗保险报销后，城乡居民在基本医疗保险政策范围内个人自负的费用，纳入本市城乡居民大病保险支付范围，由大病保险资金报销50%。

城乡居民中已参加上海市中小学生、婴幼儿住院医疗互助基金的，应先扣除互助基金支付部分。

试点初期，由参保人员先垫付医疗费用，之后再向经办的商业保险机构申请大病补偿，经办的商业保险机构应及时为参保人员提供大病补偿服务。

第六条　城乡居民大病保险执行“社区定向转诊”制度。患四类大病的参保人员因病情需要转诊治疗的，须在社区卫生服务中心办理转诊手续后，再到二、三级定点医疗机构就医。

第七条　城乡居民大病保险采取向商业保险机构购买服务的方式。上海保监局负责制定商业保险机构的资质条件、大病保险基本服务标准、保险合同示范文本等。市人力资源社会保障局（市医保办）、市发展改革委、市卫生计生委、市财政局、市民政局等部门，按照招标文件规定，通过规范程序，确定承办大病保险的商业保险机构。市医保经办机构以保险合同形式委托商业保险机构承办大病保险。

第八条　城乡居民大病保险遵循“收支平衡、保本微利”的原则，对年度资金盈亏情况进行风险调节。大病保险按大病保险筹资总额的5%设定盈亏平衡点。年度结余超过盈亏平衡点的部分返还基金；若出现亏损，经审核后，在下一年度统筹解决。

本市城乡居民大病保险筹资及报销比例政策需要调整时，由市人力资源社会保障局(市医保办)、市卫生计生委、市财政局会有关部门提出，报市政府批准实施。

第九条　各有关部门要各负其责，配合协同，加强对商业保险机构承办大病保险业务的指导和监管，切实保障参保人权益。卫生部门要加强对医疗机构、医疗服务行为和质量的监管。商业保险机构要充分发挥专业化、精细化管理优势，与相关政府部门密切配合，加强对相关医疗服务和医疗费用的监控，提高大病保险的运行效率、服务水平和质量。市医保经办机构在保证参保人员信息安全的前提下，可与城乡居民大病保险经办机构进行必要的信息交换和数据共享。

第十条　各有关方面要加强对城乡居民大病保险政策的宣传和解读，使广大群众和社会各界能够充分了解、理解和支持这项改革，为大病保险的实施营造良好的社会环境。

第十一条　本办法自2014年7月1日起试行，有效期至2016年12月31日。按照“稳妥起步，分步实施”的原则，在城镇居民参保人员中先行实施，新农合参合人员暂保留现行大病保障政策，待实现市级统筹后再行衔接。

关于上海市新型职业农民培育试点工作的实施意见

各区、县农委：

为贯彻落实《中共中央、国务院关于全面深化农村改革加快推进农业现代化的若干意见》(中发〔2014〕1 号)和市委、市政府《关于贯彻〈中共中央、国务院关于全面深化农村改革加快推进农业现代化的若干意见〉的实施意见》(沪委发〔2014〕2 号)的精神，根据农业部办公厅《关于新型职业农民培育试点工作的指导意见》(农办科〔2013〕36 号)的要求，结合本市实际，现就本市进一步开展新型职业农民培育试点工作提出如下意见。

一、总体思路

根据中央和市委、市政府的有关文件精神，构建集约化、专业化、组织化、社会化相结合的新型农业经营主体，加快发展都市现代农业，确保市场有效供给，保持农民收入持续较快增长。以转变农业发展方式为立足点，以提高农民素质和农业技能为核心，以资格认定管理为手段，以政策扶持为动力，积极探索新型职业农民培育的方法和路径，培养和稳定现代农业生产经营者队伍，壮大新型生产经营主体。

二、基本原则

(一) 坚持政府主导的原则。培育新型职业农民是构建新型农业经营体系的重要基础，应坚持政府主导和统筹协调，明确本区县试点工作的具体目标和主要内容，出台相关配套政策和措施，全力推进试点工作。

(二) 坚持服务产业的原则。培育新型职业农民应按照规模化、专业化、标准化发展要求，引导农户采用先进适用技术和现代生产要素，加快转变农业生产经营方式，促进现代农业生产经营主体的快速形成。

(三) 坚持稳步推进的原则。培育新型职业农民要充分尊重农民意愿，主要通过政策和宣传引导，调动农民的积极性。通过试点试验示范，在取得经验的基础上稳步推进。

三、培育对象

新型职业农民是现代农业建设的根本支撑,是解决“谁来种地”以及“怎样种地”问题的核心和关键。新型职业农民是指以农业为职业、具有一定生产经营规模和专业技能,收入主要来自农业的现代农业从业者。主要包括以下三种:

(一)生产经营型职业农民。是指以农业为职业、占有一定的资源、具有一定的专业技能、有一定的资金投入能力、收入主要来自农业的农业劳动力,主要是专业大户、家庭农场经营者、农民合作社带头人等。

(二)专业技能型职业农民。是指在农民合作社、家庭农场、专业大户、农业企业等新型生产经营主体中较为稳定地从事农业劳动作业,并以此为主要收入来源,具有一定专业技能的农业劳动力,主要是农业工人、农业雇员等。

(三)社会服务型职业农民。是指在社会化服务组织中或个体直接从事农业产前、产中、产后服务,并以此为主要收入来源,具有相应服务能力的农业社会化服务人员,主要是农村信息员、农村经纪人、农机服务人员、统防统治植保员、村级动物防疫员等农业社会化服务人员。

四、工作目标

根据各区县现代农业产业发展实际,结合农民的需求,探索开展新型职业农民培育试点工作,并形成本地区新型职业农民培育模式、认定管理办法和政策扶持措施。力争通过三年试点,一是探索构建一套制度体系,包括教育培训制度、认定管理制度和扶持政策体系。二是培养认定一批新型职业农民。以生产更多、更好、更安全的农产品供给社会为方向,确保试点期间每区县培养认定300～500名。三是建立一套信息管理系统。实施动态管理、开展经常性培训、提供生产经营服务、落实扶持政策。造就一支综合素质高、生产经营能力强、主体作用发挥明显的新型职业农民队伍。

五、重点任务

(一)积极探索构建新型职业农民教育培训制度

教育培训是新型职业农民培育的核心和关键环节。积极探索构建新型职业农民教育培训制度,要深入开展调查摸底工作,全面掌握当地农业劳动力状况,探索形成新型职业农民培育模式。

一是科学制定教育培训计划并组织实施。根据不同类型、从业特点及能力素质要求，要坚持生产经营型分产业、专业技能型按工种、社会服务型按岗位开展农业系统培训或实施农科职业教育，不能代之以一般的普及性培训或简单的“一事一训”。要尊重农民意愿、顺应务农农民的学习规律，采取“就地就近”和“农学结合”等灵活的方式开展教育培训。

二是加强课程体系和师资队伍建设。要建立经常性培训制度，要着眼帮助新型职业农民适应农业产业政策调整、农业科技进步、农产品市场变化和提高农业生产经营水平，明确经常性培训的主要内容、方式方法、培训机构、经费投入和保障措施。创新教学方法，增强教育培训针对性和实效性。

三是积极探索农业后继者培养途径。在做好对现有务农农民教育培训工作的基础上，要以保证农业后继有人为目标，开展农业后继者培养，研究制定相关政策措施。积极探索对农村有志青年特别是专业大户、家庭农场经营者、合作社带头人的“农二代”培养爱农、懂农、务农的素质和技能，作为当前农业后继者培养重点，纳入新型职业农民教育培训计划。

四是构建新型职业农民教育培训体系。要切实加强农民教育培训体系建设，不断提高新型职业农民教育培训专业化、标准化水平。以部、市农业主管部门认定的现代农业培训基地为主体，满足新型职业农民多层次、多形式、广覆盖、经常性、制度化的教育培训需求。

（二）加强新型职业农民的认定管理

认定管理是新型职业农民培育的重要环节。新型职业农民只有通过认定，才能赋予其权利和义务，使其更好地享受政府给予的优惠待遇，承担起社会责任。

一是明确新型职业农民认定管理的基本原则。新型职业农民认定管理是一项政策性很强的工作，要坚持以下基本原则：一是政府主导原则。由县级以上（含县级）人民政府发布认定管理办法，明确认定管理的职能部门。二是农民自愿原则。充分尊重农民意愿，不得强制和限制符合条件的农民参加认定，主要通过政策和宣传引导，调动农民的积极性。三是动态管理原则。要建立新型职业农民退出机制，对已不再符合条件的，应按规定及程序予以退出，并不再享受相关扶持政策。四是与扶持政策挂钩原则。现有或即将出台的扶持政策必须向经认定的新型职业农民倾斜,并增强政策的吸引力和针对性。

二是明确新型职业农民认定管理办法主要内容。认定管理办法中应明确认定条件、认定标准、认定程序、认定主体、承办机构、相关责任,建立动态管理机制。生产经营型职业农民是认定管理的重点,考虑三个因素:一是以农业为职业,主要从职业道德、农业劳动时间和主要收入来源等方面考虑;二是教育培训情况,根据本市的实际,应考虑把接受过农业系统培训、农业职业技能鉴定或中等及以上农科教育作为基本认定条件;三是生产经营规模,以家庭成员为主要劳动力且不低于外出务工收入水平确定生产经营规模,并与当地扶持新型生产经营主体确定的生产经营规模相衔接。

三是建立新型职业农民认定管理的信息档案。开展新型职业农民认定工作,建立完整的数据库和信息管理系统,有利于统筹培养和稳定新型职业农民队伍,落实支持扶持政策;有利于实施动态管理,开展经常性培训和跟踪服务,帮助其提高生产经营水平,引导其更好地履行责任义务。各区县要研究制定认定标准和管理办法,开展认定管理和信息档案建立工作。

(三) 制定和落实新型职业农民扶持政策

政策扶持是新型职业农民培育的重要手段,要研究扶持新型职业农民发展的政策措施,包括土地流转、农业基础设施建设、金融信贷、农业补贴、农业保险、社会保障等。将现有的特别是新增的强农惠农富农政策向新型职业农民倾斜,形成清晰完整的扶持政策体系。

一是产业扶持政策。农村承包地流转在同等条件下优先向新型职业农民倾斜。要积极探索各项惠农政策对新型职业农民的聚焦扶持。各级财政扶持资金要优先支持新型职业农民开展信息、培训、农产品质量标准与认证、农业生产基础设施建设、市场营销和技术推广等服务。优先支持符合条件的新型职业农民参与本市设施粮田、设施菜田、标准化畜牧场、标准化水产养殖场、特色农产品基地建设,优先安排享受农机装备购置补贴,提升农业机械化水平。

二是金融支持政策。为新型职业农民提供多渠道的资金支持和金融服务。积极创新担保方式,提供抵押贷款服务。农业保险公司积极为其农产品生产、加工、经营等环节提供各类保险服务,进一步扩大政策性保险的品种和覆盖面,切实提高理赔服务水平,增强农民专业合作社抗风险能力。

三是搭建服务平台。要为新型职业农民搭建服务平台，提供各种科技服务、信息服务、法律服务、财务服务、行政服务。创造条件，提供公共物流、公共营销信息的交易平台，积极支持参加国内外农产品展示展销活动。鼓励与本市各类超市大卖场建立对接渠道，扩大产品销路。

五、工作要求

（一）加强组织领导

各区县要充分认识开展试点工作的重大意义，要紧密结合区县实际，在新型职业农民培育的目标、任务、阶段进展、政策措施和组织管理等方面进行系统设计和整体规划。加强对试点工作的组织领导，及时研究解决试点工作中出现的困难和问题，统筹协调推进试点各项工作，细化试点任务，明确责任分工。

（二）全面开展试点

及时总结和推广浦东新区和崇明县列入农业部新型职业农民示范县试点工作的经验和做法，在全市范围内开展新型职业农民培育工作，形成本市新型职业农民培育的良好格局。全市涉农区县要全面开展试点工作，尽快排摸从业人员情况，选定一批教育培训对象。

（三）加强总结宣传

及时总结好经验、好做法，定期向市农业主管部门报送试点信息。宣传好的典型，营造新型职业农民成长的良好环境，逐步形成全市新型职业农民培育各具特色、稳步推进的良好格局。

上海市农业委员会

2014年6月27日

关于本市被征地人员就业和社会保障办理工作若干问题处理意见

沪人社农发〔2014〕48号

各区县人力资源和社会保障局、农业委员会、规划和土地管理局，各公安分局、县公安局，市社会保险事业管理中心，市建设用地和土地整理事务中心：

为进一步做好本市被征地人员就业和社会保障工作，根据《中华人民共和国土地管理法》、《中华人民共和国村民委员会组织法》和《上海市人民政府关于印发〈上海市被征用农民集体所有土地农业人员就业和社会保障管理办法〉的通知》(沪府发〔2003〕66号)的规定，现就本市被征地人员就业和社会保障办理工作若干问题提出以下处理意见：

一、被征地人员落实保障方案的拟订

征收农民集体所有土地经依法批准后，由乡镇政府、街道办事处拟订被征地人员落实就业和社会保障方案(以下简称“落实保障方案”)。其主要内容包括：

(一) 批准征收土地的机关和文号。

(二) 被征收土地的范围和面积。

(三) 被征收土地所属村组(以下简称“被征收单位”)。

(四) 落实就业和社会保障的被征地人数(以下简称“被征地人数”)，具体为：被征地人数＝被征收的集体农用地面积÷征地前被征收单位集体农用地面积×征地前被征收单位中年满16周岁的本市农业人数。其中，征地前被征收单位集体农用地面积由相关规划土地管理所提供；征地前被征收单位中年满16周岁的本市农业人数由相关公安派出所提供。

(五) 办理落实就业和社会保障手续的责任单位(以下简称“办理单位”)。

(六) 落实就业和社会保障以及户籍信息变更登记的具体办法。

二、被征地人员落实保障方案的公告

(一) 落实保障方案应在被征收土地所在的乡镇、街道、村予以公告。

(二) 落实保障方案应与征地补偿安置方案同时公告。

（三）落实保障方案的公告期不少于 30 日。

（四）落实保障方案公告期满无异议或异议不成立的，由乡镇政府、街道办事处将落实保障方案报区县政府批准。对落实保障方案有异议的，由乡镇政府、街道办事处调查处理。落实保障方案内容发生调整的，应再次公告。

三、被征地人员的产生

（一）落实保障方案经区县政府批准后，由村委会召集村民会议或村民小组会议，讨论决定被征收单位产生具体被征地人员的方案，并报乡镇政府、街道办事处备案。其中，村民会议或村民小组会议讨论决定继续适用往年已经形成的被征地人员产生方案的，也应在被征收单位内重新公布，并报乡镇政府、街道办事处备案。

（二）被征收单位根据村民会议或村民小组会议讨论决定的被征地人员产生方案，产生具体被征地人员名单。被征地人员的姓名、性别、出生日期等信息，需经相关公安派出所确认。

四、被征地人员落实保障的核定和办理

（一）办理单位应向区县人力资源社会保障局申请初核参加小城镇社会保险和征地养老的总人数及人员分类等情况，同时提供以下材料：

1. 批准征收土地的文件。

2. 落实保障方案的公告。

3. 区县政府批准落实保障方案的文件。

4. 被征地人员名单。

5. 被征地人员签署知晓落实保障方案的确认书。土地部分被征收的村组，签署确认书的被征地人员比例须达到 90%以上；土地全部被征收的村组，签署确认书的被征地人员比例须达到三分之二以上；剩余不愿签署确认书的被征地人员应由办理单位按照区县政府规定向其告知落实保障方案。

6. 其他相关材料。

（二）经区县人力资源社会保障局初核后，由办理单位向市社会保险事业管理中心申请复核参加小城镇社会保险和征地养老的总人数及人员分类等情况。

市社会保险事业管理中心复核后，出具分别加盖市人力资源社会保障局征地业务专用章、市人力资源社会保障局征地农业人口申报户口章的《被征地人员办理就业和社会保障的通知》、《被征地人员就业和社会保障申请名册》和《被征地人员办理就业和社会保障核定书》。

(三) 办理单位凭上述材料,按规定及时办理以下事项:

1. 到区县社会保险经办机构办理被征地人员参加社会保险的手续,同时提供《被征地人员办理就业和社会保障的通知》、《被征地人员就业和社会保障申请名册》及其他相关材料。

2. 到相关公安派出所办理被征地人员户籍信息变更登记手续,同时提供代为收取的被征地人员《居民户口簿》、被征地人员落实保障方案的确认书或告知书、《被征地人员办理就业和社会保障的通知》、《被征地人员就业和社会保障申请名册》及其他相关材料。

3. 到相关规划国土资源部门办理被征收土地的建设用地批准书,同时提供《被征地人员办理就业和社会保障核定书》及其他相关材料。

本通知自2014年12月1日起施行,有效期至2016年11月30日。

上海市人力资源和社会保障局

上海市农业委员会

上海市规划和国土资源管理局

上海市公安局

2014年11月18日

关于公布2014年补贴培训目录和补贴标准的通知

各区县人力资源和社会保障局、各有关单位：

为提高劳动者的职业技能素质，促进就业，根据《上海市促进就业若干规定》的有关规定，市人力资源和社会保障局会同市发展改革委等有关部门制定了2014年补贴培训目录（详见附件1）和补贴标准（详见附件2），现予以公布，并就有关事项通知如下：

一、自本通知实施之日起，补贴对象参加补贴培训目录（详见附件1）内项目的培训或鉴定，可按本市职业技能培训补贴的有关规定，对照补贴标准（详见附件2）享受相应职业技能培训补贴。

二、目录内的中小微企业公共服务平台培训项目、技能类定向培训项目、企业职工技能提升培训项目、企业内技能人才培养项目、高技能人才培养基地培训项目、技师继续培训项目、专业教学法师资培训项目、校企合作培养项目、高师带徒培养项目、技能竞赛赛前培训项目以及服刑戒毒人员培训项目等专项培训项目的补贴培训按相应规范性文件的规定，对照相应的补贴标准（详见附件2）执行。

三、培训费补贴标准含培训和鉴定两部分补贴费用。培训费补贴标准（标准价）是基于公布的标准培训课时数进行培训的补贴标准；培训费补贴标准（基本价）是指基于公布的标准培训课时数的70％进行培训的补贴标准，主要适用于有一定技术基础和实践经验的培训学员（主要是企业在岗职工）。

四、中小微企业公共服务平台培训项目中的岗位练兵、技能类定向培训项目中的岗位培训、农民工培训中的岗位培训补贴标准，统一由按实际课时计算的培训费和考核费组成，课时单价为6.6元/课时，理论知识考核费10元，操作技能考核费65元。

五、本通知自2014年4月1日起实施，《关于公布2013年补贴培训目录和补贴标准的通知》(沪人社职〔2013〕131 号)同时废止,补贴培训实施机构在 2014 年 4 月 1 日或以后开班的,按本通知执行。

附件:1. 2014 年补贴培训目录

2. 2014 年补贴培训目录内各项目的补贴标准

上海市人力资源和社会保障局

2014 年 3 月 27 日

关于调整本市万人就业项目公共服务类队伍等公益性岗位从业人员收入标准的通知

市政府有关委、办、局，各区县人力资源和社会保障局、财政局：

为进一步保障本市公益性岗位从业人员的基本生活，现就调整本市万人就业项目公共服务类队伍等公益性岗位从业人员收入标准的相关事项通知如下：

一、适当提高本市公益性岗位从业人员月收入标准，对实行全日制工作的万人就业项目公共服务类队伍（河道保洁、林业养护、社区助老、社区助残）从业人员，在现有收入标准 1 740 元/月的基础上每人每月增加 200 元，为 1 940 元/月；千、百人就业项目和社区“四保”公益性岗位从业人员的收入标准随最低工资标准的调整作相应调整。

二、本次万人就业项目公共服务类队伍和社区“四保”公益性岗位从业人员收入标准提高后，由失业保险基金继续按最低工资标准的 50%给予岗位补贴，其余资金由区县和有关部门按照原渠道解决。

三、本次收入标准的调整从 2014 年 4 月 1 日起与本市最低工资标准的调整同步实施。

上海市人力资源和社会保障局

上海市财政局

2014 年 4 月 3 日

图书在版编目(CIP)数据

上海郊区发展报告. 2014～2015/上海市发展和改革委员会,上海社会科学院编. —上海: 上海社会科学院出版社,2015
ISBN 978 - 7 - 5520 - 0895 - 1

Ⅰ. ①上… Ⅱ. ①上…②上… Ⅲ. ①郊区—区域经济发展—研究报告—上海市— 2014～2015②郊区—社会发展—研究报告—上海市— 2014～2015 Ⅳ. ①F127. 51

中国版本图书馆 CIP 数据核字(2015)第 139137 号

上海郊区发展报告(2014～2015)

编　　者: 上海市发展和改革委员会
　　　　　上海社会科学院
责任编辑: 董汉玲
封面设计: 黄婧昉
出版发行: 上海社会科学院出版社
　　　　　上海淮海中路 622 弄 7 号　电话 63875741　邮编 200020
　　　　　http://www.sassp.org.cn　E-mail:sassp@sass.org.cn
排　　版: 南京展望文化发展有限公司
印　　刷: 江苏凤凰数码印务有限公司
开　　本: 710×1010 毫米　1/16 开
印　　张: 28.5
插　　页: 2
字　　数: 447 千字
版　　次: 2015 年 6 月第 1 版　　2015 年 6 月第 1 次印刷

ISBN 978 - 7 - 5520 - 0895 - 1/F・301　　定价: 89.80 元